언어 능력 시험 개발의 실제

언어 능력 시험 개발의 실제

라일 F. 바크먼·에이드리언 S. 파머 지음
오현아·강남욱·이관희·제민경·최수정 옮김

사회평론아카데미

일러두기

1 이 책은 라일 F. 바크먼, 에이드리언 S. 파머의 『LANGUAGE TESTING IN PRACTICE(실제적인 언어 테스트)』(1996)를 번역한 것이다. 일상적으로 '언어 테스트'보다는 '언어 능력 시험'이라는 표현이 더 많이 사용되어 번역서의 제목에는 '언어 능력 시험'이라는 표현을 사용하였다. 그러나 실제 본문에서는 맥락상 '언어 능력 시험'으로 번역하기에 어색한 부분이 있어 '언어 테스트'를 그대로 사용하였음을 밝힌다.

2 본문의 주는 모두 옮긴이가 단 것이다.

옮긴이 서문

이 책은 언어 능력 시험의 설계 및 개발은 물론 효과적인 운용을 위한 이론을 다루고 있다. 또한 실제성을 반영한 다층적인 개발 예시를 제시한다는 점에서 언어 능력 시험을 공부하거나 운용하는 이들에게 상당히 유용하다.

책은 크게 세 부분으로 나뉜다. 제1부 '테스트 개발의 개념적 기초'에서는 언어 능력 시험에 대한 몇 가지 일반적인 오해와 그로 인한 문제(1장), 언어 능력 시험의 유용성(2장), 과제 설명하기(3장), 언어 능력 기술하기(4장)를 다루고 있다.

제2부 '언어 테스트 개발'에서는 언어 능력 시험 개발의 개요(5장), 언어 능력 시험의 목적, 목표어 사용 영역의 과제, 응시자의 특성 및 측정될 구인에 대한 설명, 확인 및 정의(6장), 유용성 평가 계획 수립(7장), 자원 식별, 할당 및 관리(8장), 운영: 시험 과제와 청사진의 개발(9장), 효과적인 지시문 준비하기(10장), 채점 방법(11장), 언어 능력 시험 관리: 시험 시행 및 피드백 수합 절차(12장)를 제시하고 있다.

3부 '테스트 개발 프로젝트 사례'에서는 초등학생부터 대학생, 일반인까지 다양한 학습자를 대상으로 한 10개의 언어 능력 시험 개발 예시를 제공한다. 프로젝트 1에서는 완전한 설계 개요서, 청사진 및 시험 시행, 프로젝트 2~7에서는 절차의 일부는 완전히 개발되었으나 나머지 일부는 부분적으로 개발되었거나 전혀 개발되지 않은 부분 개발 프로젝트의 예, 프로젝트 8~10에서는 시험 개발에 대한 접근법을 교실 성취도 테스트 개발에도 적용할 수 있는 사례를 제시한다. 3부는 언어 평가의 구체적인 상황 맥락 속에서 언어 능력 시험 개발자들이 치열하게 고민한 결과물인 동시에 실제 활용된 예시들이라는 점에서 더욱 그 의미가 크다.

언어 능력 시험 개발 및 운용을 위한 이러한 실제적이고 구체적인 개념과 예시는 우리의 상황에 적용해도 크게 다르지 않을 것이다. 이러한 내용은 한국어 교육 현장뿐 아니라 다양한 언어 교육 현장에서 널리 활용될 만한 가치가 있다고 옮긴이들은 판단하였다. 이 책에서 1, 5, 6장은 강남욱이, 2, 7, 8장 및 3부의 프로젝트 8~10은 오현아가, 3, 9, 10, 12장은 이관희가, 4, 11장은 제민경이, 3부의 프로젝트 1~7은 최수정이 주로 번역하였다. 번역에서 어색하고 부족한 부분이 보인다면 오롯이 옮긴이들의 몫이다. 부족한 부분에 대해 번역진에게 알려 주시면, 수정하고 다듬어 현재보다 더 나은 모습을 갖추어 가고자 한다.

이 책의 번역은 2016년도 국어교육학회 번역 총서 지원 사업에 선정되면서 시작되었다. (한)국어 문법 교육을 함께 공부하고 자리를 잡으면서 우리가 받은 사랑과 혜택을 조금이나마 학문 공동체에 나누고 싶은 마음에서 시작한 작업이다.

2018년 10월부터 초벌 번역을 시작해 지속적인 수정 논의가 있었다. 2023년 3월에는 미국 에모리대학교에서 다년간 한국어 교육에 종사하신 최수정 선생님이 합류하면서 번역본에 더욱 내실을 기할 수 있었다. 이러한 과정을 통해 학문 공동체의 다양한 교류가 얼마나 소중하고 의미 있는지 직접 체험할 수 있었다.

2016년 국어교육학회의 국어교육번역총서 지원 사업에 선정되면서부터 2023년 8월 최종 원고를 출판사에 넘기고 2025년 책이 출간되기까지, 그 기간은 상당했다. 2016년 국어교육학회 국어교육번역총서로 이 책을 선정해 주신 국어교육학회 14대 이관규 회장님과 이후 여러 사정으로 인한 번역서 출간 지연을 너른 아량으로 양해해 주신 15대 서혁 회장님, 16대 구본관 회장님, 17대 원진숙 회장님, 18대 천경록 회장님, 19대 전은주 회장님께 깊이 감사드린다.

또한 까다로운 작업을 기꺼이 맡아 좋은 결과물을 위해 치열하게 고민해 준 사회평론 윤철호 사장님, 긴 시간 번역 판권 계약에 힘써 준 고하영 사회평론아카데미 전 대표님, 실제 번역서 편집 과정에서 마음을 다해 준 편집부 선생님들께도 감사의 마음을 전한다.

2025년 4월
옮긴이 일동

감사의 글

이 책은 5년 넘게 준비해 왔으며, 그 기간에 학생, 친구 및 동료, 배우자로부터 많은 지원, 비판, 제안을 받았다. 그중에서도 가장 중요한 피드백은 언어 능력 시험을 주제로 강의하면서 받은 것이다. 이러한 피드백을 통해 우리의 아이디어와 제시 방식이 얼마나 효과적인지를 점검해 볼 수 있었다. 우리 둘은 이 책을 다양한 버전으로 만들어 UCLA와 유타 대학교의 정규 언어 시험 과정과 우리가 진행했던 수많은 여름 과정, 세미나 및 워크숍 등 수십 개 이상의 수업에서 학생들과 함께 교재로 사용했다. 우리 교실에서, 우리 학생들에 의해서 많은 설익은 개념과 어설픈 다이어그램이 사라지게 되었다. 학생들은 우리에게 많은 독창적인 통찰력을 제공했으며, 쟁점들에 대해 우리가 원래 생각했던 것보다 더 넓고 깊게 다룰 수 있도록 도와주었다.

이에 이 책의 여러 초고를 검토하면서 영감과 비판을 동시에 제공해 준 학생들에게 먼저 감사의 말을 전한다. 특히 전체 원고의 초기 버전을 상세히 검토해 준 낸시 호바스(Nancy Horvath), 게리 오키(Gary Ockey), 지니 스미스(Gini Smith)와 광범위한 피드백과 개선 사항을 제안해 준 짐 퍼퍼라(Jim Purpura), 배정옥(Jungok Bae), 루이 지안(레지나) 우(Ruey Ji-uan (Regina) Wu), 시치(그렉) 카메이(Shichi (Greg) Kamei)에게 감사의 말을 전한다.

또한 이 책의 일부를 언어 테스트 수업에 활용하고 귀중한 피드백을 제공해 준 동료 캐럴라인 클래펌(Caroline Clapham), 캐럴 샤펠(Carol Chapelle), 앤드루 코언(Andrew Cohen), 프레드 데이비슨(Fred Davidson), 앤터니 쿠넌(Antony Kunnan), 짐 퍼퍼라(Jim Purpura)에게도 감사의 말을 전한다.

그리고 소중한 비판과 제안을 해 준 동료 바버라 호크제(Barbara Hoekje), 마이클 밀나노빅(Michael Milanovic), 닉 새빌(Nick Saville), 존 슈만(John Schumann), 존 올러(John Oller)와 몇 가지 예시 테스트 개발 프로젝트를 설계하는 데 도움을 준 조지 트로스퍼(George Trosper)에게도 감사의 말을 전한다.

마지막으로, 책이 막바지에 이르렀을 때 책 개선에 큰 도움이 되는 의견과 제안을 해 준 OUP의 직원, 헨리 위다우슨(Henry Widdowson), 몇몇 익명의 검토자들, 캐럴 샤펠에게 감사의 말을 전한다.

출판사와 저자들은 테스트의 일부를 복제할 수 있도록 허락해 준 하워드 P. 소우(Howard P. Sou) 씨와 홍콩 교육부(Hong Kong Education Department)에 감사를 표한다.

이 책에 수록된 자료의 저작권 소유자를 추적하기 위해 모든 노력을 기울였으나 연락이 닿지 않은 저작권 소유자의 연락을 기다리겠다. 우리의 명백한 과실에 대해 사과드린다. 통보를 받으면 출판사는 최대한 이른 시일 내에 착오나 누락을 수정할 것이다.

차례

12장 언어 테스트 관리: 테스트 시행 및 피드백 수합 절차

3부 테스트 개발 프로젝트 사례

프로젝트 1~7.

프로젝트 8~10. 교실 성취도 테스트

1부

테스트 개발의 개념적 기초

1장

목적과 기대

도입: 언어 테스트에 대한 몇 가지 일반적인 오해와 그로 인한 문제

이 책의 주된 목적은 독자들이 언어 테스트의 설계와 개발, 사용에 능숙해지도록 하는 것이다. 수년 동안 우리는 교실 수업에서 언어 테스트를 잘 활용하고자 하는 교사들, 연구 도구로 사용하기 위한 테스트 개발에 관심이 있는 응용언어학자들, 대규모 언어 테스트 프로그램의 관계자, 응용언어학이나 외국어로서의(또는 제2언어로서의) 영어교육*, 이중언어교육이나 외국어교육을 전공하는 대학원생들과 같이 광범위한 분야의 다양한 사람들과 작업을 진행해 왔다. 작업 과정에서 이들이 사실상 실제 언어 테스트의 개발이나 활용에 대한 개념을 오해하고 있기도 하고,

....

* 이하에서부터 '외국어로서의 영어(교육)'는 EFL로, '제2언어로서의 영어(교육)'는 ESL로 표기한다.

언어 테스트가 할 수 있는 것이 무엇이고 언어 테스트는 어떠해야 하는 가 등에 대해 비현실적인 기대감을 갖고 있다는 점을 발견했다. 이는 그 동안 언어 테스트 관련 종사자들이 언어 테스트에 능숙해지는 것을 어렵게 만든 요소들이라 할 수 있다. 여기에 더해 '언어 테스트 개발 전문가들'이 '최고의' 테스트를 만들 수 있는 마법과 같은 공식과 절차를 가지고 있다는 믿음도 종종 존재한다. 이와 같이 언어 테스트를 둘러싼 오해나 비현실적인 기대감, 막연한 신비감은 전문적인 업무에 언어 테스트를 사용하길 원하고 필요로 하는 많은 사람들에게 강한 정서적 장벽을 구축한다. 따라서 이러한 오해를 풀고 독자들이 언어 테스트에 합리적으로 기대할 수 있는 바가 무엇인지에 대한 감각을 키우며 언어 테스트에 덧입혀진 막연함과 신비감을 털어 냄으로써, 언어 테스트에 대한 정서적 장벽을 허무는 것이 이 책의 중요한 역할이다.

이를 명확히 설명하는 가장 좋은 방법은 언어 테스트에 대해서 우리가 실제로 경험한 것을 예로 드는 것이다. 우리는 약 25년 전, 언어 테스트 분야에서 작업을 처음으로 함께하기 시작했다. 당시 우리는 특정한 목적을 위해 언어 테스트를 개발해야 하는 유사한 상황에 놓여 있었다. 우리 둘은 태국의 고등 수준의 교육 기관에서 외국어로서 영어를 배우는 (EFL) 학생들을 대상으로, 이들을 적절한 수준이나 그룹에 배치하기 위해 사용할 언어 테스트를 개발하는 작업에 참여하고 있었다. 그 당시 태국은 영어가 교수 매개어도 아니었고, 지역 사회 안에서도 영어가 널리 사용되고 있지 않았다. 또한 우리 둘은 언어 테스트나 심리 측정학 분야에서 공식적인 교육이나 훈련을 받은 적이 없었으며, 한 사람은 이론 언어학, 다른 사람은 영어영문학을 전공한 서로 다른 배경으로 이 작업에 참여하게 된 것이었다. 그러나 우리는 모두 ESL/EFL 교육 경험이 있었으며, 이 분야의 이론과 학술 연구에서 알려진 것에 대한 상당한 이해를 갖추고 있었다. 그리고 "우리의 상황에 맞는 '최고의' 테스트 개발"이라는 공통 관심사를 공유하고 있었다. 마치 조리법이 존재하고 이에 따라 음식을 만드는 것처럼, 우리는 모델로 삼을 만한 언어 테스트와 명쾌한 절차가 있을 것이라고 믿었다. 그리고 그에 맞춰 따라가기만 하면 우리의 목적과 상황에 맞는 최고의 테스트를 만들어 내리라 생각했다.

그때 기본적으로 한 작업은 우리의 테스트를 당시 널리 사용되던 대규모의 EFL 테스트들을 본떠서 만드는 것이었으며 여기에는 문법, 어휘, 독해(reading comprehension)와 청해(listening comprehension)의 모든 영역이 포함되어 있었다. 이 모델을 따라 심리 및 교육 테스트를 위해 개발된 테스트 개발 절차를 사용했고, 다소 기계적이기는 하나 우리와 동료 모두가 '최첨단'의 EFL 언어 테스트라고 믿는, 그리하여 우리의 수요에 맞는 '최고의' 테스트를 개발해 냈다. 우리는 '최고의' 모델로 시작했고 테스트 개발에 정교한 통계 기법을 적용했기 때문에, 분명 그 당시에는 우리의 테스트가 최첨단이었다. 그러나 지금 되돌아보건대, 그때 적용했던 그 모든 것이 당시 상황에서 최고였는지 의문이 든다. 사실 세상의 어떤 언어 테스트 상황에도 맞는 '최고의' 유일한 언어 테스트가 존재할 수 있을지 의문이 든다.

이러한 테스트를 개발할 때 널리 알려져 있고 많이 사용되는 테스트 모델을 따른다면 특정한 요구를 충족하는 데 당연히 유용할 것이라고 생각했다. 이러한 테스트들은 우리가 그간 시도해 온 것보다 더 많이 알고 있다고 여겨지는 현장의 '전문가들'이 설계하고 개발한 것이기 때문이다. 그런데 여기에 우리가 미처 던지지 못한 다음과 같은 몇 가지 질문들이 있었다. '우리의 상황은 이러한 대규모 테스트의 개발에 비추어 본다면 부적절하다고 할 수 있을 만큼 충분히 달랐는가?', '우리가 개발한 테스트에 응시한 사람들은 대규모의 언어 테스트에 응시한 사람들과 유사한가?', 혹은 '우리의 테스트 결과가 비슷한 결정을 내리는 데 사용될 수 있는가? 테스트의 결과는 비슷한 결정을 내리는 데 사용되는가?' 심지어 우리는 테스트를 통해 보고자 한 능력이 우리가 테스트해야 했던 능력이 었는지에 대해서도 질문해 보지 않았다.

그 당시 언어 사용과 언어 학습, 언어 테스트의 본질에 대해 알려진 (그리고 알려지지 않은) 것들을 감안한다면, 이러한 질문들은 절대 쉽게 떠올릴 수 있을 만한 것이 아니었다. 언어 능력은 문법, 어휘, 발음, 철자 등의 유한한 요소로 구성된 집합이며 이러한 요소는 듣기, 말하기, 읽기, 쓰기의 네 가지 기술로 실현되는 것이라고 보았다. 그렇기에 우리가 이를 가르치고 테스트한다는 것은 필요한 모든 것을 다 가르치고 테스트하겠다는 것과 같은 뜻이었다. 언어 학습자는 행동주의 심리학에서 묘사된 바와 같이 본질적으로 모두 자극과 반응이라는 동일한 과정 안에서 언어를 학습하는 유기체로 간주된다. 그래서 최종적으로는 언어 학습과 관련된 모든 과정은 모든 학습자에게 모든 상황과 목적과 관계없이 대체로 동일한 것으로 가정했다. 그렇기에 한 가지 모델이 특정 테스트 응시자나 특정 용도, 특정 상황에서 요구되는 언어 능력에 대해서도 최고의 테스트를 제공해 줄 것이라는 믿음은 그리 놀라운 것이 아니었다.

하지만 실제로는 우리가 개발한 본질적으로 동일한 종류의 언어 테스트에 참여했던 응시자 두 그룹이 상당히 다르다는 것이 드러났다. 한 그룹은 학업 과정에서 영어를 거의 사용하지 않는 대학교의 1학년 신입생들로 구성되어 있었다. 이 그룹의 학생들은 학위 취득 요건의 일부로서 최소한 한 강좌의 영어 수업을 수강해야 했다. 이 그룹의 학생들은 모두 중등학교 교육과정에서 영어에 약간 노출되기는 했으나 제대로 구사할 수 있는 이는 거의 없었고 EFL 교실 밖에서 영어를 접해 본 학생도 없었다. 정말 일부만이 영어 모어 화자와 대화를 해 본 적이 있거나 교육 목적이 아닌 상황에서 영어를 사용할 기회가 있는 정도였다.

다른 한쪽의 그룹은 대학 강사들이었다. 앞의 그룹에 비해 훨씬 나이가 많고, 폭넓고 다양한 학문 분야를 대표해 여러 대학에서 온 사람들로 구성되었는데, 영어가 교수 매개어로 사용되는 여러 나라에서 더 높은 학위 취득을 위해 장학금을 받고 선발되어 온 사람들이었다. 이들은 대학교 1학년 신입생들에 비해 전공 지식 영역에서 훨씬 더 고도로 전문화되어 있었고, 연령이 상당히 높았으며, 대체로 경험이 풍부했다.

응시자가 이 테스트를 통해서 참여하게 되는 프로그램의 성격도 상당히 달랐다. 대학생 그룹은 1~2학년 동안 4단계로 구성된 영어 비집중 과정(일주일에 5시간) 프로그램에 배치되었다. 이 프로그램은 주로 학생들이 영어로 쓰여진 학술 문헌을 읽어 내는 데 중점을 두었으며, 학생들은 전공에 따라서가 아니라 일반적인 영어 능력 수준에 따라 4개 레벨 중 하나의 코스로 나뉘어 배치되었다. 대부분의 수업은 외국어로서 영어를 배운 교사들이 가르쳤고 교실 수업의 많은 부분이 학생들의 모국어로 진행되었다.

반면 대학교 교수 그룹은 매일 8시부터 5시까지 영어로만 말해야 하는 국립 영어 교육원에서 10주간의 영어 집중 과정(일주일에 40시간)에 배치되었다. 그룹 구성원들은 네 가지 기능(듣기, 말하기, 읽기, 쓰기)에 해당하는 수업을 수강하지만 농학, 공학, 과학, 의학, 경제학 등과 같이 넓게 분류한 학문 분야를 기준으로 분반했다. 대학생을 대상으로 한 영어 프로그램과는 달리 이 프로그램은 모두 영어가 모국어인 교사들로 채워졌고, 모든 교실 수업은 영어로 진행이 되었다. 이 프로그램은 대학생 대상 프로그램에 비해 훨씬 더 집중적이었으며, 교육과정은 특수 목적의 영어에 초점을 두고 실제적인 영어 사용도 많이 다루었다.

이러한 예는 특정한 테스트 요구에 대한 조언을 구하는 사람들이 가진 가장 흔한 오해를 보여 준다. 경험상, 우리도 그랬지만 많은 사람들이 '좋은' 언어 테스트의 이상형이 있다고 믿으며, 그들만의 테스트 요구에 맞는 이상적인 테스트를 만드는 방법을 알고 싶어 한다. 우리의 대답은 추상적으로 그러한 '좋은' 또는 '나쁜' 테스트는 없다이며, 심지어 특정한 상황에서도 '최고의' 테스트라는 것은 없다. 왜 그런지를 이해하기 위해서는 이러한 오해로 인한 몇 가지 문제들을 고려해야 한다.

단 하나의 '최고의' 테스트가 존재한다면, 그리고 그 테스트를 사용하거나 테스트 개발 시 모델로 사용하고자 한다면, 실제로 그러한 테스트는 적어도 일부의 테스트 응시자들에게는 적절하지 않은 테스트가 될 가능성이 높다. 위의 예에서 대학교 학생들을 위해 개발된 테스트는 상당히 일반적이고 어떠한 특정 전공에 국한되지 않기 때문에, 평가되는 언어 능력의 영역(문법, 어휘, 독해)과 시사적인 내용에 있어서 이들에게는 적절했을지도 모른다. 한편 대학교 교수들을 위해 개발한 테스트는 교수들의 다양한 전공 또는 집중 과정에서 다뤄진 특수 목적 영어(ESP)의 영역과 관련된 자료가 포함되어 있지 않았기 때문에 이들에게 적절하지 않았을 것이다. 또한 이 테스트는 집중 프로그램에서 매우 강조하는 듣기 및 말하기 과제에 대한 학생들의 수행 능력을 평가하지 않기 때문에 적절성에도 한계가 있다.

이러한 한계로 인해 교수들을 대상으로 하는 테스트는 테스트 사용자(집중 프로그램의 관리자와 교사들)의 모든 요구를 충족시키지 못했다. 구체적으로 집중 과정을 강의하는 교사들에 따르면 이 테스트의 결과에 따라 각각의 수준에 배치된 학생들의 읽기 능력은 비슷한 수준을 보인 반면, 듣기와 말하기 능력에서는 상당한 차이를 보였다고 한다. 이러한 차이로 인해 교사들은 특정 집단에 적합한 듣기, 말하기 활동을 찾아서 사용하는 데 어려움을 겪었다. 교사들은 읽기 수업뿐만 아니라 듣기와 말하기 수업에도 학생들을 정확히 배치하려면 테스트가 학생들의 수준을 예측할 수 있도록 개발되어야 한다고 생각했으며, 테스트 개발자들에게 이 부분을 개선하도록 권고했다.

이러한 문제를 해결하기 위한 시도로 학생들의 듣기 과제 수행 능력을 평가하는 목적에서 받아쓰기가 테스트에 추가되었다. 이 과제에서 테스트 응시자들은 녹음기에서 재생되는 구절을 듣고, 자신이 들은 것을 정확히 받아써야 한다. 이 과제는 이전에도 사용되었는데 듣기 능력을 테스트할 수 있는 '좋은' 방법으로 간주되어 추가되었다. 동시에 집중 프로그램의 관리자들 역시 받아쓰기 점수를 기반으로 학생들을 듣기, 말하기 집단으로 구분하는 데 동의했다. 이러한 변화는 프로그램을 좋은 방향으로 나아가게 하는 듯했으며, 교사들의 교수와 학생들의 학습을 모두 용이하게 했다.

듣기와 말하기 수업에서의 문제가 해결된 이유가 받아쓰기 테스트 때문인지, 프로그램을 수정했기(학생들을 듣기와 말하기 수업으로 균일하게 나눈 것) 때문인지는 분명하지 않다. 그러나 받아쓰기 테스트 추가가 또 다른 문제를 만들었다는 것은 분명하다. 집중 과정의 듣기 과제는 대부분 의견 교환을 포함하는 상호적이고 일상 대화에서 쓰이는 과제들이며 과제에서의 응답들은 주로 구어적 표현들이다. 이러한 과제들은 상호작용 없이 오직 문자적 응답만을 요구하는 받아쓰기 과제와는 상당히 다르다.

따라서 받아쓰기를 추가한 것이 학생들의 듣기 능력과 구어 이해 능력에 대한 일반적인 정보는 제공했다고 하더라도 테스트 과제 그 자체는 학생들이 집중 코스에서 접하는 듣기 과제의 유형과 상당히 달랐으며, 테스트 응시자들과 테스트 사용자들은 모두 테스트가 매우 인위적이고 학생들이 집중 과정에서 실제로 배운 내용과 관계가 없다고 수시로 불만을 제기했다. 교사들 역시 테스트가 학생들을 배치하는 데 유용한 정보를 제공한 것처럼 보이지만, 실제로는 테스트에 포함된 과제가 교실에서의 학습 내용과 별로 유사점이 없다며 불만을 제기했다. 교사들은 학생들을 제대로 배치할 수 있도록 테스트가 학생들에 대한 정확한 정보를 제공하는 동시에, 자신들이 가르치는 내용과 매우 비슷한 테스트 과제가 포함되기를 바랐다. 테스트 개발자들도 불만을 제기했다. 자기들 역시 최고의 테스트를 만들기 위해 최선을 다했다는 것이다. 그들은 언어 테스트 전문가들이 주로 사용하는 두 가지 테스트를 모델로 사용했고, 평가 전문가들이 사용하고 규정한 표준 테스트 개발 절차를 따랐다.

요약하면 [표 1-1]은 위의 사례에서 제시된 테스트에 관한 오해와

[표 1-1] 몇 가지 오해와 그로 인한 문제점

오해	오해로 인한 문제점
1. 어떠한 상황에도 적용할 수 있는 단 하나의 '최고의' 테스트가 존재한다는 믿음	1. 테스트 응시자에게 적절하지 않은 테스트
2. 언어 테스트의 본질과 언어 테스트 개발에 대한 오해	2. 테스트 응시자의 특정한 요구를 충족시키지 못하는 테스트
3. 언어 테스트로 평가할 수 있는 것과 언어 테스트가 어떤 형식이어야 하는가에 대한 막연한 기대	3. 단순히 인기 있다는 이유로 테스트를 활용하거나 테스트 방법을 사전 고지 없이 활용하는 것
4. 측정 기술에 대한 맹신	4. 완벽한 테스트를 찾거나 개발하는 것이 불가능할 때의 당혹스러움
	5. 적절한 테스트를 개발하여 사용할 수 있다는 신뢰 상실, 언어 테스트는 오직 '전문가들'만이 이해하고 수행할 수 있는 것이라는 느낌
	6. 관리자뿐만 아니라 많은 학생이 가지고 있는 테스트에 대한 지나친 기대로 인해 변명의 여지가 없는 것을 옹호하려고 하는 상황에 놓이게 되는 것

그로 인한 문제점을 보여 준다. 이러한 오해와 문제는 언어 테스트를 사용하기를 원하지만 이를 수행하는 데 필요한 지식이나 역량이 부족하다고 느끼는 개인들에게는 매우 흔하게 일어나는 일이다.

언어 테스트 역량을 갖추는 것이 중요한 이유

언어 테스트 역량을 갖추면 독자들이 위에서 언급한 오해의 일부를 피하는 것은 물론, 독자들에게 필요할 수 있는 특정 언어 테스트에 대한 일련의 합리적인 기대를 가지는 데 도움이 될 것이다. 아울러 이를 통해 지식과 기술에 관한 확신도 가질 수 있다. 언어 테스트는 언어 교육에서의 몇 가지 우려와 관련된 정보를 제공하는 가치 있는 도구가 될 수 있다. 언어 테스트는 학습과 교육을 통해 얻은 결과의 증거를 제공하며, 이러한 이유로 교육 프로그램 그 자체의 실효성에 대한 피드백을 제공할 수 있다. 또한 언어 테스트는 개인에 대한 결정과 관련 있는 정보를 제공한다. 예를 들어 특정 학생의 장점과 약점을 바탕으로 그에게 반드시 제공해야 할 교육 자료와 활동의 종류를 결정하고, 개인이나 학급 전체가 다른 단원으로 나아갈 준비가 되어 있는지 그 여부를 결정할 수 있으며, 학생의 성취도를 바탕으로 성적을 부여할 수 있다. 마지막으로 테스트는 교육의 목표를 분명하게 하고, 경우에 따라서는 교육 프로그램을 수강하는 학생들의 언어 사용 요구를 바탕으로 교육의 목표와 교육 자료 및 활동 간의 관련성을 평가하는 도구로 사용할 수 있다. 이러한 이유로 실질적으로 모든 언어 교육 프로그램에 테스트가 포함되며, 따라서 언어 교사는 적절한 언어 테스트를 선택하거나 스스로 적절한 테스트를 계획, 구축, 개발할 수 있어야 한다.

언어 테스트 개발 및 운용에 요구되는 역량은 무엇인가

이미 언급한 것과 같이 이 책의 주된 목적은 독자들의 언어 테스트 설계, 개발, 사용 역량을 높이는 것이다. [표 1-2]는 언어 테스트에서의 역량에는 어떤 내용이 포함되는지를 보여 준다.

[표 1-2] 언어 테스트 역량의 기준

언어 테스트 역량에 포함되는 것들
1. 새로운 테스트를 개발하든 기존 언어 테스트를 사용하든 관계없이 언어 테스트가 필요한 상황에서 해결해야 하는 기본적인 고려 사항에 대한 이해.
2. 언어 테스트의 적절한 사용에 대한 근본적인 문제들과 우려 사항에 대한 이해.
3. 측정 및 평가에서의 근본적인 문제, 접근법, 방법에 대한 이해.
4. 주어진 목적, 맥락, 응시자 집단에 적합한 방식으로 언어 테스트를 설계, 개발, 평가하고 사용할 수 있는 능력.[1]
5. 언어 테스트 분야에서 출판된 연구물과 언어 테스트에 대한 정보를 비판적으로 읽고, 정보에 입각한 결정을 할 수 있는 능력.

언어 테스트 설계 및 개발에 관한 접근법

이 책에서 우리가 제시한 언어 테스트에 접근법은 '요리책'의 접근하는 방법이 아니다. 즉, 언어 테스트를 개발하고 사용하는 비결과 절차 목록과 함께 테스트 과제에 관한 여러 견본을 제시하는 접근법을 채택하지 않았다. 따라서 언어 테스트에서 지금까지 사용되어 왔던 모든 유형의 테스트 항목을 다루지는 않는다. 또한 이 책은 '언어 테스트에 대해 항상 알고 싶었지만 물어보기는 두려웠던 것들'에 관한 책도 아니다. 따라서 이 책에 언어 테스트와 측정에서 사용하는 모든 기술적 용어에 대한 정의가 들어 있는 것도 아니다.

언어 테스트에 관한 우리의 접근법은 다음 두 가지를 제공한다.

1. 언어 테스트의 개발과 사용에 대한 이론적이고 원론적인 기반
2. 독자가 각자 처한 언어 테스트 상황에서 적절한 언어 테스트를 스스로 선정하거나 개발할 수 있게 하는 능력

이 책에서는 이러한 목적에 부합하는 사례를 제시했으며, 그 사례는 우리의 접근법에 중요한 특정 요점과 원리, 개념을 분명하게 보여 준다. 또한 기술적 용어는 접근법 중 필수적인 경우로 제한하여 사용하였으며 이 용어에 관한 분명한 정의와 사례를 제공했다.

언어 테스트 개발과 사용에 관한 우리의 접근법은 최신 언어 테스트 연구 및 언어 교육 연구를 포함하고 있으며, 이는 두 가지 기본적인 원리를 기초로 한다.

• 언어 테스트 수행과 언어 사용 사이의 관련성 충족: 특정 언어 테스트가 의도한 목적에 부합하다는 것을 입증할 수 있는 방법으로 테스트 중의 수행은 테스트가 아닌 상황에서의 언어 사용과 일치해야 한다.
• 분명하고 명백한 테스트 유용성 정의: 테스트 유용성은 몇 가지 특성(신뢰도, 구인 타당도, 실제성, 상호작용성, 영향력, 실용도)으로 이뤄지며 언어 테스트의 설계, 개발, 사용 과정 전반에 걸쳐 테스트의 질 관리를 위해 최우선시되는 고려 사항이다.

이 장에서는 첫 번째 원리에 대해 논의하고, 3장과 4장에서 이를 더욱 자세하게 다루고자 한다. 테스트 유용성의 개념은 2장에서 구체적으로 논의하겠다.

언어 테스트 수행과 언어 사용 사이의 관련성

개인의 언어 능력을 파악하기 위해 언어 테스트 점수를 사용하고 이로부터 다양한 결정을 내리는 것이 가능하려면, 언어 테스트에서의 수행이 언어 테스트 그 자체가 아닌 다른 특수한 상황에서의 언어 사용과 어떻게 관계가 있는지를 분명하게 입증해야 한다. 이러한 관계를 입증하기 위해서는 언어 테스트의 수행을 언어 사용의 특정한 사례로 다루는 것을 가능하게 하는 개념적 틀이 필요하다. 다시 말해 우리가 언어 테스트에서의 수행과 언어 테스트 외적 상황에서의 언어 사용 각각에서 중요하다고 믿는 특성을 기술하기 위한 일관된 틀이 필요하다.

그러한 틀의 필요성을 설명하기 위해 언어 테스트의 개발이 필요한 일반적인 상황에 대해 생각해 보자. 북미의 대학에서 외국어로서 스페인어를 배운 학생이 스페인 대학교에서 1년 동안 스페인어로 공부할 준비가 되었는지를 결정하는 테스트의 개발이 필요하다고 가정하자. 이때 학술적인 강의를 이해하려면 스페인어를 사용해야 하므로 처음에는 테스트에 학술적인 강의와 관련된 과제를 포함시킬 것이다.

그러나 실제 테스트 과제를 설계하기 시작하면, 학술적인 강의에는 구체적으로 생각해야 할 많은 특성이 있다. 예를 들어 강의 시간은 몇 시간인지, 무슨 과목인지, 강의 주제는 어느 수준인지, 초급인지 또는 고급인지 등을 고려할 필요가 있다. 또한 테스트 과제에 강의와 같은 입력의 특성을 파악하는 것 외에도, 테스트 응시자들이 그러한 입력에 대해 무엇을 하게 될 것인지에 대해서도 구체적으로 생각할 필요가 있다. 예를 들어 테스트 응시자들에게 강의를 요약하게 할 것인지, 짧은 질문에 답을 하게 할 것인지를 정해야 한다. 후자인 경우 질문은 얼마나 길고 언어적(통사, 어휘)인 면에서 얼마나 복잡한지, 질문은 구두로 제시되는지 아니면 서면으로 제시되는지, 테스트 응시자들에게 어떠한 응답을 기대하는지, 그들이 여러 선택지 중 최선의 답을 선택하게 할 것인지, 아니면 직접 답을 작성하게 할 것인지를 정해야 한다. 직접 답을 작성하게 하는 경우 얼마나 긴 답이 나올 것으로 예상하는지, 테스트 응시자들이 서면으로 답하게 되는지, 구두로 답하게 되는지, 답은 스페인어로 하는지, 아니면 응시자의 모국어로 하는지 등의 사항들도 고려해야 한다. 분명한 점은 강의 청취와 같은 언어 사용 과제를 적절하게 기술하기 위해서는 특정 과제의 특성 전반을 반드시 고려해야 한다는 것이다.

이 모든 질문에 어떻게 답을 하게 할 수 있을까? 한 가지 방법은 학생들이 목표어 사용 영역2(이 사례에서는 스페인 대학교의 학업 프로그램)에서 목표어(스페인어)를 사용해 성취해야 할 과제들을 조사하고 분석하는 것이다. 이와 같은 목표어 사용 상황에서 특정한 과제를 분석할 때 분석하고자 하는 여러 과제들 사이의 유사점과 차이점을 찾기 위해서는 테스트 응시자들에게 입력에서 제시한 언어 표본의 길이, 입력의 문법적, 텍스트적, 기능적, 사회언어적 특성 등과 같이 특정한 특성으로 시작하거나 그러한 특성을 끌어내는 것이 매우 유용하다는 사실을 깨닫게 될 것이다.

테스트를 설계할 때 다룰 필요가 있는 또 다른 질문은 언어 사용자나 잠재적 테스트 응시자의 특성과 관련이 있다. 예를 들어 강의 주제와 관련해 언어 사용자나 잠재적 테스트 응시자가 얼마나 풍부한 지식을 갖고 있는지, 그들의 수준은 어느 정도인지, 언어 사용자나 잠재적 테스트 응시자가 강의, 강의자, 주제 또는 환경에 대해 긍정적인 또는 부정적인 감정을 갖고 있는지, 과제 대처 능력에 대해 지나치게 걱정하는지 등을 고려해야 한다. 또한 측정하고자 하는 언어 능력 영역에서 그 영역의 본질에 관한 몇 가지 질문을 다룰 필요가 있다. 예를 들어 이에 대한 몇 가지 일반적인 개념들을 알고 있다고 하더라도, 듣기 이해 과제에 포함된 특정한 능력을 식별하기 위해 최근의 언어 능력 이론이나 듣기 이론을 적용하기로 결정할 수도 있다.

사례가 알려 주는 것처럼 언어 테스트를 설계할 때 언어 사용 상황과 과제, 언어 사용자와 테스트 응시자의 특성에 대해 고려할 필요가 있다. 테스트 과제를 언어 사용 과제와 확실히 일치시키고 이를 입증하기 위해서는 과제의 특성을 고려할 필요가 있다. 또한 언어 사용 과제와 테스트 과제의 특성이 어느 정도로 관련이 있는지를 증명하기 위해서는 개인의 특성도 고려해야 한다. 따라서 언어 사용과 언어 테스트 수행 모두에 영향을 주는 두 가지 특성이 주요한 관심의 대상이 된다. 하나는 개인의 특성으로, 언어 능력과 관련해 이뤄지는 추론이 어떠한 구조적 타당성을 나타내는지와 관련이 있다. 다른 하나는 과제의 특성으로, 앞서 언급한 추론을 일반화하는 영역을 결정하는 것과 관계가 있다. [그림 1-1]은 언어 사용과 언어 테스트 수행의 두 가지 특성이 갖는 효과에 대해 설명한다.

위에서 다룬 것처럼 언어 테스트의 설계, 개발, 사용에서 주된 고려 사항인 관련성은 언어 테스트 수행과 테스트가 아닌 언어 사용 사이의 관련성으로, [그림 1-1]에서 'A'로 표시한 가로 화살표에 해당한다. 자체적으로 설계하고 개발한 테스트나 추후 사용을 위해 선정하고자 하는 기존의 테스트에서 이러한 관련성을 입증하기 위해서는 언어 사용 상황 및 과제의 특성과 테스트 상황 및 과제의 특성 사이의 관련성을 입증할 수 있어야 하며, 이는 [그림 1-1]에서 'B'로 표시한 화살표에 해당한다. 그리고 언어 사용자의 특성과 테스트 응시자 개인의 특성 사이의 관련성은 [그림 1-1]에서 'C'로 표시한 화살표에 해당한다.

언어 테스트에서 주로 고려하게 되는 개인의 특성은 언어 능력인데,

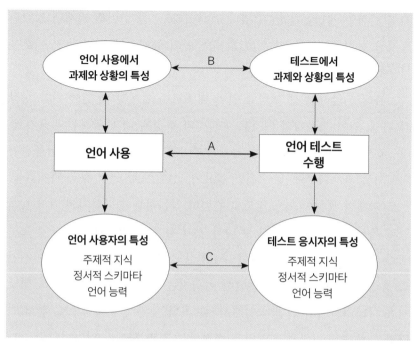

[그림 1-1] 언어 사용과 언어 테스트 수행 사이의 관련성

이는 우리가 추론하고자 하는 것이 언어 능력이기 때문이다. 또 고려할 필요가 있는 개인의 특성은 주제 지식이나 지식 스키마타(schemata), 정서적 스키마타이다. 이 책에서는 두 가지 이유로 이들을 논의에 포함했다. 첫째, 이러한 특성이 언어 사용과 테스트 수행 모두에 중요한 영향을 미치기 때문이다. 둘째, 이러한 특성이 테스트 응시자의 수행을 방해하기보다 용이하게 하도록 언어 테스트를 설계하는 것이 가능하다고 보기 때문이다.

우리의 접근법은 무엇을 제공하는가

이와 같은 두 가지 원리 외에도, 이 책에서 제시한 접근법은 [표 1-3]에 제시한 것과 같이 언어 테스트에 대한 철학적 견해를 기조로 삼는다. 이를 이 책의 모든 부분에 결합해 보고자 했다.

이러한 접근법은 누구에게 도움이 되는가

언어 테스트에서 우리가 채택한 접근법을 사용하면 우리는 다양한 사람에게 도움이 되리라 믿는다. 이와 같은 믿음은 이 접근법을 우리 학생에게 가르쳤을 때의 경험을 통해서만 얻은 것이 아니다. 언어 테스트를 실제로 설계하고 개발하는 전 세계 여러 개인 및 기관과 상담을 할 때에도 이 접근법을 성공적으로 사용했다. 우리는 수업을 위해 테스트를 선정, 조정 또는 개발할 필요가 있는 언어 교사, 특정 언어 교육 프로그램

[표 1-3] 언어 테스트에 대한 우리의 철학

언어 테스트에 대한 우리의 철학
1. 언어 테스트를 언어 교육 및 언어 사용에 관련시켜라.
2. 테스트 응시자가 최고 수준의 능력을 발휘하도록 독려하고 이것이 가능하게 테스트를 설계하라.
3. 테스트 설계에 공정성을 고려하라.
4. 테스트 절차를 인간화하라. 즉, 테스트 응시자가 테스트 절차에 조금 더 직접적으로 참여할 방법을 모색하라. 테스트 응시자를 책임감 있는 개인으로 대우하라. 가능한 한 전체 테스트 절차에 대해 완전한 정보를 제공하라.
5. 테스트 사용에 대한 책임을 요구하라. 당신의 테스트를 사용하는 다른 사용자뿐만 아니라 자신에게도 테스트 사용 방식에 대한 책임감을 담보하라.
6. 점수에 기반한 결정은 딜레마로 가득 차 있고, 이에 대한 보편적인 답은 없다는 점을 인식하라.

복사 가능 (© Oxford University Press)

내에서 광범위하게 사용할 테스트를 개발하는 전문가, 본인들이 개발한 자료 안에 적절한 테스트와 테스트 개발을 위한 제안을 포함시켜야 하는 자료 개발자들 및 교재 편찬자들과 협업했다. 우리는 또한 고부담(high-stakes) 테스트 제작을 담당하는 조직의 전문 테스트 개발자와도 함께 작업했다. 마지막으로 연구 수요에 적합한 언어 테스트를 선정하거나 개발해야 하는 응용언어학의 다양한 분야에서 활동 중인 학자들과도 함께 작업을 진행했다.

책의 개요

이 책은 크게 세 부분으로 구성된다. 1부에서는 언어 테스트의 설계, 개발, 사용에 이론적 기초를 제공하는 개념적 틀을 다루었다. 이러한 틀에는 2장에서 다루는 테스트의 유용성을 기술하고 평가하는 원칙과 3장과 4장에서 각각 다루는 테스트 과제의 특성과 언어 능력 모델도 포함되었다. 이 틀은 응용언어학의 이론적 연구에 기초했지만, 단지 이론적인 경우로 국한되는 것이 아니라 실제적이기도 하다. 이것의 주된 목적은 언어 테스트의 설계, 개발, 사용을 안내하는 데 있다.

2부에서는 다양한 사례를 통해 테스트 계획부터 사전 테스트, 테스트 진행부터 채점까지 테스트 개발 과정을 구체적으로 논의했다. 이 부분은 5장의 테스트 개발 과정에 관한 개괄적인 내용으로 시작한다. 6장에서는 테스트의 특수한 목적, 테스트 그 자체의 범위를 넘는 언어 사용 상황에서의 과제, 테스트 응시자들의 특성을 기술할 때와 평가할 능력을 정의할 때 필요한 고려 사항과 절차에 대해 논의했다. 7장에서는 테스트 유용성을 평가하기 위해 필요한 개념적이고 실증적인 계획과 절차의 개발을 중점적으로 다루었다. 8장에서는 언어 테스트의 개발과 사용에 필요한 자원을 배분하고 관리할 때 발생하는 실제적인 문제에 대해 논의했다. 9장은 쓰기 테스트 과제와 테스트의 계획 수립을 다루었으며, 10장에서는 효과적인 지시문의 작성에 대해 논의했다. 11장에서는 채점에서 고려할 사항과 다양한 채점 방법에 대해 논의했다. 마지막으로 12장에서는 테스트를 시행하는 절차, 테스트의 유용성 평가를 위해 피드백을 수집하는 과정에 대해 논의했다.

1부와 2부에서는 각 장에서 주요 논의 사항과 더불어 요약, 토론 질문/연습문제와 더 읽을거리를 제시했다. 연습문제의 구체적 유형은 장에 따라 차이가 있으며, 특정한 언어 테스트에 대한 요구 분석과 이를 다루는 방법에 대한 제안, 비평할 테스트와 테스트 항목, 독자들이 테스트 항목을 작성할 때의 목표와 같은 활동을 포함한다. 연습문제와 학습 활동은 상황에 따라 여러 방식으로 사용할 수 있다. 예를 들어 학급 전체나 모둠 활동, 짝 활동 등으로 토론을 이끌어 내고자 할 때 사용할 수 있다. 또한 자기성찰적(self-reflective) 쓰기 활동이나 숙제를 위한 기초로 쓸 수도 있다.

이 책의 마지막 부분인 3부에서는 테스트 개발 프로젝트의 실제 예시를 다양하게 제시했으며, 이를 통해 독자들은 테스트 개발의 전체적인 과정을 파악할 수 있다. 해당 프로젝트들은 수년에 걸쳐 우리가 직접 개발한 언어 테스트와 우리가 가르치는 테스트 강의에서 학생들이 완성한 프로젝트에서 가져온 것이다. 따라서 해당 프로젝트들은 테스트 개발의 실제적 사례로 구성되어 있으며, 이를 통해 독자들이 각자의 언어 테스트 개발의 요구에 맞게 우리의 접근법을 사용하고 조정하는 방법을 배워 가기를 바란다.

연습문제

1. 이 장에 제시된 언어 테스트의 개발과 사용에 관한 오해들과 비현실적인 기대감에는 무엇이 있는지 검토해 보자. 이 중에서 본인이 가지고 있던 오해는 무엇인가? 그러한 오해는 언어 테스트를 개발하거나 사용하는 방법에 어떠한 영향을 미쳤는가? 같이 업무를 수행한 사람 중에서도 그러한 오해를 가진 경우가 있었는가? 그러한 오해로 인해 어떠한 문제가 발생했는가?

2. 주어진 상황에 맞는 '최고의' 테스트가 존재한다는 믿음을 가졌을 때 어떤 경험을 했는가? 당시의 상황은 무엇이었으며, '최고의' 테스트가 어떠해야 한다고 생각했는가? 그 생각의 근거는 무엇이었는가?

3. 이 책의 저자들은 본인들이 배치 테스트를 개발할 때 부딪혔던 문제에 대해 기술했는데, 그 부분을 다시 읽어 보자. 그다음 불만족스러운 언어 테스트를 사용한 상황을 생각해 보고, 그에 대해 기술해 보자. 테스트에서 불만족스러웠던 구체적인 방법을 목록화해 보자. 그것은 저자들의 사례에서처럼 테스트에서 제공하는 정보의 종류와 필요로 하는 정보의 종류가 일치하지 않은 것과 관련이 있는가? 더욱 유용한 정보를 제공하기 위해 테스트를 수정하고자 했는가? 그렇게 했다면 어떤 부분을 수정했는가?

4. '제한적으로' 개발된 테스트를 사용했던 경험을 떠올려 보자. 테스트를 개발한 사람은 누구이며, 어떠한 자격을 갖고 있는가? 그다음 '언어 테스트 역량'을 설명한 부분을 읽어 보자. 일반적으로 테스트 개발자들은 언어 테스트에 얼마나 능숙하다고 생각하는가? 어떤 분야에서 테스트 개발자들이 능숙하거나 능숙하지 않다고 생각하는가?

5. 제2언어를 가르친 후 그 언어로 학생들을 테스트했던 상황을 생각해 보고, 그 상황을 기술해 보자. 학생들을 테스트하는 방법이 강의의 목표를 얼마나 잘 반영했는가? 테스트가 학생들의 언어 통제 척도를 제공했을 뿐 아니라 교사, 학생, 교육에 또 어떠한 영향을 미쳤다고 생각하는가? 이러한 영향에 만족하는가? 그 이유는 무엇인가?

6. 언어 테스트에 관한 저자들의 철학에 해당하는 부분을 다시 읽어 보자. 이

는 당신의 철학과 어느 정도로 일치하는가? 이 장을 읽은 후 언어 테스트에 관한 철학에 변화가 있었는가?

7. 3부의 프로젝트 1의 도입 부분을 읽고 나서 쓰기 프로그램 교사, 프로그램 관리자, 테스트 개발자에게 언어 테스트에 관한 어떠한 오해와 비현실적인 기대가 생길 수 있는지 생각해 보자. 집단에 따라 다른 종류의 오해와 비현실적인 기대가 생길 수 있는 이유는 무엇인가?

8. 3부의 프로젝트 1에 있는 설계 개요서(Design Statement)를 읽어 보자. 해당 내용이 구체적으로 언어 테스트에서 어떤 역량을 설명한다고 생각하는가?

9. 3부의 프로젝트 1에서 기술한 청사진과 실제 테스트를 살펴보자. 해당 부분이 이 장에서 제시한 테스트에 대한 철학적 견해를 어느 정도로 담아내고 있는가?

2장

테스트 유용성: 언어 테스트의 특성

도입

언어 테스트를 설계하고 개발할 때 가장 중요하게 고려해야 할 사항은 테스트의 용도이므로, 테스트의 특성에서 가장 중요한 것은 테스트의 유용성이다. 이것은 언급할 필요도 없이 너무나 명확한 것처럼 보인다. 그런데 무엇이 테스트를 유용하게 만드는가? 테스트를 사용하기 전에 테스트가 유용할지 어떻게 알 수 있는가? 혹은 테스트를 사용한 후에 테스트가 유용했는지 어떻게 알 수 있는가? 이러한 방식으로 유용성에 대해 질문하는 것은 단순히 테스트가 사용된다는 것만으로는 테스트가 유용하다고 말하기 어렵다는 것을 암시한다. 명확한 것을 진술하고 그것에 의문을 제기함으로써, 유용성은 의심할 여지 없이 중요함에도 불구하고 테스트를 설계하고 개발하거나 개발한 후 그 유용성을 판단하기 위한 근거를 제공할 만큼 충분히 명확하게 정의되어 오지 않았다는 점을 지적하고자 한다.

테스트 유용성은 우리가 개발하고 사용하는 테스트뿐만 아니라 테스트 개발과 사용의 모든 면을 평가할 수 있는 일종의 지표(metric)를 제공한다. 따라서 테스트 유용성 모델은 전체 테스트 개발 과정에서 질을 관리하기 위한 필수적 기반이라고 볼 수 있다. 그리고 더 나아가 모든 테스트 개발과 운영은 테스트 유용성 모델에 기반해야 한다. 이 장에서는 신뢰도, 구인 타당도, 실제성, 상호작용성, 영향력, 실용도의 여섯 가지 테스트 특성을 포함하는 테스트 유용성 모델을 제안한다. 또한 언어 테스트의 개발과 사용에서 유용성 모델을 운용하기 위한 기반이라고 믿는 세 가지 원칙을 제안한다. 이 모델은 세 가지 원칙과 함께 '이 특정 테스트가 의도된 목적을 달성하는 데 얼마나 유용한가?'라는 질문에 답할 수 있는 근거를 제공한다. 우선 모델과 원칙을 서술한 다음 테스트 유용성의 여섯 가지 특성을 설명하기 위한 예시를 제시하며 각각의 특성을 논의하겠다. 7장에서는 테스트 설계 및 개발 과정에서 특정 테스트 상황에 대해 유용성의 특성들을 평가하는 데 사용할 수 있는 구체적인 질문들을 제시한다.

테스트 유용성 모델

테스트 특성에 대한 전통적인 접근법에서는 이러한 특성을 다소 독립적인 특성으로 논의해 왔고, 모든 특성을 극대화할 필요가 있음을 강조했다. 이로 인해 일부 언어 테스트 전문가들은 하나의 특성을 극대화하면 다른 특성들이 사실상 손실된다는 극단적이고 불안정한 입장에 서게 되었다. 언어 테스트 전문가들은 신뢰도와 타당도 의 특성이 본질적으로 상충하고(예를 들어 Underhill, 1982; Heaton, 1988) 실제성과 신뢰도를 동시에 갖춘 테스트 과제를 설계하는 것은 불가능하다(예를 들어 Morrow, 1979; 1986)고 말해 왔다. 훨씬 더 합리적인 입장은 휴스(Hughes, 1989)가 언급한 바와 같이, 비록 서로 다른 테스트 특성들 사이에 갈등이 있다고 해도 이것이 테스트의 어느 한 특성을 완전히 포기하는 것으로 이끌 필요는 없다는 것이다. 우리는 테스트 개발자들은 서로 다른 특성들 사이의 갈등을 강조하기보다는 특성들의 상호 보완성(complementar-ity)을 인식할 필요가 있다는 관점을 제시하고자 한다. 따라서 테스트 개발자들은 이러한 특성들 사이에서 적절한 균형을 찾을 필요가 있고, 이 균형은 테스트 상황마다 달라질 수 있다고 주장한다. 적절한 균형을 이루는 것이 특정 테스트의 전반적인 유용성에 영향을 미치는 것처럼 서로 다른 특성들의 조화를 고려함으로써 결정될 수 있기 때문이다.

유용성의 개념은 [그림 2-1]과 같이 표현할 수 있다.

유용성 = 신뢰도 + 구인 타당도 + 실제성 + 상호작용성 + 영향력 + 실용성

[그림 2-1] 유용성

이 그림은 테스트 유용성이 여러 특성의 기능으로 설명될 수 있으며, 이 모든 특성은 고유하지만 서로 밀접하게 연관된 방식으로 주어진 테스트의 전반적 유용성에 기여한다는 관점을 나타낸 것이다.[1] 언어 테스트의 개발과 사용에서 유용성에 대한 이러한 관점을 운영하는 기반은 다음 세 가지 원칙에 의해 제공된다(이러한 원칙이 테스트 설계와 개발에서 어떻게 운용되는지에 대한 논의는 7장과 9장에서 자세히 다룬다).

1. 유용성에 영향을 미치는 개별적인 특성들보다는 테스트의 전반적인 유용성을 극대화해야 한다.
2. 개별 테스트의 특성들은 독립적으로 평가될 수 없을 뿐만 아니라, 테스트의 전반적인 유용성에 미치는 복합적인 영향을 고려해 평가되어야만 한다.
3. 테스트 유용성과 서로 다른 특성 간의 적절한 균형은 일반적으로 규정할 수 없고 각각의 특정 테스트 상황에 맞게 결정되어야 한다.

이러한 원칙들은 어떠한 언어 테스트든 특정 목적, 특정한 테스트 응시자 집단과 특정 언어 사용 영역(예를 들어 응시자가 테스트 외부에서 언어를 사용하게 될 상황이나 맥락)을 염두에 두고 개발되어야 유용할 수 있다는 우리의 신념을 반영한다(이러한 영역을 '목표어 사용[target language use]' 혹은 '목표어 사용 영역'으로, 그리고 목표어 사용 영역에서의 과제를 '목표어 사용 과제'라고 지칭할 것이다. 이에 대해서는 3장의 77~79쪽에서 좀 더 자세히 다룬다).

모든 테스트의 유용성을 일반적인 원칙에 따라 평가할 수는 없다. 테스트 유용성의 개념은 여섯 가지 테스트 특성의 측면에서 설명할 수 있고, 이 특성을 평가하기 위한 일반적인 고려 사항과 절차도 제시할 수 있다. 그러나 서로 다른 특성 사이의 적절한 균형은 어떠해야 하는지, 또는 최소 허용 가능한 수준은 어느 정도인지에 대해 일반적인 방안을 제공하는 것은 불가능하다. 이는 오직 주어진 테스트 및 테스트 상황에 대해서만 이루어질 수 있다.

한 테스트의 전반적인 유용성을 평가하는 것은 테스트 개발자의 가치판단을 수반하기 때문에 근본적으로 주관적이다. 예를 들어 수많은 개인에 대한 중요한 결정을 내리는 데 사용되는 대규모 테스트의 경우, 테스트 개발자는 가능한 한 가장 높은 수준의 신뢰도와 타당도를 달성할 수 있도록 테스트와 테스트 과제를 설계하고 싶을 수 있다. 반면에 교실 테스트의 경우, 교사는 실제성과 상호작용성, 영향력이 더 높은 테스트 과제들을 사용하고 싶어 할 것이다.

여섯 가지 테스트 특성

한 테스트의 전반적인 유용성을 결정짓는 구체적인 특성을 고려하고자 할 때, 테스트를 좀 더 큰 사회적 또는 교육적인 맥락의 일부분으로 여기는 체계적인 관점이 반드시 필요하다. 여기에서는 테스트뿐만 아니라 교수 자료와 학습 활동과 같은 많은 구성 요소를 포함하는 교육 프로그램에서 테스트를 사용하는 것에 중점을 두고 논의하고자 한다. 교육 프로그램의 다른 여러 구성 요소와 테스트 사이의 주요한 차이는 그 목적에 있다. 다른 구성 요소들의 주된 목적은 학습 증진에 있는 반면 테스트의 주된 목적은 측정에 있다. 테스트는 교육적인 목적을 제공할 수 있지만 이것이 테스트의 주된 기능은 아니다. 테스트 특성 중 네 가지는 학습 프로그램의 다른 구성 요소들과 공유된다. 따라서 교수를 위해 사용될 특정 언어 샘플의 실제성, 특정 학습 과제의 상호작용성, 특정 학습 활동의 영향력 혹은 특정한 상황을 위한 특정 교수 접근법의 실용도를 고려할 수 있다. 그러나 신뢰도와 타당도라는 두 가지 특성은 테스트에 매우 중요하고 필수적인 측정 특성으로 언급되기도 한다. 이는 신뢰도와 타당도가 추론 혹은 결정을 위한 기반으로서 테스트 점수(숫자)를 사용하는 데 주요한 정당성을 제공하는 특성이기 때문이다.

신뢰도

신뢰도(reliability)는 주로 측정의 일관성으로 정의된다. 신뢰할 수 있는 테스트 점수는 다양한 특성을 띠는 테스트 상황에서도 일관성을 유지할 것이다. 따라서 신뢰도는 한 가지 테스트 및 테스트 과제로부터 다른 테스트 및 테스트 과제에 이르기까지 점수의 일관성이라는 상관적 요소의 합으로 여겨질 수 있다. 다음 장에서 설명하겠지만, 만약 테스트 과제를 과제 특성의 집합으로 생각한다면 신뢰도는 다양한 테스트 과제 특성의 묶음을 아우르는 일관성이라는 상관적 요소의 합이라고 할 수 있다 (테스트 과제 특성은 3장에서 논의할 것이다). 이는 [그림 2-2]와 같이 표현할 수 있다.

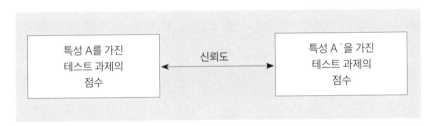

[그림 2-2] 신뢰도

이 그림에서 양방향 화살표는 오직 부수적인 측면만 다른 과제 특성을 지닌(A와 A′) 두 과제 사이의 관련성을 나타내기 위해 사용된다. 예를 들어 하나의 테스트가 같은 집단을 대상으로 두 차례 다른 상황에서 치러졌다고 가정할 때, 상황에 따라 테스트 결과에 차이가 생겨서는 안 된다. 또는 예를 들어 서로 바꿔서 사용할 수 있는 두 가지 테스트 유형을 개발했다고 가정했을 때 특정 응시자가 어떤 유형의 테스트 치르는가에 따라 차이가 생겨서는 안 되며, 어떤 유형의 테스트에서든 동일한 점수를 획득해야만 한다. 따라서 한 테스트가 개인들을 가장 높은 점수부터 가장 낮은 점수까지 순위를 매기고자 설계된 것일 때, 서로 다른 유형의 테스트에서 얻은 점수가 같은 순위를 나타내지 않는다면 이 점수들은 일관적이지 않으며, 측정하기를 원하는 능력을 나타내는 지표로 받아들이기 어렵다. 이와 유사하게 한 테스트가 특정 능력의 숙련 수준 위에 있는 개인과 아래에 있는 개인을 구분하고자 설계된 것이지만 서로 다른 형태로 치러졌을 때, 두 테스트의 점수가 동일한 개인을 '숙련자' 혹은 '비숙련자'로 구별할 수 없다면 이 테스트는 이러한 분류를 결정하는 데 신뢰할 수 없는 테스트인 것이다. 또 다른 예로 많은 양의 쓰기 과제를 채점하기 위해 여러 채점자가 개입되는 경우가 있다. 이 경우 주어진 쓰기는 어느 채점자가 채점했는지와 관계없이 동일한 점수를 받아야 한다. 만약 어떤 채점자가 다른 채점자에 비해 좀 더 엄격하게 채점한다면 서로 다른 채점자들의 채점은 일관성이 없게 되고, 획득된 점수는 신뢰할 수 있다고 보기 어렵다.

신뢰도는 분명히 테스트 점수의 필수적인 특성이다. 테스트 점수에 일관성이 없다면 테스트는 측정하고자 하는 능력에 관한 정보를 전혀 제공할 수 없기 때문이다. 이와 동시에 우리는 불일치(inconsistencies)를 완전히 없애는 것이 불가능하다는 사실을 인식해야만 한다. 그러나 테스트 설계를 통해 잠재적인 불일치를 최소한으로 통제하는 것은 가능하다. 테스트 수행에 영향을 미칠 수 있는 많은 요인 중에서 테스트 과제의 특성은 적어도 부분적으로는 통제할 수 있다. 따라서 언어 테스트를 설계하고 개발할 때, 목표어 사용 과제의 변인에 부합하지 않는 테스트 과제 특성의 변인을 최소화하기 위해 노력해야 한다. 7장과 9장에서는 테스트를 설계하고 잠재적인 유용성을 평가할 때, 신뢰도에 대한 고려 사항을 참작해 테스트 과제의 불일치를 줄이기 위해 취할 수 있는 방식들을 논의할 것이다.

　테스트 설계를 통해 테스트 과제 특성의 변인을 최소화하는 것 외에
도 그것이 얼마나 성공적인지를 판단하기 위해 테스트 점수에 미치는 영
향을 측정할 필요가 있다(신뢰도를 조사하고 입증하는 절차는 이 장의 '더 읽
을거리'에서 논의할 것이다).

구인 타당도

　구인 타당도(construct validity)는 테스트 점수를 기반으로 한 해석의
유의미성 및 적절성과 관련이 있다. 응시자의 언어 능력을 나타내는 지
표로서 언어 테스트 점수를 해석할 때, 중요한 질문은 '이러한 해석을 어
느 정도까지 정당화할 수 있는가?'이다. 이 질문은 테스트 개발자와 사용
자로서 테스트 점수에 대한 해석에 적절한 근거를 제공할 수 있어야 한
다는 의미다.[2] 즉, 단순히 테스트 점수에 대한 해석이 타당하다고 주장하
거나 논박하는 것이 아니라, 해석에 대한 타당성을 입증하거나 정당화해
야 한다.

　특정 테스트 점수의 해석을 정당화하기 위해 테스트 점수가 언어 능
력에서 측정하고자 하는 영역을 보여 주고 있으며, 그 외의 영역은 거의
점수에 영향을 미치지 않는다는 증거를 제공할 필요가 있다. 이러한 증
거를 제공하기 위해서는 측정하고자 하는 구인을 정의해야 한다. 우리의
목적에 따라 구인은 어떠한 능력에 대한 구체적인 정의를 의미하며, 이는
주어진 테스트 혹은 테스트 과제와 이 과제에서 나온 점수를 해석하는
기반을 제공한다. 따라서 구인 타당도는 측정하고자 하는 능력 혹은 구인
의 지표로서 테스트 점수를 해석할 수 있는 정도를 나타낸다. 또한 구인

타당도는 점수 해석을 확장하여 해석할 수 있는 일반화의 영역과 관련이 있다. 일반화의 영역은 테스트 과제와 일치하는 목표어 사용 영역의 과제들이다. 우리는 최소한 언어 능력에 대한 우리의 해석이 테스트 상황 그 자체를 넘어 특정 목표어 사용 영역까지 일반화되기를 바란다. 이와 같은 점수 해석의 구인 타당도의 두 가지 양상은 [그림 2-3]과 같이 시각적으로 표현할 수 있다.

이 그림은 특정한 일반화의 영역에서 테스트 점수를 측정하고자 하는 능력의 지표로서 적절하게 해석할 수 있는 상황을 나타낸다. 이에 따르면 점수 해석의 구인 타당도를 고려할 때는 구인 정의와 테스트 과제의

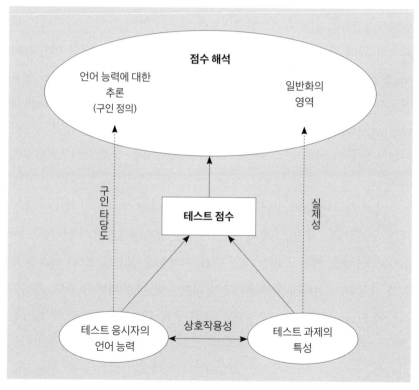

[그림 2-3] 점수 해석의 구인 타당도

특성을 모두 고려해야 한다. 이때 테스트 과제의 특성을 고려해야 하는 이유는 두 가지다. 먼저, 테스트 과제가 목표어 사용 영역 혹은 일반화 영역의 과제와 어느 정도 일치하는지를 결정하기 위한 것이다(이러한 일치도는 아래의 '실제성'에서 논의한다). 두 번째 이유는 테스트 과제가 테스트 응시자의 언어 능력 영역과 어느 정도 연관되어 있는지를 파악하기 위해서다(이에 대해서는 아래의 '상호작용성'에서 논의한다).

구인 타당도는 특정한 테스트 점수의 해석이 정당하다는 것을 입증하는 지속적인 과정이며, 이는 기본적으로 특정 해석을 뒷받침하기 위해 논리적 근거를 구축하는 것과 해석을 정당화할 수 있는 증거를 제공하는 것을 수반한다.[3] 몇 가지 검증 유형(예를 들어 내용 관련성 및 범위, 공인 준거 관련성, 예측 활용도)은 타당도 검증 과정의 부분으로서 특정 점수 해석을 뒷받침하기 위해 제공될 수 있고, 이는 이 장의 마지막에 있는 '더 읽을거리'에서 논의한다. 7장과 9장에서는 테스트를 설계하고 그것의 잠재적인 유용성을 평가할 때, 타당도 고려 사항을 논리적으로 따져 볼 수 있는 방법들에 대해 논의할 것이다.

테스트 개발자와 사용자가 테스트 타당도 검증이 지속적인 과정이며, 테스트 점수에 대한 해석이 전적으로 타당하다고 할 수 없다는 사실을 깨닫는 것이 중요하다. 테스트 점수를 기반으로 한 해석을 정당화하는 것은 테스트 설계에서부터 시작하며, 의도한 해석을 뒷받침할 수 있는 증거를 수집하는 것으로 이어진다. 그러나 비록 특정한 해석을 지지하는 증거를 제공했다 할지라도 이러한 근거가 빈약해 보일 수 있음을 인식해야 한다. 이러한 이유에서 우리는 해석이 '타당하다' 혹은 '타당도가 검증되었다'라는 인상을 주어서는 안 된다.

신뢰도 및 구인 타당도 요약

언어 테스트의 주요 목적은 개인의 언어 능력의 지표로 해석할 수 있는 척도를 제공하는 것이다. 따라서 척도의 두 가지 특성인 신뢰도와 구인 타당도는 모든 언어 테스트의 유용성에 반드시 필요하다. 신뢰도는 구인 타당도를 갖추기 위한 필요조건이며, 따라서 유용성을 갖추기 위한 필요조건이기도 하다. 그러나 신뢰도는 구인 타당도나 유용성을 갖추기 위한 충분조건은 아니다. 예를 들어 학문적인 글쓰기 강의에서 개인을 다양한 수준에 배치하기 위한 테스트가 필요하다고 가정해 보자. 문법 지식에 대한 선다형 테스트는 매우 일관되거나 신뢰할 수 있는 점수를 산출할 수 있겠지만, 글쓰기 강의를 위한 배치 테스트로 해당 테스트를 사용하는 것을 정당화하기에는 충분하지 않다. 문법 지식은 학문적인 글쓰기 과제를 수행하는 데 필요한 언어 사용 능력 중 일부이기 때문이다. 이러한 경우 언어 지식의 한 영역만을 포함하는 구인을 정의하는 것은 협소해 부적절하다고 할 수 있다. 왜냐하면 목표어 사용 영역인 학문적 글쓰기 과제 수행 능력과 관련된 구인에는 메타인지 전략뿐만 아니라 언어 지식의 다른 영역도 포함되며, 주제에 관한 지식과 정의적인 반응도 수반할 수 있기 때문이다.

실제성[4]

3장에서는 언어 테스트 사용의 정당화를 위해서는 언어 테스트에서의 수행이 테스트 외에 다른 특정 영역에서의 언어 사용과 일치한다는 것을 입증해야 한다고 주장한다. 이것을 입증하는 한 가지 측면은 목표어 사용 과제의 특성과 테스트 과제의 특성 사이의 유사성과 관계가 있다. 이 유사성은 실제성의 핵심이며, 목표어 사용 과제의 특성과 일치하는 테스트 과제가 상대적으로 실제적이라고 할 수 있다. 우리는 실제성(anthenticity)을 주어진 언어 테스트 과제의 특성이 목표어 사용 과제의 특성에 일치하는 정도라고 정의한다. 이러한 관계는 [그림 2-4]에서 드러난다(이는 1장의 [그림 1-1]의 화살표 'B'에 해당한다).

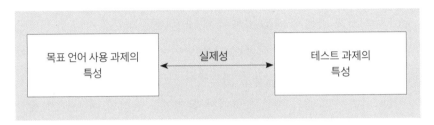

[그림 2-4] 실제성

　　실제성은 언어 테스트의 중요한 특성으로 10년 넘게 언어 테스트 연구자들 사이에서 논의되어 왔음에도 불구하고, 일반적으로 언어 테스트 교재에서는 논의되지 않았다. 우리가 실제성을 중요한 테스트 특성으로 보는 이유는 실제성이 점수 해석을 일반화하고자 하는 일반화의 영역과 테스트 과제를 연관시키기 때문이다. 따라서 실제성은 테스트에서의 성과를 넘어 목표어 사용 영역의 언어 사용이나 테스트는 아니지만 기타 유사한 언어 사용 영역으로 일반화하는 정도를 조사하는 수단도 제공한다. 그런데 점수 해석의 일반화 가능성을 조사하는 것은 구인 타당도의 검증에서 중요한 부분이기 때문에, 실제성은 구인 타당도와 관련되기도 한다.

　　실제성을 중요하게 여기는 또 다른 이유는 테스트에 대한 응시자들의 인식과 그에 따라 테스트 성과에 미치는 잠재적인 영향 때문이다. 테스트 응시자와 사용자가 언어 테스트에 반응하는 하나의 방식은 테스트의 주제 관련 내용과 과제 유형이 목표어 사용 영역과 얼마나 관련이 있는지를 인지하는 것이다. 테스트 응시자가 인식하는 이러한 관련성은 테스트 과제에 대한 긍정적인 정서 반응을 증진시키고, 결국 응시자가 테스트에서 최상의 성과를 내는 데 도움을 줄 수 있다.

대부분의 언어 테스트 개발자들은 언어 테스트를 설계할 때 은연중에 실제성을 고려한다. 예를 들어 읽기 테스트를 개발하는 경우 응시자가 테스트 상황 밖에서 읽을 법한 주제 및 자료와 비슷한 지문을 선택할 가능성이 높다. 혹은 만약 목표어 사용 영역에서 응시자가 대화에 참여해야 하는 경우라면, 상호작용과 피드백이 특징인 테스트 과제를 설계할 것이다. 따라서 과제의 특성 측면에서 실제성을 정의할 때 우리가 제안하는 것은 현재의 테스트 관행으로부터의 근본적인 이탈을 의미하는 것이 아니다. 오히려 우리의 접근법이 언어 테스트 설계와 개발에 실제성에 대한 고려 사항을 세워 나가는 더욱 정확한 방법을 제공할 것이다.

실제성이 높은 테스트 과제를 설계하고자 할 때는 우선 이는 다음 장에서 설명하는 것과 같은 과제 특성의 틀을 출발점으로 삼아 목표어 사용 영역에서 과제를 정의하는 중요한 특성을 파악해야 한다. 그다음 이러한 중요한 특성을 가진 테스트 과제를 설계하거나 샘플 과제를 선정해야 한다. 6장과 9장에서는 과제의 특성을 통해 테스트 과제의 중요한 특성을 파악하고 정의해 상대적 실제성을 평가하는 방법을 서술할 것이다.

목표어 사용 영역을 정의해 온 방식 때문에 실제성의 정의는 '의사소통 중심' 혹은 '과제 기반' 교수(teaching)가 이루어지는 언어 교실을 포함한 다양한 영역에 적용될 수 있다. 이를 통해 테스트 내용 및 테스트 과제와 특정 목표어 사용 영역과 관련된 교실에서의 교수·학습 활동 간의 관련성을 고려할 수 있다. 또한 이러한 정의는 실제성에 대한 다양한 인식을 허용한다. 응시자마다 목표어 사용 영역에 대한 인식이 서로 다를 수 있다. 이와 유사하게 테스트 과제의 특성과 목표어 사용 영역의 관련성에 대한 응시자들의 인식도 테스트 개발자들의 인식과 다를 수 있다. 예를 들어 영어를 사용하는 백화점의 판매원 자리에 지원했는데 인사과에서 심사 과정의 일부로 영어 테스트를 치르도록 했다고 가정해 보자. 만일 이 테스트가 유해 폐기물 처분에 관해 신문 편집자에게 보낸 편지를 구두로 요약해야 하는 테스트라면 당신은 어떠한 반응을 보일 것인가? 당신은 분명히 테스트 내용에 의문을 가질 것이다. 이 특정한 장르(요약)의 영어의 주제나 수사적인 구조가 당신이 업무에서 사용할 가능성이 있는 영어와 얼마나 관련이 있는가? 구두로 무엇인가를 설명하는 능력이 당신의 업무와 관련이 있을지라도, 이러한 특정 언어 사용 측면은 고객과 상호적인 대화를 수행하는 능력과 크게 관련이 없는 것으로 인식할 수 있다. 이번에는 당신이 판매할 상품에 대해 설명하기 위해서는 어휘를 충분히 알아야 한다는 말을 들었으며, 백화점에서 판매하는 상품의 종류를 설명하는 지문에 다양한 단어가 삭제되어 있고 빈칸에 누락된 단어를 채워 넣어야 하는 테스트를 받았다고 가정해 보자. 이 테스트의 주제는 당신의 업무와 관련이 있다고 인식할 수도 있으나, 누락된 단어를 채워 넣는 과제는 관련이 없다고 생각할 수도 있다. 이 모든 것이 시사하는 바는 실제성은 다양한 관점에서 평가되어야 하며, 언어 테스트의 개발과 사용에서 이들 모두가 고려되어야 한다는 것이다. 7장과 9장에서는 테스트를 설계하고 잠재적인 유용성을 평가할 때 실제성을 고려하는 방법에 대해 논의한다.

상호작용성

상호작용성(interactiveness)은 테스트 과제를 수행할 때 응시자의 개인적 특성이 관련되어 있는 정도와 유형으로 정의할 수 있다. 언어 테스트 과제와 가장 관련성이 높은 개인적 특성은 테스트 응시자의 언어 능력(언어 지식 및 전략적 역량, 또는 메타인지 전략), 주제 지식 및 정서적 스키마타이다(이는 4장의 107~109쪽에서 설명한다). 따라서 언어 테스트 과제의 상호작용성은 응시자의 언어 지식, 메타인지 전략, 주제 지식, 정서적 스키마타의 영역이 테스트 과제와 연관되어 있는 방식에 따라 특징지을 수 있다. 예를 들어 응시자의 배경지식을 필요로 하는 주제의 테스트 과제는 그렇지 않은 과제보다 상대적으로 상호작용성이 높을 가능성이

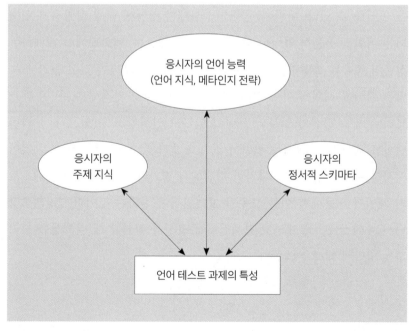

[그림 2-5] 상호작용성

크다. 상호작용성은 [그림 2-5]와 같이 나타낼 수 있다.

　이 그림에서 양방향 화살표는 언어 능력, 주제 지식, 정서적 스키마타와 테스트 과제 특성 간의 상호작용을 나타낸다. 테스트 과제와 목표어 사용 과제 간의 유사성과 관련되어 두 가지 과제의 특성을 모두 고려해야만 하는 실제성과 달리 상호작용성은 개인(테스트 응시자 또는 언어 사용자)과 과제(테스트 또는 목표어 사용) 간의 상호작용에 의해 나타난다.[5] 따라서 상호작용성은 모든 과제에서 나타나는 특성이며, 목표어 사용 과제와 테스트 과제는 모두 잠재적으로 상호작용성이 다를 수 있다. 이런 이유로 상호작용성과 실제성을 구별한다.

　4장에서는 언어 능력을 언어 지식과 전략적 역량, 메타인지 전략을 포함하는 것으로 정의한다. 따라서 응시자의 언어 능력을 추론하려면 테스트 과제에서 요구하는 응답이 응시자의 언어 지식 영역과 전략적 역량을 확인할 수 있는 것이어야 한다. 수학적 계산이나 시각적, 비언어적 정보에 대한 반응과 같은 여러 유형의 테스트 과제는 응시자가 테스트에 제시된 내용과 높은 수준의 상호작용을 해야 한다. 그러나 이러한 상호작용이 언어 지식의 사용을 요구하지 않는 한, 응시자의 성과를 토대로 언어 능력에 대해 추론할 수 없다. 예를 들어 테스트 응시자가 다이어그램에서 그래픽 및 숫자 정보를 사용해 문제를 해결하도록 요구하는 기하학적인 테스트 과제는 매우 매력적일 수 있지만 이 과제의 수행을 언어 능력의 지표로 해석하지는 않는다. 따라서 상호작용성은 구인 타당도와의 중요한 연결 고리를 제공하기 때문에 언어 테스트 과제의 중요한 특성이라고 할 수 있다. 7장과 9장에서는 테스트를 설계하고 그 잠재적인 유용성을 평가할 때 상호작용성을 고려하는 방법에 대해 논의한다.

테스트 과제의 실제성 및 상호작용성의 예

실제성과 상호작용성이 의미하는 바를 더 잘 이해하기 위해 특성이 다른 네 가지 테스트 과제의 예를 제시하고자 한다. 이를 통해 실제 테스트 과제가 실제성과 상호작용성 측면에서 어떻게 다른지 이해할 수 있을 것이다.

첫 번째 예(A)는 해외의 한 가상 기관의 타이피스트에 관한 것으로, 이 타이피스트들은 영어를 잘 이해하지 못하지만 영어로 타이핑 작업을 수행할 수 있는 높은 수준의 능력이 있다. 그렇지만 이들은 영어로 상호 작용하거나 영어로 된 문장을 독자적으로 작성하는 데에는 어려움을 느낀다. 그럼에도 불구하고 이들은 탁월한 타이피스트이며 수기로 작성된 문서로도 고품질의 스크립트를 생성해 내는데, 이것이 업무 수행에 필요한 유일한 작업이다. 이러한 상황에서 신입 타이피스트를 채용하기 위한 선별 테스트를 진행한다면, 그 테스트는 지원자가 수기 문서를 타이핑하도록 하는 것만으로도 충분하다. 지원자가 실제 업무에서 영어를 사용하는 것이 정확하게 이런 종류의 타이핑에 국한된다는 것을 알고 있다면 타이핑 테스트가 업무와 관련성이 높다고 인식할 것이다. 그러나 이 테스트는 응시자에게 수기 문서를 반드시 언어로 작성할 것을 요구하지 않기 때문에 상호작용성의 기준을 거의 충족하지 못한다. 즉, 타이피스트는 문서를 담론으로 처리하지 않고 단순히 문자와 단어를 옮겨 적을 수도 있는 것이다. 이 예는 테스트의 실제성은 매우 높지만 상호작용성 측면은 낮은 것으로 평가되는 테스트를 보여 준다. [그림 2-6]의 다이어그램 왼쪽 상단 모서리에 있는 'A'는 예로 든 이 테스트가 실제성과 상호작용성 측면에서 어느 부분에 해당하는지 나타낸다.

두 번째 예(B)에도 동일한 테스트 상황을 사용할 수 있다. 동일한 지원자들이 영어로 음식, 날씨, 의복 등 일상적인 주제에 대해 대화할 수 있다고 가정하고, 지원자들을 영어로 인터뷰해 테스트한다고 가정해 보자. 인터뷰의 주제가 지원자의 관심 분야였다면, 실제 인터뷰에서는 테스트가 아닌 대화와 동일한 유형의 상호작용이 이루어졌을 수 있다. 이 인터뷰의 점수를 바탕으로 영어를 사용하는 유일한 업무가 영어로 수기 문서를 타이핑하는 것뿐인 사람을 선발한다면, 이 예는 실제성과 상호작용성 측면에서 어떻게 평가될 수 있는가? 이 과제는 테스트 과제와 목표어 사용 과제의 관련성 부족으로 인해 실제성이 상대적으로 낮다고 평가될 수 있다. 반면 인터뷰 형식이 응시자로 하여금 주제를 선택하게 하고 상호작용 구조에 영향을 미칠 수 있는 합리적인 수준의 통제를 허용하는 경우 상호작용성이 상대적으로 높은 것으로 평가될 수 있다. [그림 2-6]의 다이어그램에서 'B'는 이 예가 어느 부분에 해당하는지를 나타낸다.

실제성	상호작용성	
	낮음	높음
높음	A	D
낮음	C	B

[그림 2-6] 실제성과 상호작용성

세 번째 예(C)에서는 미국의 대학에 입학하려는 유학생이 단어와 단어의 의미를 일치시켜야 하는 영어 어휘 테스트를 받았다고 가정해 보자. 이 테스트에서 얻은 점수는 학생들이 영어로 된 학술 자료를 읽을 수 있는 능력에 대한 진단 정보를 제공하는 데 사용된다. 실제성과 상호작용성 측면에서 이 테스트는 어떠한가? 이러한 유형의 과제를 포함하는 미국 대학의 언어 사용 영역이 거의 없기 때문에 이 과제는 실제성이 상대적으로 낮다고 할 수 있다. 그리고 고도로 제한된 언어 지식과 세 가지 메타인지 전략의 최소한의 개입으로 인해 상호작용성도 상대적으로 낮다. [그림 2-6]의 다이어그램에서 'C'는 이 예가 어디에 위치하는지를 보여 준다.

마지막 예(D)로 역할극을 이용해 한 영업사원이 제품을 판매해야 한다고 가정해 보자. 이 역할극은 잠재적인 고객의 역할을 하는 사람과의 대면 대화를 포함할 수도 있다. 이 테스트에서 응시자는 가상의 고객을 대화에 참여시키고 판매 과제에 사용할 접근법을 결정해 과제를 수행해야 할 수도 있다. 이 테스트 과제는 얼마나 실제적이고 상호작용적인가? 이 과제는 실제성과 상호작용성이 상대적으로 높은 것으로 평가받을 것이다. 목표어 사용 영역의 특성과 이 테스트 과제의 특성이 일치하기 때문에 실제성이 높다. 평가, 목표 설정 및 계획 전략뿐만 아니라 모든 언어 지식 영역과 응시자의 주제 지식 수준이 높으므로 상호작용성 또한 높다. [그림 2-6]의 다이어그램에서 'D'는 이 테스트 과제가 어느 부분에 해당하는지 나타낸다.

실제성 및 상호작용성에 관한 주의 사항

종합하면 실제성과 상호작용성의 개념은 우리가 언어 테스트를 어떻게 설계하고, 개발하고, 사용하는지에 대해 다음과 같은 함의를 지닌다.

1. 실제성과 상호작용성은 모두 상대적인 개념이므로, 실제성이나 상호작용성이 '있다/없다'보다는 '상대적으로 높다/낮다'라고 말한다.
2. 테스트 과제의 상대적인 실제성 또는 상호작용성은 단순히 테스트 과제만 보고 판단할 수 없으며, 이를 판단하기 위해서는 테스트 응시자, 목표어 사용 영역 과제, 테스트 과제와 같은 세 가지 특성을 고

려해야 한다.

3. 어떤 테스트 과제는 비록 실제성이나 상호작용성이 낮더라도 의도된 목적을 달성하는 데 비교적 유용할 수 있다.

4. 새로운 테스트를 설계하거나 기존 테스트를 분석할 때 실제성과 상호작용성에 대한 평가는 추측에 불과하다. 우리는 응시자에게 실제적이고 상호작용적인 테스트 과제를 설계하기 위해 최선을 다할 수 있지만, 응시자마다 동일한 테스트 과제를 예상하지 못한 방식으로 받아들일 수 있음을 인식해야 한다.

5. 실제성 및 상호작용성을 위해 지정하는 최소 허용 수준은 특정 테스트 상황에 따라 다르다. 이러한 특성들은 언어 사용, 언어 학습 및 언어 교육에 대한 현재의 견해를 반영하기 위해 언어 테스트에 필수적인 것으로 간주되어야 한다. 그러나 동시에 실제성 및 상호작용성을 위한 최소 허용 수준은 다른 테스트의 특성에 대한 허용 수준과 균형을 이루어야 한다.

실제성, 상호작용성 및 구인 타당도

실제성, 상호작용성 및 구인 타당도는 모두 테스트 상황에서 구인 '언어 능력'을 어떻게 정의하느냐에 따라 달라진다. 실제성은 테스트 과제와 목표어 사용 영역의 관련성과 관련이 있으며, 내용 타당도라는 전통적인 개념과도 관련된다.[6] 또한 실제성은 우리의 점수 해석이 일반화되기를 바라는 영역을 지정하고, 따라서 구인 타당도에서도 이러한 측면을 살피기 위한 기반을 제공한다. 상호작용성 및 구인 타당도 간의 관계는 언어 지식, 전략적 역량 또는 메타인지 전략, 주제 지식의 상관 요소로 구성되어 있다. 즉, 높은 상호작용성과 구인 타당도가 상응하는 정도는 우리가 구인을 정의한 방법과 테스트 응시자의 특성에 따라 달라진다. 그러므로 한 테스트가 상대적으로 상호작용성이 높을지라도 측정하고자 하는 구인에 대하여 유효한 척도를 제공하지 못할 수 있다. 예를 들어 그래프나 차트처럼 많은 비언어적 시각 정보를 처리해야 하는 테스트 과제는 응시자의 메타인지 전략과 주제 지식을 요구하기 때문에 상당히 상호작용성이 높다고 할 수 있다. 그러나 이 테스트에서 언어 지식 영역의 개입이 거의 필요하지 않다면, 이 테스트는 언어 지식에 대한 타당한 척도를 제공하지 못한다고 할 수 있다.

영향력

테스트의 또 다른 특성은 테스트가 사회와 교육 시스템 및 해당 시스템 내의 개인에게 미치는 영향력(impact)이다. 테스트 사용의 영향력은 두 가지 수준, 즉 특정 테스트 사용의 영향을 받는 개인의 측면에서의 미시적 수준과 교육 시스템 또는 사회 측면에서의 거시적 수준으로 작용한다. 영향력은 [그림 2-7]과 같이 나타낼 수 있다.

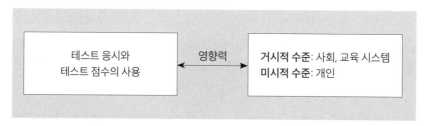

[그림 2-7] 영향력

테스트를 치르고 행하는 행위는 특정한 가치와 목표를 암시하며, 이에 대한 결과가 뒤따른다. 마찬가지로 테스트 점수를 사용하는 것도 가치와 목표를 암시하며, 이 또한 결과를 가져온다. 바크먼(Bachman, 1990)이 지적했듯이 "테스트는 가치가 없는 정신력 시험관에서 개발되고 사용되는 것이 아니라, 교육 시스템이나 사회 전반의 요구에 실질적으로 부합하기 위한 것이다"(p. 279). 예를 들어 잠재적인 응시자를 알고 있는 교사나 응시자의 기록을 검토해 정보를 찾아내는 것 대신 테스트를 치르기로 결정했을 때, 이는 어떤 가치와 목표를 암시하는가? 연공서열이나 인맥과 같은 기준이 아닌 테스트 점수를 결정의 기준으로 삼았을 때 사회, 교육 시스템 및 관련된 개인에게 어떠한 결과가 따르는가? 따라서 테스트는 특정한 가치와 목표의 맥락에서 사용하는 것이며, 이러한 선택은 관련된 개인과 시스템에 특정한 결과를 가져오거나 영향력을 미친다.

환류 효과

언어 테스트 연구자와 실무자 모두가 특히 관심을 가져온 영향력의 한 측면은 '환류 효과(washback)'라고 불리는 것으로, 이에 대한 대부분의 논의는 과정(학습 및 교육)에 초점을 맞춰 왔다.[7] 이러한 과정은 개인뿐만 아니라 교육 및 사회 시스템에 영향력을 미치며 개인, 교육 시스템 및 사회 전반에 영향력을 미친다. 따라서 영향력의 범위 내에서 환류 효과를 고려해야 한다고 생각하며, 여기에서는 이러한 관점을 제시하고자 한다.[8]

환류 효과는 언어 테스트에서 주로 개인에 대한 테스트의 직접적인 영향력으로 논의되었으며 이 영향력은 실제로 존재한다고 널리 여겨진다. 예를 들어, 휴스(Hughes)는 환류 효과가 "테스트가 교수와 학습에 미치는 영향"(1989: 1)이라고 정의하고, 테스트가 교수와 학습에 유익한 영향을 미칠 수도 있고 해로운 영향력을 미칠 수도 있다고 주장한다. 코언(Cohen)은 환류 효과의 영향을 "교육적 관행과 신념에 미치는 영향"(1994:41)의 관점에서 더욱 광범위하게 논의한다. 반면에 월과 올더슨(Wall and Alderson, 1993)은 광범위한 경험적 연구 결과를 토대로 테스트 개발자와 테스트 사용자는 단순히 테스트가 교수와 학습에 영향력을 미칠 것으로 추측할 수 없으며, 실제로 특정 영역(예를 들어 교수 내용, 교수 방법, 성취도 평가 방법), 방향(긍정적, 부정적), 예상되는 영향력의 정도를 조사해야 한다고 단언한다.

개인에 대한 영향력

다양한 개인은 특정한 상황 속에서 테스트의 사용으로 영향을 받게 되고, 이로 인해 이해관계를 갖거나 지분을 보유하게 된다. 직접적으로 영향을 받는 이해 관계자에는 테스트 응시자와 테스트 사용자 또는 의사 결정권자가 포함된다. 또한 수많은 개인(예를 들어 응시자의 미래의 급우 또는 동료, 미래의 고용주)이 간접적으로 영향을 받을 것이다. 마지막으로 테스트의 사용은 사회 또는 교육 시스템 전반에까지 영향을 미치며, 실제로 시스템의 모든 구성원은 간접적으로 영향을 받는다. 여기에서는 테스트의 사용이 개인에게 미치는 간접적인 영향력에 대한 일반적인 시스템적 영향을 논의하기보다는 테스트 사용으로 가장 직접적으로 영향을 받는 개인, 즉 응시자와 교사에게 미치는 영향에 초점을 맞추고자 한다.

응시자에게 미치는 영향력
응시자는 세 가지 측면에서 테스트 절차에 영향을 받을 수 있다.

1. 테스트 응시 경험 및 경우에 따라서는 테스트를 준비한 경험
2. 테스트 수행에 대한 피드백
3. 테스트 점수에 근거한 결정

테스트 준비 및 응시 경험은 4장의 언어 사용의 모델에서 논의한 것처럼 테스트 응시자의 특성에 영향을 줄 가능성이 있다. 국가 혹은 국제적으로 공인된 자격을 위한 공식적인 테스트나 표준화된 테스트와 같은 고부담 테스트의 경우, 응시자는 몇 주 동안 개별적으로 테스트를 준비하기도 한다. 이러한 국가적 고부담 테스트가 상급 단계 학교로의 입학이나 배치 또는 대학 입학을 위해 사용되는 나라에서 교육은 수년 동안 실제 테스트를 위해 짜인 강의 계획에 초점을 둘 것이며, 수업에서는 실제 테스트에서 필요로 하는 기술을 연습하게 될 것이다.

테스트를 치르는 경험 그 자체도 테스트 응시자에게 영향을 미칠 수 있다. 예를 들어 테스트가 새로운 주제나 문화 정보를 제공할 경우, 응시자의 주제에 관한 지식이 영향을 받을 수 있다. 따라서 테스트 과제의 주제 내용이 테스트 응시자에게 올바른 정보를 제공하는지, 혹은 잘못된 정보를 제공하는지 확인해야 한다. 응시자에게 목표어 사용 영역이 생소한 경우(예를 들어 미국의 대학에서 공부할 프로그램에 등록하려는 유학생), 응시자의 목표어 사용 영역에 대한 인식이 테스트에 영향을 받을 수 있다. 따라서 우리는 목표어 사용 영역의 다양한 측면에 대해 테스트가 테스트 응시자에게 올바른 정보를 제공하는지, 혹은 오해를 불러일으키지는 않는지를 살펴봐야 한다. 한편 테스트 응시자의 언어 지식 영역도 테스트의 영향을 받을 수 있다. 테스트는 많은 테스트 응시자에게 자신의 언어 능력을 어느 정도 확인하거나 확인하지 못하게 할 수 있으며, 이는 응시자들의 언어 지식 영역에 영향을 미칠 수 있다. 예를 들어 테스트에

서 무언가가 문법적으로 올바른 것으로 제시되었지만 실제로는 문법적이지 않다면, 이는 혼란을 야기할 수 있다. 반대로 테스트 응시자는 테스트를 치르는 동안 또는 이후 받은 피드백을 통해 자신의 언어 지식을 향상시킬 수 있다. 마지막으로 응시자의 전략 사용은 과제의 특성, 특히 상호작용성이 높은 과제의 영향을 받을 수 있다. 테스트가 긍정적인 영향을 미칠 수 있게 하는 한 가지 방법은 테스트의 설계 및 개발에 테스트 응시자를 참여시키고, 테스트 및 테스트 과제에 대한 응시자의 인식에 관한 정보를 수집하는 것이다. 응시자가 이런 식으로 참여한다면 테스트 과제는 더 실제적이고 상호작용적인 것으로 인식될 가능성이 높으며, 응시자는 테스트에 대해 보다 긍정적인 인식을 갖고, 동기가 높아지며, 테스트를 더 잘 수행할 것이라는 가설을 세울 수 있다.

응시자들이 테스트 수행에 대해 받는 피드백은 응시자들에게 직접적인 영향을 줄 수 있다. 그러므로 테스트 응시자에게 가능한 한 관련이 있고, 완전하며, 의미 있는 피드백을 주기 위한 방법을 고려할 필요가 있다. 피드백은 대개 점수의 형태이며, 따라서 테스트 응시자에게 보고하는 점수가 유의미하도록 해야 한다. 또한 테스트 점수를 해석하는 데 도움이 되는 구두 설명, 실제 테스트 과제 및 테스트 응시자의 수행에 대한 구두 설명과 같은 추가 피드백 유형을 고려해야 한다. 적절한 테스트 관리자와의 개인 면담에서 제공되는 풍부한 구두 설명은 테스트 응시자의 테스트에 대한 긍정적인 정서 반응을 개발하는 데 특히 효과적일 수 있다.[9]

마지막으로 테스트 점수에 근거해 응시자에게 내릴 수 있는 결정은 응시자들에게 여러 가지 방식으로 직접적인 영향을 줄 수 있다. 교육 프로그램에의 합격 또는 불합격, 한 과정에서 다른 과정으로의 진급 또는 유급, 취업 또는 취업 실패와 같은 결정들은 모두 응시자에게 중요한 결과로 나타날 수 있다. 따라서 결정의 공정성이 고려되어야 한다. 공정한 결정은 개별 테스트 응시자의 집단 구성원으로서의 정체성과는 상관없이 동등하게 적절한 결정을 내리는 것이다. 결정 절차와 기준이 모든 테스트 응시자 집단에 동일하게 적용되었는지를 확인해야 한다.

공정한 테스트 사용도 테스트 점수와 결정의 관련성 및 적절성과 관련이 있다. 의사 결정에 사용되는 테스트 점수를 포함한 다양한 종류의 정보, 상대적 중요성과 사용될 기준 또한 고려되어야 한다. 예를 들어 테스트 성적만을 근거로 인생에 영향을 미치는 결정을 내리는 것은 과연 공정한 일인지에 대해 생각해 봐야 한다. 마지막으로 공정한 테스트 사용은 응시자에게 의사 결정이 어떻게 내려질 것인지에 대해 충분한 정보를 제공하는지의 여부와 그 방법, 그리고 설명한 방법으로 실제로 의사 결정이 이루어졌는지의 여부와 관련이 있다. 예를 들어 테스트 응시자에게 테스트 점수와 성적을 기준으로 프로그램의 합격 여부가 결정된다고 알려 주었으나 실제 합격 여부는 추천서를 기반으로 결정되는 경우, 결정 절차의 공정성에 의문을 제기할 수 있다.

교사에게 미치는 영향력

테스트의 직접적인 영향을 받는 두 번째 개인 집단은 테스트 사용자이며, 교육 프로그램에서 테스트 사용에 가장 직접적으로 영향을 받는 테스트 사용자는 교사이다. 위에서 언급한 바와 같이, 언어 시험 전문가들은 교사가 실시하는 교육 프로그램에 미치는 영향을 환류 효과라고 부른다. 대부분의 교사는 테스트가 자신의 교육에 미칠 수 있는 영향력에 대해 잘 알고 있다. 교사가 개인적으로 선호하는 교수법이 있을지라도 특정한 테스트를 사용해야 한다는 것을 인지했을 때, '테스트에 맞춰 가르치기(teaching to the test)'가 불가피함을 알게 된다. '테스트에 맞춰 가르치기'라는 용어는 교사 자신의 가치 및 목표 또는 교육 프로그램의 가치 및 목표와 양립할 수 없는 방식으로 가르치는 것을 의미한다. '테스트에 맞춰 가르치기'라는 개념은 학습 상황을 목표어 사용 영역으로 간주할 경우 앞에서 설명한 실제성과 연관 지을 수 있다. 이러한 관점에서 교사가 가르치는 것이 테스트와 관련이 없다고 생각하면(또는 반대의 경우) 이는 테스트의 실제성이 낮은 경우로 보며, 테스트에 해로운 환류 효과 또는 교육에 부정적인 영향을 줄 수 있다. 교육에 부정적인 영향을 미칠 가능성을 최소화하는 한 가지 방법은 테스트와 테스트 과제의 특성이 교육 프로그램의 특성과 더 밀접하게 일치하도록 테스트 방법을 변경하는 것이다.

그 반대의 상황은 교육 프로그램을 담당하는 사람들이 해당 프로그램의 품질과 그것이 만들어 내는 결과에 만족하지 않는 경우다. 이 불만족은 종종 테스트 결과에 기반을 두지만, 프로그램의 다양한 측면(예를 들어 교육과정, 자료, 학습 활동 유형)이 교사가 효과적인 학습이라고 믿는 것과 동떨어져 있기 때문에 발생할 수도 있다. 많은 언어 테스트 전문가들은 이와 같은 상황에서 교육 현장에 현재의 생각과 일치하는 교육 관행을 가져오는 한 가지 방법은, 이러한 생각을 반영하는 테스트 절차를 개발하는 것이라고 주장해 왔다. 즉, 이 상황에서의 가설은 효과적인 교수와 학습의 원칙으로 생각하는 것을 통합하거나 호환 가능한 테스트를 사용해 교육 행위를 개선시킬 수 있어야 한다는 것이다. 그러나 월과 올더슨(Wall and Alderson, 1993)의 지적과 같이, 단순히 '계몽된' 테스트를 부과하는 것이 자동으로 교육 행위에 효과를 가져올 것이라고 가정할 수는 없다. 실제로 월과 올더슨(Wall and Alderson, 1993)의 연구에서 입증된 바와 같이, 테스트가 교육에 미치는 영향은 영향을 받는 교육의 특정 측면에 따라 다르며 영향의 정도는 사실상 거의 없는 수준부터 상당히 많은 정도까지 이를 수 있고, 이 영향은 긍정적일 수도 있고 부정적일 수도 있다.

사회 및 교육 시스템에 미치는 영향력

테스트 개발자 및 테스트 사용자로서 우리는 항상 테스트 용도를 알리는 사회 및 교육적 가치 시스템을 고려해야 한다. 제2언어 테스트나 외국어 테스트의 경우 테스트 사용에 영향을 미치는 가치와 목표가 문화마다 다를 수 있다는 사실을 필연적으로 깨닫게 되므로, 가치와 목표에 대한 고려가 특히 더 복잡하다. 예를 들어 한 문화권에서는 개인의 노력과 성취에 큰 가치를 부여하는 반면, 다른 문화권에서는 집단의 협력과 권위에 대한 존중이 매우 중요할 수 있다. 현재 많은 사람이 응시자의 기본적인 권리로 인식하는 비밀 유지, 정보 접근성, 사생활 보호 및 기밀 유지와 같은 문제가 한때는 고려의 대상조차 아니었던 것처럼 가치와 목표도 시간이 지남에 따라 변한다.

우리는 또한 언어 테스트의 사용이 위에 언급된 바와 같이 개별 이해 관계자뿐만 아니라 교육 시스템과 사회에도 영향력을 미칠 것이라는 사실을 인식하면서 행동이 초래할 결과를 고려해야 한다. 이는 특히 많은 수의 개인에 대한 중요한 결정을 내리는 데 사용하는 고부담 테스트와 관련해 중요하다. 예를 들어 국가 차원에서 널리 사용하는 테스트에서 선다형 또는 구술 면담과 같은 특정 유형의 테스트 과제를 사용하는 것이 해당 국가의 언어 교육 관행과 언어 프로그램에 미칠 수 있는 잠재적 영향을 고려해야 한다. 마찬가지로 특정 목적을 위해 언어 테스트를 사용하는 것이 사회적 가치와 목표에 미칠 수 있는 잠재적 영향 또한 염두에 두어야 한다. 예를 들어 학교 학생들을 여러 가지 교육 프로그램으로 나누어 배치하거나, 이민 신청자를 선별하거나, 또는 전문가를 위한 면허 절차의 일부로 언어 테스트를 사용하는 것이 사회에 미치는 영향은 무엇인가? 테스트 사용이 사회 일부의 가치와 목표만을 반영하는 경우,

이러한 사용이 사회 전체의 가치와 목표에 어느 정도 긍정적인 또는 부정적인 영향을 미치는가?

그러므로 특정 목적을 위해 테스트를 사용했을 때 발생할 수 있는 상황에 대해 심도 있게 생각해야 한다. 잠재적 결과에 대한 평가는 다음과 같이 정리할 수 있다.

1. 테스트의 의도된 용도를 최대한 자세히 열거하라.
2. 테스트 사용 후 발생할 수 있는 잠재적 결과를 긍정적인 측면과 부정적인 측면을 모두 포함해서 열거하라.
3. 발생했으면 하는, 혹은 발생하지 않았으면 하는 순서로 잠재적 결과를 나열하라.
4. 각각의 다양한 결과가 발생할 가능성이 얼마나 되는지 판단하기 위해 정보를 수집하라.

테스트 사용으로 발생할 수 있는 결과에 대한 분석은 동일한 목적을 달성하기 위해 사용하는 테스트 대안에 대한 결과를 고려함으로써 보완되어야 한다.

요약하면 테스트 사용의 영향력은 테스트가 실시되는 사회 및 교육 프로그램의 가치와 목표, 그리고 그러한 테스트 사용의 잠재적 결과에 따라 고려해야 한다. 테스트 사용의 영향력을 평가할 때는 개인과 교육 시스템 및 사회의 가치와 목표, 그리고 개인, 교육 시스템 및 사회에 미칠 수 있는 잠재적 결과의 관점에서 특정 테스트 상황(목적, 목표어 사용 영역, 테스트 응시자, 구인 정의)의 특성을 고려해야 한다. 언어 테스트에서의 환류 효과라는 개념은 영향력의 관점에서 특징지을 수 있으며, 이는 테스트 응시자와 그들의 특성, 교수 및 학습 활동, 교육 시스템 및 사회에 대한 잠재적 영향력을 포함한다. 7장과 9장에서는 테스트 사용의 잠재적 영향력을 평가하고 테스트의 설계 및 개발에 필요한 구체적인 고려 사항을 논의한다. 그리고 3부에 소개된 프로젝트를 통해 이를 어떻게 수행할 수 있는지 설명한다.

실용도

마지막으로 고려해야 할 테스트 특성은 실용도(practicality)로, 이는 다른 다섯 가지 특성과 본질적으로 다르다. 다른 특성들은 테스트 점수의 용도와 관련이 있지만 실용도는 주로 테스트가 시행되는 방식, 그리고 더 나아가 테스트의 개발과 사용 여부와 관련된다. 즉, 테스트를 시행하는 것이 사용 가능한 자원을 초과하면 테스트는 비실용적이며 자원을 보다 효율적으로 할당할 수 있거나 추가 자원을 할당할 수 있는 경우가 아니면 사용되지 않는다. 실용도에 대한 고려는 논리적으로 다른 특성에 대한 고려에 뒤따르지만 그렇다고 해서 실용도가 다른 특성인 유용성보다 덜 중요하다는 의미는 아니다. 오히려 유용성을 결정하는 테스트 개발 과정은 순환적이기 때문에 실용도에 대한 고려는 모든 단계의 결정에 영향을 미칠 가능성이 있으며, 이는 초기에 구체화한 사항을 재검토하고 개정하게 할 수도 있다.

테스트를 설계하고 개발할 때 우리는 특정 테스트 상황에 맞는 신뢰도, 구인 타당도, 실제성, 상호작용성 및 영향력 사이에서 최적의 균형을 이루기 위해 노력한다. 또한 사용 가능한 자원을 고려해 균형을 이루는 데 필요한 자원을 결정해야 한다. 따라서 테스트의 실용도를 결정하려면 (1) 원하는 특성의 균형을 지닌 운영 테스트를 개발하는 데 필요한 자원과 (2) 사용 가능한 자원의 할당 및 관리를 고려해야 한다. 이에 대해서는 8장에서 자세하게 논의하고 설명한다. 이 장에서는 실용도를 간단히 정의하고 실용도에 대해 고려해야 할 주요 측면을 소개할 것이다.

실용도는 테스트의 설계, 개발 및 사용에 필요한 자원과 이러한 활동에 사용할 수 있는 자원 간의 관계로 정의할 수 있다. 이 관계는 [그림 2-8]과 같이 표현할 수 있다.

$$실용도 = \frac{사용\ 가능한\ 자원}{필요한\ 자원}$$

실용도가 ≥ 1이라면 테스트 개발 및 사용이 실용적이다.
실용도가 < 1이라면, 테스트 개발 및 사용이 실용적이지 않다.

[그림 2-8] 실용도

실용도는 특정 테스트가 충족시켜야 할 명세 사항이 기존 자원의 한계 내에서 충족될 수 있는 정도의 문제이다. 실용도에 대한 이러한 견해는 주어진 테스트 상황에서 실용도를 위한 '한계 수준'을 정의할 수 있기 때문에 유용하다. 테스트의 사양이 요구하는 자원이 가용 자원을 어느 개발 단계에서도 초과하지 않으면 테스트는 실용적이며, 개발 및 테스트 사용이 진행될 수 있다. 그러나 요구하는 자원이 사용 가능한 자원을 초과한다면 테스트는 실용적인 것이 아니며, 개발자는 요구된 자원을 줄이기 위해 사양을 수정하거나 사용 가능한 자원을 늘리거나 재할당해 좀 더 효율적으로 활용할 수 있도록 해야 한다. 따라서 실용적인 테스트는 설계, 개발 및 사용에 필요한 자원이 사용할 수 있는 자원보다 많지 않은 테스트인 것이다.

자원의 유형

실용도를 평가하기 위해서는 자원의 의미를 규정해야 하는데, 일반적으로 세 가지 유형으로 분류할 수 있다. 인적 자원에는 테스트 출제자, 채점자 또는 평가자, 테스트 관리자, 사무 및 기술 지원 인력이 포함된다. 물적 자원에는 공간(테스트 개발 및 테스트 관리용 공간), 장비(타자기, 워드 프로세서, 테이프 및 비디오 녹화기기, 컴퓨터) 및 자료(종이, 그림, 도서관 자원)가 포함된다. 시간은 개발 시간(테스트 개발 과정의 시작부터 최초 운영 관리 후 점수 보고까지의 시간)과 특정 과제(설계, 개발, 관리, 채점, 분석)를 위한 시간으로 구성된다. 다양한 유형의 자원을 고려할 때 많은 테스트 상황에서 사용 가능한 자원의 총량이 본질적으로 예산의 상관 요소이기 때문에, 각 유형과 관련된 구체적인 금전적 비용을 추정하는 것이 중요하다. [그림 2-9]에는 이러한 다양한 유형의 자원이 나열되어 있다.

---

1 인적 자원
(예를 들어 테스트 출제자, 채점자 또는 평가자, 테스트 관리자 및 사무 지원)

2 물적 자원
공간(예를 들어 테스트 개발 및 테스트 관리를 위한 공간)
장비(예를 들어 타자기, 워드 프로세서, 테이프 및 비디오 녹화기기, 컴퓨터)
자료(예를 들어 종이, 그림, 도서관 자원)

3 시간
개발 시간(테스트 개발 과정 시작부터 최초 운용 관리 후 점수 보고까지의 시간)
특정 과제(예를 들어 설계, 작성, 관리, 채점, 분석)에 소요되는 시간

[그림 2-9] 자원의 유형

테스트 개발 및 사용의 단계에 따라 다양한 유형의 자원 및 관련 비

용이 다르게 요구된다. 또한 필요한 자원의 특정 유형과 양은 특정 테스트의 설계에 따라 달라질 수 있으며, 사용 가능한 자원은 상황마다 다를 수 있다. 이러한 이유로 실용도는 하나의 특정 테스트 상황에 한해 판단할 수 있으며, 어떤 상황에서는 실용적인 테스트의 명세 사항이 다른 상황에서는 실용적이지 않을 수도 있다. 따라서 테스트 또는 테스트 과제가 다른 것보다 실용적이라고 말하는 것은 일반적으로 이치에 맞지 않는다. 그러나 이에 대해 실제로 말할 수 있는 것은 일부 테스트 또는 테스트 과제가 다른 유형의 자원을 상대적으로 더 많이 또는 덜 요구하거나 테스트 과정의 다른 단계에 있다는 것이다. 8장에서는 자원 배분과 관리에 대해 자세히 설명한다.

결론

이 장에서 발전시킨 테스트 유용성의 정의는 두 가지 이유에서 언어 테스트 분야에 기여할 수 있다. 첫째, 유용성에 기여하는 모든 특성의 상대적인 중요성을 고려하기 위한 원칙적인 기반을 제공하며, 이러한 특성이 서로 상호작용하는 방식을 고려할 수 있다. 둘째, 특정 테스트 상황에 유용성이라는 개념을 연결한다. 즉, 테스트의 신뢰도, 타당도, 실제성, 상호작용성, 영향력 및 실용도에 대한 고려 사항을 테스트의 특정 목적, 목표어 사용 영역, 응시자 집단 및 사용자 집단, 그리고 자원의 가용성과 할당 측면을 현지 상황에 연결한다. 따라서 테스트 유용성에 대한 이러한 접근법은 개발자에게 두 가지 요구 사항을 제시한다. 첫째, 추상적이고 통계적인 공식만이 아니라 특정 테스트 상황과 관련해 이러한 특성을 고려해야 한다. 둘째, 이러한 특성에 대한 고려는 사후 사실 분석에만 의존하는 것이 아니라, 테스트 계획 및 개발 과정의 초기 단계부터 시작해야 한다.

요약

언어 테스트를 설계할 때 가장 중요한 고려 사항은 테스트의 유용성이며 이것은 신뢰도, 타당도, 실제성, 상호작용성, 영향력 및 실용도와 같은 여섯 가지 테스트 특성으로 정의할 수 있다. 이 여섯 가지 특성은 모두 테스트의 유용성에 기여하므로 개별적으로 평가할 수 없다. 또한 이러한 서로 다른 특성의 상대적 중요성은 상황에 따라 다를 수 있으므로 테스트 유용성은 특정 테스트 상황에 대해서만 평가할 수 있다. 마찬가지로 특성들의 적절한 균형은 추상적으로 규정될 수 없고 하나의 특정 테스트에 대해서만 결정될 수 있다. 명심해야 할 가장 중요한 고려 사항은 다른 특성을 희생시키면서 어떤 하나의 특성도 무시하지 않는 것이다. 이보다는 테스트의 목적, 목표어 사용 영역과 테스트 응시자의 특성, 측정할 구인을 정의한 방식에 따라 특성들의 적절한 균형을 이루기 위해 노력해야 한다.

신뢰도는 측정의 일관성으로 정의할 수 있으며, 불일치는 측정하려는 구인 이외의 요인으로 인한 테스트 점수의 변동이다. 테스트 점수에 영향을 미칠 수 있는 여러 가지 요인 중 우리가 어느 정도 통제할 수 있는 요인은 테스트 과제의 특성이다. 따라서 언어 테스트를 설계하고 개발할 때, 구인과 목표어 사용 과제에 대한 정의에서 비롯되지 않은 테스트 과제 특성의 변수를 최소화하려고 노력해야 한다. 설계를 통해 이러한 의도하지 않은 변수를 최소화하는 것 외에도, 이 변수가 테스트 점수에 미치는 영향을 예측해 측정상 불일치의 원인이 되는 변수들을 최소화하는 데 얼마나 성공했는지를 판단해야 한다.

구인 타당도는 테스트 점수에 근거한 해석의 유의미성 및 적절성과 관계가 있다. 이러한 해석의 타당성은 단순히 주장하는 것으로 끝나는 것이 아니라 입증되어야 한다. 테스트 구인 타당도 검증은 테스트 점수에 대한 특정 해석이 정당하다는 것을 증명하는 지속적인 과정이며, 이는 해석을 정당화하는 증거를 제공하는 것을 포함한다. 여기서 제공해야 하는 정당성은 구인 타당도의 증거 또는 테스트 점수가 측정하고자 하는 언어 능력의 영역 외에 다른 부분은 거의 반영하지 않는다는 증거이다.

실제성은 다음 두 가지 이유로 언어 테스트의 중요한 특성이다.

1. 실제성은 테스트 성과와 일반화하려는 목표어 사용 과제 및 영역 사이의 연결 고리를 제공한다.
2. 테스트 응시자가 테스트 과제의 상대적 실제성을 인식하는 방식은 응시자들의 테스트 수행을 잠재적으로 향상시킬 수 있다.

실제성은 특정 언어 테스트 과제의 특성과 목표어 사용 과제의 특성에 대한 일치 정도로 정의된다.

상호작용성은 평가하고자 하는 구인의 정도가 테스트 과제의 완수와 밀접하게 관련되어 있기 때문에 중요한 테스트의 특성이다. 또한 상호작용성은 언어 교육과 언어 학습에 대한 현재 견해의 핵심이기 때문에 중요하다. 상호작용성은 테스트 과제를 완수하는 데 개입하는 테스트 응시자의 언어 능력(언어 지식과 메타인지 전략), 주제 지식, 정서적 스키마타의 정도와 유형이라는 상관 요소에 따라 달라진다.

실제성과 상호작용성은 모두 상대적인 것이기 때문에 '실제적', '비실제적' 또는 '상호작용적'과 '비상호작용적'보다는 '상대적으로 더' 또는 '상대적으로 덜' 실제적이고 상호작용적이라고 말할 수 있다. 또한 테스트 과제의 상대적인 실제성 또는 상호작용성은 단순히 테스트를 살피는 것으로는 판단할 수 없으며 테스트 응시자, 목표어 사용 영역 및 테스트 과제의 특성을 같이 고려해야 한다.

영향력은 테스트 사용이 사회, 교육 시스템 및 개인에게 영향을 미치는 다양한 방식으로 광범위하게 정의될 수 있다. 테스트 개발자 및 테스트 사용자로서 우리는 항상 테스트 사용에 영향을 미치는 사회적, 교육적 및 개인적 가치 시스템을 생각해야 한다. 또한 특정 목적을 위해 테스트를 사용함으로써 발생할 수 있는 일을 염두에 두어야 한다. 영향력은 사회 또는 교육의 전체적인 시스템인 거시적인 수준과 특정한 테스트의 사용에 의해 영향을 받는 개인이라는 미시적인 수준이라는 두 가지 수준에서 작용한다. 언어 테스트에서 상당한 관심사였던 환류 효과 또는 세류 효과(backwash)라는 개념은 영향력의 다양한 측면으로 볼 수 있다.

테스트 점수로 만들어진 용도와 관련된 다른 다섯 가지 특성과는 달리 실용도는 테스트가 주어진 상황에서 구현되는 방식 또는 테스트의 사용 여부와 관련된다. 실용도는 테스트의 설계, 개발 및 사용에 필요한 자원과 이러한 활동에 사용할 수 있는 자원 간의 관계로 정의할 수 있다. 실용적인 테스트는 설계, 개발 및 사용이 가능한 것보다 많은 자원을 필요로 하지 않는 테스트다. 몇몇 자원의 유형은 인적 자원, 물적 자원, 시간으로 나눌 수 있다. 필요한 특정 자원은 상황에 따라 다르며 사용 가능한 자원도 다르다. 따라서 실용도는 특정한 테스트 상황에 한해서만 판단할 수 있으며, 일반적으로 한 테스트 또는 테스트 과제가 다른 것보다 실용적이라고 말하는 것은 이치에 맞지 않는다. 실용도에 대한 고려는 테스트 개발 및 사용의 모든 과정에서 내리는 결정에 영향을 미칠 수 있으며, 이는 이전에 구체화한 세부 사항을 다시 숙고하거나 심지어 수정하게끔 만들 수 있다. 테스트를 설계하고 개발할 때 우리는 특정 테스트 상황에 맞게 신뢰도, 구인 타당도, 실제성 및 실용도 사이에서 최적의 균형을 이루려고 노력한다. 그리고 사용할 수 있는 자원과 관련해 균형을 이루기 위해 필요한 자원을 결정해야 한다.

연습문제

1. 이 장을 읽기 전에 테스트 유용성에 대한 당신의 생각은 어떠했는가? 이 장을 읽은 후 당신의 생각이 어떻게 바뀌었는가? 당신의 테스트 개발 과정이 과거에 비해 어떻게 달라질 것 같은가?

2. 현재 언어 테스트를 사용하고 있지만 이 장에서 제시된 유용성의 틀에 익숙하지 않은 사람을 인터뷰하고, 그에게 테스트의 유용성에 대해 생각해 보라고 요청하자. 이 사람은 이 장에서 설명된 유용성의 다양한 특성을 무의식 중에 어느 정도 고려했는가?

3. 테스트를 개발해야 하는 상황을 가정해 보자. 그리고 학급을 두 집단으로 나누어 구성원들과 함께 이 상황에서 사용할 테스트의 제안서를 구상해 보자. 그런 다음 잠재적인 유용성 측면에서 두 제안서를 비교하고 평가하자.

4. 3부의 프로젝트 3에 대한 테스트 과제가 3부의 프로젝트 4에 설명된 목적을 위해 제안되었다고 가정해 보자. 유용성의 여러 가지 특성이 어떻게 줄어들 것인가?

5. 이전에 경험했거나 실행했던 언어 테스트의 전반적인 유용성을 되돌아보자. 혹시 이 장에서 설명된 여섯 가지 특성으로 설명할 수 없는 명백한 유용

성의 측면이 있는가? 그렇다면 당신이 생각해 낸 부가적인 특성을 설명하기 위해 어떻게 유용성의 특성을 수정하거나 추가할 수 있을까?

더 읽을거리

1. 『교육 및 심리 검사 표준』(APA, 1985)은 신뢰도와 타당도에 대한 폭넓고 구체적인 논의와 테스트 사용 표준을 제공한다. 여기에 설명된 표준은 측정 전문가와 테스트 개발자 및 테스트 사용자에 의해 널리 수용된다.
2. 바크먼(Bachman, 1990)은 6장과 7장에서 신뢰도와 타당도에 대해 논의한다. 메식(Messick, 1989)은 점수 사용의 타당도를 고려하기 위한 광범위한 이론적 틀을 제공한다.
3. 교육 수행 평가 맥락에서의 테스트 질에 대한 논의는 린과 베이커와 던바(Linn, Baker and Dunbar, 1991), 모스(Moss, 1992), 베이커와 오닐과 린(Baker, O'Neil and Linn, 1993), 린(Linn, 1994), 메식(Messick, 1994), 그리고 위긴스(Wiggins, 1994)에서 찾을 수 있다.
4. 위다우슨(Widdowson, 1978; 1983)은 언어 교재 및 연습 문제의 실제성에 대해 논의한다.
5. 바크먼(Bachman, 1990) 8장에서는 언어 테스트의 실제성에 대한 광범위한 논의를 제공한다.
6. 카날(Canale, 1988)은 응시자에게 풍부한 피드백을 제공하는 것의 중요성을 논의한다.
7. 스웨인(Swain, 1985)은 '최고를 위해 치우친', 또는 테스트 응시자의 능력을 최고치로 보여 줄 수 있는 기회를 제공하는 테스트 과제를 설계하는 것에 대해 이야기한다.
8. 월과 올더슨(Wall and Alderson, 1993)과 올더슨과 월(Alderson and Wall, 1993)은 환류 효과에 대한 그들의 최근 연구에 대해 논의한다. 휴스

(Hughes, 1989), 위어(Weir, 1990), 코언(Cohen, 1993)은 환류 효과에 대한 일반적인 논의를 제공한다.

3장

과제 설명하기: 언어 테스트에서의 언어 사용

도입

1장에서 논의했듯이 언어 사용 과제와 테스트 과제의 특성을 설명하는 일은 테스트 자체가 아니라 테스트 수행과 특정 상황 내에서의 언어 사용이 어떻게 연관되는지를 드러내기 위해 대단히 중요하다. 과제의 특성은 여러 지점에서 주목된다. 첫째, 서로 다른 영역, 즉 테스트 과제 영역과 테스트가 아닌 과제 영역을 연결할 수 있게 하며, 언어 사용 과제에 특정한 방식으로 상응하는 테스트 과제를 선정하거나 설계할 수 있게 한다. 둘째, 테스트 과제 특성은 응시자의 언어 능력의 범위와 방식을 결정하는 데도 유용하다. 셋째, 테스트 과제 특성과 특정한 언어 사용 과제가 얼마나 일치하는지의 문제는 테스트 과제의 실제성, 추론의 타당도, 그러한 추론을 일반화할 수 있는 영역을 결정하는 데 상당 부분 영향을 미칠 것이다. 끝으로, 테스트 과제 특성은 언어 테스트의 설계 및 개발 방식에 따라 잠재적으로 통제될 수 있다.

3장에서는 언어 사용 과제와 테스트 과제를 설명하는 모종의 틀을 제시하고자 한다. 이때 활용되는 자료는『언어 테스트의 기본 고려 사항』 (Bachman, 1990)의 5장에서 제시된 개념에 기초한 것이다. 여기에서 제시하는 기본 틀을 언어 테스트의 설계 및 개발 과정에서 발생하는 실제적 문제에 어떻게 적용할 수 있을지는 이 책의 2부와 3부(프로젝트)의 사례를 통해 폭넓게 다룰 것이다.

언어 사용 과제

언어 사용 과제라는 개념을 테스트 설계 및 개발에 활용하기 위해서는 이 용어가 무엇을 의미하는지를 정의해야 한다. 우선 심리학자인 존 캐럴(John B. Carroll, 1993)이 인지 능력에 대해 논의하면서 '특정 수준의 목적 달성을 위해 적절한 상황이 주어졌을 때 개인이 참여하는 모든 활동(Carroll, 1992: 8)'으로 정의한 '과제' 개념을 통해 언어 과제와 관련된 논의를 시작할 수 있다. 캐럴(Carroll, 1992)은 언어 사용과 언어 테스트 둘 다와 관련된 과제에서 다음의 두 측면을 강조한다.

1. 개인은 어떠한 결과를 성취해야 하는지를 이해하고 있어야 한다.
2. 개인은 수행의 평가 기준에 대해 어느 정도 알고 있어야 한다.

응용언어학자들은 언어 과제에 대해 광범위하게 논의해 왔는데, 일반적으로 언어 과제는 (1) 특정 상황과 밀접한 관련이 있거나 특정 상황에 놓여 있어야 하며, (2) 목표 지향적이고, (3) 언어 사용자의 적극적인 참여를 수반해야 한다는 점에 대해서는 이견이 없는 듯하다('더 읽을거리'

참조). 이에 따라 이 책에서는 언어 사용 과제를 '특정 상황에서 일정한 목적 또는 목표를 달성하기 위해 개인이 언어를 사용하여 수행하는 활동'으로 정의하고자 한다. 이러한 정의에 '활동'과 '상황'이 모두 포함됨을 주목할 필요가 있다.

목표어 사용 영역

본질적으로 언어 사용은 특정 상황들에 종속되어 다양한 방식으로 존재하기 때문에 개별 언어 사용 사례들은 사실상 독립적이다. 따라서 상정 가능한 모든 언어 사용 사례를 나열하는 것은 불가능하다. 그러나 언어 사용 과제의 변별적 특성을 파악하고 이를 통해 언어 사용 영역에 대해 설명하는 일은 가능할 것이다. 언어 테스트의 핵심 목적은 응시자의 언어 능력에 대한 추론이며, 보통은 모든 언어 사용 영역으로 이 추론을 일반화하고자 하는 것은 아니다. 그보다는 응시자가 언어를 사용해야 할 가능성이 높은 특정 영역에 일반화할 수 있는 추론을 하고자 한다. 다시 말해 목표어 사용 영역 내에서 응시자의 언어 사용 능력에 대해 추론할 수 있기를 기대하는 것이다. 이를 위해 목표어 사용 영역을 '응시자가 테스트 외적 상황에서 직면할 가능성이 높으며 언어 능력에 대한 추론이 일반화되기를 기대하는 일련의 언어 사용 과제'라고 정의하고자 한다. 이때 언어 테스트 개발에서 특히 관심이 있는 일반적인 목표어 사용 영역에는 두 가지가 있다. 먼저 언어가 의사소통 목적으로 사용되는 영역을 들 수 있는데, 이는 실제 생활의 영역으로 구성된다는 점에서 실생활 영역으로 명명할 수 있다. 다른 하나는 언어 교수·학습 장면에서 언어가 쓰이는 상황으로, 이를 언어 교육 영역이라고 명명하고자 한다.[1] 이에 더해 언어 사용 과제가 특정한 목표어 사용 영역에 놓이는 경우에는 목표어 사용 과제라고 부를 것이다.

사례를 통해 이를 명확하게 구분할 수 있다. 우선 목표어 사용 영역을 '업무 의사소통을 위한 영어'로 상정해 보자. 이 영역 내에서 사무실의 관리 및 운영, 고객 및 소비자와의 협상, 제품 혹은 서비스의 홍보 등 다양한 언어 사용 상황을 확인할 수 있다. 또한 각각의 상황에 대해 여러 언어 사용 과제를 파악할 수 있다. 예를 들어 사무실 장면이라면 메모 작성, 보고서 준비, 전화 응대 및 메시지 남기기, 지시하기 및 지시 수행하기 등이 언어 사용 과제에 포함될 수 있다. 반면 고객과의 협상이 포함된 언어 사용 과제에는 잠재 고객의 재무제표 및 연차 보고서 읽기, 제안서 작성, 서면 제안에 대한 응대, 면대면 및 전화를 통한 구어 상호작용 등이 포함될 수 있다. 우리가 정의한 목표어 사용 영역에 포함되는 이러한 모든 과제가 바로 목표어 사용 과제이다. 테스트 개발 과정에서 테스트의 목적을 고려하여, 목표어 사용 영역이 지나치게 넓게 정의되었다면 그 초점을 사무실 장면으로 좁혀야 할 수도 있다. 이 경우 사무실의 관리 및 운영에 요구되는 언어 사용 과제만 포함되도록 목표어 사용 영역을 재정의하고, 이것이 바로 목표어 사용 과제 세트가 된다.

언어 사용 과제는 비공식적으로는 언어 사용의 기본적인 활동과 상황을 구성하는 것으로 생각할 수 있다. 다시 말해 언어 사용은 일련의 상호 연관된 언어 사용 과제들의 수행으로 볼 수 있다는 것이다. 또한 언어 테스트는 추론 가능한 개인의 언어 능력들에서 언어 사용의 사례들을 추출하는 절차로 간주되며, 이러한 추론을 위해 언어 테스트는 언어 사용 과제들로 구성되어야 한다. 따라서 목적에 부합하면서도 유용성을 지니는 언어 테스트를 설계하기 위한 핵심은 목표어 사용 과제의 특성과 일치하는 과제를 테스트에 포함하는 것이다. 이를 위해 목표어 사용 과제와 테스트에 포함될 과제를 모두 설명할 수 있는 과제 특성에 대한 기본 틀이 필요한데, 이에 대해서는 뒤에서 다루고자 한다.

테스트 과제의 특성

과제 특성이 테스트 수행에 미치는 영향

언어 교사들은 테스트에 포함되는 과제 유형의 중요성을 직관적으로 인식한다. 테스트와 관련된 수업을 진행할 때 가장 먼저 제기되는 질문 중 하나는 언어 능력의 특정 영역을 테스트하기 위한 '최선'의 방법에 대한 것이다. 이러한 질문을 던지는 교사들은 어떠한 특성이 다른 테스트 과제보다 주어진 목적에 좀 더 부합하는지에 대한 생각을 아직 정교화하지 못했을 수 있다. 그러나 그들은 언어 능력을 테스트하는 방식이 학생들의 테스트 수행과 그 결과를 통해 확인할 수 있는 정보의 질에 얼마나 영향을 미치는지 분명하게 알고 있다.

또한 테스트 방식이 테스트 수행에 미치는 효과를 보여 주는 많은 연구가 있어 왔다('더 읽을거리' 참조). 이러한 연구와 언어 교사들의 직관은 같은 결론에 도달한다. 과제 특성이 항상 테스트 점수에 어느 정도 영향을 미칠 수 있기 때문에 측정하고자 하는 능력에 대한 정보만을 제공하는 테스트는 사실상 존재하지 않는다는 것이다. 이러한 결론이 언어 테스트의 설계, 개발, 활용에서 지니는 의미는 분명하다. 과제 특성의 영향을 완전히 배제할 수 없다는 점에서 기대하는 특성을 포함하면서도 의도된 용도에 적합한 테스트를 사용하기 위해서는 과제 특성을 이해하고 다룰 수 있어야 한다는 것이다.

과제 특성의 정밀화

언어 테스트에서 일반적으로 쓰이는 여러 유형의 과제를 고려할 때, 테스트는 단일한 총체이기보다는 특성들의 집합임을 알 수 있다. 예를 들어 테스트 과제 유형으로 흔히 쓰이는 선다형 문항을 떠올려 보자. 문항의 길이, 통사적 복잡성, 어휘 수준, 주제별 내용, 요구되는 응답 유형 등에 따라 다양한 선다형 문항이 존재한다. 마찬가지로 '작문형' 과제 유형역시 예상 독자, 목적, 요구되는 특정 구조 등의 특성이 다른 매우 다양한 프롬프트를 포함한다. 따라서 테스트 과제를 단일한 총체로만 인식해서는 테스트 과제의 특성을 정밀하게 파악할 수 없다. 이러한 이유 때문에 과제 특성을 기술하기 위한 틀이 필요한 것이다.

여기에서는 테스트 개발자 및 사용자가 목표어 사용 과제와 테스트 과제 간의 상응 정도를 파악하고자 할 때 동원 가능한 방법으로, 테스트 과제의 특성을 설명하는 틀을 제시하고자 한다. 그러나 언어 테스트 과제 및 테스트 개발을 위해 언어 사용에 대한 완전한 담화 분석을 제시하는 것은 가능하지도 않거니와 불필요하다. 이는 우리가 구현하고자 하는 추론의 유형과 이러한 추론이 일반화되기를 기대하는 특정 영역의 주요 자질을 상세하게 기술하는 작업에 초점을 두어야 함을 의미한다. 따라서 언어 사용의 특성을 구체적으로 명시하기 위한 우리의 접근법은 '테스트 기반 담화 분석'이 아니라 '담화 기반 테스트 설계 및 분석'에 해당한다.

또한 이러한 기본 틀은 테스트 개발자들이 특정한 특성을 다양화할 수 있음을 더 잘 이해할 수 있게 하며, 이를 다양화하는 방법을 제시하게 한다. 이를 통해 특정 응시자 집단에 적합한 테스트를 최적화할 수 있는 유용한 도구를 제공해 최상의 결과를 얻을 수 있게 한다. 테스트 운영 과정의 예기치 못한 방해 요인, 응시자의 개인적 특성, 응시자의 신체적·

심리적 상태의 일시적 변화 등과 같이 테스트 수행에 영향을 줄 수 있는 수많은 요인 중에서 테스트 과제 특성만이 테스트 개발자의 직접 통제가 가능한 유일한 요인이다. 따라서 테스트 과제 특성을 계획적으로 제어하는 것은 의도한 목적에 부합하도록 테스트의 유용성을 극대화하는 가장 유용하고 실용적인 방법이 될 수 있다.

언어 과제 특성의 기본 틀

아래에서 기술할 과제 특성에 대한 기본 틀은 바크먼(Bachman, 1990)에 기초하며, 상황, 테스트 채점기준표, 입력, 예상 응답, 입력과 응답의 관계라는 과제의 다섯 측면이 지니는 일련의 자질들로 구성된다.[2] 이러한 기본 틀은 언어 테스트의 개발 및 활용의 기초를 제공하기 위함이며, 구체적으로 다음의 세 가지 활동에 적용된다.

1. 언어 테스트 과제 설계의 기초로서 목표어 사용 과제 설명하기
2. 비교 가능성을 보장하고 평가 신뢰도를 확보하기 위한 수단으로서 다양한 테스트 과제 설명하기
3. 실제성 평가를 위해 목표어 사용의 특성과 테스트 과제의 특성 비교하기

언어 테스트 교육과정이나 테스트 개발 프로젝트에 대한 자문뿐 아니라 실제 테스트 개발 경험을 통해 우리는 이러한 특성들이 테스트 과제의 특성뿐만 아니라, 테스트 과제의 설계 및 개발과 관련된 목표어 사용 과제의 특성을 설명하는 데에도 유용함을 확인했다. 따라서 이후의

논의에서는 '과제'라는 용어를 목표어 사용 과제와 테스트 과제 모두를 지칭하는 데 사용하고자 한다.

특정 유형의 테스트 과제나 테스트 과제 특성들의 조합을 규정하는 것은 이 책의 목적이 아니다. 우리는 이러한 기본 틀을 특정한 방식으로 테스트를 개발하기 위한 지침이 아니라 테스트 개발 과정에서 유연하게 적용할 수 있는 도구로 본다. 또한 모든 테스트 개발 상황에 통용될 만한 특정한 특성에 대해 논의하는 것도 아니다. 우리는 많은 테스트 개발 상황에서 개발자들이 자신들만의 목적을 위해 특정한 특성들을 수정할 필요가 있음을 확인했으며, 3부의 일부 프로젝트에서 이에 대해 소개할 것이다. 더욱이 테스트 개발 프로젝트에서 과제 특성이 지정되는 순서는 반드시 여기에서 제시하는 기본 틀의 순서를 따르지는 않는다. 아래에 제시한 기본 틀이 테스트 개발 프로젝트에서 과제 분석 과정을 연구하는 데 유용한 도구이자 과제 분석의 출발점으로 기능할 수 있다고 보는 이유는 기본 틀의 적용 가능성 때문이다.

테스트 과제 특성에 대한 기본 틀은 [표 3-1]에서 제시하는 바와 같다.

[표 3-1] 과제 특성

과제 특성

상황 특성
   물리적 특성
   참여자
   과제 시간

테스트 채점기준표 특성
   지시문
      언어(모국어, 목표어)

채널(청각, 시각)
절차와 과제의 명세화
구조
영역/과제의 수
영역/과제의 현저성
영역/과제의 계열성
영역/과제의 상대적 중요성
영역당 과제/문항의 수
시간 할당
채점 방법
정확성의 기준
채점 절차
기준과 절차의 명확성

입력 특성
형식
채널(청각, 시각)
양식(언어, 비언어, 둘 다)
언어(모국어, 목표어, 둘 다)
길이
유형(문항, 프롬프트)
속도
매개 방식('실시간', '재생', 둘 다)
입력 언어
언어적 특성
조직적 특성
문법적 특성(어휘적, 통사적, 음운적, 문자적)
텍스트적 특성(응집력, 수사적/대화적 조직)
화용적 특성
기능적 특성(관념적, 조정적, 발견적, 가상적)
사회언어학적 특성(방언/변이형, 사용역, 자연스러움, 문화적 참조어, 비유어)
주제적 특성

예상 응답 특성
형식
채널(청각, 시각)
양식(언어, 비언어, 둘 다)
언어(모국어, 목표어, 둘 다)
길이
유형(선택형, 제한 산출형, 확장 산출형)

속도
            예상 응답 언어
                언어적 특성
                    조직적 특성
                        문법적 특성(어휘적, 통사적, 음운적, 문자적)
                        텍스트적 특성(응집력, 수사적/대화적 조직)
                    화용적 특성
                        기능적 특성(관념적, 조정적, 발견적, 가상적)
                        사회언어학적 특성(방언/변이형, 사용역, 자연스러움, 문화적 참조어, 비유어)
                주제적 특성

입력과 응답의 관계
    반응성(상호적, 비상호적, 적응적)
    관계의 범위(넓음, 좁음)
    관계의 직접성(직접적, 간접적)

상황 특성

상황 특성은 언어 사용이나 테스트가 이루어지는 물리적 환경에 해당하며, 다음과 같은 특성을 포함한다.

1. 물리적 특성
2. 참여자
3. 과제 시간

물리적 특성

물리적 특성에는 테스트를 시행하는 장소의 위치, 소음, 온도, 습도,

좌석 상태, 조명이 포함된다. 또한 응시자나 언어 사용자가 테스트 자료나 장비에 얼마나 친숙한지도 포함된다. 테스트 상황에서 연필, 종이, 워드프로세서, 시청각 장비 등의 자료와 장비가 상당히 전문적일 수 있다. 예를 들어 사무실 장면과 같은 목표어 사용 상황에서는 파일, 음성 메일 시스템, 컴퓨터 시스템 등에 친숙한지의 여부가 개인의 언어 사용에 분명히 영향을 줄 것이다.

참여자

참여자는 과제에 참여하는 사람들을 가리킨다. 테스트 상황에서는 응시자뿐 아니라 테스트 관리에 관여하는 사람들도 포함된다. 그들의 지위나 응시자와의 관계는 어떠한가? 응시자와 얼마나 친밀한가? 대화와 같은 일부 목표어 사용 과제에서는 둘 이상의 참여자들이 의미 협상에 적극적으로 참여한다. 독서와 같은 과제에서는 참여자들이 전혀 다른 역할을 수행하는데, 독자는 필자를 의미 협상에 적극적으로 참여시키지 않고 담화를 해석하는 역할을 수행한다.

과제 시간

과제 시간은 테스트가 시행되거나 목표어 사용 과제가 이루어지는 시간에 대한 것이다. 응시자의 컨디션이 좋을 때 테스트가 시행되는가, 피곤할 때 시행되는가? 이 특성은 테스트 시간이 응시자의 최상의 수행 능력에 미치는 영향 정도를 가늠할 때 가장 유용할 것이다.

테스트 채점기준표의 특성

테스트 채점기준표에는 특정 테스트 과제의 구조와 응시자의 과제 수행 방식을 나타내는 테스트의 특성이 포함된다. 언어 사용의 국면에서는 일반적으로 이러한 특성들이 암시적이지만 테스트 과제 내에서는 최대한 명시적이고 명확하게 제시되어야 한다. 이러한 이유로 채점기준표에는 언어 사용 과제와 테스트 과제 간에 일치하는 부분이 상대적으로 적은 특성이 있을 수 있다. 채점기준표의 특성에는 다음과 같은 것들이 포함된다.

1. 테스트가 조직된 방식, 즉 테스트 구조
2. 지시문
3. 전체 테스트 및 개별 과제에 소요되는 시간
4. 사용되는 언어의 평가 및 채점 방법

지시문

테스트 과제에서는 테스트 수행을 바탕으로 언어 능력을 추론해야 하므로 지시문은 명시적이어야 한다. 지시문은 응시자가 테스트를 수행하는 절차, 채점 방법 및 결과 활용 방법을 알려 준다(지시문에 대한 자세한 논의는 10장 참조).

• 언어: 제시되는 지시문의 언어. 모국어, 목표어 혹은 둘 다
• 채널: 제시되는 지시문의 채널. 청각, 시각 혹은 둘 다
• 절차와 과제의 명세화: 응시자에게 절차와 과제를 명시적이고 명료하

게 제시하는 방법과 범위. 길거나 짧게, 예시 포함 또는 제외, 한 번에 하나씩 제시, 테스트의 특정 영역과 연결 또는 전체적으로 한꺼번에 제시

구조

테스트의 각 영역이 어떻게 조직되어 응시자들에게 제시되는지에 대한 것이다.

- 영역/과제의 수: 전체 혹은 담화로서의 영역이나 과제의 수
- 영역/과제의 현저성: 테스트의 각 영역이 명확하게 변별되는 정도(단일 과제 혹은 명확하게 구분된 개별 과제의 수)
- 영역/과제의 계열성: 테스트 영역이나 과제의 순서(고정되어 있는지, 응시자의 반응에 따라 유동적인지)
- 영역/과제의 상대적 중요성: 테스트 영역이나 과제들이 중요도 면에서 차이가 있는지의 여부
- 영역당 과제/문항의 수: 테스트의 각 영역에 포함된 과제의 수

시간 할당

개별 테스트 과제, 각 영역, 전체 테스트에 할당되는 시간에 대한 것이다. 테스트가 속도 테스트(모든 응시자가 각각의 과제를 끝낼 수 없을 만큼 짧은 시간)로 설계되었는가? 아니면 역량 테스트(모든 응시자가 모든 과제를 완료할 수 있도록 시간이 충분히 허용된)로 설계되었는가?

채점 방법

언어 테스트 과제의 목적은 언어 능력을 평가하는 데 있다. 따라서 응시자의 답변에 대한 평가는 채점 방법의 형식을 따르며, 이는 수행의 결과에 어떻게 점수를 매길 것인가를 상세화하는 형식을 갖추어야 한다 (채점 방법에 대한 논의는 11장 참조).

- 정확성의 기준: 응답의 정확성을 어떻게 결정할 것인가(객관적인 채점 기준, 다중 등급 척도, 정확성/부정확성에 대한 판단 등)
- 채점 절차: 테스트 채점의 단계(특정 순서대로 채점, 동일 평가자가 모두 채점 등)
- 기준과 절차의 명확성: 응시자에게 채점 기준 및 절차를 제공하는 범위(테스트 채점에 관한 정보를 제시하는지, 생각하는지, 의도적으로 모호하게 남겨 두는지 등)

입력 특성

입력은 테스트 과제 또는 목표어 사용 과제에 포함되는 자료들로 구성된다. 응시자나 언어 사용자들은 어떤 방식으로든 과제를 처리해야 하고 과제에 응답할 것이다. 입력 자료는 형식과 언어적 특성으로 나누어 살펴볼 수 있다.

형식은 입력의 제시 방식과 관련되며 채널, 양식, 언어, 길이, 유형, 속도, 매개 방식의 특성을 포함한다.

- 채널: 청각, 시각 혹은 둘 다.
- 양식: 언어, 비언어(사진, 제스처, 행동 등) 혹은 둘 다.
- 언어(양식이 언어일 경우): 모국어, 목표어 혹은 둘 다. 일반적으로 입력이 목표어로 제시될 때보다 모국어로 제시될 때 이해하기 쉽다.
- 길이: 한 단어, 구, 문장, 문단, 확장된 담화. 입력의 길이는 필요한 이해의 양에 영향을 미친다. 입력은 매우 짧은 덩어리 표현(chunks)으로 제시되어 제한된 해석을 요구할 수도 있고, 더 광범위한 해석이 요구되는 확장된 담화로 제시될 수도 있다.
- 입력 유형(양식이 언어일 경우): 문항 또는 프롬프트.
  문항은 고도로 집중된 언어적 혹은 비언어적 정보의 덩어리 표현으로 구성된다. 언어 테스트에서 문항의 목적은 응답을 선택하거나 제한적으로 산출하도록 이끌어 내는 데 있다(아래의 '응답 유형' 참조). 많은 테스트 과제에서 입력은 언어 지식의 개별 영역들을 테스트하기 위해 쓰이는 익숙한 선다형 혹은 완성형 문항으로 구성된다. 실생활 언어 사용에서 짧은 발화를 듣고 제한된 응답('네', '음', '정말요?' 등)이 제시되는 전화 대화의 입력은 일련의 문항으로 특성화될 수 있다.
  프롬프트는 지시문의 형태로 입력되며, 확장된 반응을 도출하는 데 목적이 있다(아래의 '응답 유형'을 참조). 작문하기와 같은 테스트 과제에는 이러한 유형의 입력이 포함된다. 예를 들어 실생활 언어 사용 장면에서 1학년 언어 수업에 등록하는 학생 수를 늘리기 위한 가장 효과적인 계획을 설명하라는 학과장의 요청은 프롬프트라고 할 수 있다. 그 목적이 구체적이고도 확장된 응답을 이끌어 내는 데 있기 때문이다.
- 속도: 응시자 또는 언어 사용자가 입력된 정보를 처리해야 하는 속도.

- 매개 방식: 입력이 전달되는 수단. '실시간', '재생' 혹은 둘 다. 예를 들어 듣기 이해력 테스트에 쓰이는 강의 형식의 입력은 실시간으로 제시되거나 시청각 장비를 통해 재생될 수 있다.

입력 언어

입력 양식이 언어인 과제에서 입력 특성은 사용된 언어의 특성과 관련된다. 그것들은 다음 장에서 다룰 언어 지식 및 주제 지식의 영역과도 일치하기에, 여기에서는 간략하게 나열한다.

언어적 특성에는 조직적 특성과 화용적 특성이 있다.

- 조직적 특성에는 문법적(어휘적, 통사적, 음운적, 문자적) 특성과 텍스트적(응집력, 수사적 혹은 대화적 조직) 특성이 있다.
- 화용적 특성에는 기능적(관념적, 조정적, 발견적, 가상적) 특성과 사회언어학적(방언/변이형, 사용역, 자연스러움, 문화적 참조어, 비유어) 특성이 있다.

주제적 특성은 입력에 포함된 개인적, 문화적, 학술적, 기술적인 부분과 같은 정보의 유형을 가리킨다.

예상 응답의 특성

어떠한 언어 사용 상황이든 담화가 진행됨에 따라 참여자들은 각각의 응답 특성에 대해 어느 정도의 기대를 하기 마련이다. 언어 테스트에서 예상 응답은 지시문의 방식, 과제의 설계 방식, 입력 유형에 따라 이끌어 내고자 하는 실제 응답으로 구성된다. 응시자들이 언제나 지시문을 이해하는 것은 아니며 의도된 대로 응답하지 않을 수도 있기 때문에, 테스트 설계의 일부인 예상 응답과 예상했던 것과 다를 수도 있는 실제 반응을 구분해야 한다.

형식: 응답이 산출되는 방식. 앞서 '입력 형식'에서 논의했듯이 응답 형식은 채널, 양식, 언어, 길이, 유형, 속도로 설명될 수 있다.

응답 유형: 선택형, 제한 산출형, 확장 산출형. 전통적으로 선택지 중 하나를 골라야 하는 선택형 응답과 실제로 산출하거나 응답을 구성해야 하는 산출형 응답은 구분된다. 그러나 산출형 응답은 그 길이 면에서 다양할 수 있기 때문에, 우리는 문장 혹은 발화의 개념에 기초해 산출형 응답을 두 유형으로 구별하는 것이 유용하다고 본다. 문장 혹은 발화에 근거해 산출형 응답을 두 유형으로 구별하는 것이 완전히 자의적인 것은 아니다. 응집력, 수사적 조직에 대한 지식을 포함해 광범위한 언어 지식 영역이 영향을 미치는, 여러 문장 혹은 발화로 구성된 텍스트를 다루기 때문이다.

- 선택형 응답: 선다형 과제로 대표되는 선택형 반응에서 응시자들은 둘 이상의 선택지 중에서 하나의 응답을 골라야 한다.
- 제한 산출형 응답: 제한 산출형 응답은 한 단어나 구, 길어야 한 문장이나 발화로 구성된다. 종종 짧은 완성형 문항으로 부르는 경우가 대표적이다.
- 확장 산출형 응답: 구어든 문어든, 한 문장이나 발화보다는 길며 두 문

장 혹은 발화에서 사실상 자유 작문형까지 이 유형에 포함된다.

속도: 응시자나 언어 사용자가 응답을 계획하고 실행하는 데 걸리는 시간의 총량. 테스트 과제의 점수가 응시자가 얼마나 빨리 응답하는가에 따라 달라진다면, 그 과제는 속도형이다.

예상 응답의 언어

응답 유형이 제한 산출형이든, 확장 산출형이든 응답의 양식이 언어인 경우라면 예상 응답의 언어에 대해 다룰 필요가 있는데 앞서 논의한 입력 언어의 특성과 동질적이다.

입력과 응답의 관계

입력과 응답의 특성을 개별적으로 설명하는 것 외에도 반응성, 관계의 범위, 관계의 직접성의 측면에서 입력과 응답이 어떠한 관계를 맺고 있는지를 논의할 수 있다.

반응성: 입력 혹은 응답이 후속하는 입력과 응답에 직접적으로 영향을 미치는 정도.

- 상호적: 응시자나 언어 사용자들은 다른 사람과 함께 언어를 사용하며 과제를 해결한다. 상호적 과제에서 응시자나 언어 사용자는 응답의 관련성 및 정확성에 대한 피드백을 받으며, 이때의 응답은 대화 상대방의 후속 입력에 영향을 미친다. 피드백은 대화 상대방의 언

어적, 신체적 반응에 명시적 또는 암시적으로 나타날 수 있다. 따라서 상호적 언어 사용과 테스트 과제는 두 가지 변별적 특징을 지닌다. 첫째, 피드백이 존재한다. 둘째, 두 참여자 간의 상호작용으로 인해 의사소통의 특정 시점에서 참여자가 사용하는 언어가 후속 언어의 사용에 영향을 준다. 상호적 테스트 과제의 전형적인 예로는 대면 구두 인터뷰 상황을 들 수 있다.

- 비상호적: 비상호적 언어 사용에는 언어 사용자 간의 피드백이나 상호작용이 없다. 읽기를 예로 들 수 있는데, 언어 사용자의 내적 또는 외적인 응답이 후속하는 텍스트 내의 자료 양식을 변화시키지는 못하기 때문이다. 비상호적 테스트 과제의 전형적인 예로는 받아쓰기와 작문을 들 수 있다.

- 적응적: 적응적 테스트는 언어 능력의 측정과 관련된 최근의 진전을 보여 주는데, 응시자에게 제시되는 특정 과제는 이전 과제에 대한 응답에 따라 달리 결정된다. 적응적 테스트의 첫 번째 과제는 일반적으로 중간 정도의 난도를 지닌다. 이 과제가 정확하게 수행되었다면 후속 과제는 약간 더 어렵게 제시되고, 그렇지 않다면 다음 과제는 좀 더 쉽게 제시된다. 대부분의 적응적 테스트에서 응시자들은 응답의 정확성에 대한 피드백을 받지 않는다. 또한 어떤 과제가 후속으로 제시될지를 알지 못할 수도 있다. 이 점에서 적응적 테스트 과제에는 상호적 언어 사용의 특성인 피드백이 포함되지 않지만, 응답이 후속 입력에 영향을 미치기 때문에 상호작용의 특성을 지닌다. 예를 들어 일부 언어 사용 과제는 의사소통 단절을 파악하고 이를 복구하기 위해 단순하게 말한다거나, 환언한다거나, 천천히 말한다거나 하는 상황과 같이 적응적일 수 있다. 대화 상대방은 자신이 말하는 내용이 좀 더 이해하기 쉽게 조정되고 있다는 것을 인식해 응

[표 3-2] 입력-응답의 반응성에 대한 변별적 특징(Bachman, 1990:151)

입력과 응답의 관계	피드백: 응답의 관련성이나 정확성에 대한 지식	상호작용: 응답이 후속 입력에 미치는 영향
상호적	+	+
적응적	-	+
비상호적	-	-

답을 용이하게 할 수 있다(이에 대한 논의는 Snow and Ferguson, 1977 참조). 바크먼(Bachman, 1990)에서 제시하는 상호적, 비상호적, 적응적 입력과 응답의 관계의 차이는 [표 3-2]와 같이 요약할 수 있다.

관계의 범위: 응시자나 언어 사용자가 예상대로 반응하기 위해 처리해야 하는 입력의 양이나 범위.

• 넓은 범위: 응시자나 언어 사용자가 많은 입력을 처리해야 하는 과제는 넓은 범위로 특징지을 수 있다. 넓은 범위의 테스트 과제의 예로 읽기 이해력을 측정하는 문항에서 전체 내용을 다루는 중심 생각 찾기를 들 수 있다. 넓은 범위의 언어 사용 과제로는 세부 사항에 주목하지 않고 전체 요지를 찾는 방향으로 외국어 대화를 듣는 것이 있다.

• 좁은 범위: 제한된 양의 입력만 처리해야 하는 과제는 좁은 범위로 특징지을 수 있다. 좁은 범위의 테스트 과제의 예는 비교적 제한된 양의 입력에 기초해 응답해야 하는 짧은 선다형 문법 문항이 있다. 또 다른 예로는 세부 정보나 한정된 부분에 주목하는 읽기 이해력 문제를 들 수 있다. 좁은 범위의 언어 사용 과제의 예로 신문의 판매 광고에서 특정 가구에 대한 내용을 훑어보는 경우를 들 수 있다.

관계의 직접성: 예상 응답이 주로 입력 정보에 기초하는지의 정도 혹은 응시자나 언어 사용자가 맥락이나 주제 지식에 대한 자신의 정보에 의존해야 하는지의 여부.

- 직접적: 주로 입력에 제공된 정보를 응답에 포함하는 경우. 상대적으로 직접적인 테스트 과제의 예로 응시자가 그림 내용을 설명하는 말하기 테스트를 들 수 있다.
- 간접적: 입력에 제공되지 않은 정보를 응답에 포함하는 경우. 상대적으로 간접적인 테스트 과제의 예로 응시자가 최근 사건에 대한 자신의 견해를 제시하는 말하기 테스트를 들 수 있다.

특정 유형의 테스트 과제에는 입력과 응답의 간의 직접적인 관계가 포함되는 것이 일반적이다. 예를 들어 제시문을 읽고 제시문에 명시적으로 드러난 정보를 묻는 이해력 문항 과제에는 직접적인 관계가 포함된다. 반면 대부분은 아니지만 많은 경우의 언어 사용 과제에서는 입력과 응답의 간접적인 관계가 포함된다. 예를 들어 대화 상황에서 언어 사용자들은 서로 구정보보다는 신정보를 통해 응답하기를 기대하며, 이때의 신정보는 언어 사용자들에 의해 생성된다.

과제 특성 기본 틀의 적용

과제 특성 기본 틀은 다양한 방식으로 활용될 수 있다. 가장 중요한 두 가지 방법은 먼저, 둘 사이의 일치 정도를 결정하기 위해 목표어 사용 과제와 테스트 과제의 특성을 비교하거나 설명하는 데 필요한 템플릿을 구안하는 일이다. 다음으로, 완전히 새로운 방법을 창안하기 위해 과제 특성을 조작하는 일이다. 이를 적용한 실제는 다음 사례에서 설명하고자 한다.

1. 목표어 사용 과제의 특성과 테스트 과제의 특성을 비교하기 위해 과제 특성 체크리스트 활용하기

앞서 설명했듯이 과제 특성은 목표어 사용 영역을 염두에 두고 설계된 목표어 사용 과제와 테스트 과제를 설명하는 데 모두 유용하다. 테스트 과제 특성이 목표어 사용 과제 특성과 상응하는 정도를 확인하기 위한 유용한 방법은 두 과제에 대한 설명을 나란히 배치하는 체크리스트를 만드는 것이다.

3부의 프로젝트 8에서 이 체크리스트를 사용해 '식사 주문하기'라는 목표어 사용 과제의 특성과 같은 유형의 성취도 테스트 과제 간의 특성을 비교한다. 예를 들어 목표어 사용 과제에서는 구어 입력의 매개 방식이 실시간인 반면 성취도 테스트에서는 재생된 자료이다. 또한 목표어 사용 과제에서 입력과 응답의 관계의 반응성은 상호적임에 비해 테스트 과제에서는 비상호적이다.

2. 완전히 새로운 테스트 과제 유형을 창안하기 위해 과제 특성 체크리스트 활용하기

과제 특성 기본 틀은 기존 과제 유형을 수정해 특정 목적이나 특정 응시자 집단에게 유용한 과제 유형을 새롭게 창안하는 데도 유용하다. 과제 특성 기본 틀은 사고를 자극하고 특별히 고려하지 않을 수도 있는 특성들에 직접적으로 주목하게 한다. 기본적인 방법은 과제 특성을 활용해 현재 사용하는 과제를 설명하는 것이다. 이후 과제 특성의 다양한 조합이 어떻게 보다 유용한 과제를 생성할 수 있는지를 고려한다. 일부의 조합은 서로 어울리지 않는 것처럼 보일 수 있지만 또 다른 조합들은 그럴듯해 보일 수 있으며 이를 통해 새로운 과제 유형을 개발할 수 있다.

수년 전, 이 책의 저자 중 한 명은 특정 테스트 상황에 좀 더 적합하도록 기존의 테스트 과제 유형을 수정하는 경험을 한 적이 있다. 측정하고자 하는 언어 능력은 구어 입력에 대한 이해 능력이었고, 목표어 사용 상황은 진행 중인 대화 내에서 응시자가 가능한 빨리 요지를 파악해야 하는 상황이었다. 당시에 듣기 이해를 테스트하는 데 일반적으로 사용되던 과제는 한두 문장 길이의 녹음된 입력의 해석과 선택형(선다형) 응답을 요구하는 짧고 독립적인 실행 과제였다. 이 과제에서 입력의 속도는 전반적으로 빠르지 않았고, 입력과 응답의 관계 범위는 상당히 좁았으며, 입력에서 핵심 정보는 한 번만 제시되고, 무관한 정보는 거의 없었다.

업셔(Upshur, 1969)의 빠른 응답과 시간이 제한된 채점 절차를 포함하는 실험적 말하기 테스트 연구에 자극을 받은 저자 중 한 명은 응시자의 구어 입력을 바탕으로 특정한 추론을 함으로써 응답 소요 시간에 따라 응시자의 점수를 매겨 듣기 이해력을 측정할 수 있을 것으로 추정했다. 또한 상당히 긴 녹음 자료로 입력할 때 중요 정보를 분산시켜 대화식 듣기 과제를 시뮬레이션하고자 했다. 핵심은 다양한 양식과 난도로 입력을 여러 차례 반복했다는 점이다. 그 결과 일반적으로 사용되는 듣기 이해력 테스트 과제와 입력 및 응답의 속도, 입력과 응답의 관계의 범위라는 두 가지 특성에서만 차이를 보였다. 그럼에도 불구하고 새로운 테스트 과제는 기존의 것과는 상당히 달랐으며, 기존의 듣기 이해력 테스트에서 측정하던 능력과도 다른 능력을 측정하는 것으로 나타났다(Palmer,

1972). 이러한 개발 과정은 기존 과제의 한두 가지 특성에 변화를 가하면 새로운 과제가 어떻게 생성될지를 예상할 수 있음을 보여 준다.

요약

언어 테스트 점수를 통해 언어 능력에 대한 추론이나 개인에 대해 판단하기 위해서는 테스트의 수행이 테스트가 아닌 언어 사용과 어떻게 부합하는지를 입증할 수 있어야 한다. 이는 언어 사용의 특별한 사례로 서 테스트에 사용된 언어를 고려하게 하고, 테스트 맥락에서 언어 사용 자로서의 응시자를 고려하게 하며, 특별한 언어 사용 상황으로서의 언어 테스트를 고려하게 하는 언어 사용 기본 틀을 개발함으로써 가능하다.

언어 테스트의 목적이 특정 영역에서의 과제 수행을 통해 응시자의 언어 사용 능력을 추론하는 데 있기 때문에 테스트 설계, 개발, 활용에 대한 두 가지 필수 개념은 언어 사용 과제와 목표어 사용 영역이다. 언어 사용 과제는 특정 상황이나 배경에서 일정한 목적 혹은 목표를 성취하기 위해 개인이 언어를 사용하는 활동이다. 목표어 사용 영역은 응시자가 테스트 외부에서 접할 가능성이 높고 언어 사용을 필요로 하는 특정 과 제와 그에 수반되는 상황의 집합이다.

언어 사용의 복잡성과 다양성으로 인해 언어 사용의 사례들을 목록 화하기는 어렵지만, 언어 사용 영역을 설명하기 위해 변별적 특성들을 구분해야 한다. 이 책에서는 언어 사용 과제와 테스트 과제를 설명하기 위한 과제 특성의 기본 틀을 제시한다. 과제 특성은 상황 특성, 테스트 채 점기준표 특성, 입력 특성, 예상 응답 특성, 입력과 응답의 관계 특성으 로 세분화된다. 과제 특성 기본 틀의 두 가지 중요한 용도는 (1) 목표어 사용 상황과 테스트 과제 간의 상응 정도를 평가하기 위해 이 둘을 설명하는 템플릿을 구안하는 일과 (2) 새로운 테스트를 창안하기 위해 방법적 특성을 다양화하는 일이다.

연습문제

1. 3부의 프로젝트 1의 목표어 사용 영역 내에서의 과제에 대한 설명을 읽어 보자. 프로젝트에서와 같은 표 또는 6장의 예시 템플릿과 같은 표를 만들고 관심 있는 또 다른 목표어 사용 영역의 과제나 과제 특성을 채워 넣어 보자.
2. 3부의 프로젝트 2에 대한 설명을 읽고 타당도, 실제성, 상호작용성에 기여할 것으로 보이는 특정한 테스트 과제 특성을 목록화해 보자.
3. 익숙한 테스트 하나를 구하고, 과제 특성을 활용해 해당 테스트의 채점기준표의 특성을 포함하여 테스트 과제 유형을 변별하고 설명해 보자. 어느 정도까지 가능했는가? 문제가 있었다면, 어떤 문제를 겪었는가?
4. 익숙한 테스트 하나를 구하고, 과제 특성을 이용해 테스트 과제의 한 유형에 대해 설명해 보자. 그런 다음 하나 이상의 과제 특성을 변경해 테스트 과제의 양식이 어떻게 바뀌는지에 주목하자. 이러한 변화가 개발 당시의 테스트 유용성에 어떠한 영향을 준다고 생각하는가? 수정된 과제가 특별히 유용할 수 있는 다른 테스트 상황이 존재하는가? 그 이유는 무엇인가?
5. 특정한 목표어 사용 영역을 염두에 두고 의사소통을 위해 언어를 가르치는 상황을 가정해 보자. 과제 특성을 활용해 교육적 목표어 사용 영역에서 교수 과제 중 하나에 대해 설명해 보자. 그다음 실생활 목표어 사용 영역에서의 비교 가능한 과제 특성을 설명해 보자. 두 과제 유형의 특성 사이에 유사점과 차이점은 무엇인가?

6. 초급 단계에서 의사소통을 위해 언어를 가르치는 상황을 가정해 보자. 교육적 과제의 특성에 대해 설명하고, 비교육적 목표어 사용 영역의 여러 가지 과제를 나열해 보자. 그중에서 교육적 과제의 특성과 호환 가능한 특성을 지니는 과제는 어떤 것인가?

더 읽을거리

1. 언어 사용과 담화: 브라운과 율(Brown and Yule, 1983), 위도슨(Widdowson, 1978), 반 다이크(van Dijk, 1977)에서는 언어 사용과 담화에 대한 확장된 논의를 제시한다.

2. 언어 사용 맥락의 특성: 하임스(Hymes, 1972)의 언어 사용의 특성에 대한 기술은 지금까지도 많은 사람들에게 가장 유용한 분석으로 간주되고 있다.

3. 과제와 과제 특성: 바크먼과 파머(Bachman and Palmer, 1982), 쇼하미(Shohamy, 1984), 올더슨과 어커트(Alderson and Urquhart, 1985)와 같은 연구에서는 텍스트 방식의 다양한 측면이 테스트 수행에 미치는 효과에 대해 사례를 통해 논의한다. '테스트 방법 요소'에 대한 자세한 이론적 논의는 바크먼(Bachman, 1990)의 5장에서 확인할 수 있다. 캐럴(Carroll, 1993)은 인지 심리학적 관점에서 과제에 대해 논의한다. 언어 학습 상황에서의 과제에 대한 논의는 논문 모음집인 크룩스와 개스(Crookes and Gass, 1993a)에서 확인할 수 있다. 특히 언어 테스트와 관련된 논의는 이 책의 피카 외(Pica et al., 1993)와 더프(Duff, 1993)에 제시되어 있다.

4. 적응적 입력과 응답: 아기말 현상과 단순화된 사용역에 대한 일련의 논의는 스노우와 퍼거슨(Snow and Ferguson, 1977)에 제시되어 있다.

4장

언어 능력 기술하기: 언어 테스트에서의 언어 사용

도입

1장에서 설명한 바와 같이 언어 테스트의 설계 및 개발에 대한 우리의 접근법은 언어 테스트에서 얻은 점수를 통해 개인의 언어 능력을 추론하거나 결정을 내리고자 할 때, 해당 언어 테스트에서의 수행이 언어 테스트 그 자체만이 아닌 특정 상황에서의 언어 사용과 어떻게 관련되는지를 보여 준다고 전제한다. 이러한 관련성을 보여 주기 위해서는 아래 두 가지 특성을 포함한 개념적 틀이 필요하다.

1. 언어 사용 과제와 테스트 과제의 특성
2. 언어 사용자 또는 테스트 응시자의 특성

3장에서는 과제의 특성을 기술하기 위한 틀을 제시한 바 있다. 이 장에서는 언어 사용자 혹은 잠재적 테스트 응시자의 특성을 기술하기 위한 모형을 제시하고자 한다.

언어 테스트에서 주로 관심을 가지는 개인의 특성은 언어 능력이며, 이는 우리가 테스트를 통해 추론하고자 하는 것이다. 또 고려해야 할 다른 개인 특성으로는 개인적 특성, 주제 지식, 정서적 스키마타가 있다. 이러한 특성을 논의에 포함하는 이유는 두 가지다. 첫째, 이러한 특성이 언어 사용과 테스트 수행 모두에 중요한 영향을 미치기 때문이다. 둘째, 이러한 특성이 테스트 응시자의 수행을 저해하는 것이 아니라 촉진할 수 있도록 언어 테스트를 설계하는 것이 가능하고 또 바람직하기 때문이다.

언어 사용

지난 20년 동안 언어 사용은 상호작용적 본질을 강조하는 다양한 관점에서 논의되었다('더 읽을거리' 참조). 일반적으로 언어 사용은 개인이 담화에서 의도된 의미를 생성하거나 해석하는 것, 또는 특정 상황에서 둘 이상의 개인 간에 의도된 의미를 역동적이고 상호작용적으로 협상하는 것으로 정의할 수 있다. 언어 사용자는 언어를 사용해 의도된 의미를 표현하고, 해석하고, 협상해 담화를 생성한다. 이러한 담화는 발화나 텍스트 그 자체가 아니라 발화나 텍스트가 특정 언어 사용 상황의 특성과 어떻게 관련되는지에 따라 의미를 도출한다. 예를 들어 '자물쇠를 몇 번이나 직접 고쳐 보셨어요?'라는 문장은 사용된 상황과 언어 사용자들이 공유하는 서로의 지식과 인식에 따라 질문으로도 불평으로도 해석될 수 있다.

언어 사용은 한편으로는 언어 사용자들의 다양한 개인적 특성 사이의, 다른 한편으로는 언어 사용자의 개인적 특성과 언어 사용 및 테스트 상황의 특성 사이의 복잡하고 복합적인 상호작용을 포함한다. 우리는 이러한 상호작용의 복잡성으로 인해 언어 능력이 언어 사용이라는 상호작용적 틀 내에서 고려되어야 한다고 믿는다. 여기서 제시하는 언어 사용에 대한 관점은 한편으로는 언어 능력(언어 지식과 전략적 역량, 또는 메타인지 전략), 주제 지식, 정서적 스키마타의 상호작용에 초점을 두고 있으며 다른 한편으로는 이것들이 언어 사용 상황의 특성 혹은 테스트 과제의 특성과 어떻게 상호작용하는지에 초점을 맞추고 있다. 언어 사용과 언어 테스트에서의 수행에 대한 우리의 관점을 [그림 4-1]에 시각적 은유로 표현했다.

이 그림은 언어 사용에 포함된 주요 상호작용 중 일부를 시각적으로 표현한 것이다. 이것은 언어 처리 과정의 실제적 모형이 아니라, 테스트 개발 절차를 조직하기 위한 개념적 근거다. 진하게 표시한 원 안의 요소 (주제 지식, 언어 지식, 개인 특성, 전략적 역량, 정서)는 개별 언어 사용자의 특성을 표상하며, 외부의 큰 원은 언어 사용자가 상호작용하는 과제나 상황의 특성을 포함한다. 양방향 화살표는 상호작용을 나타낸다. 이 그림은 전략적 역량이 하나의 구성 요소로서 개인 안의 또 다른 요소들과 연결되며, 언어 사용 과제 및 상황의 특성과 인지적으로 연결되어 있음을 나타낸다.

이 그림은 언어 테스트의 유용성에 영향을 미치는 중요한 능력이나 특성을 기억하고 상기시키기 위해 사용할 수 있다. 예를 들어 테스트의 상호작용성(2장 및 7장 참조)을 평가할 때 테스트 과제를 수행하는 데 주제 지식, 언어 지식, 정서, 전략적 역량을 포함해야 함을 염두에 둘 필요가 있다. 이러한 네 가지 요소는 모두 이 그림에 두드러지게 표현되어 있다. 또한 측정된 구인을 기술할 때(6장의 논의 참조) 그 구인의 정의에 언어 지식, 주제 지식, 전략적 역량과 같은 구성 요소 중 하나 이상을 포함하도록 선택할 수 있다. 따라서 이 그림은 이 장에서 제시하는 자료를 가

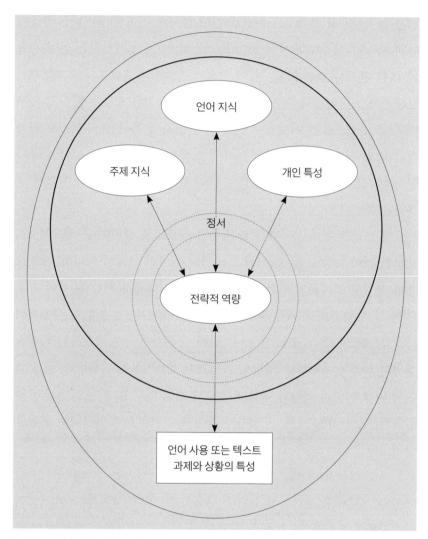

[그림 4-1] 언어 사용 및 언어 테스트 수행의 구성 요소

르치고 기억하는 데 유용한 도움을 준다. 이 장의 나머지 부분에서는 언어 테스트의 개발 및 사용과 가장 관련이 있는 언어 사용자의 특성에 대해 자세히 기술한다.

개별적 특성

언어 사용은 피로나 예상치 못한 기분 변화와 같은 여러 개별적 특성에 영향을 받는데, 이들은 대부분 예측할 수 없으므로 언어 테스트를 설계할 때 이러한 특성을 고려할 방법은 거의 없다. 그러나 다음의 네 가지 개별적 특성은 테스트 수행에 영향을 미치며 언어 테스트를 설계, 개발, 사용하는 방식에서 고려해야 한다.

1. 연령, 성별, 모국어와 같은 개인 특성
2. 테스트 응시자의 주제 지식
3. 정서적 스키마타
4. 언어 능력

개인 특성

개인 특성은 테스트 응시자의 언어 능력에는 포함되지 않지만 언어 테스트에서 개인의 수행에 영향을 미칠 수 있는 개별적 속성을 일컫는다. 개인 응시자의 광범위한 특성은 테스트 설계와 개발에 관한 결정과 관련될 수 있는데, 이 중 제2외국어 학습 및 교수와 관련된 폭넓은 논의는 스케한(Skehan, 1989)과 브라운(Brown, 1994)에서 찾아볼 수 있다. 코언(Cohen, 1994)은 언어 테스트의 맥락에서 이를 논의하고 나이, 외국어 능력, 사회심리학적 요소, 성격, 인지 양식, 언어 사용 전략 및 민족언어학적 요소를 포함하는 응시자의 특성 목록을 제공한 바 있다(1994:74).

테스트 개발 프로젝트에서 개발자는 테스트의 유용성에 잠재적으로 영향을 미칠 수 있는 개인 특성의 목록을 개발할 필요가 있다. 예를 들어 '연령', '모국어', '일반 교육의 수준 및 유형', '주어진 테스트에 대한 이전 경험의 유형 및 양'과 같은 일부 개인 특성에 대한 정보는 테스트 유용성의 모든 질적인 측면에 상당한 영향을 미치며, 따라서 이러한 개인 특성에 대한 정보를 수집하는 일은 테스트 유용성의 특성을 최적화해 과제를 설계하는 데 매우 중요하다. '인지 양식'과 같은 응시자의 특성이 테스트 개발에 미치는 영향은 다소 불분명하다. 더욱이 이러한 특성에 대한 정보를 수집하는 것은 실용적이지 않을 수 있다. 이로 인해 더 문제가되는 특성들이 오히려 포함되지 않을 수도 있기 때문이다. 특정 응시자의 테스트 수행에 잠재적으로 영향을 미칠 수 있는 개인 특성의 수는 매우 많기 때문에 고려해야 할 모든 특성을 완벽하게 나열하는 것은 사실상 불가능하다. 따라서 다음의 목록은 완전한 것은 아니지만, 테스트 응시자의 특성을 기술하기 위한 출발점을 제공한다. 테스트 응시자의 특성에 대한 자세한 논의는 6장에서 이루어진다.

1. 연령
2. 성별
3. 국적
4. 거주자 신분
5. 모국어
6. 일반 교육의 수준 및 유형
7. 주어진 테스트에 대한 준비나 이전 경험의 유형 및 양

주제 지식

주제 지식(때로는 지식 스키마 또는 실세계 지식이라고도 함)이라는 것은 장기 기억의 지식 구조라고 생각할 수 있다. 개인의 주제 지식은 개인이 살고 있는 세계와 관련해 언어 사용에 정보 기반을 제공함으로써 모든 언어 사용을 가능케 하기 때문에, 언어 사용에 대한 기술에서 고려해야 할 필요가 있다. 문화 또는 주제 지식을 응시자의 일부분으로 전제하는 특정 테스트 과제는 해당 지식을 갖춘 이들에게는 좀 더 쉽고 그렇지 않은 사람들에게는 좀 더 어려울 수 있다. 예를 들어 경제 또는 금융 전공의 학생들은 자유주의 금융 정책의 장점과 단점을 논의하는 쓰기 과제에서 관련 주제 지식을 갖추고 있을 수 있다. 같은 이유로 특정 문화에 대한 특정하고 많은 양의 정보를 포함하는 읽기 지문은 관련 문화 지식을 가지고 있지 않은 이들에게 더 어려울 수 있다.

정서적 스키마타

정서적 스키마타는 주제 지식과 감정적 또는 정서적 상관관계가 있다고 볼 수 있다. 이러한 정서적 스키마타는 의식적이든 무의식적이든 언어 사용자가 언어 사용 과제의 특성과 유사한 맥락에서 과거에 정서적으로 경험했던 그 상황을 평가하는 데에 토대가 된다. 정서적 스키마타는 특정 과제의 특성과 결합하여 과제에 대한 언어 사용자의 정서적 반응을 상당 부분 결정하며, 주어진 맥락에서 응답의 유연성을 촉진하거나 제한할 수 있다. 따라서 언어 사용자의 정서적 반응은 주어진 상황에서 언어를 사용할지 여부뿐만 아니라 언어 사용을 상황의 변형에 얼마나 유연하게 적응시키는지에 영향을 미칠 수 있다.

언어 테스트에서 응시자의 정서적 스키마타는 테스트 과제를 처리하고 완성하는 방식에 영향을 미칠 수 있다. 응시자가 낙태, 총기 규제, 국가 주권과 같은 감정적인 주제를 다뤄야 할 경우, 이러한 주제에 대한 응시자의 정서적 반응은 이들이 사용할 수 있는 언어 지식 및 메타인지 전략의 전체 범위를 활용하는 능력을 제한한다. 이는 언어 테스트에서 감정적인 주제를 피하라는 것이 아니라, 언어 능력에 의해서뿐만 아니라 정서적 스키마타에 의해서 응시자의 수행이 영향받을 수 있음을 인식해야 한다는 것이다. 정서적인 반응은 언어 사용을 용이하게 하기도 한다. 논란이 되는 주제들은 해당 주제에 강한 감정이 있는 어떤 응시자들에게는 높은 수준의 수행을 하도록 자극할 수 있음을 인식해야 한다. 마찬가지로 다른 사람들과 대화로 상호작용하는 것에 긍정적인 감정을 지닌 응시자는 대면 구두 인터뷰에서 우수한 수행을 할 가능성이 있다. 따라서 테스트 수행은 테스트 과제의 주제 내용과 특정 유형에 대한 긍정적 또는 부정적인 정서적 반응에 의해 촉진되거나 억제될 수 있다.

많은 언어 테스트 전문가는 응시자에게 최고 수행을 이끌어 낼 수 있도록 테스트를 설계해야 한다고 지적해 왔다.[1] 이를 위한 한 가지 방법은 테스트 응시자에게 편안하거나 안전한 감정을 고취할 수 있는 방식으로 테스트 과제의 특성을 설계하는 것이며, 이는 응시자의 반응에 대한 유연성을 용이하게 할 것이라고 믿는다. 그러나 테스트 응시자가 편안하게 느끼는 것과 측정하고자 하는 것 사이에는 균형이 있어야 한다. 예를 들어 일부 테스트 응시자가 직접 대면 상호작용에 위협을 느낄 수 있다는 것을 알고 있음에도 불구하고, 이것이 목표어 사용 영역의 과제와 가장 근접하기 때문에 일대일 구두 인터뷰를 사용할 수 있다. 이런 경우 테스트 응시자를 안심시킬 수 있는 환경에서 응시자가 편안함을 느낄 수 있는 언어 수준에서 준비 단계의 인터뷰를 실시함으로써 이러한 위협을 최소화할 수 있다.

언어 능력

언어 테스트의 수행을 토대로 언어 능력에 대해 추론하고자 한다면, 언어 능력을 테스트 수행에 영향을 미칠 수 있는 다른 개별적 특성과 구별할 수 있을 만큼 충분히 정확하게 정의해야 한다. 또한 각각의 특정 테스트 상황, 즉 특정 목적과 테스트 응시자 집단 및 목표어 사용 영역에 적합한 방식으로 언어 능력을 정의해야 한다. 예를 들어 특정 테스트 상황에서는 텍스트를 조직하는 방식에 대한 응시자의 지식에 초점을 맞추는 반면, 다른 테스트 상황에서는 적절한 공손성(politeness)의 표지에 대한 지식에 관심을 가질 수 있다. 이에 특정 테스트 상황에서 언어 능력을 정의하는 방식은 테스트 수행을 통해 추론할 수 있는 유형의 기초가 된다. 측정 목적에서 이러한 방식으로 능력을 정의할 때, 2장에서 언급한 바와 같이 이를 '구인'이라 정의한다. 언어 테스트를 설계, 개발하거나 사용할 때 언어 교육과정의 특정 분야의 내용에서부터 언어 능력의 이론적 모델에 이르기까지 모든 것을 포함해 다양한 관점에서 구인을 정의할 수 있다. 구인을 정의하는 절차와 고려 사항에 대해서는 6장에서 논의하고, 여기서는 언어 테스트 개발 상황에서 구인 정의를 안내하는 데 유용한 틀을 제공할 수 있는 언어 능력의 이론적 모형을 제시한다. 모든 언어 테스트가 이 특정 모형의 모든 부분 또는 특정 부분을 기반으로 해야 한다고 제안하고자 하는 것은 아니다. 그러나 동시에 언어 능력을 전체적으로 고려하는 것이 모든 언어 테스트의 개발과 사용에 필요한 정보를 제공할 것이다.

이 책에서 채택한 언어 능력의 모형은 기본적으로 바크먼(Bachman, 1990)이 제안한 것으로, 그는 언어 능력을 '언어 역량' 또는 '언어 지식'이라 부르는 것과 메타인지 전략의 집합체라고 설명할 수 있는 '전략적 역량'이라는 두 가지 요소로 정의한다. 이는 테스트 또는 테스트 이외의 언어 사용 과제에 대한 응답으로서 담화를 생성하고 해석하기 위해 언어 사용자가 갖추어야 할 능력 또는 역량을 언어 지식과 메타인지 전략의 조합이라 보는 것이다.[2]

언어 지식

언어 지식은 언어 사용에서 담화를 생성하고 해석할 때 메타인지 전략에 의해 이용 가능한 기억 속 정보 영역이라고 생각할 수 있다. 언어 지식은 크게 조직에 대한 지식과 화용 지식 두 가지로 나뉜다. 우리는 우리가 개발하는 언어 테스트의 많은 부분이 이러한 언어 지식 중 하나 또는 일부 영역에만 초점을 맞추고 있음을 알고 있다. 그럼에도 불구하고 언어 테스트를 설계 및 개발하고 그 결과를 해석할 때 언어 능력의 모든 구성 요소를 인식할 필요가 있다. 예를 들어, 개인의 어휘 지식을 측정하는 데에만 관심이 있을지라도 테스트 문항, 과제, 텍스트의 종류는 관련되는 언어 지식의 다른 요소들을 인식하면서 선택되어야 한다. 따라서 비록 좁은 범위의 테스트라 할지라도, 모든 언어 테스트의 설계는 언어 능력에 대한 폭넓은 관점을 바탕으로 이루어져야 한다. 언어 지식의 영역은 [표 4-1]에 요약해 두었다.

[표 4-1] 언어 지식의 영역

조직 지식(발화나 문장, 텍스트를 조직하는 방식)
　문법 지식(개별 발화나 문장을 조직하는 방식)
　　어휘 지식
　　통사 지식
　　음운/문자 지식
　텍스트 지식(발화나 문장이 텍스트를 구성할 때 조직되는 방식)
　　응집성에 대한 지식
　　수사적 혹은 대화적 조직에 대한 지식

화용적 지식(발화나 문장, 텍스트가 언어 사용자의 의사소통 목적, 언어 사용 상황의
　　　　　특성과 관련되는 방식)
　기능적 지식(발화나 문장, 텍스트가 언어 사용자의 의사소통 목적과 관련되는 방식)
　　관념적 기능에 대한 지식
　　조작적 기능에 대한 지식
　　발견적 기능에 대한 지식
　　가상적 기능에 대한 지식
　사회언어학적 지식(발화나 문장, 텍스트가 언어 사용 상황의 특성과 관련되는 방식)
　　방언/변이형에 대한 지식
　　사용역에 대한 지식
　　자연스러운 표현 또는 관용적 표현에 대한 지식
　　문화 참조어와 비유적 언어에 대한 지식

조직 지식

　조직 지식은 문법적으로 수용 가능한 발화나 문장을 생산하고 이해하기 위해, 또는 이를 구어나 문어 텍스트의 형태로 조직하기 위해 언어의 형식적 구조를 통제하는 데 관여한다.[3] 조직 지식의 두 가지 영역은 문법 지식과 텍스트 지식이다.

　문법 지식은 형식적으로 정확한 발화나 문장을 생산하거나 이해하는 데 관련된다.[4] 여기에는 어휘, 통사, 음운 및 문자에 대한 지식이 포함된다.

텍스트 지식은 두 개 이상의 발화나 문장으로 구성된 구어나 문어의 단위인 텍스트를 생산하고 이해하는 데 관련된다. 텍스트 지식에는 두 가지 영역이 있는데, 응집성에 대한 지식과 수사학적 또는 대화적 조직에 대한 지식이다.

응집성에 대한 지식은 문어 텍스트의 문장들 간, 대화의 발화들 간에 명시적으로 표시된 관계를 생산하거나 이해하는 데 관련된다.

수사학적 또는 대화적 조직에 대한 지식은 문어 텍스트나 대화에서 조직적 전개를 생산하거나 이해하는 데 관련된다.

화용적 지식

화용적 지식은 발화나 문장과 텍스트를 그 의미, 언어 사용자의 의도, 언어 사용 상황의 특성과 관련시킴으로써 담화를 생성하거나 해석할 수 있게 한다. 이러한 화용적 지식에는 두 가지 영역이 있는데, 기능적 지식과 사회언어학적 지식이다.

기능적 지식 또는 바크먼(Bachman, 1990)이 '언표내적 능력(illocutionary competence)'이라고 칭한 것은 발화나 문장, 텍스트 사이의 관계와 언어 사용자의 의도를 해석할 수 있게 해 준다. 예를 들어 '우체국에 가는 법을 가르쳐 줄 수 있습니까?'라는 말은 '네' 또는 '아니요'라는 대답을 요청하는 것이 아니라, 길을 찾아 주기를 요청하는 것으로 기능할 가능성이 높다. 이에 대한 가장 적절한 대답은 방향을 안내하는 일련의 내용이나 화자가 우체국에 가는 방법을 모르는 경우 이러한 취지의 진술일 것이다. '네, 할 수 있습니다'와 같은 구두 응답은 질문의 문자 그대로의 의미의 관점에서는 정확하지만, 정보의 요청이라는 질문의 기능을 잘못 해석한 결과이기 때문에 부적절하다. 주어진 발화에 대한 적절한 해석은 참여자의 특성을 포함한 언어 사용 상황에 대한 언어 사용자의 사전 지식과 관련된다. 예를 들어 '자물쇠를 몇 번이나 직접 고쳐 보셨어요?'와 같은 진술이 요청인지 비판인지를 결정하기 위해서는, 자물쇠를 고치려는 사람이 일반적으로 이와 같은 일을 성공적으로 완수하는지와 그 말을 한 사람이 간접적인 비판을 하는 경향이 있는지를 알아야 한다. 이러한 기능적 지식은 언어 기능의 네 가지 범주인 '관념적, 조작적, 발견적, 가상적' 지식을 포함한다.

관념적 기능에 대한 지식은 실제 세계에 대한 우리의 경험에서 의미를 표현하거나 해석할 수 있게 한다. 이 기능에는 생각, 지식 또는 감정에 대한 정보를 표현하거나 교환하기 위한 언어 사용이 포함된다. 묘사, 분류, 설명, 슬픔이나 분노의 표현이 관념적 기능을 수행하는 발화의 예다.

조작적 기능에 대한 지식은 우리 주변 세계에 영향을 미치기 위해 언어를 사용하게 한다. 여기에는 다음과 같은 지식이 포함된다.

1. 도구적 기능: 다른 사람들이 우리를 위해 무언가를 하도록 수행되는 기능(예를 들어 요청, 제안, 경고)
2. 규정적 기능: 다른 사람들이 하는 것을 통제하는 데 사용되는 기능(예를 들어 규칙, 규정 및 법률)
3. 대인적 기능: 대인 관계를 성립시키고 유지시키고 변경하는 데 사용되는 기능(예를 들어 안부 인사, 작별 인사, 칭찬, 모욕, 사과)

발견적 기능에 대한 지식은 가르치고 배우고, 문제를 해결하고, 정보를 보존하는 데 사용되는 언어와 같이 주변 세계에 대한 지식을 확장시키는 데 언어를 사용하게 한다.

가상적 기능에 대한 지식은 유머러스하면서도 심미적인 목적을 위해 가상적 세계를 창조하거나 우리 주변의 세계를 확장시키는 데 언어를 사용한다. 예를 들어 농담, 비유적 언어, 시적 언어가 이에 해당한다.

사회언어학적 지식은 특정 언어 사용 상황에 적합한 언어를 생성하거나 해석할 수 있게 한다. 여기에는 방언이나 변이형, 사용역, 자연스럽거나 관용적인 표현, 문화적 표현, 비유적 표현을 적절히 사용하기 위한 관습에 대한 지식이 포함된다. 교실에서 강의하거나 자녀들과 대화하는 일처럼 서로 다른 사용역을 적절히 사용해야 할 때 사회언어학적 지식이 관련된다. 마찬가지로 'beyond the pale(도리를 벗어난)'과 같은 문화적 표현이나 'Don't push my button(나를 화나게 하지 마)'과 같은 비유적 표현을 사용해 의도한 의미를 적절히 전달하고자 할 때 사회언어학적 지식이 사용된다.

전략적 역량

전략적 역량은 메타인지적 구성 요소 또는 전략의 집합인데, 이는 언어 사용 및 기타 인지 활동에서 인지적 관리 기능을 제공하는 고차원의 운영 절차로 생각할 수 있다.[5] 언어 사용에는 위에서 논의한 언어 지식의 모든 영역뿐 아니라 주제 지식과 정서적 스키마타가 포함된다. 언어 사용자가 상황에 맞는 적절한 방식으로 담화를 생성하고 해석하기 위해서는 이러한 모든 구성 요소가 통합되어야 한다. 언어 테스트와 관련해 전략적 역량을 인지적 구성 요소로 개념화하는 것은 잠재적으로 상호작용적 테스트 과제를 설계하고 개발하는 데, 그리고 우리가 사용할 테스트 과제의 상호작용성을 평가하는 데 필수적인 토대를 제공한다(2장의 논의 참조). 메타인지적 구성 요소가 작동하는 세 가지 일반적인 영역으로는 목표 설정, 평가, 계획이 있으며 이는 [표 4-2]와 [그림 4-2]에 설명해 두었다.

[표 4-2] 메타인지 전략이 사용되는 영역

목표 설정(무엇을 할 것인지에 관한 결정)
   테스트 과제의 확인
   가능한 일련의 과제에서 하나 이상의 과제 선택(때로는 기본적으로 하나의 과제만
      이해할 수 있다)
   선택한 과제를 완성할지 여부 결정

평가(무엇이 필요한지, 어떤 것이 동원되어야 하는지, 얼마나 잘했는지에 대한 정보 수합)
   테스트를 성공적으로 완수하는 것이 바람직하고 실현 가능한지, 완수하는 데 필요한
      사항은 무엇인지를 결정하기 위해 테스트 과제의 특성을 평가
   관련 지식 영역이 테스트 과제를 성공적으로 완수하게 하는지 확인하기 위해 자신의
      (주제, 언어) 지식 구성 요소를 평가
   테스트 과제에 대한 응답의 정확성 또는 적합성 평가

계획(가지고 있는 것을 사용하는 방법 결정)
   테스트 과제를 성공적으로 완수하기 위해 주제 지식과 언어 지식의 영역에서 요소 선택
   테스트 과제에 대한 응답으로 이러한 요소를 시행하기 위해 하나 이상의 계획 수립
   테스트 과제에 대한 응답으로 초기 시행을 위한 하나의 계획 선택

목표 설정 (무엇을 할 것인지에 관한 결정)

목표 설정에는 다음이 포함된다.

1. 언어 사용 과제나 테스트 과제 확인하기
2. 일련의 가능한 과제에서 하나 이상의 과제 선택하기, 혹은 주어진 과제 선택하기
3. 과제를 완수할지 여부 결정하기

언어 테스트의 목적은 언어 사용의 특정 사례를 이끌어 내는 것이므로 일반적으로 테스트는 제한된 범위의 과제로 응시자에게 제시된다. 따라서 테스트 과제를 수행하기 위한 목표 설정에서 응시자의 융통성은 일

반적으로 테스트가 아닌 언어 사용에서 언어 사용자가 누리는 유연성만큼 크지는 않다.

평가(무엇이 필요한지, 어떤 것이 동원되어야 하는지, 얼마나 잘했는지에 대한 정보 수합)

평가는 개인이 자신의 주제 지식 및 언어 지식을 언어 사용 상황과 과제 또는 테스트 상황과 과제에 관련시키는 것에 도구를 제공한다. 평가는 또한 평가 전략을 적용할 때 개인의 감정적 반응을 고려한다.

언어 사용 또는 테스트 과제의 특성을 평가하는 것은 아래의 내용을 결정하기 위해 언어 사용 과제나 테스트 과제의 특성을 확인하는 것이다.

1. 과제를 성공적으로 완수할 타당성과 실현 가능성
2. 필요한 주제 지식과 언어 지식의 요소

개인별 주제 지식과 언어 지식을 평가하는 것은 관련 주제 지식과 언어 지식 영역이 사용 가능한 정도를 결정하고, 가능한 경우 해당 과제를 성공적으로 완수하기 위해 활용할 수 있는 것을 결정하는 일을 포함한다. 또한 평가의 이러한 측면은 과제의 요구에 대처하기 위한 개인의 사용 가능한 정서적 스키마타를 고려한다.

테스트 과제에 대한 응답의 정확성 또는 적합성을 평가하는 것은 정확성 또는 적합성에 대한 인식 기준과 관련해 과제에 대한 개인의 응답을 평가하는 것을 포함한다. 관련 기준은 응답의 문법적, 텍스트적, 기능적, 사회언어학적 특성과 주제 내용과 관련된다. 응답이 부정확하거나 부적절한 것으로 보일 수 있다. 평가의 이러한 측면은 개인이 문제의 가능한 원인을 진단할 수 있게 해서 상황에 따라 의사소통 목표나 목표 실행을 위한 계획을 변경하게 한다. 정서적 스키마타는 부적절한 노력, 과제의 난도 또는 임의의 간접적 문제로 인해 실패가 일어나는 정도를 결정하는 데 관여한다.

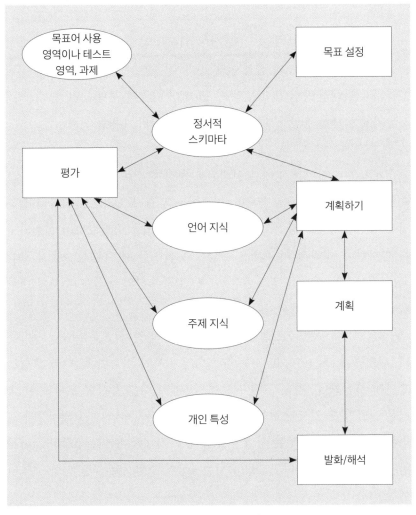

[그림 4-2] 언어 사용 및 언어 테스트 수행에서의 메타인지 전략

계획(가지고 있는 것을 사용하는 방법 결정)

계획에는 언어 지식, 주제 지식 및 정서적 스키마타를 활용해 테스트 과제를 성공적으로 완수하는 방법을 결정하는 일이 포함된다. 평가 전략에 따라 이들 구성 요소 중 어느 것이 사용 가능한지가 결정된다고 가정하면, 계획에는 다음 세 가지 측면이 포함된다.

1. 계획에 사용될 주제 지식 및 언어 지식(예를 들어 개념, 단어, 구조, 기능)에서 특정 요소의 집합 선택
2. 과제에 대한 응답(해석, 발화)이 될 하나 이상의 계획 수립
3. 과제에 대한 응답으로서 실행을 위한 하나의 계획을 선택

계획을 수립하는 것에는 선택된 다양한 요소들 사이에서 내부 우선순위를 결정하는 일이 포함되며, 이들이 어떻게 효과적으로 결합되어 응답을 형성할지 고려하는 일까지 포함된다. 계획은 응답으로서 실현되도록 명시한다. 따라서 이 계획은 응답으로 실현될 때 다양한 요소가 결합되고 정렬되는 방법을 명시한다. 이때 전략 계획의 산물은 과제에 대한 응답으로 실현되는 계획이다.

다음의 예시는 목표 설정, 평가, 계획 전략 간의 상호작용을 보여 준다. 파머(Palmer, 1972, 1981)는 테스트 응시자가 가능한 한 빨리 그림을 묘사해 시험관이 4장의 그림 세트에서 3개의 다른 유사한 그림과 이 그림을 구별할 수 있도록 하는 테스트를 기술했다. 주어진 세트의 4장의 그림은 각각 무언가를 하는 사람의 모습이며, 각 그림은 다른 3장의 그림과 한 가지 특징이 다르다. [그림 4-3]는 4장의 그림으로 구성된 한 세트의 예시이다.

[그림 4-3] 실험적 말하기
테스트의 예시 사진
(Palmer, 1981:44)

　파머는 이러한 과제에 대한 응답에서 테스트 응시자가 이 과제를 완수하는 데 필요한 것이 무엇인지에 대해 서로 다른 평가를 한 것으로 보인다고 보고했다. 이러한 다양한 평가의 결과로서 테스트 응시자가 서로 다른 목표를 설정하고 발화를 구성하는 데 다양한 유형의 계획을 활용했을 것으로 추측할 수 있다. 예를 들어 어떤 응시자는 전체 그림을 묘사하고 완전한 문장으로 응답한다는 목표를 설정했을 수 있다. 이런 응시자는 문법적으로 정확한 발화로 실현시키겠다는 계획을 수립해 그림에 대한 많은 설명적 정보를 제공했다. 다른 응시자는 묘사할 특정 그림의 중요 정보만을 전달할 계획을 설정해 계획을 수립했고, 그 실현 결과로 단일 단어나 짧은 구로만 응답했다. 반면 또 다른 응시자는 특정 그림에서 대상의 특성을 묘사하는 데 필요한 단어에 대한 어휘 지식을 갖추고 있지 않아서 그림 자체의 물리적 특성을 묘사하는 것을 목표로 설정할 수도 있다. 이 응시자는 그림의 주제 내용을 전혀 언급하지 않고 페이지에 배치된 그림(예를 들어 오른쪽에 있는 것)이나 비언어적인 시각적 정보(예를 들어 선과 도형, 검은색과 회색의 서로 다른 음영)의 측면에서 응답 계획을 수립해 그림을 묘사했다.

언어 '기술'

언어 교사와 언어 테스트 응시자는 모두 언어 능력이 전통적으로 듣기, 읽기, 말하기, 쓰기와 같은 네 가지 기술로 구성된다고 인식해 왔다. 실제로 금세기 후반 동안 언어 테스트에 큰 영향을 미친 언어 숙달도 모형은 네 가지 기술 및 여러 구성 요소(예를 들어 문법, 어휘, 발음)의 측면에서 언어 능력을 기술한다.[6] 이 네 가지 기술은 전통적으로 채널(청각, 시각) 및 방식(생산적, 수용적)의 측면에서 구별된다. 따라서 듣기와 말하기는 각각 청각적 채널과 수용 및 생산 방식에 해당하며, 읽기 및 쓰기는 각각 시각적 채널 및 수용 및 생산 방식에 해당한다. 그러나 단순히 채널과 방식의 관점에서 네 가지 기술을 구별하는 것이 적절한가? 그렇다면 청각적 채널과 생산적 방식을 포함하는 모든 언어 사용은 말하기로 간주될 수 있고, 시각적 채널과 수용적 방식의 언어 사용은 읽기가 된다.

이러한 접근법의 부적절함을 발견하는 것은 어렵지 않다. 첫째, 이는 매우 다양한 언어 사용 과제나 활동을 단일한 '기술'로 분류할 것이다. 예를 들어 대면 대화에 참여하는 활동과 라디오 뉴스를 청취하는 활동이 얼마나 다른지 생각해 보라. 마찬가지로 이메일 토의와 신문 읽기는 둘 다 시각적 채널과 관련되지만, 이메일 토의에 참여하는 것은 신문을 읽는 것보다는 구두 대화와 비슷할 것이다. 둘째, 이 접근법은 언어 사용이 단순히 진공 상태에서 일어나는 일반적인 현상이 아니라는 사실을 고려하지 않는다. 우리는 단지 '읽는' 것이 아니라 특정한 상황에서, 특정한 목적을 위해, 특정한 무언가를 읽는다. 즉, 언어 사용은 특정한 상황의 언어 사용 과제를 수행하는 데에서 발생하거나 실현된다.

언어 사용이 특정 상황의 언어 사용 과제의 수행이라는 개념은 흔히 언어 기술이라 불려 왔던 것을 특징짓는 데 훨씬 더 유용한 수단을 제공한다. 따라서 우리는 언어 기술을 언어의 일부로 간주하지 않고, 특정 언어 사용 과제를 수행할 때 언어를 사용하는 능력의 맥락적 실현이라고 생각한다. 그러므로 '기술(skills)'의 관점에서 생각하는 것은 유용하지 않으며, 언어를 목적적으로 사용하는 특정 활동이나 과제의 관점에서 생각해야 한다. '말하기'를 추상적 기술로 정의하기보다는 말하기 활동과 관련된 특정 언어 사용 과제를 식별하고, 관련된 언어 능력의 영역과 해당 과제의 특성 측면에서 기술하는 것이 더 유용하다. 따라서 '기술'이라고 불리는 개념은 언어 능력과 과제 특성의 특정한 조합으로서 훨씬 더 유용하게 보일 수 있다.[7] 이에 언어 테스트의 설계, 개발 및 사용에서 유용한 '능력-과제(ability-task)'의 개념을 고찰하려면 해당 과제 특성(상황, 입력, 예상 응답, 입력과 응답의 관계)과 언어 능력의 영역, 이러한 과제가 관여하는 주제 지식에서 그 특정 사례를 정의해야 한다.

언어 능력: 테스트 설계와 분석 체크리스트 사례

우리가 제시한 언어 능력의 모형은 이전 장에서 설명한 과제 특성 틀과 마찬가지로 언어 테스트 설계와 개발에 사용할 수 있다. 이를 위해서는 체크리스트를 활용하는 것이 유용하며, 이 체크리스트는 다음 사례와 이 장의 끝에 있는 연습문제에 제시되어 있다. 언어 테스트의 설계와 개발에서 이 체크리스트를 사용하는 것에 대해서는 6장에서 상세히 설명했다.

사례

1. 측정하려는 구인을 정의하기 위해 언어 능력 체크리스트 활용하기

언어 지식 모형을 사용해 [표 4-3]과 같은 체크리스트를 만들 수 있다.

이 체크리스트는 테스트 설계 절차의 한 부분으로서 주어진 언어 테스트에서 측정하고자 하는 구인을 정의하는 데 도움이 될 수 있다. 이것이 활용되는 방식을 알고 싶다면 3부의 프로젝트 1(364~408쪽)에서 테스트 목적, 목표어 사용 영역에서의 과제, 응시자의 특성을 기술하는 명세화 부분을 읽어 볼 수 있다. 이 정보만을 토대로 이 테스트 상황에 대한 [표 4-3] 체크리스트의 '논평'란을 기입해 보자. 논평은 특정 구성 요소에 흥미가 있는지, 해당 요소가 측정되어야 하는지, 또는 명세화에 주어져 있는지 그 정도를 지적하는 것이어야 한다. 논평을 작성한 후에는 측정할 구인의 정의(374쪽)와 제안된 채점 절차(401~408쪽)를 읽고 자신의 인식이 프로젝트 1의 테스트 개발자와 얼마나 일치하는지 확인해 보자.

2. 기존의 테스트를 선택하는 데 언어 능력 체크리스트 활용하기

이 체크리스트는 특정 언어 테스트 상황에서 기존의 테스트를 선택하는 지침으로도 활용할 수 있다. 주어진 테스트나 테스트 과제에 언어 능력의 특정 구성 요소가 관련되는 정도를 판단하는 데 사용할 수 있다. 이것이 어떻게 수행되는지 알아보려면 3부의 프로젝트 3 부분(418~427쪽)으로 가서 프롬프트를 읽어 보자. 프롬프트의 지문만을 토대로 [표 4-3]의 체크리스트 '논평'란에 이 테스트 상황을 기입해 보자. 이번에는

[표 4-3] 언어 능력의 요소: 테스트 설계와 분석 체크리스트

언어 능력의 요소	논평
문법: 어휘	
문법: 통사	
문법: 음운/문자	
텍스트: 응집성	
텍스트: 수사적 조직	
기능: 관념적	
기능: 조작적	
기능: 발견적	
기능: 가상적	
사회언어학: 방언	
사회언어학: 사용역	
사회언어학: 자연스러움	
사회언어학: 문화적 표현과 비유적 언어	
메타인지: 목표 설정	
메타인지: 평가	
메타인지: 계획	

각각의 구성 요소가 과제에 포함되었는지 또는 과제를 성공적으로 완수하기 위해 필요한지의 정도를 지적해야 한다. 구성 요소와 관련이 없다고 생각되면 '필요하지 않음', '매우 제한적으로 관여' 또는 '약간의 관여'라고 쓸 수 있다. 과제를 성공적으로 완수하기 위해 구성 요소가 필요하다고 생각되면 '필수' 또는 '중요'라고 쓸 수 있다. 논평을 마치면 그 구성요소 리스트가 이 과제에서 측정될 것이다.

요약

언어 테스트의 점수를 사용해 언어 능력을 추론하거나 개인에 대한 어떤 결정을 내리기 위해서는 테스트 수행이 테스트가 아닌 실제의 언어 사용과 얼마나 관련되는지를 입증할 수 있어야 한다. 이는 언어 사용의 틀을 개발하는 것으로 이루어질 수 있는데 이 틀에서 테스트 수행은 특정 언어 사용 사례로, 응시자는 언어 테스트 맥락에서의 언어 사용자로, 언어 테스트는 특정 언어 사용 상황으로 간주한다.

언어 테스트 목적을 위해서는 언어 사용의 상호작용적 틀 내에서 언어 능력을 고려해야 한다. 한편으로는 언어 능력의 영역, 주제 지식, 정서적 스키마타의 상호작용에 초점을 맞춘 언어 사용의 관점을 제시하고, 또 한편으로는 이러한 상호작용이 언어 사용 상황 또는 테스트 과제의 특성과 어떻게 상호작용하는지에 대한 관점을 제시했다. 이러한 관점은 언어 처리의 실용적인 모형이 아니라, 언어 테스트를 설계하고 개발하는 방법과 그 결과를 적절하게 사용하는 방법을 이해하기 위한 토대로서 제시한 것이다.

언어 사용자나 응시자의 개별적 특성은 개인 특성, 주제 지식, 정서적 스키마타, 언어 능력을 포함한다. 언어 능력은 언어 지식, 전략적 역량 또는 메타인지 전략으로 구성된다. 언어 지식은 기억 속에 저장되는 언어 사용에 특정한 정보이며, 조직 지식과 화용적 지식을 모두 포함한다. 문법 지식과 텍스트 지식을 포함하는 조직 지식은 언어 사용자가 문법적으로 정확한 발화나 문장을 생성하고 해석할 수 있게 하고, 이들을 수사학적 또는 대화적으로 조직된 응집성 있는 구어나 문어 텍스트 형태로 조합할 수 있게 한다. 기능 지식과 사회언어학적 지식을 포함하는 화용적 지식은 언어 사용자들이 단어, 발화, 개념에 대한 텍스트, 의사소통 목적 및 언어 사용 상황의 특성과 연관시킬 수 있게 해 준다.

전략적 역량은 언어 사용자가 목표 설정, 평가 및 계획에 참여할 수 있도록 지원하는 고차원적 절차인 메타인지 전략으로 구성된다. 목표 설정에는 다음이 포함된다.

1. 언어 사용 과제 또는 테스트 과제의 확인
2. 선택권이 주어진 경우, 가능한 과제들 중 하나 이상의 과제 선택
3. 과제의 완수 여부 결정

평가는 세 가지 측면에서 이루어진다.

1. 수행의 타당성과 실현 가능성을 결정하기 위해 언어 사용 과제의 특성을 평가하기
2. 필요한 요소를 사용할 수 있는지 여부를 결정하기 위해 주제 지식과 언어 지식의 요소 평가하기
3. 주어진 과제를 수행하는 과정에서 발화나 해석인 응답의 정확성과 적절성을 점검하고 평가하기

계획에는 과제에 대한 응답으로 시행될 하나 이상의 계획의 수립이 포함된다. 계획은 담화에서 발화나 문장을 해석하고 생산하는 것을 포함한 언어 사용 과제의 수행을 통해 구현된다. 언어 능력의 이 모형은 새로운 언어 테스트를 설계할 때와 특정 언어 테스트 상황에서 기존 테스트를 선택할 때 모두 사용될 수 있다(이것의 적용은 이 장의 끝 연습문제에서 제시되어 있다).

언어 '기술'을 언어가 실현되는 추상적 양상이라고 보는 개념은 네

가지 언어 기술(듣기, 말하기, 읽기, 쓰기)을 채널(청각, 시각)과 방식(수용적, 생산적)의 측면에서 특성화하려는 부적절한 시도이기 때문에 언어 테스트에 유용하지 않다. 첫째, 이러한 접근법은 동일한 '기술'에 속하는 언어 사용 활동들(예를 들어 구두 대화에 참여하는 것과 라디오 뉴스를 듣는 것) 사이의 중요한 차이를 포착하지 못한다. 둘째, 네 가지 기술을 구별하기 위한 이 접근법은 언어 기술을 언어 능력의 추상적인 측면으로 다루며, 언어 사용이 특정 상황의 언어 사용 과제로 실현된다는 사실을 무시한다. 따라서 네 가지 추상적 기술을 구별하려고 하기보다는, 특정 언어 사용 과제를 확인하고 그것의 과제 특성과 필요한 언어 능력의 영역에서 이를 설명하는 것이 더 유용하다. 언어 테스트의 설계, 개발 및 사용에 유용한 '기술' 개념을 찾으려면 이러한 과제 특성(상황, 입력, 예상 응답, 입력과 응답의 관계)과 이 과제에 필요한 언어 능력과 주제 지식의 영역과 관련해 특정 '기술'을 정의해야 한다.

연습문제 _____

1. 3부의 프로젝트 2에 기술된 테스트 응시자의 입장이 되어 보자. 지시문과 프롬프트를 읽을 때, 공식적 서신과 비공식적 메모를 작성할 때 메타인식적 전략이 어떻게 관련될 수 있는지 논의해 보자.

2. 이 장을 처음 읽을 때의 메타인지 전략의 관련성을 상기하고 설명해 보자. 이 장을 다시 읽게 된다면 메타인지 전략은 어떤 방식으로 다르게 관여될 것인가?

3. 언어 능력 체크리스트([표 4-3])를 사용해 친구나 동료 학생과 함께 연습문제 2에 대해 논의하고 답변에 도달하기 위해 필요한 언어 지식과 메타인지

전략의 영역을 설명해 보자.

4. 익숙한 언어 프로그램에서 학생들을 서로 다른 교육과정에 배치하기 위해 측정할 때 유용할 수 있는 언어 지식의 영역을 언어 능력 체크리스트를 사용해 설명해 보자.

5. [그림 4-1]의 언어 능력 구성 요소를 사용해 최소 쌍 듣기 테스트 과제(테스트 응시자가 단일 음소에 의해 달라지는 두 단어 중 하나를 듣고 어떤 단어가 발음되었는지를 결정하는 과제)에 응답하기 위한 언어 사용이 학술적 강의를 듣고 이해하는 것과 관련된 테스트 과제에서의 언어 사용과 어떻게 다른지 설명해 보자. 테스트 응시자의 주제 지식, 언어 지식 영역, 메타인지 전략의 사용은 두 가지 과제에 어떻게 다르게 관련되는가?

6. 테스트 경험이나 테스트 요구와 관련된 특정 테스트나 테스트 상황을 생각해 보자. 프로젝트 1에서 제공하는 테스트 응시자의 특성 목록에서 시작해 테스트 상황에 맞게 테스트의 유용성을 최대화하는 데 도움이 되도록 이 목록을 수정해 보자.

7. 다음 두 가지 테스트 상황을 상상해 보자. (a) 대학 진학을 목표로 하는 유학생들을 대상으로 미국 역사 입문 강의에서 사용되는 교재의 어휘와 문장 구조를 읽고 이해하는 능력을 측정하기 위한 대학 입학 시험과 (b) 미국으로 이민 간 초등학생이 미국 역사 입문 강의에서 사용되는 교재의 어휘와 문장 구조를 읽고 이해하는 능력을 측정하기 위한 입학시험이 있다. 각 집단의 학생들이 가지고 있을 응시자의 특성에 대한 목록을 준비해 보자. 그런 다음 응시자 특성의 차이점을 사용해 하나의 응시자 집단에는 실제적이고 상호작용적이며 긍정적인 영향을 줄 수 있는 테스트 과제가 왜 다른 집단의 응시자들에게는 실제적이지 않고 부정적 영향을 미치는 과제일 수 있는지 설명해 보자.

더 읽을거리

1. 언어 사용과 담화: 위다우슨(Widdowson, 1978)과 브라운과 율(Brown and Yule, 1983)은 언어 사용과 담화에 대한 폭넓은 논의를 제공한다.

2. 개인 특성: 제2외국어 습득 맥락에서 개인 특성에 대한 상세한 논의는 스케한(Skehan, 1989:3~6장)에서 찾을 수 있다. 브라운(Brown, 1994:4~7장)은 언어 학습과 교수의 맥락에서 이에 대한 폭넓은 논의를 제공한다. 코언(Cohen, 1994:3장)은 언어 테스트에서 수행의 차이를 설명하는 데 도움이 되는 많은 응시자의 특성에 대해 논한다. 크리스티슨(Christison, 1995)은 다중 지능의 개별적 변이의 관점에서 테스트 응시자의 특성에 대한 쟁점을 논의한다.

3. 언어 능력/의사소통 능력: '의사소통적 언어 능력'에 대한 상세한 이론적인 논의는 바크먼(Bachman, 1990:4장)에서 찾을 수 있다. 카날과 스웨인(Canale and Swain, 1980), 카날(Canale, 1983), 사비뇽(Savignon, 1983)은 언어 능력을 의사소통 능력으로 보는 초기 관점을 제시한다. 위다우슨(Widdowson, 1983)은 '의사소통 능력'에 대한 유용한 논의를 제공한다.

4. 전략: 언어 사용의 전략에 대한 논의는 위다우슨(Widdowson, 1983)과 비알스토크(Bialstok, 1990)에서 확인할 수 있다. 오맬리와 샤모(O'Malley and Chamot, 1990), 옥스퍼드(Oxford, 1990), 벤덴(Wenden, 1991)은 언어 학습 전략을 논한다. 스턴버그(Sternberg, 1985, 1988)는 지능의 메타인지 전략에 대해 논의한다.

2부

언어 테스트 개발

5장

테스트 개발의 개요

도입: 테스트 개발의 단계와 활동

앞에서는 테스트 개발에 사용될 수 있는 틀에 대해 논의했다. 지금부터는 유용한 언어 테스트 개발에 필요한 구체적인 절차에 대해 살펴보자. 이 장은 테스트 개발의 각 단계를 어떻게 수행해야 하는지에 대해 설명하고 여러 가지 사례를 제시하는 이 책의 나머지 부분에 앞서 사전 정리 역할을 한다. 2부의 각 장은 테스트 개발 과정에 따라 아주 일반적인 방식으로 구성되어 있다. 이어지는 장에서 테스트 개발 과정의 구체적인 단계에 필요한 여러 가지 연습문제가 제시되기 때문에, 이 장에는 연습문제를 제시하지 않을 것이다. 다시 한번 확인하면 3단계에서는 통계적 분석이 필요한 몇 가지 활동이 있지만 이 책에서는 이러한 활동과 분석을 주요하게 다루지는 않을 것이다. 대신 3장과 11장, 그리고 이번 장의 마지막 부분에 관련 읽을거리를 참고용으로 소개했다.

독자들은 앞으로 다룰 내용들을 이번 장에서 전반적으로 미리 살펴보고, 나머지 각 장을 읽기 전에 이 장을 다시 검토함으로써 각 세부 활동을 고려하기에 앞서 전체적인 테스트 개발 과정을 다시 한번 숙지하는 것이 좋다.

테스트 개발은 초기의 개념화 및 설계부터 시작해 하나 이상의 축적된 테스트와 그 활용 결과로 마무리되는 테스트를 만들고 사용하는 전체적인 과정이다. 물론 언어 테스트 개발에 쏟아붓는 시간과 노력은 상황에 따라 달라질 수 있다. 극단적으로 저부담 테스트는 교사가 성적을 부여하기 위해 일련의 주간 퀴즈 중 하나로 짧은 테스트를 준비하는 것처럼 그 과정이 사뭇 비공식적일 수 있다. 반대로 고부담 테스트는 여러 가지 시도와 수정 작업이 필요하고 대규모 테스트 개발팀과 협조해야 하므로 그 과정이 상당히 복잡할 수 있다. 여러 사람에게 영향을 주는 중요한 결정을 내리는 데에 테스트가 사용되는 경우라면 이런 과정이 필요할 수 있다. 다시 한번 강조하면 테스트 개발에 들어가는 시간과 노력의 양은 테스트의 용도에 따라 다를 수 있지만 그 유용성에 대해서는 신중하게 검토할 필요가 있으며, 부담이 적은 상황이나 부담이 큰 상황 어느 쪽에서든 이러한 검토가 생략되어서는 안 된다.

상황이 어떠하든 모든 언어 테스트 상황에서 테스트 개발 과정을 신중하게 계획하는 것은 다음과 같은 세 가지 이유 때문에 매우 중요하다. 첫째, 가장 중요한 이유는 신중한 계획이 테스트가 원래 의도한 목적에 맞게 유용하게 사용될 수 있도록 보장하는 최선의 수단이기 때문이다. 둘째, 신중하게 계획해야 책임감 즉, 무엇을 했고 왜 했는지 말할 수 있는 능력이 향상된다. 우리는 교사로서 테스트 사용자(학생, 부모 및 관리자)가 테스트의 질적 수준에 관심을 보일 것이라는 점을 예상할 수 있어야 한다. 신중하게 계획하면, 세심하게 여러 가지를 염두에 두면서 테스트를 준비했다는 증거를 쉽게 제시할 수 있다. 셋째, 신중한 계획을 통해 우리가 경험하는 만족도가 커질 수 있기 때문이다. 우리가 가치를 두고 있는 무언가를 하고자 하는 계획을 세우고 이를 완료하면 보람을 느낀다. 계획이 신중할수록(개별적인 단계가 많을수록) 보람을 느낄 기회가 더 많아진다. 계획이 신중하지 않다면 보람 또한 그만큼 적어진다. 극단적으로는 테스트 완료 이외에 별다른 계획이 없다면 완료된 테스트만이 단지 하나의 보상일 뿐이다.

테스트 개발은 개념적으로 설계, 운영, 관리의 세 단계로 구성된다. 여기에서 '개념적으로'라는 표현을 쓰는 것은 테스트 개발 과정이 엄격하게 순차적으로 구현되지는 않기 때문이다. 실제로 테스트 개발 과정은 하나의 단계에서 다음 단계로 넘어가는 선형적인 과정이기는 하지만 반복적이기도 하다. 즉, 한 단계에서 내린 결정과 완료된 활동으로 인해 다른 단계에서 이미 실행한 활동을 재고하고 수정하며 반복할 수 있다. 테스트 개발 과정을 구성하는 방법에는 여러 가지가 있지만, 수년에 걸쳐 확인한 바로는 이러한 유형의 구성을 통해 개발 과정 전반에 걸쳐 테스트의 유용성을 제대로 모니터링하며 유용한 테스트를 진행할 수 있다. 테스트 개발 과정은 [그림 5-1]에 설명되어 있다. 테스트 개발에 수반되는 모든 결정과 활동이 테스트의 전반적인 유용성을 극대화할 수 있도록 진행되어야 한다는 것을 강조하기 위해 '유용성의 특성에 대한 고려 사항'이라는 항목을 포함시켰다.

1단계: 설계

설계 단계에서는 테스트 과제 수행이 최대한 언어 사용과 밀접하게 연관되고 테스트 점수를 원래 목적에 맞게 제대로 활용할 수 있도록 테

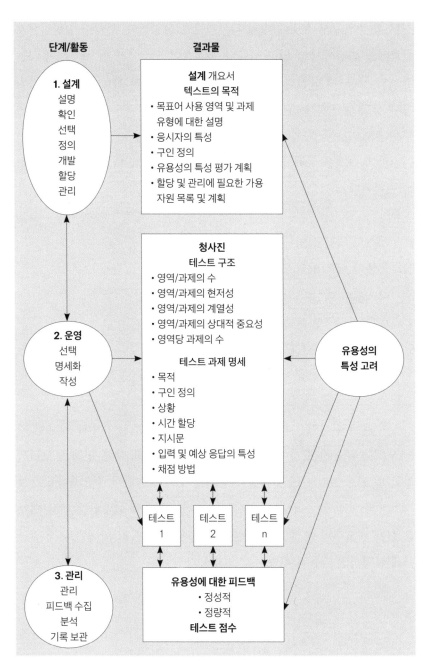

단계/활동 **결과물**

1. 설계
설명
확인
선택
정의
개발
할당
관리

설계 개요서
텍스트의 목적
• 목표어 사용 영역 및 과제
  유형에 대한 설명
• 응시자의 특성
• 구인 정의
• 유용성의 특성 평가 계획
• 할당 및 관리에 필요한 가용
  자원 목록 및 계획

청사진
테스트 구조
• 영역/과제의 수
• 영역/과제의 현저성
• 영역/과제의 계열성
• 영역/과제의 상대적 중요성
• 영역당 과제의 수

테스트 과제 명세
• 목적
• 구인 정의
• 상황
• 시간 할당
• 지시문
• 입력 및 예상 응답의 특성
• 채점 방법

2. 운영
선택
명세화
작성

**유용성의
특성 고려**

테스트
1

테스트
2

테스트
n

3. 관리
관리
피드백 수집
분석
기록 보관

유용성에 대한 피드백
• 정성적
• 정량적
테스트 점수

[그림 5-1] 테스트 개발

스트 설계의 구성 요소에 대해 세부적으로 설명한다. 설계란 일반적으로 선형적인 과정이지만, 일부 활동은 반복적이어서 여러 번 반복해야 하는 경우도 있다. 예를 들면 설계 과정에서는 유용성의 특성에 대한 고려와 자원 할당 및 관리와 같이 과정 전반에 걸쳐 반복적으로 고려해야 하는 부분이 있다.

설계 단계를 통해 설계 개요서가 만들어지는데 다음과 같은 내용들이 포함된다.

1. 테스트 목적 설명
2. 목표어 사용 영역 및 과제 유형 설명
3. 테스트의 대상이 되는 응시자에 관한 설명
4. 측정되는 구성 요소 정의
5. 유용성의 특성에 대한 평가 계획
6. 필요 자원과 가용 자원 목록 및 이들의 할당 및 관리에 필요한 계획

이 문서의 목적은 테스트 과제, 청사진 및 테스트 개발에 필요한 기본 원칙을 제공하는 것이다. 이 문서를 통해 개발의 추후 단계를 모니터링할 수 있으므로, 관련 문서를 신중하게 준비하는 것이 중요하다.

설계 단계에는 여섯 가지 활동이 있고, 위에서 설명한 것처럼 이것은 설계 개요서의 여섯 가지 구성 요소에 해당한다. 각 항목에 대해 간단하게 설명하면 다음과 같다.

테스트 목적 설명

이 활동을 통해 테스트에서 의도하는 구체적인 용도를 분명하게 확인한다. 우리가 테스트 결과에 근거해 도출하고자 하는 언어 사용 능력이나 역량에 관한 구체적인 추론, 그리고 이러한 추론에 기반하는 구체적인 결정 등에 대해 분명하게 설명한다. 이러한 목적에 대한 설명은 테스트 활용의 잠재적 영향에 대해 고려해야 할 근거를 제시한다. 이 활동은 6장에서 상세하게 설명한다.

목표어 사용 영역의 과제 식별 및 설명

이 활동에서는 언어 능력에 대한 추론을 일반화하고자 하는 목표어 사용 영역의 과제를 분명하게 명시하고 고유한 특성 측면에서 목표어 사용 과제의 유형에 대해 설명한다. 이것은 실제 테스트 과제에 필요한 근거가 되는 목표어 사용 과제 유형을 세부적으로 제시한다. 이러한 설명을 통해 테스트 과제의 잠재적 실제성과 상호작용성에 대해 검토할 수 있다. 이 활동은 6장에서 논의한다.

언어 사용자 및 테스트 응시자의 특성에 대한 설명

이 활동을 통해 테스트의 설계 대상자인 잠재적 테스트 응시자의 특성을 분명하게 명시한다. 이러한 설명은 테스트 사용의 잠재적 영향을 고려할 수 있는 또 다른 근거를 제시한다. 이 활동은 6장에서 논의한다.

측정할 구인 정의

이 활동을 통해 능력을 개략적으로 정의함으로써 우리가 측정하고자 하는 능력의 정확한 본질을 분명하게 확인한다. 이러한 활동으로 구인의 이론적 정의가 도출되는데, 이것은 우리가 테스트 점수를 해석하는 구인 타당도를 고려하고 조사하는 데 기초를 제공한다. 또한 이러한 이론적 정의를 통해 운영 단계에서 테스트 과제의 개발에 필요한 기반을 확인할 수 있다. 언어 테스트에서 이론적 구인에 대한 정의는 언어 능력의 이론, 교수요목 명세 또는 이들 모두에서 도출할 수 있다. 이 활동은 6장에서 논의한다.

유용성 평가 계획 수립

유용성 평가에 필요한 계획에는 테스트 개발 과정의 모든 단계에서 그 일부를 구성하는 활동이 포함된다. 유용성의 특성 평가에 필요한 계획에는 유용성의 여섯 가지 특성의 적절한 균형에 대한 1차적 고려, 이들 각각에 대한 최소 허용 수준 설정 및 우리가 개발하는 각각의 테스트 과제에 대해 물어 볼 질문의 체크리스트 등이 포함된다. 이 부분은 7장에서 설명한다. 사전 테스트와 관리의 유용성 평가에는 피드백 수집이 포함된다. 이를 통해 테스트 점수 및 개별 테스트 과제에 대한 점수와 같은 정량적 정보와 응시 과정에 대한 관찰자의 설명 및 학생들의 구두 자기 보고와 같은 정성적 정보를 모두 다룬다. 마지막으로 이 계획에는 수집한 정보를 분석하는 절차들이 포함된다. 여기에는 테스트 점수에 대한 기술적 분석, 신뢰도 예측 및 정성적 데이터에 대한 적절한 분석 등의 절차들이 포함된다.

자원 파악 및 할당과 관리에 필요한 계획 수립

이 활동을 통해 테스트 개발 중 다양한 활동에 필요한 자원(인적, 물적, 시간)을 명시하고, 개발 과정 전반에 걸쳐 이러한 자원을 할당하고 관리하는 데 필요한 계획을 수립한다. 또한 이 활동을 통해 테스트의 잠재적 실용도를 고려하고 테스트 개발 과정 전반에 걸쳐 이를 모니터링하기 위한 기초를 제공한다. 이 활동은 8장에서 논의한다.

2단계: 운영

운영에는 테스트에 포함되는 테스트 과제의 유형에 필요한 테스트 과제 명세와 실제 테스트를 위해 테스트 과제를 어떻게 개발할지 설명하는 청사진이 포함된다. 또한 운영에는 실제 테스트 과제의 개발 및 작성, 지시문 작성 및 테스트 채점에 필요한 과정에 대한 구체적인 내용이 포함된다. 언어 사용을 유도하는 조건과 이러한 과제에 대한 응답 내용을 채점하는 방법을 구체화함으로써, 우리는 구인에 대한 조작적 정의를 제시한다.

테스트 과제 및 청사진 개발

테스트 과제를 개발할 때는 설계 개요서에 명시된 목표어 사용 과제 유형에 대한 설명부터 시작하고 다시 유용성을 고려하면서 이를 수정해 테스트 과제 명세를 작성한다. 이러한 과정은 관련 과제의 특성에 대한 세부 설명으로 이루어지고, 이는 실제 테스트 과제를 작성하는 데 필요한 기초가 된다. 특정 과제의 특성과 이들이 테스트 과제 명세에 배열되는 순서는 테스트 상황에 따라 어느 정도 달라질 수 있으므로, 3장에서 제시된 과제 특성의 이론적 틀이나 이들이 [그림 5-1]에서 제시한 방식에 정확하게 일치하지 않을 수도 있다.

청사진은 테스트에 포함되는 각 유형의 과제에 필요한 테스트 과제 명세와 함께, 테스트의 구조 또는 전반적인 조직과 관련한 특성으로 이루어진다. 청사진은 주로 초점의 범위가 협소하고 여기에 포함된 세부 사항의 양이 많다는 측면에서 설계 개요서와는 다르다. 설계 개요서에는 테스트의 목적, 테스트가 설계된 목표어 사용 영역, 테스트에 응시하는 개인, 테스트에서 측정하고자 하는 내용 등 테스트 설계에 필요한 일반적인 요소들이 설명되어 있다. 반면에 청사진은 실제 테스트 과제를 어떻게 구성할 것인지, 테스트를 위해 이러한 과제를 어떻게 준비할 것인지를 설명한다. 테스트 과제 명세 개발에 필요한 절차와 청사진에 대해서는 9장에서 살펴보기로 한다.

지시문 작성

지시문 작성에는 테스트의 구조, 응시자에게 제시되는 과제의 성격, 응시자가 어떻게 응답해야 하는지에 대해 완전하고 명확하게 설명하는 것이 포함된다. 일부 지시문은 매우 일반적이며 테스트 전반에 적용되기도 하고, 일부 지시문은 특정 테스트 과제와 밀접하게 연관되어 있다. 지시문 작성 시 고려해야 할 사항과 절차에 대해서는 10장에서 설명한다.

채점 방법의 명세화

채점 방법의 명세화 작업에는 두 가지 단계가 있다.

1. 테스트 응시자 응답의 특성을 평가하는 기준을 정의한다.
2. 점수에 도달하는 절차를 결정한다.

채점 방법은 11장에서 설명한다.

3단계: 테스트 관리

테스트 개발의 테스트 관리 단계는 개인 집단에게 테스트를 실시하고, 정보를 수집하며, 이 정보를 분석하는 과정으로 이루어져 있으며, 그 목적은 다음과 같다.

1. 테스트의 유용성을 평가한다.
2. 테스트의 의도에 따라 추론하거나 결정한다.

이러한 관리는 두 단계로 진행되는데, 시범 테스트와 운영 테스트가 그것이다.

시범 테스트는 테스트 자체의 유용성에 대한 정보를 수집하고 테스트 및 테스트 절차를 개선하기 위한 목적으로 테스트를 시행하는 것이다.[1] 시범 테스트를 통해 얻은 피드백에 근거해 실행된 수정 작업은 상당히 국지적이고 사소한 수정일 수 있다. 또는 시범 테스트 결과에 대한 분석을 통해 전체적인 수정이 필요한지 확인이 가능하므로 설계 단계로 다시 돌아가서 설계 개요서의 구성 요소 몇 가지를 다시 검토해야 할 수도 있다. 주요 테스트의 경우, 테스트 또는 테스트 과제는 실제로 사용하기 전에 시범 테스트를 진행하는 경우가 거의 대부분이다. 교실 테스트에서는 시범 테스트가 생략되는 경우가 많으나, 시범적으로 테스트를 시행해 보면 테스트 개발자가 운영 테스트 사용 전에 테스트 및 테스트 과제를 개선하는 데 유용한 정보를 얻을 수 있으므로 학생이나 동료 교사들에게 미리 테스트를 실시하도록 강력하게 권장하고 있다.

운영 테스트 사용에는 주로 테스트의 구체적인 용도/목적을 달성하기 위해 테스트를 시행하는 것이지만 테스트 유용성에 대한 정보도 수집한다. 모든 테스트 개발에서 상황에 따라 적절하게 테스트를 시행하고 채점한 후에 그 결과를 분석한다.

테스트 시행 및 피드백 수집 절차

테스트 시행에는 테스트 상황 준비, 테스트 자료 수집, 시험관 교육 및 실제 테스트 실시 등이 포함된다. 이러한 시행 절차는 시범 테스트 및 운영 테스트 사용 모두에서 사용할 수 있도록 개발되어야 한다. 피드백 수집에는 응시자 및 테스트 사용자로부터 유용성에 대한 정성적 및 정량적 정보를 얻는 작업이 포함된다. 피드백은 시범 테스트에서 먼저 수집되고, 이후에는 운영 테스트 사용 과정에서 수집한다. 이러한 활동에 대해서는 12장에서 설명한다.

테스트 점수 분석 절차

이 책에서는 이러한 절차에 대해서는 살펴보고 있지 않지만, 전체 테스트 개발 과정을 이해하기 위해서는 여기에 나열하는 것이 도움이 될 것이다. 이러한 절차를 설명하는 출처에 대한 참고자료는 2장과 이 장의 끝 부분에 소개되어 있다.

- 테스트 점수 설명: 테스트 점수의 정량적 특성을 설명할 수 있도록 기술적 통계 자료를 이용한다.
- 테스트 점수 보고: 응시자 및 기타 테스트 사용자 모두가 어떻게 하면 테스트 점수를 가장 효과적으로 보고할 수 있는지 결정하기 위해 통계 절차를 이용한다.
- 문항 분석: 개별적인 테스트 과제 또는 문항의 특성을 분석하고 개선할 수 있도록 다양한 통계 절차를 이용한다.
- 테스트 점수의 신뢰도 예측: 테스트 사용의 각기 다른 특정 조건 전반에 걸쳐 테스트 점수의 일관성을 예측한다.
- 테스트 사용의 타당성 조사: 테스트 사용의 특정 조건에서 테스트 점수로부터 이끌어낸 추론의 타당도를 조사하기 위한 정량적 및 정성적인 논리적 고려 사항과 경험적 절차를 포함한다. 이 책에서는 구인 타당도 조사와 관련한 몇 가지 정성적 절차에 대해 살펴보지만, 정량적 절차에 대해서는 검토하지 않고 있다.

기록 보관(아카이빙)

기록 보관에는 차후 테스트 개발에 도움이 될 수 있도록 테스트 과제의 대규모 풀(pool) 또는 문제 은행을 구축하는 작업이 포함된다. 기록 보관을 통해 특정 유형의 응시자들에게 더 적합하거나 적절한 테스트를 만들 수 있다. 일반적으로 기록 보관 절차는 과제 및 이와 관련한 중요한 정보를 쉽게 검색할 수 있도록 설계되어 있다. 또한 기록 보관은 테스트의 보안을 유지하는 데도 용이하다. 마지막으로 자료 보관 절차를 이용해 고유의 특성이 있는 과제를 용이하게 선택할 수 있다. 테스트 분석 절차와 마찬가지로, 이 책에서는 기록 보관에 대해서는 살펴보고 있지 않지만, 이 장의 끝 부분에 몇 가지 참고 자료를 제시했다.

요약

테스트 개발은 하나의 테스트를 만들어 이를 사용하는 전체 과정이다. 그 과정은 설계, 운영, 관리의 세 단계로 구성된다. 테스트 개발 과정은 하나의 단계에서 다음 단계로 넘어가는 선형적인 과정이기는 하지만 반복적이기도 하다. 즉, 한 단계에서 내린 결정과 완료된 활동으로 인해 다른 단계에서 이미 실행한 활동을 재고하고 수정하며 반복할 수 있다.

설계 단계에서는 테스트 과제에 대한 수행이 최대한 언어 사용과 밀접하게 연관되고, 테스트 점수를 원래 목적에 맞게 제대로 활용할 수 있도록 테스트 설계의 구성 요소에 대해 세부적으로 설명한다. 운영 단계는 테스트에 포함되는 테스트 과제의 유형에 필요한 테스트 과제 명세와 실제 테스트를 위해 테스트 과제를 어떻게 조작할 것인지를 설명하는 청사진이 포함된다. 또한 운영에는 실제 테스트 과제의 개발 및 작성, 지시문 작성 및 테스트 채점에 필요한 과정의 구체화 과정이 포함된다. 테스트 개발의 테스트 관리 단계에는 개인 집단에게 테스트를 실시하고, 정보를 수집하며, 이 정보를 분석하는 과정이 포함된다. 이러한 방식으로 테스트 개발을 조직화하면 개발 과정 전반에 걸쳐 테스트의 유용성을 모니터링 해 유용한 테스트를 개발하는 데 도움이 된다.

더 읽을거리

- 크론바흐(Cronbach, 1989), 길퍼드와 프루히터(Guilford and Fruchter, 1978), 그론런드와 린(Gronlund and Linn, 1990)은 테스트 점수를 설명하고 보고하는 절차, 문항 분석, 신뢰도 예측 및 타당도 조사에 필요한 절차를 상세하게 검토한 내용에 대해 설명한다.

6장

테스트 목적 설명, 목표어 사용 과제 식별 및 설명, 응시자 특성 설명, 측정할 구인[1]정의

섹션 1. 테스트의 구체적인 목적 설명

도입

언어 테스트의 1차적 용도는 언어 능력에 대한 추론을 도출하는 것이다. 대부분의 경우, 언어 테스트 결과는 개개인에 대한 결정을 내리는데 필요한 정보를 제공하기 위해 사용되기도 한다. 실제로 결정의 근거로 광범위하게 사용되고 있기 때문에 이것을 1차적 목표로 보는 경우가많다. 그러나 언어 테스트에 기반해 우리가 도출하는 추론이 타당하다는것을 입증하지 못한다면, 개개인에 대한 결정을 내리기 위해 테스트 점수를 활용한다는 데 정당성이 없어진다. 이러한 이유로 테스트 점수에근거해 얻어 내야 하는 추론을 명확하게 구체화하는 것이 매우 중요하고, 의사 결정에 테스트 점수를 활용해야 하는 상황에서는 추론이 우리가 내리는 결정에 적절하다는 것을 보여 주어야 한다.

추론

4장에서는 언어 능력을 '담화를 생성하고 해석할 수 있는 역량'이라고 정의했다. 여기에는 언어 사용자의 지식 및 주제 지식과 맥락(언어 사용 과제)의 상호작용이 포함되고, 이는 메타인지 전략에 의해 조정되며 긍정적인 영향에 의해 활성화된다. 우리가 언어 테스트 개발을 원하는 상황에서 대체로 추론은 언어 능력의 다양한 구성 요소에 관한 것일 수 있다. 그러나 과제에 대한 개개인의 향후 성과 또는 언어 사용이 필요할 수 있는 직무와 관련해 조금 더 폭넓은 추론을 이끌어 내고 싶어 하거나 그런 요구를 받는 상황도 있다. 다시 말하면 언어 개발자는 언어 테스트의 기준에 대해, 언어 사용이 수반되는 향후의 과제나 직무를 제대로 수행할 수 있는 개개인의 역량에 대한 예측을 제시하도록 요구받을 수 있다.[2]

맥너마라(McNamara, 1996)는 언어 테스트 점수에서 도출할 수 있는 두 가지 유형의 추론을 유용하게 구분하고 있다.

1. 언어 사용이 요구되는 향후 과제나 직무를 수행할 수 있는 개개인의 역량에 관한 추론
2. 향후 과제나 직무에서 언어를 사용할 수 있는 개개인의 능력에만 해당하는 추론[3]

맥너마라는 언어 개발자는 개인이 직무 관련 과제를 어떻게 수행할 수 있을지 추론하는 목적의 언어 테스트 개발은 지양해야 한다고 주장한

다. 이러한 과제 수행을 위해서는 언어 능력 외에도 직무와 관련한 주제 지식, 기술, 그리고 언어 능력과는 본질적으로 무관한 성격적 특징이 분명히 요구되기 때문이다. 언어 능력이 요구되는 과제나 직무에 대한 개개인의 향후 성과에 대해 추론하기 위한 테스트를 개발하는 것이 바람직하거나 필요한 테스트 실시 상황에서는 테스트 개발자가 언어 능력에 더해 어떤 개별적인 특성을 평가해야 하는지, 그리고 해당하는 경우 이에 대해 어떤 구체적인 추론을 도출할지 결정하는 것이 무엇보다 중요하다. 이것은 측정되는 구성의 내용이 어떻게 정해지는가에 직접적인 영향을 준다(이 내용은 4장에서 다룬다). 결정을 내리고 이러한 상황에서 구인을 정의할 때, 언어 테스트 설계 및 개발 분야의 전문가를 고용하는 것이 매우 중요하다. 또한 직무 관련 기술과 지식을 언어 테스트와 결합하는 것을 적극적으로 권장한다.

언어 능력에 대한 추론이 완료되면 우리는 여러 부차적인 목적을 위해 이러한 추론 내용을 활용할 수 있는데, 여기에는 다양한 종류의 의사 결정과 연구조사에 활용하는 과정이 포함된다. 우리가 내리고자 하는 특정 유형의 결정은 테스트 개발의 다음 단계, 특히 측정되는 구인을 어떻게 정의할 것인지(아래 내용 참고), 그리고 채점 절차를 어떻게 개발할 것인지에 대해 직접적인 영향을 준다.

의사 결정

테스트 개발의 가장 일반적인 부차적인 목적은 의사 결정에 도움을 주는 것이다. 이러한 결정은 개개인에게 미치는 영향력의 정도와 이것이 영향을 주는 개개인의 수에 따라 달라질 수 있다. 언어 테스트 점수에 근거해 내리는 가장 일반적인 결정은 응시자, 교사 및 프로그램에 관한 것이다. 의사 결정권자로는 대개 응시자, 교사, 관리자와 같은 여러 분야의 개개인은 물론, 지역 학교위원회, 국가 교육위원회 및 회사의 이사회와 같은 다양한 집단이 있다.

고부담 의사 결정과 저부담 의사 결정

고부담 의사 결정은 많은 사람의 생활에 또는 대규모 프로그램에 중대한 영향을 줄 수 있는 결정이다. 개인에 관한 고부담 의사 결정의 예로는 학술 프로그램 입학, 장학금 수여, 교사 채용 및 유지에 관한 결정 등이 있다. 프로그램에 관한 고부담 의사 결정의 예로는 자원(교사, 기금 및 자료)을 특정 주(州) 또는 지역에 할당하는 것과 관련한 결정이 있다. 많은 사람 또는 대규모 프로그램에 중대한 영향을 줄 뿐만 아니라 고위험 의사 결정은 쉽게 번복할 수 없으므로, 잘못된 결정을 쉽게 시정할 수 없다. 예를 들어 어떤 취업 지원자가 긴장하거나 구체적으로 준비하지 못해 면접을 망친다면, 자격 요건이 충분하더라도 채용되지 않을 수 있다. 일단 충원이 되면 다시 직원을 채용하기까지는 많은 시간이 소요될 것이다. 마찬가지로 대규모 프로그램이 학교 시스템에서 제거되면, 나중에 이를 다시 복구하는 것은 지극히 어려운 일이 될 수 있다.

저부담 의사 결정은 비교적 적은 수의 사람들에게 또는 소규모 프로그램에 상대적으로 경미한 영향을 주는 결정으로, 대개의 경우 쉽게 번복할 수 있다. 예를 들어 교사는 구체적인 학습 활동 할당을 목적으로 학생의 강점과 약점을 파악하기 위해 테스트를 이용할 수 있다. 교사가 학생의 약점과 강점을 잘못 파악해 학생에게 적절하지 않은 학습 활동을 할당하더라도, 이로 인해 영향을 받는 사람들은 비교적 적고 그 실수 또한 신속하고 쉽게 시정할 수 있다. 마찬가지로 교사가 특정 자료 또는 학습 활동의 효과에 대한 피드백을 얻기 위해 퀴즈를 이용하고 그 결과에 기반해 해당 자료 및 활동을 계속 사용하고 진행하기로 결정한 경우에도 자료와 활동이 사실 그다지 효과적이지 않다는 것을 알게 되면 이를 쉽게 변경할 수 있다.

응시자에 대한 결정

응시자에 대한 결정에는 선발, 배치, 진단, 진도 및 등급 부여 등이 포함된다.

선발

선발 결정에는 어떤 사람에게 특정 교육 프로그램 입학을 허가하거나 특정 직무를 줄 것인가에 대한 결정이 포함된다. 예를 들어 교사 또는 관리자는 외국에서 온 학생들이 대학 수준의 프로그램을 제대로 이수할 수 있는지 결정해야 하는 경우가 있고, 입학 결정에 언어 테스트의 성적을 활용할 수 있다. 또는 고용주가 채용 지원자를 선발하는 절차의 일부로 언어 테스트를 활용할 수 있다.

배치

배치 결정에는 교육 수준이 각기 다른 경우에 응시자를 어디에 배치하는 것이 가장 적절할 것인가에 대한 결정이 포함된다. 예를 들어 외국어를 공부한 고등학생이 대학교에서 고급 수준의 외국어 강의를 듣고 싶어 한다면, 적절한 강의 수준을 결정하기 위해 학생들에게 언어 테스트를 실시할 수 있다. 이러한 테스트 결과에 기반해 언어학과 학과장과 교사들은 어떤 지원자를 받아들일 것인지를 결정한다.

진단

진단은 학생들에게 특정 강의나 학습 활동을 부여하기 위해 언어 능력의 강점이나 약점을 파악하는 것이다. 예를 들어 어떤 언어 프로그램에 각기 다른 세 개의 강의가 있는 경우, 구체적으로 첫 번째 강의는 구문 작성 수준의 문법과 문장 부호 실수에 초점을 맞추고, 두 번째 강의는 리포트 구성의 수정에, 세 번째 강의는 작문의 주장 논리에 초점을 맞추고 있다면 교사는 어떤 강의가 학생이 수강하기에 가장 적절한지를 결정하는 근거로 이들 세 가지 언어 사용 활동이 포함된 테스트를 이용할 수 있을 것이다.

진도 및 등급 부여

대부분의 교육 프로그램의 경우 학생과 교사들 모두 학생의 진도에 대한 피드백을 받는 것에 관심이 많다. 언어 테스트를 통해 확보한 정보는 학생이 후속 학습을 스스로 이끌어갈 수 있도록 돕는 형성 평가의 목적에 쓰이고, 교사가 학생들이 필요로 하는 것과 관심 및 능력에 가장 적합하도록 교육 방법과 자료를 수정하는 데 유용하게 쓰일 수 있다. 또한 언어 테스트를 통해 학기 종료 시에 학생들의 성취도나 진도에 대한 총괄 평가에 필요한 유용한 정보를 얻을 수 있다. 이러한 평가는 등급의 형식으로 보고되고, 이러한 등급은 테스트 점수에 근거해 매겨진다.

교사 및 관리자에 대한 결정

학생들의 언어 능력에 대한 추론은 교사와 관리자의 업무 효율성 평가에도 활용할 수 있고, 이러한 평가는 나중에 채용, 급여, 유지 및 승진에 대한 의사 결정의 근거로 활용할 수 있다.

프로그램에 대한 결정

마지막으로 학생들의 언어 능력에 대한 추론은 프로그램에 대한 의사 결정에 활용할 수 있다. 예를 들어 교사, 교장 또는 주(州)교육위원회에서는 학생들의 테스트 점수를 활용해 여러 가지 교육 프로그램들이 그 목적에 맞게 효율성이 있는지를 알아낼 수 있다. 이러한 결정은 특정 프로그램을 그대로 유지할 것인지, 수정할 것인지, 아니면 없앨지를 결정하는 데도 활용할 수 있다.

필요한 결정과 테스트 개발에 할당할 자원 규모 사이의 관계

테스트를 해야 하는 모든 상황에서 올바르거나 가장 적절한 결정을 내릴 가능성은 결정의 근거가 되는 정보의 질적 수준에 따라 크게 달라진다. 따라서 우리가 의사 결정의 근거로 테스트 점수를 활용하는 경우 이러한 점수의 질적 수준이나 유용성을 가능한 한 최대로 높이는 것은 테스트 개발자 및 사용자로서의 책임이다. 우리의 테스트가 유용하도록 만들기 위해 테스트 개발 과정에 할당할 자원의 규모는 분명히 결정하는 수준에 따라 좌우된다. 일반적으로 부담이 클수록 할당되어야 하는 자원도 많다. 테스트 개발 활동에 자원을 할당하는 것은 부담이 큰 결정의 경우에는 이해할 수 있다. 그러나 일선 교사들은 부담이 비교적 적은 교실 테스트의 경우에도 학생들과 자신들의 교육 방식에 대한 결정이 매우 중요하다는 것을 잘 이해하지 못하고 있다. 바로 이런 경우에 언어 테스트 개발에 대한 우리의 접근법이 특히 적합하다고 생각한다. 왜냐하면 이를 통해 테스트 개발의 올바른 방향을 알려 주고 우리가 개발하는 테스트를 평가할 수 있도록 테스트 개발, 분명한 기준, 유용성의 특성에 필요한 기본 원칙을 제시하기 때문이다. 또한 이러한 접근법을 통해 교사들은 비록 자원이 제한적인 경우가 많지만 자신들의 자원을 '여러 번 사용할 수 있는 소수의 수준 높은 테스트' 개발에 투자할 수 있다.

연구 활용

의사 결정을 위해 언어 테스트 결과를 활용할 수도 있지만, 테스트 점수를 이용해 다양한 연구 목적에 필요한 언어 능력의 수준이나 프로파일을 설명할 수 있다. 예를 들면 1차 또는 2차 언어 습득의 본질을 연구하려면 언어 지식 특정 영역의 습득 비율과 순서에 대한 정보가 필요하고, 언어 테스트는 이러한 정보를 얻을 수 있는 하나의 방법이 될 수 있다. 언어 테스트는 언어 능력 자체의 본질에 대한 연구에도 활용할 수 있는데, 여기에는 언어 테스트 결과에 미치는 응시자의 개별적 특성의 영향, 언어 능력의 각기 다른 영역에 대한 테스트들의 관계, 테스트 과제 특성과 언어 테스트 결과 사이의 관계 등이 있다.

테스트 점수의 다목적 활용

특정 언어의 점수는 하나의 목적은 물론 다양한 목적으로도 활용할 수 있다. 예를 들면 프로젝트 1에서 설명한 것처럼 하나의 테스트를 통해 프로그램에 참여하는 학생을 선발하거나 면제할 수도 있지만, 각 강의 과정에서 학생을 어떤 단계에 배치할 것인지도 결정할 수 있다. 그리고 교육 전후에 관리가 된다면, 테스트는 교육 효율성에 대한 의사 결정에도 활용할 수 있다. 브라운(Brown, 1980)은 대학교의 작문 프로그램에서 실제로 다양하게 활용할 수 있는 사례를 보여 준다.

언어 테스트를 개발하고 관리하는 비용 때문에 적절한 상황에 따라 점수를 적극적으로 활용할 수 있어야 한다. 그러나 언어 테스트의 점수를 '적절하게' 활용한다는 의미를 가지려면 2장에서 설명한 것처럼 테스트 타당성 과정의 일부라는 것을 분명하게 보여 주어야 한다. 다시 말해 특정 테스트 점수를 활용하려면 적절한 증거로 입증되어야 한다. 따라서 테스트 개발자는 다양한 활용을 통해 절약한 자원을 추가적인 활용의 타당성 입증에 필요한 추가적인 자원으로 이용할 수 있는지 생각해 보는 것이 중요하다.

1. 3부의 프로젝트 1에서는 테스트의 목적을 구체화하는 사례에 대해 상세하게 설명한다. 프로젝트의 도입과 테스트 목적의 세부 내용을 읽고 다음 내용에 대해 생각해 보자.

   a. 왜 테스트 개발자가 목표어 사용 영역에서 과제 수행에 필요한 역량이 아닌 언어 능력에 대해서만 추론하기로 결정했다고 생각하는가?

   b. 어떤 부분을 고려해야 테스트 개발자가 '비교적 부담이 적은' 결정을 내릴 수 있는가? 어떤 프로그램적 절차를 실행해야 관련 결정이 테스트의 근거에 영향을 줄 수 있는가?

   c. 테스트 점수에 근거해 내릴 수 있는 결정에 대해 살펴보자. 이러한 결정들이 지금 상황에 얼마나 적절하다고 생각하는가? 이와 비슷한 기타의 상황에서는 어떤 추가적인 유형의 결정을 내려야 하는가?

   d. 이러한 의사 결정에 테스트가 필요하다고 생각하는가? 여러분은 이러한 의사 결정에 단일 테스트가 얼마나 충분하거나 적절하다고 생각하는가? 어떤 유형의 기타 정보가 이러한 결정을 내리는 데 유용할 것인가?

2. 프로젝트 2의 테스트 목적에 대한 설명을 읽고 다음 질문에 대해 생각해 보자.

   a. 테스트 점수에 근거해 어떤 유형의 추론을 도출할 수 있는가?

   b 테스트 점수에 근거해 어떤 유형의 결론을 내릴 수 있는가?

   c. 이러한 결정이 부담이 많은 것이라고 생각하는가, 아니면 부담이 적은 것이라고 생각하는가? 그 이유는 무엇인가?

3. 여러분이 개발해야 하는 테스트에 대해 생각해 보고 다음 질문에 대답해 보자.

   a. 테스트 점수에 근거해 어떤 추론을 도출할 수 있는가?

b. 테스트 점수에 근거해 어떤 유형의 결정을 내릴 수 있는가?

c. 이러한 결정이 부담이 많은 것이라고 생각하는가, 아니면 부담이 적은 것이라고 생각하는가? 그 이유는 무엇인가?

섹션 1 더 읽을거리

1. 언어 테스트 활용에 대한 폭넓은 검토 내용은 바크먼(Bachman, 1990)의 저서 3장 및 맥너마라의 저서(발표 예정)에 설명되어 있다.

2. 다양한 목적(배치 및 연구)의 언어 테스트 활용 사례는 브라운(Brown, 1980)이 제시한다.

3. 의사 결정에 대한 내용은 캐럴과 홀(Carroll and Hall, 1985)의 저서 10장에 설명되어 있다.

섹션 2. 목표어 사용 영역에서 과제의 확인, 선정 및 설명

도입

1장에서 언급한 바와 같이 언어 테스트가 유용하려면 테스트 과제 자체에 사용할 언어와 이에 대한 응시자의 응답에 사용할 언어가 특정 목표어 사용 영역에서 입증 가능한 방식으로 일치해야 한다. 이런 관련성을 확립하려면 3장에 제시된 기본 틀을 사용해 관련 영역에서 목표어 사용 과제를 확인하고, 과제 특성 측면에서 해당 과제를 설명해야 한다. 이러한 일련의 특성을 통해 테스트 과제 개발 시 목표어 사용 과제의 특성과 일치하는 기초자료를 얻을 수 있다. 목표어 사용 과제와 테스트 과제 간의 이러한 관련성은 우리가 의도하는 테스트 결과를 기반으로 능력을 해석하는 일반화 영역에서의 결정 근거가 되기도 한다.

여기에서는 테스트 개발을 위한 목표어 사용 과제의 확인, 선정 및 설명 방법에 대해 논의한다. 순서대로 각 활동에 대해 설명하는데, 이는 반드시 선형적인 순서에 따라 구현되는 것이 아니라 상호적이며, 동시에 진행된다. 목표어 사용 과제에 대해 더 명확하고 상세하게 설명할수록 목표어 사용 과제의 특성과 일치하는 테스트 과제 개발에 더 많은 지침을 얻게 된다. 이 외에도 목표어 사용 과제를 꼼꼼하게 설명하면, 테스트의 목적과 테스트 과제에 대한 효율성을 평가할 수 있다. 9장에서 테스트 과제 개발을 위한 고려 사항과 절차에 대해 논의한다.

목표어 사용 영역에서의 과제 확인

특정 영역에서의 과제 확인을 위해 다양한 출처와 종류의 정보를 사용한다.[4] 테스트 개발자로서 관련 목표어 사용 영역에 익숙한 정도에 따라 처음에는 자체로 보유한 지식을 사용하거나 목표어 사용 영역에 익숙한 다른 사람들과 대화하는 등의 방법으로 '최상의 추측'을 통해 비공식적으로 과제를 확인한다. 하지만 테스트 개발자가 해당 영역에 상당히 익숙하더라도 이러한 최상의 추측을 더 체계적인 접근법으로 다듬어 과제를 확인하는 것이 반드시 필요하다. 이는 테스트 개발자가 관련 영역에 전혀 익숙하지 않은 경우에는 특히 중요하다.[5]

관련 영역에서 과제를 확인하는 일반적인 접근법으로는 요구분석 (needs analysis)이 권장된다. 이는 언어 교육과정 개발 시 일반적으로 사용하는 방법이다. 요구분석 또는 요구평가(needs assessment)는 일반적으로 학습자의 언어 요구에 대한 특정 정보를 체계적으로 수집하고, 이를 언어 교수요목을 설계하기 위해 분석하는 작업과 관련된다. 요구분석 절차는 과제를 확인하는 활동에 맞도록 조정이 가능하며, 다음과 같은 단계로 이루어진다.

1. 관련 언어 사용 상황에 익숙하고, 관련 영역 및 과제 확인에 도움을 줄 수 있는 이해관계자의 확인
2. 과제 정보의 수집 절차 확인 또는 개발
3. 이해관계자와 협력하여 해당 영역 및 과제에 대한 정보 수집
4. 과제 특성 측면에서의 분석
5. 과제를 유사한 특성을 지닌 과제 범주로 초기 그룹화

요구분석을 설계하고 수행하기 위한 다양한 철학적 관점과 방법론적 접근법, 그리고 관련 정보의 수집을 위한 광범위한 방법이 존재한다. 이러한 쟁점에 대한 논의는 이 섹션의 마지막에 있는 '더 읽을거리'에서 확인할 수 있다.

과제 확인에 소요되는 시간과 노력의 양은 특정 테스트 상황의 요구에 따라 달라진다. 예를 들어 다양한 응시자를 대상으로 하는 고부담 테스트를 설계할 때는 매우 상세한 요구분석을 수행하고, 이 분석과 일치하는 광범위한 과제 목록을 작성하는 것이 중요할 수 있다. 반면 단일 학생 그룹을 대상으로 하는 저부담 교실 테스트 설계에는 테스트 과제 설계의 기초로 사용할 몇 가지 특정 과제를 미리 염두에 둘 수 있으므로,

이러한 과정을 훨씬 덜 수반할 수 있다.

경우에 따라 언어 사용자는 언어 사용 시 특정 수준의 정확성과 타당성으로 일정한 과제를 수행할 수 있어야 한다. 이 경우 이러한 중요한 과제를 과제 분석에 포함하고자 할 수 있다. 예를 들어 영어가 모국어가 아닌 이민자 조산사들이 미국에서 조산사로 일하기 위해 면허를 신청했고, 그들의 영어 능력을 테스트할 필요가 있다고 가정해 보자. 요구분석 결과, 조산사가 수행해야 하는 중요한 과제 중 하나가 처방전을 이민자의 언어에서 영어로 번역하는 것이라고 가정해 보자. 이 경우 해당자의 목표어 사용 과제가 중요하므로 테스트 과제에 요구되는 언어 사용의 정확성과 적절성이 관련 목표어 사용 과제에 요구되는 수준과 일치할 뿐만 아니라, 중요한 목표어 사용 과제의 특성과 매우 유사한 특성을 가진 테스트 과제를 설계 및 개발하고자 할 것이다.

두 유형의 목표어 사용 영역: 실생활 및 언어 교육

3장에서 특히 언어 테스트의 설계 및 개발과 관련이 있는 두 가지 일반적인 유형의 목표어 사용 영역, 즉 실생활 영역과 언어 교육 영역을 설명했다. 테스트 과제로 개발할 수 있는 과제를 식별하기 위한 일반적인 절차는 이 두 영역에서 본질적으로 동일하지만, 유용성에 대한 고려사항은 다소 차이가 난다. 즉, 언어 교육 영역의 경우 실생활 영역의 과제 특성에 기초한 테스트 과제 개발과 언어 교육 영역의 특성에 기초한 과제 개발은 유용성 측면에서 상충할 수 있다. 이런 이유로 이 두 영역은 별도로 논의한다.

실생활 영역

실생활 영역에서의 과제 수행과 직접 관련된 결정을 내리기 위해 테스트를 설계하는 상황으로는 여러 가지가 있다.[6] 예를 들어 응시자가 어떤 실제 상황에서 테스트 대상 언어를 쓸지 알 수 있는 명확한 근거가 있는 경우에 언어 테스트 과제를 설계하는 데 적절한 근거가 있는지를 지원자에게 물어 볼 수 있다. 만약 응시자가 이중언어를 하는 여행 가이드로 종사하기 위해 제2외국어 구사 능력을 확인하는 테스트를 치르는 경우라면 이 영역을 테스트 개발의 기초로 사용하는 것이 타당할 수 있다.

실생활 과제를 언어 테스트 과제 개발의 기초로 활용할 때 고려해야 할 추가 사항은 응시자의 언어 능력이 실생활 과제를 바탕으로 테스트 과제를 수행하도록 요청하는 것이 합리적일 정도로 충분히 높고 폭넓은 수준인지의 여부다.

언어 교육 영역

언어 교육 과제의 특성이 실생활 과제의 특성과 밀접하게 일치하는 경우

응시자가 언어 과정을 수강하고 있는 학생인 경우 학생이 해당 과정의 내용을 얼마나 잘 학습했는지 피드백을 제공하는 테스트를 수시로 개발해야 한다. 교실 퀴즈나 성취도 평가가 그 예다. 여기서 주요 고려 사항은 테스트 과제의 기반이 될 영역을 결정하는 일이다. 언어 교육 영역의 과제가 적절한 실생활 영역의 과제와 밀접하게 일치하는 경우, 테스트 개발자는 각 영역 또는 양쪽 영역의 과제를 테스트 과제 개발을 위한 기초로 사용할 수 있다. 예를 들어 이민자를 위한 '생존 영어' 과정의 교실 성취도 테스트의 경우 교수 및 학습 과제에 실생활 영역인 지역 사회에서의 '생존' 상황에 기반한 대화 연습이 포함되어 있다면, 교육용 대화 과제의 특성을 본뜬 테스트 과제의 특성도 실생활 과제의 특성과 매우 유사할 수 있다.

언어 교육 과제의 특성이 명확히 확인할 수 있는 실생활 과제의 특성과 일치하지 않는 경우

문제가 되는 상황은 교수 및 학습 과제의 특성과 실생활 영역 특성 간의 관련성이 부족한 경우다. 예를 들어 어떤 교육과정에 대해 성취도 평가를 개발하라는 요청을 받았다고 가정해 보자. 이 과정의 교육 과제는 실생활 영역의 과제를 본떠서 만들지는 않았지만 실생활 영역에서 적절한 대상 영역이 분명히 존재한다. 이 경우 어떠한 과제 특성을 테스트 과제 특성과 교육 과제 특성 간에 부당한 불일치 없이 테스트 과제에 통합할 수 있는지를 판단하기 위해 실생활 영역에서 각 과제를 설명할 수 있다. 실제로 실생활 영역에 대한 테스트 과제와 실생활 영역의 관련성을 높일 수 있다. 이렇게 하는 한 가지 이유는 테스트 과제를 실생활 과제와 더 유사하게 만들면 교육 과제도 실제와 더 유사하게 만들 수 있다는 점을 시사함으로써 교육에 긍정적인 영향을 미칠 수 있기 때문이다.

적절한 실생활 영역이 무엇인지 확인하기 어려운 경우

다른 성취도 평가 상황에서는 적절한 실생활 영역을 확인하기가 매우 어려울 수 있다. 이는 일반적으로 학생이 언어 수업 외에는 전혀 사용하지 않는 외국어를 배우고 있는 경우로 교육적 요건을 충족하는 것을 제외하고는 다양한 이유나 명확한 사유 없이 행하는 경우일 수 있다. 이 경우 실생활 영역을 구성하고 테스트 과제를 실생활 과제에서 기초한 후, 응시자와 테스트 사용자에게 부정적인 영향을 미칠 위험을 감수하는 것은 유용하지 않을 가능성이 크다. 테스트 과제를 전적으로 수업 과제에만 두는 것이 더 나을 수 있다. 동시에 이는 적절한 실생활 영역의 대상 확인이 왜 어려운지를 묻고, 어쩌면 교사와 과정 개발자가 해당 교육과정의 본질을 재평가하도록 유도하는 데 유용할 수 있다.

수업 과제의 특성과 명백히 관련된 실생활 영역의 과제 간에 불일치가 확실한 상황에서는 실제성과 영향력의 특성 간에 균형을 이루려는 노력이 필요하다. 한편 테스트 개발자는 언어 교수 과제의 특성과 일치하는 테스트 과제를 설계해 응시자에게 미치는 영향의 한 측면인 공정성을 극대화할 수 있다. 하지만 실제로 테스트 과제의 기반이 될 수 있는 관련 실생활 영역이 존재하고, 수업 과제 특성과 실생활 과제 특성 사이에의 불일치가 분명할 경우, 이런 조치는 실제성을 희생시키고 교육에 부정적인 영향을 촉진할 수 있다. 반면 테스트 개발자는 실생활 과제의 특성과 일치하는 테스트 과제를 개발해 실제성을 극대화하고, 잠재적으로는 교육에 긍정적인 영향을 미칠 수 있다. 이 경로를 선택하는 것은 수업 과제와 실생활 과제 사이의 불일치 정도에 따라 학생에 대한 공정성을 희생하는 것이 될 수 있다.

우리는 언어 테스트 과제를 개발하기 위한 시작점으로 언어 수업 과제를 당연히 사용하기보다는 교실 상황을 떠난 후 학생이 마주하게 될 실생활 과제에 해당하는 수업 과제 수준을 먼저 결정해야 한다고 생각한다. 둘 사이에 밀접한 관련이 있는 경우 테스트 과제 개발을 위한 기초로 둘 중 하나 또는 둘 다를 사용할 수 있다. 명백한 실생활 영역이 존재하지 않거나 실생활 과제와 수업 과제 사이에 관련성이 부족한 경우 테스트 개발자는 실제성과 영향력의 특성이 균형을 이루는 방법으로 테스트 과제를 설계해야 한다. 프로젝트 1, 5, 6, 7, 8과 9에는 후속 테스트 과제 개발을 위해 관련 목표어 사용 영역에서 과제를 확인하는 과정의 변화가 설명되어 있다.

테스트 과제로 고려할 목표어 사용 과제의 선정

모든 목표어 사용 과제가 테스트 과제 개발의 기초로 사용하기에 적합한 것은 아니다. 해당 과제가 유용성의 모든 기준을 충족하지 못할 수도 있고, 그렇기 때문에 테스트 과제로는 유용하지 않을 가능성이 있다. 예를 들어 목표어 사용 영역에 과제가 있을 수 있는데, 이는 우리가 측정하고자 하는 언어 능력 영역을 거의 사용하지 않고 수행이 가능한 과제다. 이를 설명하기 위해 다음의 사례를 살펴보자. 저자 중 한 명은 최근에 거대 다국적 기업의 테스트 개발 협업에 참여했다. 이 테스트는 아시아 사무소 중 하나에서 실질적으로 이중언어 안내원으로 종사하기 위해 중국어와 영어를 정확하고 적절하게 구사하는 개인의 능력 평가 테스트였다. 이 테스트는 신규 접수 담당자를 고용하기 위한 선발 절차의 일환으로 사용될 것이다. 이 상황에서 고객은 두 언어를 정확하고 적절하게 사용할 수 있는 직원을 원하는 것이 분명하므로, 구인 정의에 문법적 지식과 사회언어학적 지식(적절한 사용역과 주소 형태에 대한 기본 지식)이 포함되었다. 요구분석에 따르면 목표어 사용 영역의 과제 유형 중 하나는 한 직원이 전화 응대를 하고, 다른 직원에게 이를 전달하는 것과 관련이 있었다. 이런 특정 과제는 "안녕하십니까, B-P엔터프라이즈입니다. 어디로 연결해 드릴까요?", "잠시만 기다려 주세요. 전화를 돌려 드리겠습니다." 등의 몇 가지 짧은 정형화된 발언을 통해 달성이 가능하다. 고객은 응시자의 문법적, 사회언어학적 지식에 대한 타당한 추론이 가능한지에 관심이 있었는데, 이 과제 유형은 사전에 제작된 패턴 지식만 있으면 되기 때문에 이러한 언어 능력 영역에 대한 추론에는 적합하지 않다. 즉, 이 목표어 사용 과제를 테스트 과제로 사용하면 추론하고자 하는 추론의 타당성이 제한될 수 있다.

특정 목표어 사용 과제를 고려 대상에서 제외해야 하는 또 다른 상황은 해당 과제가 모든 응시자에게 적합하지 않은 경우다. 이 상황은 목표어 사용 영역이 광범위하게 정의되어 있을 때 발생할 수 있다. 예를 들면 대학 입학을 위한 학생 선발 시 다른 종류의 정보와 함께 사용하기 위한 언어 테스트를 개발해야 하는 경우다. 이 경우 해당 영역은 대학 환경에서 영어의 사용과 관련되며 여기에는 다양한 방식으로 변경될 수 있는 광범위한 과제(수행에 필요한 특정 주제 지식의 영역과 수준 포함)가 포함된다. 각 응시자는 상대적으로 일반적인 주제 지식을 소유한 다양한 집단이 되며, 이들은 각기 다른 전공을 선택한다. 주제 내용의 수준과 영역에 목표어 사용 영역의 과제에 해당하는 테스트 과제를 포함시킬 경우, 이는 부정적인 영향을 미칠 수 있다. 즉, 이러한 과제는 해당 과제가 요구하는 전문 지식 수준을 미리 갖추지 못한 응시자에게는 불공평한 것으로 간주될 수 있다. 더욱 더 전문적인 주제 지식을 요구하는 과제를 배제하고 모든 응시자의 목표어 사용 과제에 공통인 특성을 지닌 테스트 과제를 포함하여 문제를 최소화할 수 있다.

목표어 사용 과제 유형 설명

가용 테스트 과제로 사용할 목표어 사용 과제를 선정하기 위해서는 이러한 특정 목표어 사용 과제 집합에 공통인 특성과 이러한 과제를 다른 목표어 사용 과제 집합과 구별하는 특성의 관점에서 해당 과제를 분석하고 설명해야 한다. 이 특성 집합을 '고유한 과제 특성'이라 지칭한다. 이러한 독특한 과제 특성 집합은 사실상 과제 '유형'을 정의해 실제 테스트 과제 개발 시 사용되는 템플릿을 제공한다.

경우에 따라 테스트 개발자는 3장에서 기술한 과제 특성을 설명하는 기본 틀이 목표어 사용 과제를 설명하는 데 충분하다고 판단할 수 있다. 또는 개발자가 해당 기본 틀의 수정을 원할 수도 있다. 여기에는 관련성이 없어 보이는 특정한 특성을 생략하거나 다른 특성을 추가하는 것이 포함될 수 있다. 해당 내용은 프로젝트 10에서 설명한다. 우리가 주장하는 주요 요점은 일부 과제 특성에 대한 기본 틀과 체계적인 분석은 목표어 사용 과제의 특성을 명확하게 묘사하는 데 유용하다는 것이다.

과제 설명을 위한 체크리스트

목표어 사용 과제를 체계적으로 설명하기 위한 수단으로 [표 6-1]에 나와 있는 체크리스트나 3부의 교수요목 기반의 프로젝트 1에 사용된 체크리스트를 사용할 수 있다. 여기에서는 프로젝트 1을 간략하게 서술해 실생활 및 언어 교육 영역에서의 목표어 사용 과제와 두 영역의 과제 특성 비교를 위한 체크리스트 사용에 대해 설명한다. 또한 테스트 과제로 사용 가능한 목표어 사용 과제를 확인, 선정 및 설명하는 활동의 요약 수단으로 이 프로젝트를 사용한다. 이러한 활동은 [그림 6-1]에 나와 있다.

프로젝트 1에서 요구분석을 통해 학생이 수행할 수 있는 다양한 쓰기 과제(예를 들어 친구에게 편지 쓰기, 교수에게 성적 변경을 요청하는 짧은 메모 쓰기)가 학업 쓰기 능력 테스트의 목적과 직접적인 관련이 없다는 것을 확인했고, 따라서 이를 테스트 과제로서의 가능성이 있는 개발 대상으로 고려하지 않았다. 제1부의 1장과 2장에서 제시한 표에서는 처음에 해당 테스트 목적과 직접적으로 관련이 있다고 생각한 네 가지 과제의 특성을 설명했다. 과제의 유사성과 차이점에 대한 분석을 바탕으로, 과제 1과 2를 단일 과제 유형인 '학기말 보고서'([그림 6-1]의 '목표어 사용 과제 유형 A')로 그룹화했다. 결과적으로 '학기말 보고서', '에세이 테

[표 6-1] 목표어 사용 과제 체크리스트

	목표어 사용 과제
상황 특성: 물리적 상황	
참여자	
과제 시간	
입력 특성: 형식	
채널	
양식	
언어	
유형	
예상 응답의 특성: 형식	
채널	
양식	
언어	
유형	
입력과 응답의 관계	
반응성	
범위	
직접성	

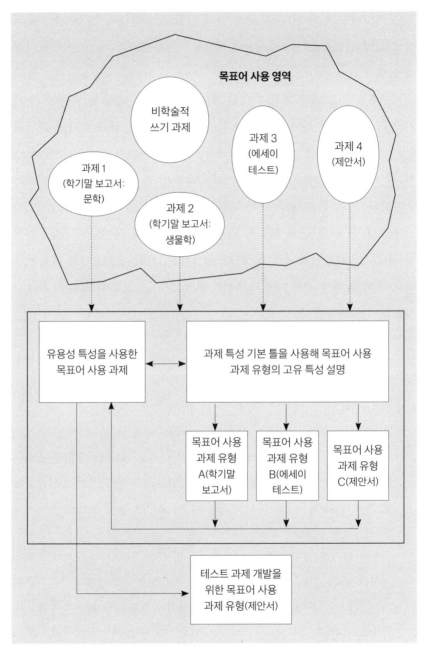

목표어 사용 영역

비학술적
쓰기 과제

과제 3
(에세이
테스트)

과제 4
(제안서)

과제 1
(학기말 보고서:
문학)

과제 2
(학기말 보고서:
생물학)

유용성 특성을 사용한
목표어 사용 과제

과제 특성 기본 틀을 사용해 목표어 사용
과제 유형의 고유 특성 설명

목표어 사용
과제 유형
A(학기말
보고서)

목표어 사용
과제 유형
B(에세이
테스트)

목표어 사용
과제 유형
C(제안서)

테스트 과제 개발을
위한 목표어 사용
과제 유형(제안서)

[그림 6-1] 목표어 사용 과제 유형 선정 및 기술

스트' 및 '제안서'의 세 가지 과제 유형을 교육 영역(ESL 쓰기 프로그램)과 실생활 영역(ESL 쓰기 수업 이외에 학생이 수행하는 쓰기)에서 모두 찾아볼 수 있었다.

이후 테스트의 유용성에 대한 잠재적인 기여의 측면을 고려해 이 세 가지 목표어 사용 과제의 특성을 다시 평가했다. 그 결과 제안서 과제의 많은 특성이 두 목표어 사용 영역에서 다른 두 과제의 중요한 특성과 겹친다는 것을 확인했다. 또한 제안 과제의 특성 중 일부는 테스트에 매우 중요했다. 예를 들어 제안서에 대한 입력과 응답 길이(학기말 보고서보다 상대적으로 짧음)를 통해 현실성 있는 테스트 과제를 개발할 수 있게 되었다. 따라서 제안서 과제의 특성(370쪽, [표 P1-2]의 목표어 사용 과제 4)을 목표어 사용 과제 유형(테스트 과제의 개발 안내)을 설명하기 위한 기초로 사용하기로 결정했다.

섹션 2 연습문제

1. 3부 프로젝트 2에 나열된 4개의 목표어 사용 과제(전화 또는 서면으로 불만 사항에 응답하기, 동료에게 메모 작성하기, 비즈니스 서신 작성하기, 서신을 통한 문제 해결) 목록을 살펴보고, [표 6-1]에 제시된 과제 특성 표를 사용해 최대한 자세히 설명해 보자.
2. 익숙한 테스트 상황을 염두에 두고 가능성 있는 목표어 사용 과제 목록을 작성해 보자. 그다음 이러한 과제의 몇 가지 특성을 설명해 보자. 이 특정 과제 집합을 중요한 공통 특성 집합의 관점에서 특성화할 수 있는지 확인한다.
3. 대부분 대화 암기와 구조적 패턴 연습에만 의존하는 매우 전통적인 청화식 언어 강의에 사용할 테스트를 개발하도록 요청받았다고 가정해 보자. 테스

트 개발자에게는 어떤 문제가 발생하는가? 그런 요청에 어떻게 응답하겠는가? 교육 자료에서 제공되거나 언급된 실생활 영역을 기반으로 실제적인 테스트 과제를 개발하기 위해 사용할 수 있는 전략이 있는가?

4. 익숙한 목표어 사용 영역의 과제 유형 목록을 작성하고, 과제 특성을 사용해 각 과제 유형을 설명해 보자. 각 과제 유형에 고정된 것처럼 보이는 특성과 가변적으로 보이는 특성을 기록해 보자. 이 연습을 통해 각 목표어 사용 과제 유형에 기반한 특정 테스트 과제 집합의 개발 방법을 얻을 수 있는가? 그 방법은 무엇인가?

섹션 2 더 읽을거리

- 요구 분석/평가: 외국어 프로그램의 요구분석 방법에 대한 광범위한 논의가 리히테리히와 샹세렐(Richterich & Chancerel, 1980)의 논문에 실려 있다. 리히테리히(Richtcrich, 1983)의 논문에는 모범적인 요구분석의 사례 연구가 나온다. 브린들리(Brindley, 1989)의 논문에는 다양한 관점에서의 요구분석을 훌륭하게 논의하고 있다. 버윅(Berwick, 1989)의 논문에서는 요구평가에 대한 이론적 방향성과 다양한 현실적 접근법을 모두 논의한다. 먼비(Munby, 1979)는 언어 요구분석을 수행하기 위한 광범위한 기본 틀을 설명했다. 교육 부문에서의 가장 포괄적인 요구분석 논의 중 하나가 스터플 빔 외(Stufflebeam et al., 1985)에 나온다.

섹션 3. 언어 사용자/응시자의 특성 설명

도입

이 책에서는 두 종류의 관련성을 염두에 두라고 강조했다. 즉, 목표어 사용 과제와 테스트 과제의 특성 간 관련성, 언어 사용자와 응시자의 특성 간 관련성이다(1장 [그림 1-1] 참조). 전자의 관련성은 주로 테스트 과제의 실제성에 영향을 미친다. 후자의 관련성은 주로 테스트 과제의 상호작용성에 영향을 미친다. 두 관련성은 모두 신뢰도(신뢰할 수 있는 점수를 산출하려면 테스트 과제가 응시자에게 적절한 수준이어야 한다) 및 영향력(부적절한 테스트 과제는 응시자와 수업에 부정적인 영향을 미칠 가능성이 있다) 등 유용성의 다른 측면에도 영향을 미친다. 따라서 이러한 특성이 테스트 수행에 미치는 영향을 관리해야 한다.

응시자의 특성을 설명하는 것은 테스트 수행에 영향을 미칠 수 있는 응시자의 특성을 명시함으로써 테스트 개발의 후속 단계를 안내하며, 따라서 테스트 과제의 특성을 결정할 때 이를 반드시 고려해야 한다. 목표어 사용 영역의 과제와 마찬가지로(위의 논의 참조) 최대한 구체적으로 응시자의 특성을 설명해야 하며, 이 설명은 항상 최상의 가용 정보에 근거하는 것이 중요하다. 단순한 가정에 근거한 진행은 원하지 않는다.

목표어 사용 영역의 과제와 마찬가지로 응시자 특성에 대한 설명은 매우 다양한 유형의 출처와 정보를 기반으로 한다. 자신의 지식을 이용하거나, 응시자와 친숙한 다른 사람과 대화하는 등 비공식적으로 초기 설명을 형성해 갈 수 있다. 그러나 테스트 개발자가 응시자에 대해 잘 알고 있는 경우에도 이러한 초기의 비공식적인 접근법보다 더 체계적인 접근법으로 개선하는 것이 중요하다. 이는 테스트 개발자가 응시자와 전혀 친숙하지 않은 경우에는 더 중요하다. 인터뷰, 관찰, 자기 보고 및 설문지를 함께 사용하는 것이 바람직하다.

　테스트 개발과 특히 관련이 있다고 생각하는 응시자의 특성은 다음의 네 가지로 나눌 수 있다.

1.　개인 특성
2.　주제 지식
3.　언어 능력의 일반적인 수준과 프로파일
4.　해당 테스트에 대한 응시자의 잠재적인 정서적 응답 예측

응시자의 개인 특성

　4장에서 응시자의 언어 능력의 일부는 아니지만 언어 테스트 수행에 영향을 미칠 수 있는 개별적 속성으로서 응시자의 개인 특성을 설명했다. 예를 들면 나이, 성별, 모국어, 일반 교육 수준, 특정 테스트에 대한 준비 또는 이전 경험의 양과 유형이다. 이러한 특성은 테스트 설계를 목적으로 하는 특정 테스트 과제의 유용성에 분명히 영향을 미친다.

　테스트 개발 시작 시점에서 특정 목표어 사용 영역과 언어 사용자 집합, 그리고 특정 테스트 언어 사용 영역과 응시자 그룹을 염두에 두면 의도한 바에서 크게 벗어나지 않는다. 대부분의 부적절한 테스트 과제는 특정 목표어 사용 영역이나 특정 응시자를 고려하지 않고 테스트를 개발하려는 시도에서 비롯된다. 특정 응시자의 테스트 수행에 잠재적으로 영향을 미칠 수 있는 개인의 특성 수는 매우 많다. 따라서 우리는 전체 목

록을 제공하려고 시도하기보다는 설명을 위해 프로젝트에 포함시킨 개인 특성, 즉 특정 예시 프로젝트의 맥락에서 테스트 과제 특성의 선정에 명백한 영향을 미치는 특성을 나열한다. 다음 목록은 3부 프로젝트 1에서 가져온 것으로, 여기에는 모든 테스트 개발 프로젝트에서 개인 특성을 설명하는 시작점으로 볼 수 있는 목록이 예로 나와 있다.

1. 나이: 18세 이상, 대부분 18세에서 23세 사이
2. 성별: 남녀
3. 국적: 매우 다양
4. 이민자 상태: 이민자 및 유학생
5. 모국어: 매우 다양
6. 일반 교육 수준 및 종류: 북미 전문대학, 전문대학 또는 대학교에서 최소 1년 이상의 교육을 받은 학부 편입생
7. 특정 테스트에 대한 준비 유형과 분량 또는 이전 경험: 많은 응시자는 외국어로서의 영어 테스트 TOEFL(Test of English as a Foreign Language), CPE(Cambridge Certificate of Proficiency in English) 및 Michigan Test of English Language Proficiency(University of Michigan ND) 등의 ESL 능력 테스트에 익숙하다.

응시자의 주제 지식

2장에서 언급한 바와 같이 언어 사용의 모든 사례에는 주제 지식이 포함된다. 개인 응시자는 다양하고 수준도 각기 다를 수 있다. 하지만 테스트 설계의 목적상 테스트에 제공하는 주제 지식 차원에서 응시자를 두

개의 일반 범주, 즉 특정 주제 지식이 균질한 집단과 주제 지식이 광범위하게 다양한 그룹으로 분류할 수 있다.

비교적 균질한 주제 지식

특정 주제 지식이 비교적 균질한 응시자 집단은 해당 지식을 자신의 언어 능력을 증명할 수 있는 정보 기반으로 사용할 수 있다. 해당 응시자 집단에 사용할 테스트 개발 시 이 집단의 주제 지식에 대한 정보를 제공할 출처 중 하나는 주제와 관련된 영역의 전문가일 것이다. 예를 들어 영문학을 공부하려는 학생을 대상으로 학업 목적의 영어 테스트를 개발할 경우 문학 교사에게 관련 주제 지식에 대한 설명을 구성해 주도록 도움을 요청할 수 있다. 또는 숙련된 자동차 정비사의 영어 사용 능력을 평가해 영어 사용 고객과의 상호작용이 포함된 업무에 고용할지를 결정한다고 가정해 보자. (3부 프로젝트 7 참조) 그러한 응시자 집단은 자동차 수리에 대해 많이 알고 이에 대해 이야기할 수 있을 것이다. 이 집단을 대상으로 테스트 설계 시 그들의 주제 지식에 대한 적절한 설명을 개발하기 위해 자동차 정비사와의 상담이 필요할 수도 있다.

광범위하게 다양한 주제 지식

다른 테스트 상황의 경우 응시자 집단은 단일 영역의 주제 지식 수준이 높지 않을 수도 있다. 이는 영어 능력이 제한적인 초등학생의 언어 능력 프로파일을 개발할 목적으로 테스트를 설계하거나, 매우 다양한 응시자 집단을 대상으로 말하기 테스트를 설계하는 경우에 해당할 것이다 (3부 프로젝트 4 참조).

이러한 경우 응시자의 주제 지식에 대한 여러 다양한 영역을 찾아서 설명해 테스트 과제의 후속 개발 방향을 잡아야 할 수도 있다. 응시자가 테스트 과제에 응답할 때 응시자에게 주제 지식의 사용을 요구하지 않는 실수를 범해서는 안 된다. 이를 요구하지 않는 경우 타당도, 실제성, 상호 작용성 및 영향력 측면에서 테스트의 유용성이 낮아진다.

응시자의 언어 능력 수준 및 프로파일

응시자의 개인 특성과 주제 지식을 설명하는 것 외에도 다른 유형의 언어 사용 과제(강의 듣기, 길 묻기, 신문 읽기, 업무 메모 쓰기 등)를 수행하는 응시자의 일반적인 언어 능력 수준을 설명해야 한다. 이 단계에서 필요한 것은 해당 테스트가 적절한 수준임을 보장하는 종합적인 설명이다. 이 정보는 응시자가 지닌 특정 수준의 능력과 언어 사용 과제 유형에 맞게 테스트 과제를 조정해 테스트의 유용성을 극대화하는 데 유용하다.

또한 문법적 지식, 텍스트 지식, 사회언어학적 지식 등의 특정 영역에서 응시자의 언어 능력 수준에 대한 예비 프로파일 개발이 필요할 수 있다. 대학 입시 준비를 위해 고안된 수업에서 학생이 배우는 특정 문법 구조의 숙달도를 측정하기 위한 성취도 평가를 개발한다고 가정해 보자. 그리고 해당 학생들이 읽기 부분은 상당히 높은 수준을 가졌지만, 듣기 부분은 상당히 약하다는 것을 알았다고 가정해 보자. 우리는 이 정보를 사용해 응시자가 이해할 수 있고 테스트 과제에 응답하는 능력을 손상시키지 않는 서면 입력 방식 중점의 테스트 과제를 개발할 수 있다.

테스트 과제에 대한 잠재적인 정서적 반응

4장에서 언급한 바와 같이 테스트 상황과 과제 특성에 대한 응시자의 정서적 반응은 잠재적으로 최적의 수행을 방해하거나 용이하게 할 수 있다. 이런 이유로 응시자의 개인 특성(테스트 상황에 대한 익숙함, 주제 지식 및 언어 능력 수준 포함)에 대해 알고 있는 것을 고려해 응시자가 테스트 과제 수행을 어떻게 느끼는지에 대한 기대를 가급적 신중하게 고려하고 구체적으로 설명할 필요가 있다.

응시자가 테스트 상황에 얼마나 익숙한가가 해당 테스트 과제에 대한 응시자의 정서적 반응을 부분적으로 결정할 수 있다. 목표어 사용 환경 및 과제의 특성, 테스트 상황 및 과제 사이의 관련성이 높을수록, 응시자는 해당 테스트와 테스트 과제에 일반적으로 긍정적인 정서적 반응을 보일 것으로 가정할 수 있다. 예를 들어 우리의 목표어 사용 영역이 몬트리올(퀘벡)에 있는 고용 대행사에서 이중언어를 구사하는 비서의 목표어 사용 영역이라고 가정해 보자. 이런 직업 유형의 지원자를 테스트할 경우 응시자에게 이중언어를 구사하는 비서가 수행하는 것과 동일 종류의 업무를 수행하도록 요청하고, 응시자가 해당 업무에 긍정적으로 반응할 것이라고 가정할 수 있다.

응시자에게 전제되거나 요구되는 주제 지식의 수준과 구체성도 테스트에 대한 응시자의 정서적 반응에 영향을 미칠 수 있다. 일반적으로 관련 주제 지식을 지닌 응시자는 해당 테스트 및 테스트 과제에 긍정적인 정서적 반응을 보이는 반면, 그렇지 않은 응시자는 부정적인 정서적 반응을 보일 것으로 예상된다. 예를 들어 학술적 글쓰기를 위해 고안된 수업에서 응시자를 면제시킬지를 결정하기 위해 미국 대학 지원자를 테스트했다고 가정해 보자. 이미 대학 수업에 등록한 학생은 주어진 과정에 특정한 주제 지식을 적용해 학술적 글쓰기 과제를 완료할 수 있기 때문에, 이러한 학생에게 적합한 과제는 입학을 지원하려는 학생에게는 적합하지 않을 수 있다. 따라서 테스트의 필기 프롬프트에 매우 구체적인 주제 내용을 포함시키거나 가정하는 것은 응시자의 부정적인 정서적 반응을 이끌어 낼 수 있다(3부 프로젝트 1 참조).

마지막으로 언어 능력에 대한 응시자의 일반적인 수준과 프로파일은 정서적 반응에 영향을 미친다. 언어 능력 수준이 높은 응시자는 언어 테스트에 긍정적일 가능성이 있는 반면, 능력이 낮은 응시자는 테스트에 위협을 느낄 수 있다.

섹션 3 연습문제

1. 3부 프로젝트 1의 응시자에 대한 설명을 읽어 보자. 이 설명이 테스트 개발 목적을 위해 충분히 작성되었다고 생각하는가? 포함하고자 하는 응시자의 다른 특성이 있는가? 있다면, 그러한 특성이 테스트 과제 설계에 미치는 영향은 무엇인가?

2. 익숙한 특정 테스트 상황과 테스트를 생각해 보자. 섹션 3에 나온 범주를 사용해 테스트 응시자의 특성을 설명하고, 다른 테스트 상황에 있는 응시자 집단을 대상으로 한 다른 학생의 작성 목록과 비교해 보자.

3. 2에서 작성한 응시자의 특성을 이용해 응시자 대상의 테스트 과제의 적절성을 평가해 보자. 응시자의 특성 중 테스트 과제의 일부 특성을 변경해야 할 만한 것이 있는가? 그 이유는 무엇인가? 제안된 변경 사항이 유용성의 특정 특성에 미치는 영향을 입증해 보자.

4. 3부 프로젝트 4에 나온 응시자 관련 설명을 읽어 보자. 비슷하게 다양한 응

시자 집단을 상대해야 하는 다른 테스트 상황에는 어떤 것이 있는가? 당신의 상황에서 응시자에게 어떤 종류의 테스트 과제를 사용하는가? 이 과제는 응시자의 다양한 특성을 어느 정도까지 고려해 설계되었는가? 다양한 응시자에게 더 잘 적응할 수 있도록 테스트 과제의 어떤 특성을 변경할 수 있는가?

섹션 3 더 읽을거리

4장의 '더 읽을거리'를 참조하라.

섹션 4. 측정할 구인 정의

도입

설계 단계의 또 다른 필수 활동은 측정할 구인을 정의하는 것이다. 이 장의 섹션 1에서 논의된 바와 같이 우리의 수행 방법은 주로 언어 테스트 점수에 근거해 만들고자 하는 추론의 종류를 통해 결정된다. 이 섹션에서는 측정할 구인을 정의할 여러 접근법에 대해 논의한다. 이는 우리가 만들려는 다양한 종류의 추론에 해당한다.

구인 정의 시 테스트 개발자는 특정 테스트 상황에 적합한 방식으로 측정할 능력 또는 능력의 특정 구성 요소를 지정하기 위해 의식적이고

신중한 선택을 할 필요가 있다.[7] 능력 또는 구인에 대한 구체적인 정의는
다음의 세 가지 목적을 위해 필요하다.

1. 의도한 목적에 테스트 점수를 사용하기 위한 근거 제공
2. 테스트 개발에 대한 노력 안내
3. 테스트 개발자와 사용자가 이러한 해석의 구인 타당도를 입증하도
   록 보장

　　따라서 테스트 개발자는 구인 정의에 포함할 능력과 포함하지 않을
능력을 결정해야 한다. 또한 테스트 결과물의 사용을 정당화하기 위해
테스트 개발자는 설계 진술에 측정 대상인 특정 구인의 정의를 포함해
야 한다. 동시에 이것이 의미하는 바는 테스트 개발자는 다른 테스트 개
발자가 사용한 구인 정의를 의심 없이 단순히 측정할 구인에 해당하거나
이 특정 테스트 상황에 적합한 것으로 받아들일 수 없다는 것이다.

　　테스트 개발의 설계 단계에서 우리는 측정하고자 하는 구인에 대한
추상적이고 이론적인 정의를 명시한다. 대부분의 상황에서 이 구인 정의
에는 언어 지식의 특정 구성 요소가 포함된다. 또한 테스트 개발자가 전
략적 역량의 특정 요소에 대한 추론을 원할 수도 있으며, 이 경우 이러한
각 요소 또한 구인 정의에 명시되어야 한다. 마지막으로 특히 특정 목적
을 위해 언어 테스트를 개발해야 하는 일부 상황에서는 주제 지식을 포
함하도록 구인을 더 광범위하게 정의할 수 있다. 따라서 특정 테스트 개
발 상황에 적합한 구인 정의는 해당 특정 상황의 필요에 맞게 조정해야
한다.

　　중요한 점은 구인 정의에 어떤 방법을 사용하든 그 방법은 우리가
사용할 채점 방법에 분명히 영향을 미친다는 것이다. 구체적으로 말하면

구인에 대해 우리가 만들고자 하는 추론은 관찰 가능한 '산출' 또는 '출력'에 기초해야 한다는 점을 기억해야 한다. 이는 보통 점수로 구성되지만, 구두 서술의 형태로도 가능하다. 따라서 구인 정의에 더 많은 구성 요소를 포함할수록 더 많은 점수나 테스트 수행을 통해 도출하고, 잠정적으로 테스트 사용자에게 보고할 정보가 더 필요하게 된다. 구인을 정의하는 방법이 채점 절차를 통해 결정되어야 한다고 제안하는 것이 아니다. 단지 구인을 정의하는 방식이 채점 측면에서 여러 영향을 미칠 것이라는 점을 언급하고자 한다.

언어 능력과 구인 정의

4장에서는 언어 능력을 언어 지식과 전략적 역량 또는 메타인지 전략을 포함하는 것으로 정의했다. 따라서 한 가지 고려할 사항은 어떤 언어 능력의 특정 구성 요소를 구인 정의에 포함시킬지를 결정하는 것이다. 테스트 사용자는 많은 테스트 상황에서 언어 능력의 특정 구성 요소에 대해 추론하고자 하므로 해당 구성 요소의 관점에서 구인을 정의할 수도 있다. 이는 테스트를 수업 상황에서 사용하는 경우에 해당하며, 테스트 목적은 강점과 약점의 영역을 진단하거나 특정 교수요목의 목표 달성을 평가하는 것이다. 테스트 개발자는 과정 교수요목에 포함된 언어 능력의 특정 요소에 따라 구인 정의를 내릴 가능성이 높다. 학술 프로그램 신청 승인을 결정하기 위한 테스트 사용이나 고용 결정을 위한 테스트 사용 등의 경우 수업 교수요목이 존재하지 않을 때 개발자는 언어 능력 이론에 설명된 구성 요소를 근거로 구인 정의를 내릴 가능성이 높다.

언어 샘플(구어 또는 문어 텍스트) 생성 활동에 응시자가 참여하는 테스트 과제를 설계할 경우 언어 능력의 특정 요소를 분석하고 파악하는 데 사용할 수 있는 결과물이 생긴다. 또한 이를 수행할 수 있을 뿐만 아니라 요청 여부와는 상관없이 수행할 가능성이 높다. 예를 들어 평가자에게 읽고 평가할 작문이 주어지거나 채점을 위해 구두로 의사소통한 녹음이 제공될 경우, 평가자는 언어 능력의 어떤 영역에 중점을 두고 채점 시 가중치를 어떻게 부여할지 어느 정도 파악할 수 있다. 그러나 만약 평가자에게 어떤 언어 능력의 영역에 중점을 두어야 하는지를 구체적으로 말해 주지 않으면, 각 평가자는 채점 기준에 따라 서로 다른 결과를 보일 가능성이 높다. 따라서 언어 샘플 채점 시 일관성을 유지하려면 구인을 구성 요소로 정의하는 것이 중요하다. 단일 점수를 매겨야 하는 경우 추후 다양한 구성 요소의 점수를 결합해 단일 '종합' 점수를 매길 수 있다(자세한 사항은 11장 참조).

다른 상황에서는 테스트 개발자가 구어 또는 문어 텍스트 확장 샘플을 생성하는 활동에 응시자가 참여하지 않으면서도, 언어 능력의 특정 구성 요소 파악에 사용할 수 있는 응답을 이끌어 내는 테스트 과제를 개발할 수 있다. 예를 들어 프로젝트 6에서 응시자는 일련의 질문으로 구성된 점점 더 복잡해지는 입력물을 읽지만, 응답은 단일 단어나 짧은 문구로만 한다. 언어 능력의 구성 요소 측면에서 직접 분석하기에는 응답이 너무 제한적이기 때문에 표면상으로는 구인이 '전체적으로' 정의되어야 하는 것처럼 보일 수 있다. 하지만 입력물의 특성은 매우 정확하게 설명되며, 실제로 측정 대상의 구성 요소(문자적 지식, 직무 경험 관련 어휘 지식, 의문문의 문법, 구문에 대한 문법, 종속절에 대한 문법과 절의 구성) 정의를 개발하는 데 사용된다. 여러 질문에 대한 점수는 구인을 이루는 다양한 구성 요소의 지식을 측정하는 데 사용된다.

교수요목 기반 구인 정의

교수요목 기반 구인 정의는 수업 교수요목에 포함된 언어 능력의 특정 구성 요소를 구별해 낸다. 이는 언어 능력의 특정 영역에서 학생의 숙달 정도에 대한 상세 정보가 필요할 때 가장 유용할 것이다. 예를 들어 학생에게 일련의 특정 문법 구조를 가르치고 있고, 이에 대한 학생의 사용 능력을 측정하는 성취도 테스트를 개발해 특정 학습지도 포인트에 대한 숙달도 피드백을 제공한다고 가정해 보자. 이때 '문법 구조를 정확하게 사용할 수 있는 능력'이라는 구인 정의를 작성할 수 있다. 여기에는 문장 사용, 과거 시제의 사용, 주어-동사 일치 등 학생에게 가르쳤던 구인 목록이 포함된다(3부 프로젝트 1, 3, 8, 9, 10에 교수요목 기반 구인 정의의 예가 나온다).

이론 기반 구인 정의

이론 기반 구인 정의는 언어 교수의 교수요목 내용보다는 언어 능력의 이론적 모델에 기초한다는 점에서 교수요목 기반 정의와 차이가 난다. 예를 들어 이중언어 비서직 지원자 선발 시 요구되는 직무 요건 중 하나는 서신 작성 및 적절한 등록부에 메모를 작성하는 능력이라고 가정해 보자. 이 경우 인사 나누기, 헤어지기, 반대 의견 표현하기, 상세화하기 등에서 사용되는 특정한 공손성 공식 표현의 목록을 구체적으로 만들 수 있다(3부 프로젝트 2, 4, 5, 6, 7에서 이론 기반 구인 정의 예시를 참조).

언어 능력의 하나 이상 특정 영역을 포함하도록 구인을 정의할 경우 몇 가지 점수나 언어 능력의 프로파일을 제공할 잠재성을 지니게 된다.

예를 들어 구인을 문법적 구성, 텍스트 구성, 각 기능 및 사회언어학적 특성에 대한 지식을 포함하도록 광범위하게 정의할 경우, 언어 능력의 각 영역에서 각 응시자를 대상으로 점수 프로파일에 대한 보고가 가능하다. 하지만 구성 요소를 정의하는 것만으로는 종합적인 해석을 위한 충분한 타당성을 얻지 못한다는 점을 이해하는 것이 중요하다. 구인 정의에 포함된 다양한 구성 요소의 점수를 보고하는 이러한 해석의 구인 타당도에 대한 증거(구인 정의의 다양한 구성 요소에 대한 추론의 타당성 증거)를 제공해야 한다(구인 타당도 관련 증거를 제공하는 접근법은 2장 끝의 더 읽을거리에 설명되어 있다).

전략적 역량

전략적 역량, 즉 4장에서 메타인지 전략이라고 설명했던 이 역량은 항상 언어 사용과 관련되며, 심지어 그다지 상호작용적이지 않은 과제와도 관련된다. 이에 따라 전략은 항상 언어 능력에 대한 구인 정의에 암시되어 항상 구인의 일부로 여겨질 수 있다. 하지만 테스트 목적의 구인을 정의할 때는 전략적 역량 측면을 구체적으로 추론할지의 여부를 결정해야 한다.

전략적 역량이 구인 정의에 포함되지 '않을' 가능성이 있는 상황

대부분의 언어 테스트 상황에서는 전략적 역량에 대해 구체적으로 추론하기를 꺼려하므로 이를 구인 정의에 포함시키지 않을 가능성이 크다. 이는 4장(118~120쪽)에서 설명한 그림 묘사 테스트에 나와 있다. 이 실험적인 테스트를 개발하는 과정에서 저자 중 한 명은 테스트 수행이 테스트 응시자가 사용한 전략에 상당한 영향을 받는다는 점에 주목했다. 테스트 과제에서 응시자는 4개의 유사한 그림 중 하나를 설명해 시험관이 설명된 내용에 따라 그림을 식별할 수 있게 해 달라는 요구를 받았다. 이 테스트는 과제 완료에 소요된 시간을 기준으로 채점되었다. 언어 지식이 거의 없는 일부 응시자는 각 사진 사이에 관련된 차이점에만 초점을 맞춘 후, 가급적 간단한 언어를 사용해 해당 차이점을 설명했고 이를 통해 과제를 매우 빠르게 완료할 수 있었다. 언어 지식이 더 높은 다른 응시자는 그런 전략을 사용하지 않았기 때문에 과제 완료에 시간이 더 오래 걸렸다.

테스트 개발자는 이 테스트를 주로 언어 지식 테스트로 사용하고자 했기 때문에 구인 정의에 전략적 역량을 포함하지 않았다. 전략적 역량의 차이가 테스트 수행에 미치는 영향을 줄이고 언어 지식의 차이를 더 정확하게 반영하게 하려면 테스트 개발자는 응시자에게 완전하고 문법적으로 잘 형성된 발화로 응답하도록 하는 지시문을 포함하는 것이 좋다.

전략적 역량이 구인 정의에 포함될 가능성이 높은 상황

다른 테스트 상황에서는 구체적인 전략적 역량을 추론하기를 원할 수 있으며, 이를 구인 정의에 포함시킬 필요가 있다. 예를 들어 위에서 설명한 상황에서 테스트 개발자가 언어 지식뿐만 아니라 다양한 상황에 언어 사용을 적응시키는 응시자의 유연성을 측정하려고 한 경우, 아마도 개발자는 이를 '그림의 내용을 평가하고 설명할 정보의 양과 복잡성을 최소화하는 계획을 세우는 능력'으로 정의해 전략적 역량을 구인 정의에 포함시킬 수 있었을 것이다. 이 경우 테스트 개발자는 응시자에게 그림 사이에 관련된 차이점에만 초점을 맞추고 언어를 올바르게 사용하면서 가급적 간단한 언어로 설명하도록 지시할 수 있었을 것이다. 이는 전략적 역량 차이가 테스트 수행에 미치는 영향을 증가시켜 점수가 언어 지식과 전략적 역량의 차이를 더 정확하게 반영하는 역할을 했을 수 있다.

구인 정의에 전략적 역량을 포함시킬 경우 이를 어느 수준으로 구체적으로 정의할지를 결정해야 한다. 특정 전략의 사용 역량을 평가하고자 할 경우 우리는 위에서 설명한 바와 같이 언어 능력에 대한 구성 요소적 정의를 사용하게 된다. 4장에 제시된 전략적 역량 모형에서 우리는 목표 설정, 평가 및 계획을 포함하는 하나의 구성 요소 명세에 대해 시사한 바 있다. 따라서 이 모형의 사용을 원할 경우, 우리는 전략적 역량의 구성 요소 정의에서 하나 이상의 구성 요소를 사용하게 된다. 예를 들어 학생의 쓰기 언어 사용 능력을 테스트한다고 가정해 보자. 그리고 목표어 사용 상황을 학생이 연구 논문을 쓰는 상황이라고 가정해 보자. 이 과제에는 학생이 목표를 설정하고 문맥을 평가하며 계획을 세우는 능력의 정도가 상당히 포함된다. 따라서 이러한 전략적 역량의 구성 요소 중 하나 이상을 구인 정의에 포함하고, 해당 특정 전략의 운영을 추론할 수 있게 하는 채점 절차를 개발할 수 있다.[8]

구인 정의에서 주제 지식의 역할

4장에서는 언어 사용자의 주제 지식이 항상 언어 사용에 관여한다고 주장했다. 언어 테스트 과제가 실질적이고 상호작용적이며 언어 사용 사례를 이끌어 내는 경우 응시자의 주제 지식은 항상 테스트 수행 요소가 된다. 역사적으로 언어 테스트 전문가는 주제 지식을 테스트 결과에 편의를 유발하거나 무력화하는 핵심적인 원천으로 보았다. 따라서 언어 테스트 개발의 전통적인 관행은 테스트 수행에서 주제 지식의 영향을 최소화하거나 제어하는 테스트 과제를 설계하는 것이다. 이에 대해 우리는 견해가 약간 다르며, 이것이 모든 상황에 타당하지는 않다고 주장한다. 많은 상황에서 주제 지식이 잠재적으로 편의를 유발할 수 있지만, 실제 테스트 개발자가 측정하려는 구인의 일부가 될 수 있는 다른 상황도 존재한다. 그렇다면 한 가지 질문은 '테스트 개발자는 언제 주제 지식을 잠재적인 편향의 원천으로 간주하고, 언제 이를 구인의 일부로 정의하는가?'이다. 이 질문은 이 장의 섹션 1 '추론하기'에서 다뤘다. 이런 상황에서 테스트 개발자는 주제 지식을 측정 대상 구인의 일부로 정의할 가능성이 가장 높다. 더 중요한 질문은 해당 구인에서 주제 지식의 역할을 정의하는 방법, 특정한 방식으로 정의할 때 야기되는 가능한 결과와 관련이 있다고 판단한다.

주제 지식과 관련해 측정할 구인의 정의에는 기본적으로 다음의 세 가지 옵션이 존재한다.

1. 언어 능력의 관점에서만 구인 정의(구인 정의에서 주제 지식 제외)
2. 구인 정의에 주제 지식과 언어 능력을 모두 포함
3. 주제 지식과 언어 능력을 별도의 구인으로 정의

여기서 우리는 구인을 정의하기 위한 세 가지 옵션을 일반 상황, 의도된 추론, 잠재적인 문제 및 각각의 가능한 해결책과 함께 논의한다. 각 옵션과 관련된 고려 사항을 다소 개략적인 형태로 나열한 후, 각 옵션에 대한 예시를 제공하겠다.

1. 구인 정의에 주제 지식을 포함하지 않는 경우

전형적인 상황

응시자가 비교적 광범위한 주제 지식을 보유한 것으로 예상되는 경우는 다음과 같다.

- 언어 능력을 추론해 개인에 대한 결정을 내리는 언어 프로그램(예를 들어 선발, 진단, 성취)
- 언어 능력에 대한 추론이 선발 과정에서 고려되는 몇 가지 요소 중 하나가 될 수 있는 학문적, 전문적 또는 직업적 연습 프로그램 또는 고용 프로그램
- 언어 능력이 구인 요소로 포함된 연구

테스트 개발자가 주제 지식을 구인 정의에 포함하지 않기로 결정했더라도, 테스트 개발자는 여전히 주제 지식이 응시자의 테스트 수행에 관여할 수 있다는 점을 유념해야 한다. 테스트 개발자는 특정 테스트 상황에서 단순히 언어 능력에 초점을 맞추고 주제 지식에 대한 추론은 시도하지 않을 수도 있다.

의도된 추론
언어 능력의 구성 요소만 해당.

잠재적 문제 1

과제 입력 시 특정 주제 정보로 인하여 편의가 발생할 가능성이 있다. 즉, 관련 주제 지식을 지닌 응시자가 선호될 수 있다.

가능한 해결책

1. 응시자 중 누구도 알지 못할 것으로 예상되는 주제 정보를 과제 입력에 포함한다. 이는 언어 테스트에서 널리 사용되는 해결책이다. 잠재적 문제: 이는 테스트 과제를 문맥에서 떼어 놓으므로 모든 응시자를 대상으로 어느 정도 테스트 편의가 발생할 수 있다.

2. 모든 테스트 응시자에게 친숙할 것으로 예상되는 주제 정보를 과제 입력에 포함한다. 잠재적 이점: 이는 모든 응시자를 대상으로 과제를 맥락과 관련시키므로, 최상의 수행이 가능하다. 특히, 이해력 평가를 목적으로 하는 과제의 잠재적 문제: 응시자는 주로 주제 지식을 바탕으로 질문에 답할 수 있다.

3. 응시자에게 각각 다른 주제 내용을 다루는 몇 가지 과제를 제시한다. 이 해결책의 구현 방법은 다음의 두 가지가 있다.

   a. 모든 응시자가 모든 과제를 완료하게 한다.

   b. 응시자에게 선택권을 준다.

   우리는 응시자에게 선택권을 제공하는 것을 선호한다. 이는 응시자의 특정 관심사를 수용할 수 있는 한 가지 방법이기 때문이다.[9] 또한 선택권 부여가 응시자에게 테스트 응시 과정 시 더 큰 참여감을 준다고 생각한다.

잠재적 문제 2

낮은 점수에 대한 해석이 모호할 수 있으며, 이에 따라 구인 타당도에 의문이 제기될 수 있다. 특히 응시자가 낮은 점수를 받을 경우 그 원인은 낮은 언어 능력이나 낮은 주제 지식, 또는 둘 다가 될 수 있다.

가능한 해결책

1. 수험생이 듣기 또는 읽기 활동에 참여하고, 선택 또는 응답 제한형 반응을 이끌어 내는 테스트 과제의 경우, 각 테스트 과제에서 측정하고자 하는 언어 능력의 구성 요소를 명확하게 명시한 후 이를 염두에 두고 테스트 과제를 설계한다.
2. 응시자가 확장 산출형 응답을 유도하는 말하기 또는 쓰기 활동에 참여하는 테스트 과제의 경우, 분석적 평정 척도를 사용하거나 응시자 응답에 대한 정성적 분석을 수행해 언어 능력의 구성 요소를 평가한다. 분석적 평정 척도를 사용하면 언어 능력의 특정 구성 요소에 집중할 수 있다.

예시 1

미국 대학에 지원하는 유학생을 대상으로 입학 선발 목적의 '학술적' 자료에 대한 영어 읽기 능력을 측정한다고 가정해 보자. 대학의 학문 분야가 다양하다는 것을 염두에 두고, 서로 다른 주제 정보를 지닌 다수의 독해 지문을 개발하기로 결정하고 응시자가 응답할 몇 가지 질문을 선택하도록 허용할 수 있다. 언어 능력 영역에 초점을 맞춘 테스트 과제 유형을 설계한 후, 각기 다른 읽기 지문 과제물을 작성해야 한다.

우리는 학생이 우연히 읽게 될 주제에 대한 지식의 정도가 아니라 특정 형태의 서면 담화를 통제하는 학생의 능력에 관심을 둘 가능성이 높다. 따라서 구인 정의에 주제 지식을 포함하지 않고 언어 능력의 구성 요소에 따라 답변을 평가한다(3부의 프로젝트 5 참조. 다양한 테스트 과제가 언어 능력의 다양한 구성 요소를 측정하도록 설계되어 있다).

예시 2

태국어를 구사하는 학생을 대상으로 서로 다른 관계, 나이, 사회적 지위를 지닌 대화자와 대면 구두 상호작용에서 적절한 사용역의 사용 능력을 평가하는 성취도 테스트를 개발한다고 가정해 보자. 우리는 상호작용의 주제가 될 수 있는 특정 정보의 지식 범위가 아닌, 적절한 인칭 대명사와 공손함의 표시에 대한 학생의 지식을 측정하는 데 중점을 둘 것이다. 따라서 구인 정의에 주제 지식은 포함되지 않는다. 우리는 학생에게 친숙할 것으로 예상되는 주제만을 다루는 일련의 역할극을 개발할 수도 있다. 여기에는 가상의 상사, 사무실 동료, 친한 친구, 가상의 부하, 어린이가 등장하는 역할극이 포함될 수 있다. 역할극 프롬프트와 질문에 대한 응시자의 반응은 자신이 사용한 사용역 표지의 적절성에서만 평가된다.

2. 구인 정의에 주제 지식을 포함하는 경우

전형적인 상황

응시자가 비교적 동일한 주제 지식을 보유한 것으로 예상되는 경우는 다음과 같다.

- 언어가 특수 학문 분야, 직업 또는 직업과 관련된 주제 정보와 함께 학습되는 경우, 개개인에 대한 결정에 테스트 점수의 추론을 사용해야 하는 경우(예를 들어 선발, 진단, 성취)의 특수 목적 언어 프로그램.
- 언어 테스트 점수가 선발 과정에서 고려되는 주요 요소인 경우, 전문적 프로그램 또는 직업 훈련 프로그램을 위한 선발 또는 고용을 위한 선발. 이는 관련 추론을 사용해 미래의 과제나 언어 사용이 필요한 직무를 수행할 응시자의 능력을 예측하는 것이 포함된다.

의도된 추론

언어를 통해 특정 화제 정보를 처리(해석 또는 표현)하는 능력.

잠재적 문제 1

테스트 개발자나 사용자가 실수로 테스트 과제의 수행을 언어 능력뿐만 아니라 주제 지식에까지 귀속시키지 못할 수도 있다. 이 추론 문제는 테스트 과제의 명세화, 응답 채점의 명료성 부족이 원인일 수 있다.

잠재적 문제 2

테스트 점수를 통해서는 테스트 사용자 또는 응시자가 진단 목적의 구체적인 피드백을 얻을 수 없다.

가능한 해결책

각 테스트 과제에 대한 구인 정의와 응시자의 응답 채점 기준에 대한 분명한 명세화.

예시 1

외교부 소속의 외교관을 대상으로 그들이 부임할 가능성이 높은 국가의 선거와 관련된 정치 활동에 대한 설명을 읽고 이해할 수 있는 능력을 평가한다고 가정해 보자. 응시자에게 신문 기사에서 일반적으로 볼 수 있는 담화 유형의 여러 지문을 제시하는 일련의 과제를 설계할 수 있다. 각 지문에 대해 응시자의 이해력 측정을 위한 일련의 선다형 문항을 개발할 수 있다.

예시 2

유학생 출신 강의 조교의 능력을 측정한다고 가정해 보자. 이는 교육 평가 등 가르칠 것으로 예상되는 주제에 대한 짧은 강의를 시켜 보기 위한 것이다. 강의를 시뮬레이션하는 테스트 과제를 설계하고, 해당 구인을 '검증 주제에 대한 구성력 있는 강의 능력'으로 정의할 수 있다(11장 평가 척도에 대한 논의 사항 참조).

논평

이 장의 섹션 1에서 우리는 언어를 사용해야 하는 업무 또는 작업을 수행하는 개인 능력에 대한 추론과 예측 시 관련된 몇 가지 고려 사항을 논의했다. 또한 구인 정의에서 주제 지식을 포함한 개별 특성의 역할을 명확하게 설명해야 할 테스트 개발자의 요건도 지적했다. 11장에서 우리는 구어 또는 문어 샘플을 전체적인 평가 척도로 평가하려고 시도하는 것과 관련된 몇 가지 문제점을 지적한다. 이러한 문제뿐만 아니라 테스트 과제 명세에 대한 명확성 부족과 세부 피드백 부족의 잠재적인 문제로 인해 우리는 다음의 옵션(테스트 사용자가 주제 지식과 언어 능력을 모두 추론하려는 상황)이 대체적으로 선호된다고 생각한다.

3. 언어 능력 및 주제 지식을 별도의 구인으로 정의하는 경우

전형적인 상황

테스트 개발자는 응시자가 비교적 동질적인지의 여부 또는 비교적 광범위한 주제 지식을 지니고 있는지를 알지 못할 수 있고, 언어 능력과 주제 지식을 모두 측정하고자 할 수 있다(이는 옵션 2와 매우 유사하다. 차이점은 (1)테스트 개발자는 응시자의 주제 지식에 대해 기대하지 않으며 (2)테스트 사용자는 언어 능력과 주제 지식을 모두 추론할 수 있기를 원한다는 점이다).

- 특정 학문 분야, 전문직 또는 직업과 관련된 주제 지식과 함께 언어가 학습되는 경우의 특수 목적 프로그램 언어
- 직업 훈련 프로그램을 위한 선발(언어 테스트 점수가 선발 과정에서 고려되는 주요 요소가 된다). 이러한 추론을 사용해 채용 시 미래의 과제나 언어 사용이 필요한 직무를 수행할 응시자의 능력 예측
- 언어 능력과 주제 지식이 구인 요소로 포함된 연구

의도된 추론
언어 능력의 구성 요소 그리고 주제 지식 영역.

잠재적 문제

옵션 2보다 실용성이 떨어진다. 이는 별도의 두 개 테스트 과제 세트를 별도의 채점 기준으로 개발하거나, 언어 능력과 주제 지식에 초점을 맞춘 두 개의 독립된 평가 척도 세트를 개발해야 하기 때문이다.

예시 1

초등학생의 사전 사용법에 대한 지식을 글로 표현하는 능력에 대해 추론한다고 가정해 보자. 학생에게 사전에서 단어의 의미를 찾는 방법을 설명하는 글을 쓰도록 프롬프트를 제시할 수 있다. 그리고 별도의 평가 척도를 사용해 학생의 언어 능력과 주제 지식을 채점할 수 있다. 이에 따라 문법적 정확성 및 문법 지식/또렷한 손글씨 쓰기 기능의 통제 등과 같이 언어 능력의 영역에서 작문을 평가할 수 있다. 동시에 내용의 정확성 측면에서도 작문을 평가할 수 있다. 이는 잠정적으로 학생의 글쓰기 언어 능력과 주제 지식 영역의 통제를 별도로 추론할 수 있게 해 준다.

예시 2

초등학교에 입학하는 이민자 어린이를 대상으로 영어, 수학 선별/배치 테스트를 개발한다고 가정해 보자. 이 테스트의 일환으로 우리는 영어를 사용해 서면 지시를 이해하는 학생의 능력을 측정하고, '숫자 체계, 날짜, 시간 및 일정에 관한 어휘 지식'을 구인에 포함하고자 할 수 있다. 또한 덧셈, 뺄셈, 곱셈, 나눗셈의 기본적인 수학 연산을 수행하는 학생의 지식과 능력을 측정하고자 할 수 있다. 이에 더해 학생이 이러한 수학적 연산에 대한 주제 지식을 지녔는지 사전에 알지 못하는 경우, 각각 별도의 채점 기준을 지닌 읽기와 관련된 두 가지 테스트 과제를 개발할 수 있다.

첫 번째 과제는 언어 능력에 초점을 맞춘 것으로 다양한 활동의 보고 시점에 관한 서면 지시문이 포함될 수 있다. 응시자는 활동 시간을 묻는 간단한 질문에 대해 기본적으로 숫자로 구성된 짧은 서면 답변을 제공해야 할 수 있다. 채점 기준은 응시자가 실제 정확한 시간을 제공했는지의 여부다. 두 번째 과제는 주제 지식에 중점을 둔 것으로 여기에는 덧셈, 뺄셈, 곱셈 및 나눗셈과 관련된 간단한 필기 산술 문제에 대한 해결이 포함될 수 있다. 채점 기준은 학생이 이 문제의 정답을 계산할 수 있는지의 여부에 기반한다.

논평

테스트 개발자가 응시자의 영역이나 주제 지식 수준을 거의 알지 못하는 상황에서는 이 방법이 추론의 타당성 측면에서 가장 정당한 접근법이 될 것이다. 하지만 자원이 상당히 많이 요구되며, 항상 실현 가능한 것도 아니다.

언어 테스트에서 주제 지식 문제의 처리

언어 테스트 점수에 대해 다양한 수준의 주제 지식이 미치는 잠재적 영향을 어떻게 처리하는가는 모든 언어 테스트의 기본적인 문제다. 손쉬운 해결책은 없으며, 모든 테스트 상황에 대한 보편적인 해결책은 없는 것이 분명하다. 테스트 개발자가 도달하는 특정 해결책은 위에서 논의한 여러 요소의 기능일 것이다. 분명한 점은 테스트의 초점이 언어 능력에 있기 때문에 개발자는 단순히 주제 지식을 다룰 필요가 없다고 명시적으로 또는 기본적으로 가정할 수 없다는 것이다. 마찬가지로 언어 테스트 개발자는 모든 상황에서 잠재적 응시자의 영역과 주제 지식 수준에 대해 가급적 많은 정보를 얻어야 한다. 또한 개발자는 콘텐츠 전문가와 상의해 테스트에 포함할 주제 내용 영역과 포함된 정보의 정확성을 확인해야 한다. 테스트 개발자/사용자가 응시자의 언어 능력과 주제 지식 영역을 추론하고자 하는 상황에서 중요한 점은 테스트 개발 팀이 평가할 언어 전문가와 내용 영역의 전문가를 포함하는 것이다.

구인 정의에서 언어 '기술'의 역할

이 책의 4장에서는 친숙한 '언어 기술'(듣기, 읽기, 말하기, 쓰기)은 구인 정의에 포함되어서는 안 된다는 입장을 취했다. 언어 기술을 방식(생산적 또는 수용적)과 채널(청각 또는 시각) 측면에서만 구별할 경우, 결국 특정 과제에 사용되는 언어 간 다른 중요한 차이점이 많이 누락된 기술 정의가 내려지기 때문이다. 예를 들어 두 가지 과제가 있다고 가정하자. 하나는 응시자가 서로 다른 두 이야기에서 두 저자가 취하는 입장을 비교하고 대조하는 연설문을 작성하는 것이다. 두 번째 과제는 응시자가 우편 배달원에게 두 줄짜리 메모를 쓰는 것이다. 일반적으로 첫 번째 과제는 말하기 과제고, 두 번째 과제는 쓰기 과제다. 하지만 이 두 과제는 다른 많은 면에서도 차이를 보인다. 첫 번째 과제에서는 응답 길이가 길고, 입력 언어가 길고 복잡하며, 예상 응답의 언어는 수사적으로나 형식적 사용역 면에서 고도로 구성되어 있고, 입력과 응답의 관계 범위가 넓다. 두 번째 과제에서는 응답 길이가 짧고, 언어 형태의 입력이 없으며, 응답 언어가 고도로 체계화되어 있지 않고 비공식적 사용역에 존재하며,

입력과 응답의 관계 범위가 좁다. 따라서 소위 '기술'(말하기 대 쓰기) 사이의 차이에만 초점을 두는 경우 이 두 언어 사용 과제를 구별할 때 많은 특성을 놓치게 된다. 즉, 이는 기술이라는 명칭만으로도 언어 사용 과제의 중요 특성을 정의하기에 충분하다는 점을 시사한다.

구인 정의에 특정 기술을 포함하지 않는 또 다른 이유는 위다우슨(Widdowson, 1978)이 지적했듯이, 많은 언어 사용 과제에 하나 이상의 '기술'이 포함되기 때문이다. 그가 말하는 '대화'의 의사소통 능력은 듣기, 말하기와 관련되는 반면 '서신'은 읽기, 쓰기와 관련된다. 따라서 '기술'의 관점에서 구인을 정의하기보다는 언어 능력의 관련 요소만 구인 정의에 포함하고, '기술' 요소를 언어 능력이 입증되는 과제의 특성으로 명시하도록 제안한다.

섹션 4 연습문제

1. 3부의 프로젝트 1을 읽어 보자. 전략적 역량의 특정 요소를 측정하고자 할 경우 구인 정의는 어떻게 변경될 수 있는가? 추가 채점 절차의 구현 대상은 무엇인가?

2. 공개된 언어 테스트 및 테스트 매뉴얼 사본을 확보하고, 구인 정의와 관련된 모든 가용 자료를 읽어 보자. 구인은 어떻게 정의되는가? 어떤 종류의 구인 정의(교수요목 기반 또는 이론 기반)가 제공되는가? 구인 정의는 언어 능력하고만 관련되는가, 아니면 구인 정의에 주제 지식이 포함되는가? 구인 정의에 메타인지 전략이 포함되는가? 구인 정의가 얼마나 적절하다고 보는가? 이를 수정하는 방법은 무엇인가?

3. 마지막으로 개발하거나 사용한 언어 테스트를 생각해 보자. 당시 측정할 구

인을 어떻게 정의했는가? 현재는 이를 어떻게 정의할 수 있는가? 측정할 구인을 정의하지 않은 경우 테스트의 유용성에 미친 영향은 무엇인가?

4. 측정할 구인의 정의에 대한 논의가 언어 능력을 측정하는 데 사용되는 테스트 과제의 특성과 언어 능력의 구성 요소를 구별하는 데 도움이 되었는가? 그 방법은 무엇인가? 이 구별이 유용하다고 생각하는가? 유용한 이유 또는 그렇지 않은 이유는 무엇인가? 측정할 구인을 목표어 사용 상황('레스토랑에서 주문 받는 능력' 등)의 특성을 포함하는 방식으로 정의하면 어떤 결과가 발생하는가?

5. 측정할 구인을 정의하지 않는 것이 정당하다고 생각되는 테스트 상황이 존재하는가? 긍정 또는 부정의 이유는 무엇인가? 특정 목표어 사용 과제를 수행하는 응시자의 능력을 예측하고 해당 과제가 무엇인지 정확히 알고 있는 경우 측정할 구인을 군이 정의할 필요가 있는가?

섹션 4 더 읽을거리

- 바크먼(Bachman, 1990) 및 바크먼과 파머(Bachman and Palmer, 1982)를 참고하라.

요약

테스트 개발 과정은 일련의 설명과 정의를 준비하는 것으로 시작된다. 우리는 테스트 목적을 설명하는 것으로 시작한다. 이는 언어 테스트의 경우 주로 언어 능력을 추론하기 위한 것이다. 추가적인 목적에는 응시자, 교사 또는 감독자나 프로그램에 영향을 미치는 결정을 내릴 때 도움이 되는 추론의 사용이 포함될 수 있다. 또한 테스트를 연구 목적으로도 사용할 수 있다.

다음으로 특정 목표어 사용 상황과 과제를 대상으로 입증 가능한 방식으로 테스트 과제를 설계하기 위해 목표어 사용 상황과 과제를 설명해 실제성 있는 테스트 과제를 개발할 수 있다. 먼저 목표어 사용 상황과 과제 확인으로 시작한다. 그런 다음 각각의 고유한 특성 관점에서 이를 설명한다. 언어 수업 상황에서 사용할 테스트를 설계하는 경우 수업 과제를 예견해 목표어 사용 상황과 과제를 확인해야 한다.

다음으로 언어 사용자/응시자의 특성을 설명해 응시자에게 적합한 테스트 과제를 개발할 수 있다. 테스트 개발과 특히 관련이 있다고 생각하는 응시자의 특성은 다음 네 가지로 나눌 수 있다.

1. 개인 특성
2. 주제 지식
3. 언어 능력의 일반적인 수준과 프로파일
4. 해당 테스트에 대한 응시자의 잠재적인 정서적 반응 예측

특정 목표어 사용 상황과 특정 언어 사용자를 염두에 두면 비교적 간단하게 이 설명을 준비할 수 있다. 그렇지 않은 경우에는 더 어려울 수

있다.

　마지막으로 측정할 구인을 정의해야 하고, 이를 통해 테스트 점수를 해석하는 방법을 알 수 있다. 설계 단계에서는 구인, 언어 능력을 추상적으로 정의한다. 이 정의는 언어 교수요목 내용이나 언어 능력 이론에 근간을 둔다. 전략적 역량이 테스트 수행과 관련되더라도 테스트 개발자는 언어 능력의 이런 구성 요소에 대한 구체적인 추론을 원할 수도 또는 원하지 않을 수도 있다. 따라서 이를 구인 정의에 명시적으로 포함할지를 결정해야 한다. 응시자의 주제 지식도 테스트 수행과 관련되므로, 테스트 개발자는 추론의 성격을 결정하고 그에 따른 구인을 정의해야 한다. 이를 위해 기본적으로 다음의 세 가지 옵션이 존재한다.

1. 구인 정의에 주제 지식을 포함하지 않고 언어 능력에 대해서만 추론한다.
2. 구인 정의에 주제 지식을 포함하고, 언어를 통해 특정 주제 정보를 해석하거나 표현하는 능력을 추론한다.
3. 언어 능력과 주제 지식을 별도의 구인으로 정의하고, 이 두 가지 구인을 별도로 추론한다.

　이러한 세 가지 접근법이 타당할 수 있는 일반적인 상황이 잠재적인 문제 및 해결책과 함께 제시된다.

　결론적으로 4장에서 제시한 주장이 반복, 강화된다. 즉, 언어 '기술'은 언어 능력의 일부가 아니라 언어가 의도적으로 사용되는 특정 활동이나 과제로 구성된다. 따라서 언어 능력의 관련 요소만 구인 정의에 포함시키고, '기술' 요소는 언어 능력이 입증되는 과제의 특성으로 명시한다.

7장

유용성 평가 계획 수립

도입

이 책의 목적은 유용한 언어 테스트를 개발하는 절차를 설명하기 위한 것이므로 유용성은 테스트 개발의 모든 단계에서 필수 고려 사항이다 (5장 [그림 5-1] 및 논의 사항 참조). 사실 유용성에 대한 고려는 아마도 테스트 개발 초기 단계에서부터 시작될 것이다. 우리는 구인 타당도와 관련하여 측정할 언어 능력의 구인에 대한 초기 개념과 실용도와 관련하여 테스트 개발에 사용할 수 있는 일부 자원을 갖게 될 것이다. 설계, 운영 및 관리 단계에서 테스트의 유용성은 계속 평가를 받는다. 때로는 비공식적으로, 때로는 체크리스트를 검토하고 유용성에 대한 데이터를 수집하는 등의 공식적인 절차를 이용하기도 한다.

이 장에서는 유용성을 평가하기 위한 계획의 준비를 통해 테스트 개발의 설계 단계에서 유용성을 고려하는 것이 어떤 역할을 하는가에 대해 논의한다. 첫째, 유용성의 특성과 각 특성의 최소 허용 수준을 설정하는 것 사이의 적절한 균형을 결정하는 데 고려할 사항에 대해 논의한다. 다음으로는 유용성의 논리적 평가를 위해 사용하는 일련의 질문 목록을 제공한다. 마지막으로 유용성의 증거를 수집할 때 고려해야 할 사항에 대해 간략하게 논의할 것이다.

유용성 평가 계획 수립 시 일반적인 고려 사항

테스트 명세화 과정에서 유용성을 인식하는 것 외에도 유용성 평가를 위한 공식적인 계획을 세워야 한다. 이 계획은 세 부분으로 나뉜다.

1. 유용성의 여섯 가지 특성과 각각에 대해 최소 허용 수준을 설정하는 것 사이의 적절한 균형에 대한 초기 고려
2. 설계 개요서, 청사진 및 테스트 과제를 평가하기 위한 질문과 체크리스트를 포함하는 유용성의 논리적 평가
3. 관리 단계에서 정성적 및 정량적 증거 수집을 위한 절차

우리는 이들을 세 개의 분리된 순차적 부분으로 논의하지만 테스트 개발 과정에서 이들은 상호 연관적이고 반복적이다.

이 계획은 유용성에 대한 증거를 수집할 다양한 지점과 각 지점에서 수집할 증거의 종류를 특정한다. 유용성의 특성에 대한 평가가 우연히 이루어지지 않도록 공식적인 계획을 세우는 것이 중요한데, 이로 인해 에너지가 낭비되거나 유용하지 않은 테스트가 발생할 수 있기 때문이다. 마지막으로 유용성 특성에 대한 평가 계획을 고정된 것으로 간주해서는 안 되며 테스트 개발 과정의 다양한 단계에서 수정될 수 있는 일련의 유

연한 고려 사항 및 절차로 간주되어야 함을 명심해야 한다. 예를 들어 초기 계획이 가진 자원보다 야심차다거나, 테스트 개발이 진행됨에 따라 유용성을 평가할 수 있는 추가 방법을 생각할 수도 있다.

유용성 특성 간의 적절한 균형: 최소 허용 수준 설정

유용성의 특성을 고려할 때 두 가지 극단을 피해야 한다.

1. 모든 특성에 대해 가능한 최고 수준이 달성되어야 하거나 달성될 수 있다는 비현실적인 기대
2. 하나 이상의 질이 다른 자질을 실질적으로 배제하는 것보다 우선 순위가 부여될 수 있다는 견해

이러한 극단은 유용성의 특성 사이에서 균형을 찾음으로써 피할 수 있다. 이는 각각에 대한 최소 허용 수준을 결정하고 적절한 균형과 적절한 최소 허용 수준을 구성하는 것이 테스트 상황마다 다를 수 있음을 인식함으로써 수행될 수 있다.[1]

따라서 유용성 간의 적절한 균형을 이루려면 운영 및 관리 단계에서 테스트 개발자가 각 특성에 대한 최소 허용 수준을 초기에 지정해야 하며, 테스트 개발자는 설계 단계에서 유용성에 대한 초기 최소 허용 수준을 명세할 때 특정 목적을 위해 테스트 결과를 사용했을 때의 결과, 구인이 정의된 방식, 테스트 과제 개발에 사용되는 목표어 사용 과제 유형의 특성을 고려해야 한다. 또한 테스트 개발자는 이러한 수준이 특성에 따라 다른 용어로 언급될 가능성이 높다는 것을 알아야 한다. 게다가 2장

(55쪽)의 원칙 3에 명시된 바와 같이 특정 테스트 상황별로 결정해야 하기 때문에 일반적으로 최소 허용 기준을 미리 규정하거나 제안하는 것은 불가능하다. 그러나 이 장에서는 다양한 특성에 대한 최소 허용 기준을 설정하는 방법에 대한 지침을 제공한다. 아래에 설명된 유용성의 논리적 평가를 위한 질문을 참조하면 다양한 특성에 대한 최소 허용 기준을 설정하는 데 도움이 될 것이다.

신뢰도

신뢰도의 최소 허용 수준을 설정하는 데 가장 중요한 고려 사항은 아마도 테스트의 목적일 것이다. 따라서 상대적으로 고부담 테스트의 경우 테스트 개발자는 최소 허용 수준을 매우 높게 설정하는 반면에, 상대적으로 저부담의 경우 낮은 수준의 신뢰도 허용이 가능하다. 테스트 개발자는 달성할 수 있는 최소한의 허용 가능한 수준을 원할 것이다. 구인 정의가 비교적 좁은 범위의 언어 능력의 구성 요소에 중점을 두면, 테스트 개발자는 주제 지식뿐 아니라 언어 능력의 광범위한 요소가 포함되어 구인이 복잡한 것보다 더 높은 수준의 신뢰도를 가질 것으로 합리적인 기대를 할 수 있다. 마지막으로 테스트 과제의 특성이 상대적으로 균일하면 다양한 유형의 테스트 과제가 포함된 경우보다 높은 수준의 신뢰도가 예상된다. 신뢰도의 최소 허용 수준은 신뢰도에 대한 적절한 통계적 신뢰도 추정을 통해 명시될 수 있다.[2] (신뢰도의 최소 수준에 대한 설명은 3부 프로젝트 1 참조.)

구인 타당도

　구인 타당도의 최소 허용 수준은 단일 통계적 추정으로 명시할 수 없지만 특정 테스트 상황에서 주어진 점수 해석을 위해 필요한 증거의 양과 종류에 따라 구체화될 수 있다. 필요한 증거의 양은 테스트가 의도한 목적에 따라 달라지므로 저부담 용도보다 고부담 용도에 대해 더 많은 증거를 수집해야 한다. 또한 테스트 개발자는 목표어 사용 과제의 특성과 테스트 과제 간의 일치라는 측면에서 정의 및 일반화 영역을 고려해야 한다(2장과 6장 참조). 사실상 모든 상황에서 해석을 위한 구인 타당도를 입증하려면 여러 유형의 정보를 수집해야 하지만 언어 지식, 메타인지 전략 및 주제 지식을 포함해 일반화 영역이 상대적으로 광범위하거나 이질적인 경우와 같이 구인이 복잡할 때 특히 중요하다. 이 증거는 양적 및 질적이며, 12장에서 논의할 일부 접근법을 사용해 수집할 수 있다(구인 타당도의 최소 수준에 대한 설명은 3부 프로젝트 1 참조).

실제성

　실제성 수준을 정할 때 중요한 고려 사항은 언어 교육 프로그램에 대한 테스트의 잠재적 영향력이다. 이러한 영향력의 잠재성이 높으면 테스트 개발자는 테스트 과제의 실제성이 높다는 것을 확실히 하기 위해 모든 노력을 기울여야 한다. 또 다른 고려 사항은 목표어 사용 영역 또는 일반화 영역이다. 이 영역이 넓거나 다양하면 중간 정도의 실제성을 기대하는 것이 현실적일 수 있다.

　실제성의 최소 허용 수준은 다음 두 가지 방법으로 설명할 수 있다.

1. 과제 특성 측면
2. 응시자 및 테스트 사용자의 예상 인식 측면

　　테스트 과제를 개발할 때 테스트 개발자는 테스트 과제가 공유하는 고유한 특성의 수와 유형을 나열한다(6장 참조). 이러한 비교는 주어진 테스트 과제의 실제성 정도에 대한 지표를 제공할 수 있으며, 정량적으로는 공유되는 고유한 특성의 비율로 정성적으로는 특정 과제 특성에 대한 설명으로 허용 가능한 최소 수준을 명시할 수 있다. 12장에 설명된 정성적 방법을 사용해 테스트 관리의 사전 테스트 주기 동안 테스트 응시자와 테스트 사용자의 실제성에 대한 인식 정보를 수집할 수 있으며, 이러한 측면에서 최소 허용 수준을 명시할 수 있다(실제성의 최소 수준에 대한 설명은 3부 프로젝트 1 참조).

상호작용성

　　2장에서 설명한 바와 같이 상호작용성의 수준은 테스트의 특성, 테스트 과제의 언어적 특성 및 정서적 기능에 달려 있다. 그러나 최소 허용 수준을 설정하기 위해 테스트 개발자는 구인 정의에 포함된 응시자의 특성에 중점을 두고 이러한 구인에 대해 최소 허용 수준을 매우 높게 설정할 것이다.

　　동시에 테스트 개발자는 구인 정의에 포함된 것뿐만 아니라 관련된 모든 구성 요소의 소통성을 최적화하는 테스트 설계를 원한다. 실제성과 마찬가지로 상호작용성에 대한 정보는 12장에서 설명한 정성적인 방법으로 테스트 관리의 사전 테스트 주기 동안 수집할 수 있으며, 최소 허용 수준은 이런 측면으로 설명할 수 있다(상호작용성의 최소 수준에 대한 설명은 3부 프로젝트 1 참조).

영향력

테스트의 영향력에 대한 최소 허용 수준을 설정하는 데 중요한 고려 사항은 우리가 해야 할 결정들과 테스트를 사용하거나 이러한 결정이 가져올 효과다. 영향력에 대한 최소 허용 수준은 교육 시스템 및 사회에 대한 영향뿐 아니라, 다양한 이해관계자들과 같은 구체적인 영향력의 목록 측면으로도 명시될 수 있다. 테스트 응시자에게 미치는 영향력의 최소 허용 수준에는 예상되는 테스트의 양과 유형, 응시 경험 및 제공된 피드백 종류에 대해 기대되는 인식에 대한 설명이 포함될 수 있다. 영향력은 오답의 최소 허용 비율 및 이러한 결정의 공정한 정도에 대한 설명으로 규정될 수 있다. 교육에 대한 영향(환류 효과)이 테스트의 의도된 결과라면, 최소 허용 수준은 영향을 받는 특정 구성 요소(예를 들어 교수 방법, 교과과정, 자료)에 대한 설명 및 영향을 받는 정도를 설명해야 한다. 교육 시스템 및 사회에 미치는 영향력에 대한 최소 수준은 구체적인 부정적 영향을 최소화해야 한다는 측면에서 언급할 필요가 있다(영향력의 최소 수준에 대한 예시는 3부 프로젝트 1 참조).

실용도

2장에서 언급했듯이 실용도는 다른 질과는 달리 연속적이지 않기 때문에 일부 테스트는 상대적으로 덜 실용적이다. 실용도는 사용 가능한 자원이 필요한 자원과 같거나 초과의 한계 수준인 최소 허용 가능한 수준을 갖는 양자택일의 특성을 갖는다. 실용도를 위해 이 한계 수준을 설정할 때 할당된 자원을 초과하지 않도록 자원 할당을 모니터링하기 위한 테스트 개발 절차를 설계해야 한다. 또한 테스트 개발 과정의 어느 단계에서든 한계 수준이 초과될 경우의 결과를 고려해야 한다. 따라서 테스트 개발자가 개발 계획 변경을 고려해야 할 수 있도록 한 단계에서는 자원을 재할당하고 다른 단계에서는 재할당하지 않을 수 있다.

운영 단계에서 유용성에 대한 고려 사항은 테스트 과제를 설계하고 사용 가능한 자원을 할당해 모든 특성에 대해 달성 가능한 수준을 최대화하고 최소 허용 수준 아래로 떨어지지 않도록 하는 데 초점을 둔다. 이는 이 장의 뒷부분에서 설명하는 유용성에 대한 논리적 평가와 8장에서 설명한 사용 가능한 자원 할당을 포함한다. 마지막으로 관리 단계에서 시범 테스트, 분석, 피드백 및 수정의 반복 주기를 통해 테스트 개발자는 테스트의 유용성을 명확하게 하면서 개별 특성에 대한 최소 허용 수준의 명세화 내용을 수정해야 할 수도 있다(사용 가능한 자원의 한계 수준에 대한 설명은 3부 프로젝트 1 참조).

유용성을 평가할 때 최소 허용 수준을 설정하고 수정해 유용성 특성 간 적절한 균형을 유지하는 것이 필수적이다. 동시에 테스트 개발자는 어느 정도 불확실성이 있음을 인식해야 한다. 아마도 적절한 균형을 이루기 위해 가장 좋은 방법은 점진적인 근사화(近似化) 과정일 것이다. 이는 최소 허용 수준의 측면에서 몇몇 초기 목표와 최소 허용 수준에 대한 증거를 수집하기 위한 계획으로 시작한다. 실제로는 테스트 개발자가 유용성 수준에 대한 적절한 기준이 무엇이라고 생각하는지에서 시작하고, 이러한 기준의 특정 세부 사항은 개발 과정에서 발전할 수 있음을 인식한다. 시범 테스트 수정을 통해 개발자는 사용 가능한 자원이 주어지면 합리적으로 달성할 수 있는 개별 특성을 얻을 수 있다. 이러한 달성 가능한 수준은 테스트의 전반적인 유용성 측면에서 허용할지의 여부를 결정해야 한다. 그렇지 않은 경우 최소 허용 수준의 조정이 정당한지 또는 자원의 재할당이 가능한지를 결정해야 한다.

유용성의 논리적 평가

이 장의 이 부분에서는 우리는 유용성의 논리적 또는 개념적 평가에 사용할 수 있는 질문 목록을 제공한다. 어떤 프로젝트를 평가하는 데 이러한 질문을 모두 사용할 필요는 없고, 프로젝트에 따라 고려해야 할 질문이 있을 것이다. 그럼에도 불구하고 이러한 질문은 유용성 평가를 위한 계획을 수립하는 데 도움을 준다. 특히 유용성의 다양한 특성에 대하여 최소 수준을 설정하는 첫 번째 단계로 사용할 수 있다.

신뢰도의 논리적 평가를 위한 질문

다음은 신뢰도의 논리적 평가에서 물을 수 있는 질문이다. 2장에서 언급했듯이 신뢰도의 본질은 일관성이므로 아래 질문은 테스트 점수의 일관성에 영향을 미치는 테스트 설계 측면에 초점을 두도록 고안되었다. 질문의 기본 전제는 테스트 과제 특성의 차이는 목표어 사용 영역의 과제를 구분하는 특성의 차이와 관련이 있거나 그 차이에 의한 것이어야 한다는 것이다. 즉, 테스트 과제 특성의 차이가 목표어 사용 과제의 중요한 차이를 반영하지 않으면 그 자체로 역효과를 낼 수 있다. 따라서 테스트 과제 특성의 근거 없는 변화는 측정하려는 언어 능력의 차이와 연관되지 않은 테스트 수행의 불일치를 초래할 수 있다. 다음의 예는 동기부여된 차이와 근거 있는 차이와 근거 없는 차이를 명료하게 구분하는 데 도움이 될 것이다.

쓰기 테스트를 개발할 때 어떤 영역에서 요구되는 글쓰기 과제의 범위를 샘플링하는 방법으로서 프롬프트 유형을 다양하게 선택할 수 있다. 따라서 우리는 연대순 설명이 필요한 프롬프트, 절차에 대한 설명이 필요한 프롬프트, 테스트 응시자가 잠재 고객에게 설득력 있는 편지를 써야 하는 프롬프트를 포함할 수 있다. 이 경우 세 프롬프트에서 채점기준표의 특성, 입력 및 예상 응답의 일부 차이는 구인의 정의와 의도된 일반화 영역에 적합하며 불일치의 원인으로 간주되지 않는다. 그러나 구인의 일부로 지정되지 않은 과제 특성의 변화(예를 들어 다이어그램과 구두 설명)나 세 프롬프트에 걸쳐 서로 다른 형태의 입력 또는 서로 다른 주제 내용 등은 잠재적인 불일치의 원인으로 간주될 수 있으므로, 테스트 설계의 일부로 통제해야 한다.

다음 질문은 상황, 채점기준표, 입력 및 입력과 응답 간의 관계와 같은 주요 과제 특성을 통해 체계적으로 이동한다(질문의 논리에 대해서는 2장 참조).

1. 테스트 상황의 특성은 테스트가 시행될 때마다 얼마나 다른가? 예를 들어 테스트 상황이 하루는 시끄럽고 다음 날은 조용하다면 테스트 응시자의 수행은 그 이유만으로 달라질 수 있다.

2. 테스트 채점기준표의 특성이 테스트 영역이나 유형에 따라 얼마나 근거 없이 달라지는가? 예를 들어 한 테스트 유형에서는 광범위한 테스트 지

시문이 사용되고, 다른 테스트 유형에서는 축약된 테스트 지시문이 사용되는 경우 두 가지 유형의 테스트에서 응시자의 수행은 불안정할 수 있다. 마찬가지로 시간 배당과 채점 방법의 차이는 테스트 수행의 차이로 이어져 테스트 점수의 불안정성을 초래한다.

3. 테스트 입력의 특성이 테스트의 영역, 과제, 유형에 따라 얼마나 근거 없이 달라지는가? 예를 들어 한 유형의 테스트에서는 듣기 이해력에 대한 선택지가 실시간으로 제시되고, 다른 유형에서는 녹음된 것이 제시되는 경우 두 가지 유형의 듣기 테스트에서 응시자의 성적이 다를 수 있다.

4. 예상 응답의 특성이 테스트의 영역, 또는 유형에 따라 얼마나 근거 없이 달라지는가? 예를 들어 우리가 혁신적이어야 한다는 생각 외에 아무 이유 없이 응답 형식을 선택형에서 제한형으로 변경하면 테스트 응시자는 무엇을 해야 할지 파악하지 못할 수 있다.

5. 입력과 응답 관계의 특성이 테스트의 영역 또는 유형에 따라 얼마나 근거 없이 달라지는가? 예를 들어 비공식적으로 개인의 능력을 평가하고자 이를 위해 구두 인터뷰를 사용하기로 결정했다고 가정해 보자. 인터뷰 중 단순히 다양성을 위해 역할극이나 시뮬레이션을 응시자에게 제시했다면 이 부분의 성과는 인터뷰의 대화 부분의 수행과 다를 수 있다. 그러나 이 수행 차이는 목표어 사용 영역의 구두 언어 사용과 전혀 관련이 없을 수 있다.

구인 타당도의 논리적 평가를 위한 질문

다음은 구인 타당도의 논리적 평가에서 물을 수 있는 질문이다. 2장에서 언급했듯이 구인 타당도의 본질은 테스트 응시자의 언어 능력에 대한 추론의 적절성이므로, 아래 질문은 이러한 추론에 영향을 미칠 수 있는 테스트 설계 측면에 주의를 기울이도록 고안되었다. 질문은 두 가지로 분류할 수 있으며 각각은 구인 정의와 테스트 과제 간의 관계를 구분하는 데 초점을 맞춘 질문과 과제 특성에서 편향의 가능한 원인에 초점을 맞춘 질문이다.

구인 정의의 명확성과 적절성, 구인 정의 측면에서 과제 특성의 적절성

6. 이 테스트의 언어 능력 구인은 명확하며 모호하지 않게 정의되어 있는가? 예를 들어 구두 의사소통이라는 문구는 대부분의 상황에서 테스트 점수를 토대로 능력을 해석하기 위한 근거로 사용하기에는 충분히 명확하지 않다.

7. 테스트의 언어 능력 구인이 테스트의 목적과 관련이 있는가? 예를 들어 회화 강의에 학생들을 배치하기 위한 목적이라면 발음만 포함하도록 구인을 정의하는 것은 너무 좁을 수 있다.

8. 테스트 과제는 구인 정의를 어느 정도 반영하는가? 예를 들어 응시자에게 구두로 그림을 설명하도록 요청하는 것은 '대화에 참여할 수 있는 능력'으로 광범위하게 정의된 구인을 적절하게 반영하지 않는다.

9. 채점 절차는 구인 정의를 어느 정도 반영하는가? 예를 들어 쓰기 능력의 구인 정의에 문법, 응집력 및 구성이 포함되는 경우 쓰기 테스트에 단일 등급 척도를 사용하는 것은 적절하지 않을 수 있다.

10. 테스트 점수가 응시자의 언어 능력에 대해 원하는 해석을 하는 데 도움이 되는가? 예를 들어 문법과 어휘 테스트에서 얻은 점수는 테스트 응시

자의 문어 자료에 제시된 논증 구조를 따라 읽는 능력에 대해 추론을 허용하지 않을 수 있다.

과제 특성에서 잠재적인 편향의 원인

이러한 질문의 전제는 모든 응시자가 최선을 다할 기회를 동등하게 얻지 못한다면 응시자의 언어 사용 능력에 대한 타당한 추론 능력이 제대로 발휘되지 못할 수 있다는 것이다.

11. 테스트 상황의 어떤 특성이 응시자의 수행에 상이한 영향을 미치는가? 테스트 상황의 특성이 일부 응시자가 선호하는 경우, 구인 타당도가 손상될 수 있다. 예를 들어 컴퓨터나 워드 프로세싱 장비와 같은 테스트 장비는 일부 응시자에게 선호될 수 있다. 테스트 상황이 모든 응시자가 최선을 다해 수행하는 데 동등하게 도움이 되도록 주의를 기울여야 한다.

12. 테스트 채점기준표의 어떤 특성이 응시자의 수행에 상이한 영향을 미치는가? 지시문과 같은 채점기준표의 특성이 일부 응시자를 다른 테스트 응시자보다 선호하는 경우 모든 응시자가 최선을 다해 수행할 수 있는 것은 아니다. 예를 들어 모든 테스트 응시자에게 너무 복잡한 지시문이나 목표어로 제공되는 지시문은 더 높은 능력 수준의 응시자를 선호할 수 있다. 채점기준표는 숙련도가 가장 낮은 사람들을 염두에 두고 설계되어야 한다.

13. 테스트 입력의 어떤 특성이 응시자의 수행에 상이한 영향을 미치는가? 예를 들어 테스트의 목적이 문어 텍스트에 제시된 논증을 평가하는 응시자의 능력을 평가하는 것이라면, 읽기 구절의 주제 내용의 차이는

응시자의 읽기 능력과 직접적으로 관련이 없는 수행의 차이로 이어질 수 있다.

14. 예상 응답의 어떤 특성이 응시자의 수행에 상이한 영향을 미치는가? 예를 들어 모든 응시자가 듣기 과제에 대한 응답을 목표 언어로 작성할 수 있는 것이 아니라면 테스트는 청각 입력을 이해할 수 있는 능력의 테스트로 편향될 수 있다.

15. 입력과 응답 관계의 어떤 특성이 응시자의 수행에 상이한 영향을 미치는가? 예를 들어 모든 응시자가 동일한 주제 지식 배경을 갖고 있지 않고 테스트 과제에 입력과 응답 간의 간접적인 관계가 있는 경우(응시자가 입력 자체의 주제 정보를 사용하도록 요구하는 경우), 일부 응시자는 최상의 테스트 수행을 해내지 못할 수 있다.

실제성의 논리적 평가를 위한 질문

2장에서 언급했듯이 실제성의 핵심은 목표어 사용 과제의 특성과 테스트 과제의 특성 간의 일치 정도이다. 아래 질문은 이러한 일치에 영향을 미치는 테스트 세부 사항 및 운영 측면에서 초점을 두도록 설계되었다.

16. 목표어 사용 영역의 과제 설명에는 상황, 입력, 예상 응답 및 응답 간의 관계가 어느 정도 포함되는가? 목표어 사용 영역에 대한 설명이 완전하고 상세하지 않은 경우 이 정보는 목표어 사용 과제와 테스트 과제 간의 일치 정도를 평가하는 데 사용할 수 없다.

17. 테스트 과제 특성은 목표어 사용 과제의 특성과 어느 정도 일치하는가? 목표어 사용 과제와 테스트 과제의 특성이 신중하게 구체화되더라도

비교할 수 없을 수도 있다.

상호작용성의 논리적 평가를 위한 질문

2장에서 언급했듯이 상호작용성의 본질은 언어 지식, 메타인지 전략, 주제 지식, 개인 특성, 정서적 스키마타(4장 [그림 4-1], 2장 [그림 2-5] 참조)와 같은 언어 사용 모델의 주요 구성 요소의 참여다. 따라서 아래 질문은 이러한 구성 요소가 테스트 과제 수행에 사용되는 정도에 초점을 맞추도록 설계되었다.

응시자의 주제 지식 관련성

4장에서는 언어 사용이 주제 내용과 관련이 있고 따라서 언어 사용자의 주제 지식과도 관계가 있다고 했다. 따라서 주제 지식은 테스트 과제의 상대적인 상호작용성에 대한 중요한 결정 요소다.

18. 테스트 과제는 적절한 주제 지식의 범위와 수준을 어느 정도로 전제하는가? 또한 응시자는 주제 지식을 어느 정도 범위와 수준으로 보유할 것으로 기대하는가? 예를 들어 테스트 과제가 응시자에게 두 가지 다른 교육 시스템을 비교하고 대조하도록 요구하는 경우, 양자는 어느 정도까지 동등한 방식으로 이 과제의 주제와 관련되어 있는가?

응시자의 개인 특성에 대한 테스트 과제의 적합성

특정 테스트 응시자 집단의 언어 능력에 대해 추론하려면, 테스트 과제는 응시자의 개인 특성에 적합해야 한다(4장 연습문제 7 참조).

19. 설계 개요서에 테스트 응시자의 개인 특성이 어느 정도 고려되는가? 예를 들어 '이민자 초등학생 자녀'와 같이 응시자 집단을 이름 짓는 것만으로는 응시자의 연령, 국적, 모국어, 학력에 대한 사전 경험의 유형과 양에 대한 충분한 정보를 제공하지 못하므로 적절한 테스트 과제를 설계할 수 없다(6장의 논의 참조).

20. 테스트 과제의 특성이 특정한 개인 특성을 지닌 응시자에게 어느 정도 적합한가? 응시자의 개인 특성을 주의 깊게 명시했더라도, 테스트 과제의 특성이 이러한 응시자들이 최상의 수행을 할 수 있도록 보장하는 동시에 언어 능력에 대한 정보를 테스트 목적에 맞게 제공할 수 있도록 조치를 취해야 한다.

응시자의 언어 지식 사용 범위

언어 능력에 대해 추론하려면 테스트 과제는 응시자의 언어 지식 영역과 관련되어야 한다.

21. 테스트 과제 처리에 필요한 언어 지식 영역이 매우 좁은 범위인가 아니면 광범위한가? 예를 들어 응집력에 관한 지식과 같이 구인을 좁게 정의하더라도 응시자가 문법적, 기능적 및 사회언어학적 지식과 같은 언어 지식의 다른 영역도 사용해야 하는 테스트 과제는 상대적으로 상

호작용성이 높을 것이다.

테스트 과제에서 언어 기능 포함 여부

언어 테스트 전문가들은 모든 테스트 과제가 지식의 입증을 요청하는 기능을 포함한다고 이야기한다.[3] 구술 인터뷰에서 일어날 수 있는 몇 가지 대화 교환의 예를 생각해 보자.

빨간 옷을 입고 있나요? (네)
그것을 가리켜 주세요.
파란 옷을 입고 있나요? (아니요)
책상 위에 초록색 물건이 있나요? (네)
그것을 가리켜 주세요.

이 예시의 질문으로 수행되는 기능은 정보 요청 및 과제 요청으로 구성된 것으로 보인다. 그러나 '질문'은 시험관이 이미 답변을 알고 있으며 응시자도 이를 알고 있기 때문에 진정한 정보 요청을 구성하지 않는다. 또한 응시자가 물건을 가리킬 때 시험관은 이것을 기록하고 테스트 항목의 점수를 매기는 것 이외에는 아무것도 하지 않는다. 이 대화 교환에는 응시자가 언어 지식을 보여 주는 것 외에 다른 언어 기능이 누락되었다.

테스트가 아닌 언어 사용에 해당하는 언어 테스트 과제를 설계하려는 것이 목표라면 테스트 과제는 목표 지향적이고 의사소통처럼 목적이 있는 언어의 특성을 통합해야 한다. 즉, 단순히 언어 지식을 보여 주는 것 이외에 응시자가 다른 언어 기능을 수행하게 해야 한다. 상호작용적 테스트 과제는 응시자의 언어 지식을 입증하는 것 외에도 다른 언어 기능이 포함된 과제다. 따라서 테스트 과제를 설계할 때 언어 기능의 참여를 고려해 다음과 같은 질문을 할 수 있다.

22. 단순한 언어 지식 증명 이외에 입력을 처리하고 응답하는 데 어떤 언어 기능이 관여하는가? 예를 들어 일련의 관련 없는 문장에서 주어-동사 일치 오류를 수정하는 테스트 과제는 응시자가 영어 문법의 이러한 측면에 대한 지식을 입증하는 것 이외의 언어 기능을 수행하도록 요구하지 않는다.

응시자의 메타인지 전략 사용 여부

응시자가 과제를 완료하기 위해 광범위한 메타인지 전략을 사용하도록 요구하는 테스트 과제의 정도는 과제의 상호작용성에 영향을 미친다.

테스트 과제 설계 시 메타인지 전략의 사용을 고려할 때 요청되는 질문은 다음과 같다.

23. 테스트 과제는 어느 정도 상호 의존적인가? 예를 들어 상호 의존적인 일련의 짧은 쓰기 과제를 해결하려면 응시자는 과제를 통합하는 방법을 알아내야 하기 때문에 일련의 짧고 독립적인 과제보다 더 많은 목표 설정, 평가 및 계획을 수행하게 된다.

24. 전략 사용 기회는 얼마나 되는가? 예를 들어 말하기 능력을 테스트하는 경우 응시자에게 준비할 충분한 시간과 계획할 자료를 제공하면, 지식을 평가하고 목표를 설정하고 말하기를 계획할 수 있는 더 많은 기회를 얻을 수 있다.

테스트 과제 응답에서 응시자의 정서적 스키마타 고려

테스트 과제의 특성에 대한 응시자의 평가는 해당 과제에 대한 정서적 반응과 과제를 완수하기 위해 언어를 사용할 때의 유연성을 결정한다. 따라서 우리는 테스트 과제에 대한 긍정적인 정서적 반응이 테스트 과제를 상대적으로 좀 더 상호작용적으로 만들고, 부정적인 정서적 반응은 그 반대 효과를 가져올 것으로 예상할 수 있다.

테스트 과제를 설계할 때 응시자의 정서적 반응을 고려해 다음과 같은 질문을 할 수 있다.

25. 이 테스트 과제는 테스트 응시자가 테스트에서 최상으로 수행하도록 돕거나 반대로 방해하는 정서적 반응을 유발하는가? 예를 들어 테스트 과제의 입력에 응시자에게 부정적인 정서적 반응을 유발할 수 있는 감정적으로 격하거나 논쟁의 여지가 있는 주제 정보가 포함되어 있는가?

영향력의 논리적 평가를 위한 질문

2장에서 언급했듯이 영향력에는 테스트 사용이 사회, 교육 시스템 및 그 안의 개인에게 영향을 미치는 다양한 방식이 포함된다.

개인에 대한 영향력

다음 질문은 특정 상황에서 테스트를 사용하는 이해관계자에 대한 긍정적이고 부정적인 영향을 평가하는 데 도움이 될 것이다. 여기서는 테스트 사용으로 가장 직접적인 영향을 받는 개인에 대한 영향에 초점을 맞출 것이다.

응시자에게 미치는 영향력

다음 질문은 테스트 절차의 세 가지 측면이 응시자에게 미치는 영향에 중점을 둔다.

- 테스트 응시 경험
- 응시자가 테스트 수행에 대해 받은 피드백
- 테스트 점수에 따라 응시자에 대해 내려질 수 있는 결정

26. 테스트 응시 경험이나 테스트 수행에 대해 받은 피드백이 언어 사용과 관련된 응시자의 특성(예를 들어 주제 지식, 목표어 사용 상황에 대한 인식, 언어 지식 영역 및 전략 사용)에 어느 정도 영향을 미칠 수 있는가? 예를 들어 미국에 온 유학생들에게 미국에 방문한 외국인 관광객이 어떻게 살해되었는지를 설명하는 기사를 읽고 논평하도록 요청하는 경우, 이것이 학생들에게 미국의 폭력 만연에 대해 오해를 불러일으킬 수 있는가?

27. 테스트 설계 및 개발 시 테스트 응시자를 직접 참여시키거나 테스트 피드백을 수집하고 활용하기 위한 규정은 무엇인가? 예를 들어 언어 수업을 듣는 학생들에게 성취도 테스트에 적합한 테스트 과제와 채점 기준을 제안하도록 요청했는가?

28. 테스트 응시자에게 피드백이 얼마나 관련이 있고, 완전하며, 의미가 있는가? 보고된 점수는 의미가 있는가? 질적인 피드백이 제공되는가? 학생들은 주제의 숙달이라는 측면에서 이 점수가 무엇을 의미하는지

에 대한 설명 없이 단순히 점수 또는 백분율 점수만을 제공받았는 가? 이러한 정보를 이용하는 것이 가능하다면 학생들은 언어 능력에 대한 정보를 제공받았는가?

29. 결정 절차 및 기준이 모든 테스트 응시자 집단에게 동일하게 적용되는가? 예를 들어 학생들에게 성적이 전적으로 기본 점수를 기준으로 결정될 것이라고 약속한 경우, 교사는 출석 참여도나 태도와 같은 다른 요소들에 근거해 일부 학생에 대한 결정을 수정할 수 있는가?

30. 테스트 점수는 의사 결정과 얼마나 관련성이 있고, 적합한가? 예를 들어 다른 요소도 중요할 때 언어 테스트 점수가 채점의 유일한 기준으로 사용되는가?

31. 응시자는 의사 결정에 사용되는 절차 및 기준에 대해 충분한 정보를 제공받는가? 예를 들어 학생들은 각기 다른 테스트의 점수가 어떻게 결합되어 수업 성적이 부여되는지 들었는가?

32. 이러한 절차와 기준이 실제로 의사 결정을 할 때 준수되고 있는가? 정해진 절차와 결정 기준에 일관성이 없다면 수험생들은 자신이 부당한 대우를 받는 것처럼 느낄 가능성이 높다.

교사에게 미치는 영향력

언어 테스트 설계 시 교사에게 미칠 수 있는 잠재적인 영향을 고려할 때 요청되는 질문(2장에서 논의한 '환류 효과'의 한 측면)은 다음과 같다.

33. 측정하고자 하는 언어 능력의 영역은 교재에 포함된 언어 능력의 영역과 얼마나 일치하는가? 교육과정에서 사용되는 테스트가 가르치지 않은 능력을 측정하는 경우 교사는 교육이나 테스트에 대해 불편함을 느낄 수 있다.

34. 테스트 및 테스트 과제의 특성이 교수 및 학습 활동의 특성과 얼마나 일치하는가? 예를 들어 교사가 일련의 작문 교정 과제를 사용해 문법을 가르쳤는데, 학생들은 기말고사에서 내용을 교정할 시간이 없는 작문을 하도록 요청받는가?

35. 테스트의 목적은 교사의 가치와 목표 그리고 교육 프로그램과 얼마나 일치하는가? 예를 들어 표준화된 테스트를 사용해 성적을 부여해야 하는 교사는 테스트 과제가 수업의 목표와 일치한다고 느끼는가?

사회 및 교육 시스템에 미치는 영향력

다음 질문은 특정 테스트를 사용함으로써 긍정적이고 부정적인 사회 및 교육에 대한 잠재적인 영향을 평가하는 데 도움을 줄 수 있다.

36. 테스트 점수에 대한 해석은 사회와 교육 시스템의 가치 및 목표와 일치하는가? 예를 들어 언어 프로그램 관리자가 언어 테스트를 언어 교사 채용 결정의 유일한 근거로 사용하고, 사회가 교사의 학생과의 관계 능력을 높게 평가한다면, 이러한 방식으로 테스트를 사용하는 것이 사회와 교육 시스템에 미치는 영향력이 부정적일 수 있다.

37. 테스트 개발자의 가치와 목표는 사회 및 교육 시스템의 가치 및 목표와 어느 정도 일치하거나 상충하는가? 다른 나라에서 온 사람이 언어 테스트 개발을 위해 컨설턴트로 고용되었는데 교육 시스템이나 사회에 속한 개인과 동일한 가치와 목표를 가지고 있지 않다면, 그 테스트는 교육 시스템과 사회에 부정적인 영향을 줄 수 있다.

38. 이러한 특정 방법으로 테스트를 사용함으로써 긍정적이든 부정적이든 사회와 교육 시스템에 미칠 잠재적인 결과는 무엇인가? 예를 들어 다른 반에

더 점수가 높고 능력 있는 학생들을 배치하기 위해 배치 테스트를 사용하는 것이 다른 사회·경제적 배경을 가진 학생들을 차별해 사회와 교육 시스템이 최소화하려고 노력하는 차별을 강화시키는가?

39. 이 특정 방법으로 테스트를 사용함으로써 일어날 수 있는 가장 바람직한 결과 또는 가장 좋은 결과는 무엇이며, 그것이 일어날 가능성은 얼마나 되는가? 예를 들어 성취도 평가를 위한 설계가 필요할 수도 있으며, 이 테스트를 사용함으로써 얻을 수 있는 가장 중요한 긍정적인 결과는 수업에 긍정적인 영향을 미치는 것이다.

40. 이 특정 방법으로 테스트를 사용함으로써 일어날 수 있는 가장 바람직하지 않은 결과 또는 가장 나쁜 결과는 무엇이며, 그것이 일어날 가능성이 있는가? 예를 들어 높은 실제성과 상호작용성을 갖춘 테스트를 설계하기 위해 선택한 주제가 논란의 여지가 많고 테스트 사용자가 테스트를 거부할 것이라고 예상하지 못한 채 시사적인 주제의 내용을 선택할 수 있다.

실용도의 논리적 평가를 위한 질문

2장에서 논의했듯이 테스트의 실용도는 테스트 개발 과정의 여러 단계에서 필요하고 사용 가능한 자원의 양에 따라 달라진다. 실용도를 평가하기 위해 다음의 질문을 할 수 있다.

41. (a) 설계 단계, (b) 운영 단계, (c) 관리 단계에 필요한 자원의 유형 및 규모는 어떠한가?

42. 위의 (a), (b), (c) 단계를 수행하는 데 사용할 수 있는 자원은 무엇인가?

유용성의 증거 수집

위에서 논의한 논리적 고려 사항은 유용성 평가에 필수적이며 테스트 개발의 모든 단계에 영향을 미쳐야 한다. 이러한 고려 사항은 설계 단계뿐만 아니라 유용성의 경험적 평가와 관련된 정성적 및 정량적 정보를 수집하는 운영 및 관리 단계에서도 염두에 두어야 한다. 즉, 유용성에 대한 증거는 개발 과정 초기부터 수집할 수 있고 수집해야 하며, 이를 통해 테스트 개발을 순조롭게 진행하고 노력의 낭비를 피할 수 있다. 유용성에 대한 정성적 증거는 테스트 작업 운영 초기 단계에서도 수집할 수 있다. 정량적 증거는 관리 단계에서 나중에 수집될 가능성이 높다. 계획에는 다양한 종류의 증거가 수집되는 시기가 표시되어야 한다.

정보의 종류

우리가 유용성의 특성을 평가할 때 수집하는 증거에는 정성적 증거와 정량적 증거가 있다. 수집할 수 있는 정성적 증거에는 테스트 관리자의 관찰에 대한 구두 설명, 응시자의 자기 보고, 인터뷰 및 설문지가 있다. 정성적 증거 수집 계획에서 테스트 과제와 테스트 사용에 관해 질문할 질문의 종류를 정할 수 있다. 유용성에 대한 정량적 증거는 테스트 점수와 개별 테스트 과제 점수를 포함해 테스트에서 얻은 수치 데이터의 통계적 분석을 기반으로 한다. 계획에는 구체적인 정량적 증거의 종류와 이 증거를 생성하는 데 사용할 통계가 포함되어야 한다.

유용성 증거 수집 절차

유용성에 대한 정성적 및 정량적 증거를 수집하기 위한 다양한 구체적인 절차를 사용할 수 있다(12장의 참고문헌 참조). 구체적인 절차는 계획에 포함되어야 한다.

유용성 평가를 위한 체크리스트

유용성에 대한 논리적이고 경험적인 평가를 위해 논의한 질문의 사용을 용이하게 하기 위해서 [표 7-1]에 제시된 체크리스트의 형태로 목록화하는 것이 좋다. 이 체크리스트는 고려 중인 구체적인 테스트에서 정성적으로 만족스러운 정도와 방법을 나타내는 곳이 포함되어 있다(완성된 체크리스트의 예는 401~408쪽, 3부 프로젝트 1의 [표 P1-3] 참조).

[표 7-1] 유용성 평가를 위한 체크리스트

유용성의 논리적 평가를 위한 질문	정성적으로 만족스러운 정도	정성적으로 어떻게 만족스러운지에 대한 설명
신뢰도		
1. 테스트 상황의 특성은 테스트가 시행될 때마다 얼마나 다른가?		
2. 테스트 채점기준표의 특성이 테스트의 영역이나 유형에 따라 얼마나 근거 없이 달라지는가?		
3. 테스트 입력의 특성이 테스트의 영역, 과제, 유형에 따라 얼마나 근거 없이 달라지는가?		
4. 예상 응답의 특성이 테스트의 영역 또는 유형에 따라 얼마나 근거 없이 달라지는가?		

5. 입력과 응답 간의 관계 특성이 테스트의 영역 또는 유형에 따라 얼마나 근거 없이 달라지는가?		

구인 타당도

구인 정의의 명확성과 적절성, 그리고 구인 정의와 관련된 과제 특성의 적절성

6. 이 테스트의 언어 능력 구인은 명확하며 모호하지 않게 정의되어 있는가?		
7. 테스트의 언어 능력 구인이 테스트의 목적과 관련이 있는가?		
8. 테스트 과제는 구인 정의를 어느 정도 반영하는가?		
9. 채점 절차는 구인 정의를 어느 정도 반영하는가?		
10. 테스트 점수가 응시자의 언어 능력에 대해 원하는 해석을 하는 데 도움이 되는가?		

과제 특성에서 잠재적인 편향의 원인

11. 테스트 상황의 어떤 특성이 응시자의 수행에 상이한 영향을 미치는가?		
12. 테스트 채점기준표의 어떤 특성이 응시자의 수행에 상이한 영향을 미치는가?		
13. 테스트 입력의 어떤 특성이 응시자의 수행에 상이한 영향을 미치는가?		
14. 예상 응답의 어떤 특성이 응시자의 수행에 상이한 영향을 미치는가?		
15. 입력과 응답 사이의 관계의 어떤 특성이 응시자의 수행에 상이한 영향을 미치는가?		

실제성		
16. 목표어 사용 영역의 과제 설명에는 상황, 입력, 예상 응답 및 응답 간의 관계가 어느 정도 포함되는가?		
17. 테스트 과제 특성은 목표어 사용 과제의 특성과 어느 정도 일치하는가?		

상호작용성		
응시자의 주제 지식 관련성		
18. 테스트 과제는 적절한 주제 지식의 범위와 수준을 어느 정도로 전제 하며, 응시자는 주제 지식을 어느 정도 범위와 수준으로 보유할 것으로 기대하는가?		
응시자의 개인적 특성에 대한 테스트 과제의 적합성		
19. 설계 개요서에 테스트 응시자의 개인적 특성은 어느 정도 고려되는가?		
20. 테스트 과제의 특성이 특정한 개인 특성을 가진 응시자에게 어느 정도 적합한가?		
응시자의 언어 지식 사용범위		
21. 테스트 과제 처리에 필요한 언어 지식 영역이 매우 좁은 범위인가 또는 광범위한가?		
테스트 과제에서 언어 기능 참여		
22. 단순한 언어 지식 증명 이외에 입력을 처리하고 응답하는 데 어떤 언어 기능이 관여하는가?		
응시자의 메타인지 전략 포함 여부		

23. 테스트 과제는 어느 정도 상호 의존적인가?		
24. 전략 사용 기회는 얼마나 되는가?		
테스트 과제 응답에서 테스트 응시자의 정서적 스키마타 고려		
25. 이 테스트 과제는 테스트 응시자가 최선을 다해 수행하도록 돕거나 반대로 방해하는 정서적 반응을 유발하는가?		
영향력		
개인에 대한 영향력		
응시자에게 미치는 영향력		
26. 테스트 응시 경험이나 테스트 수행에 대해 피드백이 언어 사용과 관련된 응시자의 특성(예를 들어 주제 지식, 목표 언어 사용 상황에 대한 인식, 언어 지식 영역 및 전략 사용)에 어느 정도 영향을 미칠 수 있는가?		
27. 테스트 설계 및 개발 시 테스트 응시자를 직접 참여시키거나 테스트 피드백을 수집하고 활용하기 위한 규정은 무엇인가?		
28. 테스트 응시자에게 피드백이 얼마나 관련이 있고, 완전하며, 의미가 있는가?		
29. 결정 절차 및 기준이 모든 테스트 응시자 그룹에게 동일하게 적용되는가?		
30. 테스트 점수는 의사 결정에 얼마나 관련성이 있고, 적합한가?		
31. 응시자는 의사 결정에 사용되는 절차 및 기준에 대해 충분한 정보를 제공받는가?		

32. 이러한 절차와 기준이 실제로 의사 결정을 할 때 준수되고 있는가?		
교사에게 미치는 영향력		
33. 측정하고자 하는 언어 능력의 영역은 교재에 포함된 영역과 얼마나 일치하는가?		
34. 테스트 및 테스트 과제의 특성이 교수 및 학습 활동의 특성과 얼마나 일치하는가?		
35. 테스트의 목적은 교사의 가치와 목표 그리고 교육 프로그램과 얼마나 일치하는가?		
사회 및 교육 시스템에 미치는 영향력		
36. 테스트 점수에 대한 해석은 사회와 교육 시스템의 가치와 목표와 일치하는가?		
37. 테스트 개발자의 가치와 목표는 사회 및 교육 시스템의 가치와 목표와 어느 정도 일치하거나 상충하는가?		
38. 이러한 특정 방법으로 테스트를 사용함으로써 긍정적이든 부정적이든 사회와 교육 시스템에 미칠 잠재적인 영향은 무엇인가?		
39. 가장 바람직한 결과는 무엇인가?		
40. 가장 바람직하지 않은 결과는 무엇인가?		
실용도		
41. (a) 설계 단계, (b) 운영 단계, (c) 관리 단계에 필요한 자원의 유형 및 규모는 어떠한가?		
42. 위의 (a), (b), (c) 수행하는 데 사용할 수 있는 자원은 무엇인가?		

복제 가능한 이미지. ©옥스퍼드대학교출판부

요약

유용성은 테스트 개발의 모든 단계에서 필수적인 고려 사항이다. 무엇보다도 테스트 개발을 위한 일반적인 방향성을 제시해 과정을 진행하는 동안 방향을 잃지 않도록 도와 준다. 또한 유용성의 특성을 평가하기 위한 공식적인 계획에도 나타난다. 이 계획은 세 부분으로 구성된다.

1. 여섯 가지 유용성 특성 간의 균형과 최소 허용 수준에 대한 초기 결정
2. 유용성에 대한 논리적 평가
3. 관리 단계에서 정성적 및 정량적 증거 수집을 위한 절차

유용성의 특성에 대한 적절한 최소 허용 수준은 테스트 특성의 균형과 여기에 투입해야 하는 자원의 양을 어떻게 생각했는지에 따라 달라진다. 유용성에 대한 논리적 또는 개념적 평가는 각 특성에 대한 일련의 질문을 통해 용이하게 이루어지며, 이에 대한 답변은 테스트 개발자가 유용성을 평가하기 위한 계획을 개발하는 데 도움이 될 수 있다.

연습문제

1. 실제성에 대한 논리적 평가를 위한 질문을 생각해 보자. 어떤 질문이 있는가? 과정에 도움이 되는 다른 질문을 생각해 볼 수 있는가?
2. 3부의 프로젝트 2에 대한 설명을 읽고, 유용성의 각 특성에 대한 최소 허용 수준을 설명해 보자.
3. 3부의 프로젝트 2를 읽고, 유용성의 논리적 평가를 위한 질문을 살펴본 후

이 테스트를 평가해 보자. 그런 다음 프로젝트 3에 대해 동일한 절차를 따르고 의도된 목적에 대한 두 테스트의 유용성을 비교한다. 그러한 비교는 어느 정도 가능한가? 비교가 유용한가? 그렇다면, 언제 유용한가?

4. 사용할 언어 테스트를 수업에 가져온 후 소집단을 대상으로 유용성을 논리적으로 평가하기 위한 질문을 사용해 테스트를 평가해 보자. 각 질문이 도움이 되는가? 이 테스트의 유용성을 평가하는 데 도움이 되는 추가 질문이 있는가?

5. 이 수업에 참여하지 않았고 언어 테스트를 개발한 사람을 인터뷰해 보자. 유용성의 여섯 가지 특성 측면에서 테스트의 유용성을 어떻게 평가할 것인지를 물어본다. 그 과정은 무엇인지, 도움이 되는 추가 질문이나 기준을 제시하는지 확인해 보자.

8장

자원 파악, 할당 및 관리

도입

테스트 개발 과정에서 매우 중요한 단계로 사용 가능한 자원을 파악하고 필요한 자원을 추정하는 것이 있다(2장에서 언급했듯이 실용도는 사용 가능한 자원과 필요한 자원 사이의 관계이다). 자원에 대한 단계가 현실적이지 않으면 완료가 불가능하거나 소모적인 프로젝트를 수행할 수 있다. 필요할 수 있는 자원의 종류를 더 잘 파악하는 방법은 테스트 개발의 주요 단계를 나열하고 각 단계를 수행하는 데 필요한 자원의 종류를 묻는 것이다. 그런 다음 사용 가능한 자원 목록을 브레인스토밍할 수 있다. 이제 테스트 개발에 필요한 일반적 자원 중 일부에 대해 설명하겠다.

자원 파악 및 할당

인적 자원

테스트 개발의 한 가지 중요한 구성 요소는 테스트를 수행하는 개인이다. 인적 자원은 역할이나 기능 측면에서 가장 잘 고려되어야 한다. 어떤 상황에서는 개인이 매우 명확하게 정의된 역할과 기능을 갖지만 다른 경우에는 테스트 개발이 진행되는 동안 다른 역할과 기능을 맡을 수 있다. 대부분의 프로젝트에서 여러 역할이 동일한 사람에 의해 채워진다.

테스트 개발자

자주 언급될 역할이나 기능 중 하나는 테스트 개발자의 역할이다. 테스트 개발자와 테스트 개발에 관련된 다른 사람 사이에는 여러 가지 가능한 관계가 있다. 경우에 따라 테스트 개발자와 테스트 출제자가 같은 사람일 수도 있고, 테스트 개발자가 컨설턴트 또는 프로젝트 책임자로 일할 수도 있는데, 이 경우 많은 결정이 테스트 개발 팀원과의 상호소통에 의해 이루어질 수 있다. 계획 과정에서 이루어진 자원 할당 및 결정이 테스트 개발자에게 직접적인 영향을 미치기 때문이다.

테스트 개발자는 명세화, 관리, 테스트 및 사용, 보관에 이르기까지 테스트 개발을 처음부터 끝까지 감독한다. 복잡한 프로젝트의 경우 광범위한 교육과 테스트 개발 경험이 있는 감독이 필요할 수 있다. 다른 프로젝트(예를 들어 소규모 학급 퀴즈 개발)의 경우 교사가 가장 적합한 사람이다.

테스트 출제자

테스트 출제자는 테스트 개발 과정의 주요 인력이다('테스트 출제자'라는 용어는 일반적인 의미에서 쓰기 자체뿐만 아니라 이미 작성된 자료, 편집, 녹음 등의 다른 테스트 개발 업무를 지칭하기도 한다). 테스트 출제자의 자격과 프로젝트에 투입해야 할 시간은 다양하다. 예를 들어 한 사람이 읽기 지문에서 임의로 단어를 삭제하고 빈칸으로 대체하는 짧은 테스트를 '작성'한다고 가정해 보자. 응시자는 공백에 삭제된 단어를 채우는 방식으로 응답한다. 이러한 종류의 테스트 준비에는 과제 작성 전문 기술과 시간이 거의 필요하지 않을 수 있다. 반면에 긴 구두 인터뷰를 위한 대본을 개발하는 것은 매우 까다로울 수 있다. 실제성을 주요 설계 고려 사항으로 삼아 테스트를 개발할 때, 테스트 출제자는 종종 일부가 아닌 전체 테스트를 작성하는 데 관여하는 경향이 있다. 이것은 상대적으로 더 실제적인 테스트가 테스트의 모든 부분이 서로 잘 맞아야 하므로 통일되고 응집되는 경향이 있기 때문이다. 어떤 경우든 다양한 종류의 테스트 작업을 작성할 수 있는 테스트 출제자의 능력을 고려하고 이에 따라 과제에 출제자 할당을 고려하는 것이 중요하다.

채점자

테스트 평가자와 채점자 또한 테스트 개발에서 중요한 역할을 한다. 예를 들어 대면 구두 인터뷰 같은 테스트에서 평가자/채점자는 각 테스트 시행 동안에 옆에 있거나 테이프 녹음에 접근할 수 있어야 한다. 또한 채점자는 테스트의 채점 절차에 중요한 정보를 제공할 수 있다. 사용되는 채점 방법에 따라 평가자는 테스트 대상 언어에 능숙해야 할 수도 있다.

테스트 관리자

테스트 관리자는 테스트를 시행하는 과정을 수행한다. 집단으로 시행되는 지필 테스트와 같은 일부 테스트의 경우 테스트 관리에 상대적으로 적은 교육이 필요할 수 있지만, 관리자는 여전히 테스트 응시자와 상호작용하는 방법에 대해 지도를 받아야 한다. 대면 구두 인터뷰 테스트와 같은 다른 테스트의 경우 훨씬 많은 교육이 필요할 수 있다.

사무 지원

많은 테스트 개발 프로젝트는 타이핑, 복사, 기록 보존 등 광범위한 사무 지원이 필요하므로 이를 사전에 고려해야 한다. 한 대형 해외 프로젝트에서 우리는 사전 테스트뿐만 아니라 최종 버전까지 모든 테스트 원본을 직접 입력해야 한다는 것을 프로젝트에 착수할 때까지 알지 못했다. 사전 테스트의 전체 분량이 50쪽 이상이었기 때문에 이것은 쓰기와 편집에서 에너지를 빼앗기는 거대한 작업이었다.

물적 자원

공간

공간은 특히 중요할 수 있으며 지필 테스트, 소규모 그룹을 대상으로 시행해야 하는 듣기 과제, 일대일 구두 인터뷰 등 다양한 유형의 공간이 필요한 다양한 유형의 과제가 포함된 테스트에서는 세심한 계획과 관리가 필요하다. 한 연구 프로젝트에서는 60명의 학생이 하루에 8개의 하위 테스트를 치렀는데, 각각의 하위 테스트는 다른 공간에서 시행되어야 했다. 이 때문에 언어 연구실뿐만 아니라 여러 강사의 사무실도 사용해야 했다.

장비

장비 또한 테스트 개발 및 제작에 중요한 역할을 한다. 예를 들어 타자기, 워드프로세서, 오버헤드 프로젝터, 테이프 녹음기, 비디오 녹화기, 컴퓨터, 어학실, 기계 채점 장비 등 그 목록은 매우 길고 다양하다. 처음부터 필요한 장비를 계획해야 할 필요성은 분명해 보이지만, 일반적으로 사용할 수 있다고 가정한 장비가 없는 상황이 발생할 수 있다. 예를 들어 일부 과제에서는 워드프로세서와 복사기를 사용할 수 없기 때문에 수정에 훨씬 많은 시간이 소요되었다.

테스트 자료

테스트 자료에는 테스트 자체의 구성품과 테스트를 치르는 과정에서 사용될 수 있는 모든 것이 포함된다. 여기에는 연필, 테스트 책자, 답안지, 컴퓨터 디스크, 비디오 테이프, 오디오 테이프 등이 포함될 수 있다.

시간

시간은 다른 자원과 관련해 고려해야 할 중요한 자원이다. 여기에는 두 가지 측면이 있다.

1. 개발 시간
2. 테스트 개발 과정의 각 단계를 완료하는 데 필요한 시간

인력과 컴퓨터, 어학실 등의 장비를 사용할 수 있는 총 시간을 예측하는 것이 중요하다.

우선순위 지정 및 자원 할당

테스트의 종류에 따라 자원을 다르게 할당해야 한다. 예를 들어 고품질의 객관식 테스트를 개발하려면 문항 작성 및 편집에 많은 에너지를 투입해야 한다. 반면에 관리 및 채점은 비교적 간단하고 노력이 거의 필요하지 않다. 대조적으로 학생들이 30분 동안 답안을 작성해 응답할 프롬프트를 준비하는 데 드는 시간과 노력이 훨씬 적을 것이다(물론 이것이 엉성하고, 부적절하며 일관성 없는 프롬프트 사용에 대한 핑계가 되어서는 안 된다). 그러나 실제로 테스트를 채점하는 것뿐만 아니라 채점 절차에 대해 채점자를 교육하는 데에도 상당한 자원이 필요할 수 있다. 사전에 자원의 우선순위를 정하고 할당하면 나중에야 가용 인력이 도움을 줄 의향이 없거나 도움을 줄 수 없다는 사실을 알게 되어 직접 수행하거나 프로젝트의 일부를 포기할 수밖에 없는 등의 불쾌한 상황을 피할 수 있다.

과업 및 자원 표 준비하기

자원의 우선순위를 정하고 할당하려면 [표 8-1]과 같은 과업과 자원 표를 준비한다. 각 셀에 필요한 자원의 양을 기록한다. 정보는 가장 편리

한 단위로 표시한다. 예를 들어 인력을 할당할 때 시간은 일하는 시간이나 일자로 지정할 수 있고, 급여 수치로도 지정할 수 있다. 공간을 할당할 때는 필요한 면적 값(예를 들어 평방 피트 또는 미터 또는 사용 가능한 좌석수)을 입력할 수 있다.

[표 8-1] 자원 할당

활동					
자원	**설계**	**조직**	**운영**	**채점**	**피드백 분석**
인적 자원					
프로젝트 책임자	50시간				10시간
테스트 출제자		25시간			
편집자		10시간			10시간
평가자				30시간	
관리자			10시간		
사무 지원	5시간	10시간	5시간	5시간	5시간
공간					
테스트 개발	225평방 피트	225평방 피트		225평방 피트	225평방 피트
테스트 운영	평방 피트당 하루에 $.0016의 요금 적용	평방 피트당 하루에 $.0016의 요금 적용	900 평방 피트당 하루에 $.0016의 요금 적용	평방 피트당 하루에 $.0016의 요금 적용	평방 피트당 하루에 $.0016의 요금 적용
장비					
컴퓨터	네트워크 컴퓨터				네트워크 컴퓨터
녹음 스튜디오		$500			
VCR과 모니터			$50		

총 프로젝트 비용 결정 및 예산 준비하기

프로젝트의 총 예상 비용을 결정하기 위해 다음과 같이 자원의 예상 비용을 합산한다.

1. 장비, 공간 대여, 인쇄, 컴퓨터 시간 등을 포함한 물리적 자원의 예상 금전적 비용
2. 테스트 설계자, 준비자, 채점자, 관리자, 사무 직원 등의 급여를 포함한 인적 자원에 대한 예상 금전적 비용
3. 응시자의 예상 금전적 비용(응시료가 부과되는 경우)

대부분의 교사 주도 프로젝트에서 총 비용은 각 단계의 실용도를 결정하는 것보다 훨씬 덜 중요하다. 프로젝트가 한 단계에서 실용적이지 않은 경우 테스트 개발자는 다른 단계로 자원을 이동하거나 다음 단계의 시작을 연기해야 할 수 있다. 예를 들어 개발자가 운영 단계에서 예상보다 많은 인적 자원이 필요하다는 사실을 발견하면 과제 개발 전문가에게 더 많은 시간을 요청하거나 관리 단계의 시작을 연기해야 할 수 있다. 대규모 프로젝트에서는 거의 항상 프로젝트의 총 비용 견적을 포함해 예산을 준비해야 한다.

[표 8-2]는 [표 8-1]의 정보를 기반으로 한 예산의 예다.

타임라인 준비하기

타임라인은 테스트 개발 과정에서 수행해야 하는 작업, 수행 순서 및 각 작업을 완료해야 하는 시간이 명시된 문서이다.

[표 8-2] 예산

인적	
프로젝트 책임자: 60시간 $50/시간	$3,000.00
테스트 출제자: 25시간 $15/시간	$375.00
편집자: 20시간 $15/시간	$300.00
평가자: 30시간 $10/시간	$300.00
관리자: 10시간 $10/시간	$100.00
사무 지원: 30시간 $8/시간	$240.00
소계	$4,315.00
공간	
설계: 55시간에 225 평방 미터 $.0016/시간	$81.67
운영: 45시간에 225 평방 미터 $.0016/시간	$66.82
테스트 실시: 15시간에 900 평방 미터 $.0016/시간	$9.80
채점: 35시간에 225 평방 미터 $.0016/시간	$51.97
피드백 분석: 25시간에 225 평방 미터 $.0016/시간	$37.12
소계	$247.48
장비	
컴퓨터	네트워크 컴퓨터
녹음 스튜디오	$500.00
VCR과 모니터	$50.00
소계	$550.00
전체 합계	$5,112.48

　　각 과제는 프로젝트의 다른 과제와의 시간적 관계를 지정하는 순서 목록에 넣는다. 타임라인을 개발하는 단계는 다음과 같다.

1. 목표를 적는다. 달성하고자 하는 달성 시기를 명시한다.
2. 목표를 주요 단계 또는 활동으로 세분화한다.
3. 활동을 논리적인 순서로 정리한다.
4. 각 주요 활동을 완료하는 데 걸리는 시간을 예상하고 각각에 날짜를 지정한다.
5. 각 주요 활동을 부차적인 활동으로 세분화하고 이를 타임라인에 추가한다.

다음은 일반적인 개발 단계에 있는 대규모 테스트 개발 프로젝트의 타임라인 예시다.

타임라인의 예시

- 목표: 스페인어 1, 2, 3학년 과정이 끝날 때 시행할 세 개의 완벽한 스크립트 구두 인터뷰 및 비디오로 녹화한 듣기 이해력 테스트 세트를 개발한다. 1996년 5월 30일까지 완료해야 한다.

1. 시작(1995년 6월 1일)
   명세화 목록 초고 완성
2. 자원 확보(1995년 7월 1일)
   학과장과 협의
   학장과 협의
   예비 예산 제안서 준비
   예산 최종 승인 확보
3. 학과 내에서 책임자 임명(1995년 7월 15일)
   가능한 후보자 명단 준비

후보자 가용성 결정

가능한 후보자 목록의 우선순위 결정

우선순위에 따라 후보자에게 연락

4. 개발 팀 구성(1995년 7월 30일)

5. 개발 팀과 함께 필요에 따라 명세화 목록 수정(1995년 8월 15일)

6. 운영(모든 스크립트 및 비디오 테이프 포함)(1995년 12월 1일)

7. 테스트 운영(1996년 2월 1일)

테스트 관리자 교육

테스트 사용 공간 확보

테스트 대상자 확보

테스트 대상자에 대한 지불 준비

8. 결과 분석(1996년 2월 30일)

데이터 처리 시설 확보, 데이터 코딩, 데이터 입력, 통계 분석 실행

9. 결과 해석(1996년 3월 30일)

10. 명세화, 청사진 및 테스트 수정(1996년 5월 30일)

간단한 프로젝트의 경우 이 과정은 비교적 복잡하지 않고 비공식적으로 처리할 수 있지만, 여러 가지 상호 연관된 과제와 중요한 마감일이 포함된 대규모 프로젝트의 경우에는 조금 더 정교한 타임라인이 필요할 수 있다. 어떤 경우든 타임라인을 준비하면 해야 할 일과 시기를 의식할 수 있다.

자원 관리: 테스트 개발자 및 테스트 개발

테스트 개발에 소요된 시간과 노력의 양

교실 테스트

설계, 운영 및 관리와 관련된 활동이 개발하는 모든 테스트에 대해 수행되어야 한다. 상황마다 다른 점은 관련된 세부 사항, 자원 등의 양이다. 일부 교실 테스트의 경우 비교적 적은 자원이 필요할 수 있다. 예를 들어 교사가 과목 성적을 부여하는 데 주로 측정용으로 사용되며, 학생들의 숙제를 독려하는 교육용으로 사용되는 짧은 어휘 퀴즈를 준비한다고 가정해 보자. 초기에 설계 개요서를 계획하는 것이 가능할 것이다. 이 경우 처음에 목적, 목표어 사용 영역 및 과제, 응시자, 측정할 구성 요소, 유용성 평가 방법에 대해 상당히 명확한 아이디어가 있기 때문에 설계 문항을 비교적 빠르게 계획할 수 있다. 또한 교사는 실제 테스트 출제, 관리, 결과 분석 및 기록 보관까지 모두 직접 수행해야 한다.

고부담 테스트

고부담 테스트는 같은 종류의 계획이 필요하지만 훨씬 더 상세하고 더 많은 자원이 필요하다. 예를 들어 여러 국가의 많은 언어 교육 프로그램에서 매우 일반적으로 사용되는 다중 섹션 코스를 개발한다고 가정해 보자. 이러한 테스트는 수백 명의 학생들에게 자주 시행되고, 테스트 결과에 따라 학생의 성적이 크게 좌우되기 때문에 학과장, 테스트 프로그램 책임자, 테스트 위원회, 해당 과정을 가르치는 강사가 시간을 할애하는 등 많은 자원이 계획에 투입된다. 이러한 상황에서는 팀 교사가 일반적으로 초기 테스트 과제 모음을 준비한다. 그런 다음 테스트 개발 기술과 경험이 있는 소규모 교사 팀이 이를 수정한 후 최종 검토를 위해 감독에게 제출한다. 이 보조적인 과제 모음은 테스트의 최종 버전을 준비하고 테스트 책자로 재생산된다. 다른 팀이 테스트를 채점하고 성적 보고서를 작성하며 개발자에게 성적 부여를 위한 점수 기준을 추천한다.

학급 교사는 위에서 설명한 두 가지 극단적인 상황 사이에서 계획을 세워야 한다는 것을 발견할 것이다. 교사는 교과서의 여러 챕터를 다루는 중간고사를 작성할 때 구인의 정의, 챕터의 내용 샘플링, 테스트의 여러 섹션에 대한 시간 할당, 주관적 채점 절차를 사용해 테스트의 해당 부분을 채점하는 방법 등을 계획하는 데 시간을 할애해야 할 수 있다.

개인 및 팀의 노력

지난 25년 동안 저자들은 다양한 테스트 개발 노력에 참여해 왔으며, 그 과정에서 개별적인 테스트 개발 노력보다는 팀 개발의 효과에 점점 더 깊은 인상을 받게 되었다. 저자 중 한 명은 해외의 소규모 민간 회사에서 학생들이 토플 연습용으로 응시할 수 있는 유사 토플 테스트를 만드는 일을 한 적이 있다. 이 프로젝트에서 개발자는 전적으로 혼자서 일했으며, 테스트 항목의 몇 가지 예시를 받은 후 전체 테스트를 작성, 수정 및 편집해야 했다. 개발자는 모든 일을 똑같이 잘할 수 없다는 것을 깨달았고, 피드백을 받을 사람도 없고 유머를 구사할 기회도 없어 그 과정이 즐겁지 않다는 것도 알게 되었다.

그 직후 개발자는 주요 대학의 영어 과정에 입학하는 모든 학생을 선발하고 배치하기 위한 테스트 개발을 감독하게 되었다. 이때는 처음부터 학과장 및 주요 조교와 긴밀히 협력했다. 테스트의 목적에 대해 논의하고 과거의 테스트 개발 노력을 검토했다. 초기 계획 단계에서 아이디어와 제안을 실행에 옮기기 전에 이를 동료들과 토론할 기회를 가졌다. 이 단계에서 만족스럽지 못한 많은 제안이 검토되고 거부되었지만 아무런 문제도 발생하지 않았다.

그런 다음 테스트에 대한 일반적인 계획이 모든 교사 부서로 전달되었고, 이들이 즉각적인 피드백을 제공해 적절한 수정이 이루어질 수 있도록 했다. 따라서 개발자들은 테스트 개발 및 사용 절차가 테스트 결과를 사용해야 하는 대부분의 교사들의 승인을 받았다는 것을 알 수 있었다.

교사들은 테스트 개발 과정의 나머지 단계에도 대부분 참여했다. 교사들이 초기 문항 풀을 만드는 데 도움을 준 다음, 특별히 숙련된 일부 교사가 편집을 돕는 절차가 개발되었다. 모든 교사는 시범 테스트에 미리 참여해 결과 분석과 수정에 필요한 도움을 주었다. 그 결과 교사들은 테스트 개발에 얼마나 많은 노력이 필요한지 깨달았으며, 테스트가 제대로 시행되고 보안이 유지되는지 확인하기 위해 많은 노력을 기울였다.

이 프로젝트에서 개발자가 경험한 것은 불과 몇 달 전에 경험했던 것과는 완전히 달랐다. 상호작용과 협력으로 인해 프로세스와 제품 모두에서 개인 작업보다 팀 작업이 훨씬 더 보람 있었다. 고립된 느낌이 아니라 지원받는다는 느낌을 받았고, 단순히 돈을 받는 것이 아니라 자신의 업무에 대해 인정받는다고 느꼈다. 교사(와 학생)를 잘 알고 있고 테스트가 얼마나 필요한지 알고 있었기 때문에 이 테스트가 변화를 불러올 것이라고 확신했다. 테스트가 많은 사람의 눈앞에서 통과되었고, 프로젝트가 끝난 후 갑자기 눈에 띄는 실수나 공백이 발견될 가능성이 없다는 것을 알고 있었다. 기획 과정에 더 많은 관점이 반영되고 아이템 자체에 더 다양한 창의적 사고가 반영되었기 때문에 팀 작업의 결과물이 확실히 더 좋았다.

상호작용적 팀 작업은 현재 신제품의 선형적 개발에 대한 대안으로 널리 사용되는 동시 개발 계획 과정에 많은 이점을 제공할 수 있다. 선형 개발은 발명가가 디자이너에게 아이디어를 제공하고, 디자이너는 이를 엔지니어에게 전달하고, 엔지니어는 이를 제조업체에 전달하는 등 일련의 개별적인 단계로 진행된다. 테스트 개발의 경우 부서장이 테스트가 필요하다고 결정하면 선형적인 프로세스가 진행될 수 있다. 프로젝트 책임자가 설계 개요서와 청사진을 준비한다. 청사진은 문항 작성자 그룹을 감독하는 사람에게 전달할 수 있다. 문항은 디자이너에게 반환되어 테스트에 투입된 후 교사에게 전달되어 쓰일 수 있다. 통계 또는 측정 전문가에게 의뢰해 결과에 대한 양적 분석을 제공할 수도 있다.

동시 개발에서는 모든 팀원이 정기적으로 함께 모여 의견을 제시한다. 따라서 테스트에 대한 응답과 분석뿐만 아니라 테스트를 사용하게 될 사람들의 의견을 반영해 설계 개요서를 작성한다. 과제 작성자가 특정 종류의 과제를 작성하기 어렵다는 것을 알고 있다면 팀 전체가 프로젝트에 투입되기 전에 설계 개요서를 적절하게 변경할 수 있다. 마찬가지로 채점 및 분석을 담당하는 사람이 특정 과제 유형이 적절한 채점 방법을 개발하는 데 더 많은 자원이 필요하다는 것을 알게 되면, 전체 팀은 테스트를 시도하기 전에 이 단계를 고려해야 한다. 마찬가지로 교사와 학생들도 설계에 대해 제안할 기회를 가질 수 있다.

마지막으로 팀 단위의 노력이 특히 효과적이고 즐겁다고 생각하지만, 혼자서도 충분히 할 수 있는 일이기도 하다. 특히 실험 테스트는 한 사람의 창의적 사고의 결과물인 경우가 많다. 또한 많은 교실 테스트의 경우 개별 교사가 모든 것을 혼자서 진행해야 할 수도 있다. 그러나 테스트가 여러 사람에게 영향을 미치기 시작하면 관련된 모든 사람이 참여하는 것이 장기적으로 더 만족스러운 테스트를 만들어 내는 경향이 있다.

상호작용적 팀 작업의 단계

다음은 상호작용적 팀 작업의 주요 단계 중 일부다.

팀 구성

상호작용적 팀 테스트 개발의 첫 번째 단계 중 하나는 계획에 참여할 사람을 결정하는 것이다. 프로젝트 전체에 영향을 미칠 수 있는 다양한 사람들의 목록을 브레인스토밍하는 것으로 시작할 수 있다. 테스트 개발 과정의 단계 목록은 작업할 수 있는 여러 범주를 제공한다.

또한 테스트의 영향을 받을 수 있지만 테스트 출제 자체에는 관여하지 않을 수도 있는 사람들을 포함시키는 것도 고려할 수 있다. 여기에는 동료 교사, 학교 관리자(학과장, 교장), 학생, 학부모 및 학교 외부 이해관계자가 포함될 수 있다. 학생들에게 주어지는 중요한 테스트는 학부모에게도 영향을 미칠 가능성이 높으므로 학부모를 포함하면 최종 계획이 더 많은 사람에게 더욱 수용 가능해진다. 마지막으로 창의력이 뛰어난 팀원들은 창의력을 발휘할 수 있는 출구가 필요하거나 프로젝트를 통해 배우고 이를 다른 긍정적인 방식으로 활용할 수 있다.

의견 유도

참여할 사람을 결정한 후 다음 단계는 테스트에 영향을 받는 모든 사람의 의견을 이끌어 내는 것이다. 새로운 배치 테스트를 개발하는 프로젝트의 경우 각 구성원에게 테스트 목적과 개발 과정의 단계 목록을 제공하는 것으로 시작할 수 있다. 그런 다음 팀원들에게 각 단계를 고려하면서 떠오르는 아이디어를 브레인스토밍하도록 할 수 있다. 아무리 터무니없는 아이디어라도 떠오르는 것은 무엇이든 적도록 장려해야 한다. 아이디어의 90%가 사용되지 않더라도 10%의 아이디어는 자유롭게 탐색하지 않았다면 결코 떠오르지 않았을 수도 있다.

제안서 초고 작성

의견을 수렴한 후 개발 과정의 나머지 단계에 대한 몇 가지 초기 아이디어를 포함해 개발 제안서의 초고를 작성할 수 있다.

첫 번째 초고에 대한 반응 유도

그런 다음 제안서의 첫 번째 초고를 초기 의견을 수렴한 대표 표본의 사람들에게 배포해 의견을 수렴할 수 있다. 의견 제시를 방해하지 않는 방식으로 응답할 수 있도록 주의를 기울여야 한다. 여기에는 의견을 평가하는 것이 아니라 단순히 의견을 듣고 기록하는 것이 포함된다.

의견을 바탕으로 제안서 수정하기

적절한 제안을 포함해 수정 초고를 작성할 수 있다.

지원 금액 결정

다음 단계는 제안에 대한 지원 금액을 결정하는 것이다. 테스트 개발자는 지원금이 거의 없다는 사실을 알고 불쾌하게 놀라지 않기를 바라기 때문에 이 단계는 매우 중요하다. 위에서 설명한 대학수학능력시험 개발 프로젝트가 성공할 수 있었던 이유 중 하나는 기획에 많은 수의 교사가 참여했기 때문이다.

이와 대조적으로 나중에 같은 나라의 다른 대학에서 학생들 배치에 사용할 또 다른 숙달도 테스트를 개발했는데, 여기에서는 계획이 상호작용적이지 않았고 교사들이 참여하지 않았다. 그 결과 테스트의 적절성에 대해 상당한 이견이 발생해 곧 사용을 중단했다.

지원 부족에 대처하기

개발 계획에 전폭적인 지원을 받을 수 있는 운이 항상 좋을 수는 없다. 이러한 경우 다음과 같은 전략을 제안한다. 먼저 누가 여러분을 지원하고 함께 일할 수 있는지, 그리고 다른 사람들이 얼마나 많은 에너지를 제공할 것으로 기대할 수 있는지 알아보자. 최악의 시나리오로 혼자서 얼마나 많은 일을 해야 하는가?

다음으로 지원 없이 프로젝트를 수행할 의향이 있는지 스스로에게 물어보자. 의향이 있다면 계속 진행하자. 그렇지 않다면 두 가지 옵션이 있다. 하나는 유연성을 발휘하는 것이다. 유용성 틀을 사용해 다양한 수준의 노력과 지원으로 달성할 수 있는 다양한 수준의 유용성에 대해 생각해 보자. 한 동료는 공식적인 지원을 거의 받지 못한 채 자원봉사자들을 동원해 매우 형편없는 테스트에 대한 '빠른 수정'을 시도했다. 이로써 잠재적인 지원 제공자들의 관심을 끌었고 공식적인 지원을 요청할 수 있는 입장이 되었다. '빠른 수정'이 그 사람이 원했던 프로젝트는 아니었지만 그 접근 방식은 첫 번째 단계로 작용했고, 또 다른 옵션은 단순히 프로젝트 수락을 거부하는 것이다. 적절한 지원 없이 프로젝트를 맡게 되면 추가 작업과 분노로 이어진다. 어떤 경우든 실현 가능성이 없는 테스트 개발 프로젝트는 유용한 테스트를 만들 수도 없고 만들어 낼 가능성도 없으므로, 항상 예상되는 사항과 제공되는 자원을 미리 파악하는 것이 가장 좋다.

요약

자원 할당 및 관리는 테스트 개발 과정에서 매우 중요한 단계다. 프로젝트의 실행 가능 여부를 결정할 수 있기 때문이다. 자원에는 인적 자원(프로젝트 책임자, 테스트 출제자, 채점자, 테스트 관리자 및 사무자) 및 물적 자원(공간, 장비, 테스트 자료 및 시간)이 포함된다. 자원은 과제 및 자원표를 통해 우선순위가 지정되고 할당된다. 그런 다음 과제는 개발 과정의 다른 과제와 팀 관계를 지정하는 타임라인을 통해 순서가 지정된다. 이러한 과정이 얼마나 복잡한지는 프로젝트의 규모에 달려 있다. 고부담 테스트의 경우 자원 할당 및 관리에 많은 노력이 필요할 수 있다.

테스트 개발은 개별적으로 또는 팀 단위로 수행할 수 있다. 부담이 적은 교실 테스트의 개발이나 혼자서 작업하는 것을 선호한다면 개별적인 노력이 적합할 수 있지만, 상호작용형 팀 작업이 많은 이점을 제공한다. 과정이 더 즐겁고 문항이 더 잘 고안되는 경우가 많다. 마지막으로 광범위한 영향을 미치는 테스트 개발을 맡을 때는 프로젝트에 대한 지원 수준을 처음부터 결정하고 그 수준의 지원을 받으며 작업할 것인지, 아니면 프로젝트를 수정할 것인지 결정하는 것이 중요하다.

연습문제

1. 자신이 개발했거나 개발하는 데 도움이 되는 테스트를 떠올려 보자. 프로젝트 과제 및 자원 표를 준비한다. 당신의 표를 다른 학생들의 표와 비교해 보자.
2. 개발하려는 테스트를 생각해 보고, 미래의 프로젝트를 위한 과제 및 자원 표를 준비해 보자. 그리고 예상 자원이 가용 자원을 초과할 수 있는 영역에 대해 논의해 보자.
3. 연습문제 2에서 테스트 개발 작업을 지정하기 위한 타임라인을 준비해 보자.
4. 다른 사람들과 협력해 테스트를 개발할 때를 떠올려 보자. 팀에서 일했던 경험은 어떠했는가? 어떤 문제가 있었는가? 앞으로 팀 작업을 할 때 그러한 문제를 어떻게 피할 수 있을 것인가?
5. 고부담 테스트를 준비해 본 사람을 초대해 학생들에게 그 과정과 각 단계에 할당된 자원에 대해 이야기하게 하자. 같은 테스트를 개발할 기회가 다시 주어진다면 자원을 어떻게 다르게 할당할 수 있는지 물어보자.
6. 단일 목적을 위한 테스트를 개발하는 데 관심이 있는 모든 학생으로 팀을 구성해 보자. 테스트 과정의 단계 목록을 나눠 주고 과정의 각 단계에서 모든 구성원의 의견을 브레인스토밍해 보자. 이 세션 동안 한 사람이 각 아이디어를 발표해 보자. (다른 사람의 아이디어에 대한 부정적인 의견이나 평가는 허용하지 않는다.)

9장

운영: 테스트 과제와 청사진 개발

도입

운영은 설계 단계에서 산출되어 테스트 과제 개발, 전체 테스트의 청사진 제시, 테스트 안내의 역할을 담당하는 설계 개요서의 구성 요소들을 활용하는 과정이다. 유용성을 극대화하기 위해 테스트 과제 개발 과정에서 목표어 사용 과제 유형을 선정하고 기술하고자 할 때 이러한 요소들이 고려될 것이다. 목표어 사용 과제 유형을 운영하는 과정에서도 다시금 유용성을 고려해야 한다. 이를 위해 테스트 과제를 위한 목표어 사용 과제를 수정하는 방식이나 목표어 사용 과제 유형과 일치하는 독창적인 테스트 과제를 창안하는 방식을 모두 고려할 수 있다. 9장에서는 운영 과정에서 상호 연관된 다음의 두 사항에 대해 논의하고자 한다.

1. 테스트 과제 개발과 테스트 과제 명세화
2. 전체 테스트의 청사진 개발

테스트 과제 개발

언어 테스트의 기본 단위는 과제라는 점에서 운영의 핵심은 유용성의 특성을 고려한 테스트 과제를 개발하는 일이다. 6장에서 테스트 과제 설계를 위한 템플릿에 대해 논의했듯이, 유용성의 특성을 보장하기 위해서는 목표어 사용 과제 유형에서부터 논의를 시작할 필요가 있다. 이를 통해 실제성과 상호작용성을 담보하는 테스트 과제를 개발할 수 있기 때문이다. 이에 더해 유용성의 또 다른 측면인 신뢰도, 구인 타당도, 영향력, 실용도 역시 고려해야 한다. 따라서 테스트 과제와 전체 테스트가 지니는 특성들을 명확하게 결정하고자 할 때는 목표어 사용 과제 유형의 변별적 특성, 테스트 목적, 구인에 대한 정의, 개발과 사용 단계에서의 가용 자원을 고려해야 한다. 이러한 관계는 [그림 9-1]과 같이 도식화할 수 있다.

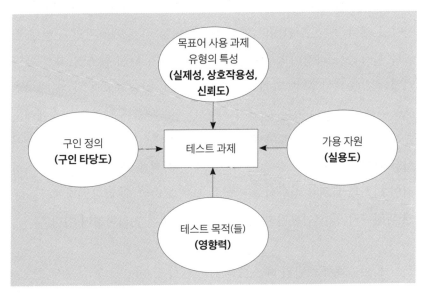

[그림 9-1] 테스트 과제 개발 시 설계 구성 요소와 유용성의 특성에 대한 고려 사항

테스트 과제 명세화

운영 과정에 대한 논의는 목표어 사용 과제 유형과 테스트 유용성의 특성을 확보하기 위해 과제 특성을 수정하는 데에서 출발한다. 이에 더해 개별 과제 유형에 따른 세부 목적과 구인 정의도 포함된다. 일련의 과제 특성들은 사실상 실제 개발을 위한 템플릿으로 쓰이는 테스트 과제 명세를 구성한다. 어떠한 유형의 테스트 과제이든 다음과 같은 사항들을 명세에 포함한다.

1. 테스트 과제의 목적

테스트를 위한 설계 개요서에 명세화되었던 목적 중 하나다. 여기에 목적을 포함하는 것은 테스트 과제 작성을 위한 지침으로 과제 명세를 활용할 출제자들이 특정 테스트 과제가 의도하는 목적을 간과하지 않게 하기 위함이다.

2. 측정하고자 하는 구인의 정의

구인을 정의하는 작업이 필요한 이유는 전체 테스트의 설계 개요서에는 다양한 구인이 포함되고, 개발자와 출제자들은 해당 테스트 과제가 무엇을 측정해야 하는지를 가능한 한 명확하게 파악해야 하기 때문이다. 또한 이 작업은 테스트 사용자가 테스트 결과를 해석하는 데에도 유용하다(구인의 정의 방식에 대한 논의는 6장 참조).

3. 테스트 과제 상황의 특성

이 요소는 과제마다 상이할 수 있기 때문에 자세히 논의될 필요가 있다(관련 논의는 3장 참조).

4. 시간 할당

여러 유형의 테스트 과제를 완료하기 위해서는 시간이 소요된다. 일반적으로 테스트 개발자들은 이러한 시간을 일정 정도 통제하고자 하기 때문에 예상되는 시간을 명세할 필요가 있다.

5. 과제 응답을 위한 지시문 작성

여러 유형의 테스트 과제들은 각기 다른 형식의 응답을 요구하기 때문에 이를 설명하는 지시문에 대해 명세할 필요가 있다(지시문의 준비에 대한 논의는 10장 참조).

6. 입력 및 응답의 특성, 입력과 응답의 관계

3부의 프로젝트 1과 프로젝트 8에서 도식화했듯이, 이에 대해서는 표로 간단하게 정리할 수 있다.

7. 채점 방식

테스트 유형에 따라 채점 방식이 달라질 수 있기 때문에 채점 방식을 유형별로 명세할 필요가 있다(채점 방식에 대한 논의는 11장 참조).

5장의 내용을 재론하면, 테스트 과제 명세에 이상의 특성들이 모두 포함되어야 하지만 어떤 순서가 가장 효과적인지에 대한 개발자 및 출제자들의 생각에 따라 포함 순서는 개발 상황에 따라 달라질 수 있다. 일련의 테스트 과제 명세에 대한 예시는 3부의 프로젝트 1에서 제시한다.

테스트 과제 개발을 위한 일반적 전략

테스트 과제 개발을 위한 일반적 전략으로 다음의 두 가지 사항을 들 수 있다.

1. 목표어 사용 과제 유형의 수정
2. 일련의 테스트 과제 명세를 기반으로 독창적인 테스트 과제 구안. 어떤 전략을 선택하든 유용성의 특성과 테스트 과제를 기반으로 하는 목표어 사용 과제 유형의 변별적 특성을 모두 고려해야 한다. 두 전략은 [그림 9-2]처럼 도식화할 수 있다.

어떤 경우에는 둘 중 하나의 전략이 테스트의 유용성을 극대화시키는 것을 확인할 수도 있다. 또 다른 경우에는 두 전략을 모두 사용하는 것이 전체 테스트의 유용성 향상에 도움이 되기도 한다. 이러한 잠재적 영향력을 감안하면 둘 중 하나의 전략만을 추천하기는 어렵다. 더욱이 테스트 개발자가 어떤 전략을 활용할 것인가 하는 문제는 상황에 따라 달라지는데, 설계 개요서의 구성 요소에 이러한 내용이 명세되어야 하는

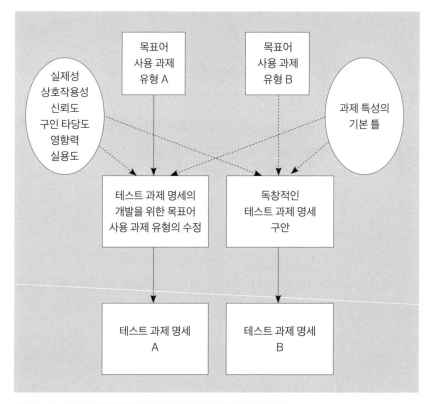

[그림 9-2] 테스트 과제 유형으로서 목표어 사용 과제 유형의 운영

것은 이 때문이다.

유용성의 기준에 따라 목표어 사용 과제 유형의 수정

어떤 상황에서는 목표어 사용 과제 유형이 유용성의 여러 기준을 충족할 수 있으며, 테스트 과제 개발을 위한 출발점 역할을 할 수 있다. 예를 들어 예비 직원이 고객 불만에 대한 답변을 작성하는 상황과 같은 일상적 작문 과제의 수행을 측정하기 위한 테스트 설계인 프로젝트 2를 상

기해 보자. 이 상황에서 목표어 사용 과제 유형의 대다수의 변별적 특성들을 산출해 낼 수 있을 것이다. 또한 회사가 실제로 받은 불만 편지의 형식과 유사한 입력을 응시자에게 제공할 수도 있다. 이에 더해 목표어 사용 과제에서의 응답 특성과 유사한 응답을 응시자가 산출하도록 요구할 수 있다. 이 프로젝트에서 테스트 과제의 입력과 응답의 관계의 주요 특성뿐 아니라 입력 및 응답의 특성 역시 목표어 사용 과제 유형과 대단히 밀접하게 상응했다.

그러나 대부분의 경우에 유용성을 제고하기 위해 테스트 과제 개발 시 목표어 사용 과제 유형을 수정해야 한다. 이러한 결정을 내리기 위해 유용성의 요구에 따라 각각의 목표어 사용 과제 유형을 평가한다. 예를 들어 테스트 목적이 대학 진학인 유학생들에게 짧은 글쓰기 과제를 요구하며, 목표어 사용 과제 유형 중 하나가 연구 논문 작성과 관련되는 상황을 가정해 보자. 길이의 문제 때문이라도 전체 과제 유형을 그대로 테스트 과제로 활용하기는 어렵다. 그러나 기말 보고서에 대한 개요를 제시하거나 논문의 도입 단락을 작성하는 것과 같이 특정 하위 과제를 테스트에 포함할 수는 있다.

여기에서 논의하는 것처럼 목표어 사용 과제 유형이 테스트 과제 개발을 위한 기초로 활용되는 경우, 테스트 과제의 세부 특성들은 목표어 사용 과제의 세부 특성들과는 다소 다를 것이다. 목표어 사용 과제의 세부 특성들이 테스트의 요구 사항을 충족하도록 선택적으로 수정되기 때문이다. 우리가 실제성에 부여하는 중요성을 감안할 때 우리는 테스트 과제 개발 시의 최우선순위는 목표어 사용 과제 유형의 특성들을 유지하는 일임을 짚고자 한다. 따라서 상대적으로 실제성이 낮은 언어 테스트로 이어지는 것이 아니라 목표어 사용 과제의 특성과 매우 밀접한 테스트 과제를 생성하고, 이를 통해 신뢰도 높은 측정 방법에 대한 근거를 제공할 것이다. 이는 테스트가 활용되는 사회 및 교육 시스템의 가치를 고려할 때 공정하고 반론 가능한 결정을 내릴 수 있게 한다.

독창적인 테스트 과제 유형 구안

목표어 사용 영역 내의 특정 과제 유형을 테스트 과제 개발의 출발점으로 삼기에 적합하지 않을 수도 있다. 이 경우에는 목표어 사용 과제의 변별적 특성들에 입증 가능한 방식으로 일치하는 독창적인 테스트 과제 유형을 구안할 수 있다. 프로젝트 4에서 이러한 경우를 예시할 것인데, 이 프로젝트에서 목표어 사용 영역을 한정해 다룬 것은 아니기 때문에 적절한 출발점 역할을 할 수 있는 특정 목표어 사용 과제 유형을 찾기는 어렵다. 따라서 우리는 정부 기관의 언어 테스트 연구자가 수행한 질문 유형 분석(Lowe, 1982)에 기반해 일련의 테스트 과제 원형을 개발했다. 이 과제들에서는 응시자가 광범위한 언어 지식을 점진적으로 사용하게 하는 일련의 질문들을 통해 응답을 유도했다. 개별 질문과 응답들은 그 자체로 대단히 실제적이었는데, 입력 및 응답의 특성, 입력과 응답의 관계의 여러 특성이 응시자들이 실생활 담화 장면에서 직면할 수 있는 질문의 구성 요소에 해당되었다. 그러나 테스트에서는 그러했을지라도 이러한 과제가 실생활의 언어 사용 담화와 직결된다고 확신하기는 어렵다.

청사진 개발

청사진은 전체 테스트 개발을 위한 기초를 제공하는 세부 계획이다. 청사진에는 다음의 두 항목이 포함된다.

1. 테스트에 포함되는 각각의 과제 유형에 대한 과제 명세
2. 테스트 구조에 관련된 특성: 영역/과제의 수, 영역/과제의 현저성, 영역/과제의 계열성, 영역/과제의 상대적 중요도, 영역당 과제의 수[1]

청사진을 개발할 때는 다양한 과제 유형에 대한 명세에서 시작해 유용성의 특성을 고려하면서 테스트에서 이들 명세들을 가장 잘 조합할 수 있는 방식을 결정해야 한다.

과제 명세와 청사진의 활용

개별 과제 유형의 명세들을 포함하는 청사진은 다양한 목적으로 쓰일 수 있다.

같은 특성을 지닌 테스트나 동형 테스트를 개발할 수 있다. 개발자가 테스트에 어떤 특성들을 명세했는지를 파악하면, 다른 형식의 테스트를 개발할 때에도 어떤 특성들을 포함해야 하는지를 가늠할 수 있다. 동형 테스트를 개발하는 한 가지 방식은 테스트 과제 명세를 활용해 과제 은행을 만드는 것이다. 여기에는 같은 과제 명세에서 개발된 일련의 테스트 과제들이 포함된다. 청사진을 기준으로 이러한 과제 은행을 활용해 전체 테스트를 구성할 수 있다. 예를 들어 말하기 과제를 포함하는 테스트에서 다양한 배경의 응시자들에게 여러 방면의 주제 지식에 대한 다양한 프롬프트를 준비하게 할 수 있다(3부 프로젝트 4 참조).

테스트 개발자의 의도를 평가하는 데 쓰일 수 있다. 청사진은 개발자가 무엇을 수행하고자 했는지를 파악하기 위한 자체적인 기준을 제공한다.

개발된 테스트와 개발되어 왔던 청사진 사이의 상응 관계를 평가하는 데 쓰일 수 있다. 이는 출제자가 청사진의 명세들을 테스트에 구현할 수 있는

범위를 결정하는 데 유용하다.

테스트의 실제성을 평가하는 데 쓰일 수 있다. 실제성은 목표어 사용 과제의 특성과 테스트 과제 특성 사이의 유사성으로 정의할 수 있다. 청사진은 테스트 및 테스트 과제에 대한 자세한 설명을 제공하기 때문에 테스트 및 테스트 과제와 목표어 사용 영역 과제 간의 유사성을 평가하는 데 유용하다.

테스트

과제 명세를 포함하는 청사진이 개발되면 이를 기초로 삼아 실제 테스트 과제를 구안하고 그것들을 하나의 테스트 혹은 몇몇 비교 가능한 형식의 테스트로 엮을 수 있다. 많은 경우에 테스트 개발 프로젝트의 목적은, 학생들이 다음 단원으로 넘어갈 준비가 되어 있는지를 판단하기 위한 퀴즈처럼 개별 테스트를 만드는 데 있다. 혹은 상위 과정의 언어 코스에 배치하기 위해 개별 테스트가 필요할 수도 있다.

다른 상황에서는 교수 과정의 다양한 단계에서 진도를 파악하기 위한 일련의 테스트처럼 유사 테스트를 만드는 일이 필요하거나 바람직할 수 있다. 혹은 단일 형식의 테스트를 반복적으로 사용하면 보안의 문제가 발생할 수 있으므로 같은 테스트에 대한 동형의 세트가 필요할 수도 있다. 테스트 결과를 분석하기 전까지는 다중 형식의 테스트가 응시자의 능력을 동질적으로 측정할 수 있는지를 확신하기 어렵다.[2] 그러나 설명된 절차에 따라 같은 청사진에서 개발된 테스트라면 내용과 과제의 측면에서 비슷할 것이라고 합리적으로 확신할 수 있다. 더욱이 청사진은 다양한 형식의 비교 가능성을 파악하고 입증할 수 있는 기반을 제공한다. 구조와 과제 특성을 비교할 수 없다면 통계적으로 동등한지에 대한 입증은 무의미할 것이다.

서로 다른 테스트 과제 유형의 명세에 일련의 완전한 특성들을 모두 포함시키기는 하지만, 과제 명세의 특성들 간에 일부 중복되는 부분이 있을 수도 있기 때문에 몇몇 특성들은 실제 테스트에만 포함되어야 할 수도 있다. 예를 들어 특정 테스트가 여러 과제 유형을 포함하더라도 일련의 지시문을 기준으로 범주화할 수 있는 것처럼 형식이 유사할 수 있다. 특정 테스트가 여러 테스트 과제 유형을 포함하더라도 하나의 지시문 세트로 묶일 수 있을 정도로 형식이 유사할 수 있다.

이 책의 3부에서는 설계 개요서의 구성 요소를 활용해 테스트 청사진과 실제 테스트 과제를 개발하는 과정을 보여 주는 여러 테스트 개발 프로젝트 사례를 제시했다. 이 장의 마지막에 제시된 연습문제에서 이러한 프로젝트를 참조하고 읽는 방식에 대해 구체적으로 제안한다. 또한 테스트를 위한 청사진의 다른 예를 읽고 평가하는 방식에 대해서도 안내할 것이다.

요약

테스트 개발의 두 번째 단계는 운영 단계로 테스트 과제, 청사진, 실제 테스트에 대한 명세들을 산출하기 위해 설계 개요서의 추상적인 구성 요소들을 실제로 활용하는 과정이다. 운영 과정에는 상호 연관된 두 요소가 존재한다.

1. 테스트 과제 및 테스트 과제 명세의 개발

2. 전체 테스트의 청사진 개발

실제로 테스트 과제를 개발하기 위해 테스트 개발자는 목표어 사용 과제를 수정할 수도 있고, 목표어 사용 과제에 해당하는 특성을 가진 독창적인 테스트 과제를 구안할 수도 있다. 목표어 사용 과제로서의 테스트 과제를 개발하기 위해 개발자들은 요구 분석에서 출발하며, 테스트 사용자와 전문가들이 가장 중요하다고 여기는 주제의 테스트 과제를 파악하고 선택한다. 이러한 과제들은 명세 목록에서 유용성 평가 계획에 명시된 실제성 및 상호작용성에 대한 최소한의 요구를 충족해야 한다. 개발자는 신뢰도, 타당도, 영향력, 실용도라는 유용성의 특성을 유지하기 위해 유용성의 최소 수준에 대해 목표어 사용 과제의 풀을 평가함으로서 두 번째 작업을 수행한다. 풀 내에 있는 일부 목표어 사용 과제는 이러한 최소 요구 사항을 충족하기 위해 수정이 거의 필요하지 않을 수 있는데, 이러한 과제들은 유지된다. 다른 목표어 사용 과제들은 너무 많은 수정이 필요해 초기의 실제성 및 상호작용성의 특성이 저하될 수 있는데, 이러한 과제들은 거부될 수 있다. 운영의 마지막 단계는 유용성의 특성을 위해 설정된 최소 수준을 충족하도록 테스트 과제로 사용하기 위해 유지된 목표어 사용 과제의 특성을 수정하거나, 목표어 사용 과제의 특성과 일치하는 특성을 지니면서 유용성의 특성의 최소 수준을 충족하는 독창적인 테스트 과제를 개발하는 일이다.

청사진은 전체 테스트를 개발하기 위한 기초를 제공하는 상세 계획이다. 이에 더해 청사진은 개발자의 의도를 평가하고, 동일한 특성을 지니는 다른 테스트나 유사한 유형의 테스트를 개발할 수 있게 하며, 개발된 테스트와 청사진의 일치 여부 및 테스트의 실제성을 평가하기 위해 활용된다.

1. 프로젝트 1과 7의 테스트 과제 명세를 읽어 보자. 이것들은 개발자가 설계 개요서에서 구조(들)의 목적과 정의를 조작하는 데 어떻게 도움이 되는가?

2. 이미 작성된 테스트와 청사진 하나를 구해 보라. 청사진은 테스트 구조 및 테스트 과제 명세를 얼마나 완벽하게 설명하는가? 어떤 부분에서 부족한 가? 기존 청사진에 기반해 테스트 과제를 개발할 때 어떤 문제가 발생하는 가?

3. 다음의 상황을 가정해 보자. 당신은 구조화된 교육과정을 기반으로 초급 어학 과정의 교실 테스트를 개발해야 한다. 문법 테스트의 초점은 이미 정해져 있기 때문에 특정 구인에 대한 정의는 고정적이다. 교수 과제는 대단히 비실제적이어서 맥락이 결여된 문형을 반복적으로 연습하는 정도다. 이러한 상황에서 당신은 학습자들이 문법 초점을 제어할 수 있는 유용한 테스트를 개발하고자 한다. 당신의 상급자는 당신이 개발한 테스트가 조금 더 의사소통적인 접근법을 취해서 지시문에 이러한 의도를 담아야 한다고 판단한다. 먼저 적어도 일부 학생들의 목표어 사용에 대한 요구와 일치할 수 있는 목표어 사용 영역의 과제 세트를 생각해 보자. 그리고 이러한 과제들의 특성에 대해 기술해 보자. 이러한 과제들 중에서 학생들에게 부담스럽지 않은 특정 과제를 선정해 보자. 선택한 목표어 사용 과제를 테스트 과제 개발을 위한 기초로 사용하고, 테스트 과제의 특성들이 테스트의 유용성에 어떻게 기여할지에 대해 설명해 보자.

4. 자신에게 익숙한 테스트 상황 하나를 떠올려 보자. 이 상황에 쓰일 수 있는 테스트 명세화 목록을 준비하라. 그런 다음 이러한 명세들을 충족시킬 수 있는 테스트 청사진에 이들을 통합시켜 보자.

5. 언어 테스트 하나를 구해 보자. 테스트가 의도한 특정 상황과 관련해 유용성의 특성 측면에서 테스트 과제를 분석해 보고, 테스트를 통해 청사진을 그려 낼 수 있는지를 확인해 보자. 어려움이 있었는가? 있다면 어떤 어려움

인가? 청사진이 없이 동형 테스트를 개발해야 한다면 어떻게 진행하겠는가? 어떤 문제가 발생할 수 있는가? 청사진은 동형 테스트 개발에 어떻게 도움이 되는가?

6. 상업적으로 제작된 테스트의 매뉴얼을 구하고, 매뉴얼에서 청사진이 어떻게 제시되는지를 확인해 보자. 청사진의 일부 정보를 포함시킨다면 매뉴얼의 유용성이 어떻게 향상되겠는가?

7. 프로젝트 7을 읽어 보자. 그런 다음 시험관이 더 이상 테스트를 관리할 수 없는 상황을 가정해 보자. 이러한 변화에 대응해 테스트 과제 특성을 어떻게 수정할 수 있는가?

더 읽을거리

- 로위(Lowe, 1982)는 구두 인터뷰 테스트에 유용한 지침을 제시한다.

10장

효과적인 지시문 준비하기

도입

3장에서 논의했듯이 응시자의 테스트 수행 방식은 언어 테스트 자체의 특성에 어느 정도 영향을 받는다. 응시자가 테스트에 최선을 다하게 해야 한다는 원칙에 따라 응시자들은 테스트 진행 방식, 과제 유형, 예상 응답 방식, 응답의 평가 방법에 대해 명확히 이해하는 것이 중요하다. 테스트 지시문은 응시자들에게 테스트 과제에 어떻게 접근해야 하는지를 안내해 준다는 점에서 특히 중요하다.

5~8장에서 다룬 테스트 설계 시의 고려 사항들이 지시문에 반영되기 때문에 테스트 개발자들은 지시문을 통해 개발 의도를 전달한다. 여기에는 테스트의 사용 목적, 평가되는 언어 능력, 테스트의 각 영역과 상대적 중요도 등이 포함된다. 지시문의 포함 요소와 제시 방식을 통해 이러한 의도를 명시적으로 전달할 수 있다. 10장에서는 응시자들이 테스트를 최상으로 수행하게 하기 위해 지시문을 효과적으로 구안하는 방식에

대해 논의할 것이다. 지시문 구성의 일반적 원칙, 지시문의 필수 구성 요소에 대해 논의하고, 지시문의 효과적 구안과 응시자들에게 제시하는 방식에 대해서도 다룬다.

지시문의 목적

지시문은 일반적으로 응시자들이 테스트에서 가장 먼저 접하는 부분이다. 따라서 지시문은 응시자들이 기대치를 설정하고 동기를 부여받는 데 중요한 역할을 한다. 테스트 지시문의 핵심 목적은 테스트의 절차와 과제의 명확한 특성, 과제에 대한 응답 방식, 응답에 대한 평가 방식을 응시자들이 이해하게 하는 데 있다. 이렇게 볼 때, 테스트 지시문의 핵심 구성 요소들로 다음과 같은 사항들을 들 수 있다.

1. 테스트의 (다양한) 목적 설명
2. 테스트가 측정하고자 하는 언어 능력 설명
3. 절차와 과제 상세 설명
4. 정확성 기준을 포함하는 채점 방법 상세 설명

지시문은 학습자들이 최선을 다해 테스트에 임하도록 동기를 부여하는 중요한 정의적 목표로도 작용한다. 효과적인 지시문 제시는 응시자들에게 테스트의 관련성, 적절성, 공정성은 물론 불합리한 예상을 하지 않아도 된다는 믿음을 줄 수 있다.

지시문의 구성 요소들은 시기와 수준에 따라 달리 제시될 수 있다. 상용화된 테스트를 통해 응시자들은 테스트를 수행하기 훨씬 전에 전체 지시문을 확인할 수 있으며, 일반적으로는 테스가 운영될 때 훨씬 더 자세한 안내를 받을 수 있다. 그러나 대부분의 상황에서 테스트 전체를 총괄하는 전체 지시문은 테스트 관리자가 구두로 전달하거나 테스트의 첫 부분에 글로 제시된다. 또한 테스트의 각 영역들에서 세부 지시문들이 제시될 수도 있다. 제시 시기나 수준과 무관하게 지시문의 전반적인 목적은 테스트 과정을 수월하게 하고 학습자들이 최상의 수준에서 테스트를 수행하도록 하는 데 있다.

이해 가능한 지시문 작성

지시문의 이러한 목적을 달성하기 위해서는 응시자들의 이해를 돕는 데 필요한 모든 조치를 취해야 한다. 응시자들이 직접 응답하는 영역이 아니라는 생각에 지시문을 테스트 자체의 형식으로만 간주해서는 안 된다. 이해 가능한 지시문을 만들기 위해서는 다음과 같은 요소들을 고려할 필요가 있다.

1. 언어
2. 지시문 제시 채널
3. 예시 제공의 필요성
4. 지시문에 대한 예비 조사

제시 언어

지시문은 응시자의 모국어로 제시되거나 응시자의 언어 능력을 감안해 목표어로 제시될 수도 있다. 같은 모국어를 쓰는 응시자 집단이 지시문을 잘못 이해할 우려가 있는 경우에는 그들의 모국어로 지시문을 제시하는 것이 가장 좋다. 그러나 일반적으로는 응시자들의 언어적 배경이 다르기 때문에 지시문은 목표어로 제공되어야 한다. 이 경우에는 지시문에 쓰인 언어가 테스트 질문보다 어렵지 않도록 주의해야 한다.

제시 채널

또한 테스트의 목적과 측정하고자 하는 능력에 가장 잘 부합하고 응시자들이 가장 찾기 쉬운 채널로 지시문을 제시함으로써 이해 가능성을 높일 수 있다. 문어를 통해 시각적으로 입력이 제시되는 테스트에서 일반적으로 지시문은 문어로 제시된다. 예를 들어 읽기 과제 테스트에서 지시문은 쓰기 테스트에서처럼 문어로 제시된다. 그러나 듣기나 말하기 활동을 포함하는 테스트에서는 일반적으로 입력에 청각 채널이 포함되며 지시문도 청각 채널로 제시된다. 이때 테스트 운영자가 '실시간'으로 지시문을 제시한다면 크게 읽어 줘야 하며, 오디오나 비디오 테이프를 통해 제시할 수도 있다. 그런데 일부 응시자들은 특정 유형의 언어 활동에 더 익숙할 수도 있는데, 이 경우에는 지시문을 구어와 문어로 모두 제시하는 것이 도움이 될 수 있다. 예를 들어 듣기에 비해 읽기에 상대적으로 능숙한 응시자는 듣기 과제에 대한 일련의 지시문을 문어로 제공받을 수 있으며, 운영자나 재생장치를 통해 구어로 제시되는 대로 지시문을 따르도록 요청받을 수 있다. 반면 읽기 과제보다 듣기 과제를 잘하는 경우라면, 응시자가 문어 지시문을 묵독하는 동안에 운영자가 문어로 된 지시문을 읽어 줄 수도 있다. 구어로 제시되든, 문어로 제시되든 지시문의 제시 목적은 학습자의 이해에 있다. 그러나 일부 학습자들은 이러한 방식이 산만하다고 느낄 수 있으며, 지시문 이해에 영향을 받을 수도 있다. 이렇듯 응시자의 성향은 다양하기 때문에 테스트 개발자들은 특정 응시자들의 개인적 특성을 고려해 결정을 내려야 한다. 이때 가능하다면 사전 테스트를 통해 피드백을 받는 것도 필요하다.

예시 과제 제시

응시자들이 특정 과제 유형이나 복잡한 질문 유형에 익숙하지 않을 때에는 예시를 제시해 테스트 수행을 용이하게 할 수 있다. 예를 들어 다음과 같은 테스트 과제를 살펴보자.

지시문: 다음에 제시되는 표현을 바꾸거나 필요한 말을 추가해 각각의 문장을 완성하고 답안지에 작성하십시오.
I just finish / six-week data processing course / local college.
(이제 막 마치다 / 6주간의 데이터 처리 과정 / 지역 대학)

지시문이 상당히 자세하더라도 모든 응시자가 어떻게 반응해야 하는지를 완벽하게 이해하지 못하는 경우도 있다. 이때는 다음과 같은 예시가 도움이 될 수 있다.

예시: I be quite happy / receive / letter / you yesterday.

    (매우 행복하다 / 받다 / 편지 / 너 / 어제)

답안: I was quite happy to receive a letter from you yesterday.

    (나는 어제 너에게서 편지를 받아서 매우 행복했다.)

    테스트 과제의 이해를 위해 예시를 제시하는 것이 일반적이지만, 여기에는 두 가지 어려움이 수반된다. 첫째, 타당한 예시를 제시하는 것이 좋은 테스트 과제를 구안하는 것만큼이나 어려울 수 있다. 둘째, 응시자들이 예시를 이해하기 위한 추가 시간이 필요하다. 그렇지만 개발자가 새로운 유형의 테스트 과제가 특별히 유용하다고 판단하거나 별도의 익숙한 방식으로 테스트하기 어려운 경우라면 예시를 제시할 필요가 있다. 지나치게 쉬워서 사전 테스트 이후에는 사용하지 않을 과제를 예시로 활용함으로써 예시 작성의 부담을 어느 정도 완화할 수도 있다. 이는 테스트 과제보다 예시가 더 쉬워서 이해가 용이하다는 점에서도 이점이 있다.

지시문의 구성 요소

    언어 테스트는 대부분 언어 능력의 한 가지 측면 이상을 측정하거나 둘 이상의 테스트 방법을 사용하기 때문에, 테스트 내에 둘 이상의 영역이 포함된다. 이러한 테스트에서는 도입부에 모든 영역에 적용되는 전체 지시문을 제시하는 것이 유용하다. 이에 더해 각 영역이 다른 과제 유형으로 구성되거나 다른 절차를 요구하거나 정확성 기준이 다르게 적용된다면, 각 영역에 대한 세부 지시문에서 이러한 내용들을 명시할 필요가 있다. 따라서 여러 영역으로 이루어진 테스트에는 전체 지시문과 세부 지시문이 모두 포함되어야 한다. 반면 하나의 영역으로만 이루어진 테스트에서는 하나의 지시문만 있으면 된다. 어떤 경우든 지시문에는 다음과 같은 요소가 포함되어야 한다.

- 테스트 목적
- 테스트되는 언어 능력
- 테스트의 각 영역과 상대적 중요도
- 테스트의 전 영역에 적용되는 절차
- 채점 방법

테스트 목적

테스트의 목적은 의도된 대로 테스트가 사용되는 데 있으며, 테스트의 다양한 용도에 대해서는 6장에서 논의한 바 있다. 이미 수행된 테스트를 통해 어떠한 정보를 얻을 것인가? 테스트 점수에 근거해 어떠한 추론이나 결정을 할 수 있는가? 이러한 것들은 모두 테스트 개발 과정에서 명세화의 일부로 기술된다. 여러 목적을 고려해 테스트를 설계한 경우에 지시문은 각각의 목적에 따라 달리 기술되어야 한다. 더욱이 테스트 명세에 제시된 것 이외의 용도로 테스트를 활용하는 것은 잘못된 활용으로 간주될 수도 있다. 응시자에게 테스트가 사용될 것임을 알리는 이유를 두 측면에서 찾을 수 있다. 첫째, 테스트의 정당성을 확보할 수 있다. 테스트 결과가 합리적으로 쓰이지 않는다면 응시자들은 자신들이 왜 테스트를 수행해야 하는지에 대해 의문을 품을 수 있다. 둘째, 공정성의 측면에서 응시자들은 테스트 점수가 어떻게 쓰일지에 대해 알 권리가 있다.

응시자들이 해당 테스트가 공정하고 합리적으로 사용된다는 것을 이해한다면 테스트를 진지하게 받아들이고 최선을 다할 가능성이 높아진다. 더욱이 의도된 테스트 사용에 대한 명시적인 설명은 개발자와 잠재적 사용자 모두가 테스트 결과가 어떻게 사용되는지에 대해 응시자에게 책임이 있음을 보장하는 데도 도움이 된다.

대부분의 교실 테스트 상황에서는 학습자들에게 테스트의 목적이 분명하게 제시된다. 특히 진단 테스트, 진도 테스트, 성적 부여 테스트 등 특정 용도의 테스트가 교육 프로그램 구성에 필수적인 경우라면 더욱 그러하다. 그렇더라도 테스트 수행을 토대로 한 다양한 결정은 중요한 가치를 지니기 때문에 학습자들이 각 테스트의 특정한 용도를 명확하게 이해하는 것은 필수적이다. 따라서 학습자들이 모든 테스트에서 최선을 다하기를 기대하지만, 주로 진단 결과에 따른 피드백을 제공하기 위해 시행하는 일일 퀴즈보다는 코스의 성적 결정에 영향을 미치는 테스트에서 주로 높은 동기부여와 노력이 수반된다. 교실 테스트 상황에서 테스트 목적은 교육 프로그램에 대한 오리엔테이션의 일환으로 제시될 수도 있다. 예를 들어 쓰기 교실에서 교사는 코스를 시작할 때 학습자들에게 글쓰기와 관련된 문제를 진단하고 교정에 대한 피드백을 주기 위해 매일 짧은 쓰기 과제가 있을 것이라고 알릴 수 있다. 또한 매주 진행되는 에세이 시험을 통해 진도를 평가하고 피드백을 제공해 줄 수 있음을 고지할 수도 있다. 그리고 지정된 기간에 이루어지는 두 개의 에세이 시험을 통해 성적을 결정한다고 전할 수도 있다. 테스트가 교육 프로그램의 일상적인 부분이 아니라면, 교사는 테스트 자체 혹은 테스트 운영의 일부로서 테스트의 목적을 학습자들에게 알려야 한다.

대규모 성취도 및 숙달도 테스트 프로그램에서는 응시자들이 테스트를 의무적으로 수행하든, 선택적으로 수행하든 테스트 목적을 응시자들에게 알려 주어야 한다. 예를 들어 중고등학교에서 외국어를 배우는 학습자들은 자신의 외국어 능력 수준에 맞는 대학의 언어 과정을 결정하기 위해, 혹은 일정한 외국어 능력을 갖추고 있다는 자격을 인정받기 위해 언어 테스트를 선택하거나 요구받을 수 있다. 또 다른 예로 영어를 교육의 수단으로 사용하는 나라의 고등교육기관에 입학하기 위한 요건의 일부로 비영어권 학습자들에게 숙달도에 대한 표준화된 테스트를 치르게 하는 경우도 이에 해당한다.

테스트되는 언어 능력

학습자들에게 측정하고자 하는 언어 능력에 대해 알려 주는 일의 합리적 근거는 테스트 목적에 대해 알려 주는 일과 동일하다. 또한 측정되는 능력에 대해 설명함으로써 응시자는 다음과 같은 능력의 관련성을 판단할 수 있다.

1. 테스트의 의도된 목적에 대해
2. 완료되었거나 진입하고자 하는 특정 교수 과정에 대해
3. 목표어 사용 과제에 대해
4. 테스트 과제의 유형에 대해

테스트 목적을 제시하는 것과 마찬가지로 측정하고자 하는 능력에 대해 명시적으로 설명하는 일은 학습자들에게 최선을 다할 수 있는 동기를 부여하고 테스트의 사용에 대한 책임을 보증하는 데 도움이 될 것이다. 언어 능력의 여러 측면을 측정하는 다영역 테스트에서 테스트되는

능력에 대한 설명은 세부 지시문을 통해 각 영역별로 이루어져야 한다.

　　언어 테스트를 수행하는 사람들 중에 언어 교사나 훈련된 언어학자는 거의 없기 때문에 언어 능력에 대한 설명은 전문적이지 않은 언어로 작성되어야 한다. 교실 테스트 상황에서 단어나 구로 이루어진 '평가 요소 표'만으로도 학습 목표 및 활동과 직접적으로 연관된 테스트에 대해 분명하게 밝힐 수 있다. 그러나 응시자의 학습 배경이 다양한 대규모 테스트에서는 이것만으로는 충분하지 않다. 예를 들어 읽기 이해력과 같이 분명하고 명시적인 요소조차도 응시자와 테스트 사용자에게 다른 의미로 읽힐 수 있다. 이러한 상황에서는 지시문에 측정하고자 하는 언어 능력 영역에 대한 간략한 설명을 제공하는 것이 좋다. 숙달도, 능력, 이해력, 의사소통과 같은 용어는 언어 교사에게조차도 모호한 개념이기 때문에 응시자들이 이를 명확하게 이해하기는 어렵다. 따라서 측정하고자 하는 능력은 특정 언어 사용 활동의 측면에서 기술되어야 한다. 이러한 방식이 응시자들이 이해할 가능성이 높기 때문이다. 예를 들어 '이 테스트는 듣기 이해력을 측정하고자 합니다.'와 같은 진술보다는 '이 테스트는 강의나 교실 토론 상황에서 영어를 얼마나 잘 이해하는지를 평가하고자 합니다.'와 같은 진술을 권장한다.

테스트의 각 영역과 상대적 중요도

　　여러 영역으로 이루어진 테스트에서 응시자들은 다음의 사항들을 이해할 필요가 있다.

1.　영역 수

2. 영역별 과제 수
3. 일반적으로 영역별/과제별 배점으로 표시되는 영역/과제의 상대적 중요도
4. 영역별 소요 시간

    따라서 전체 지시문에는 영역별 과제 유형과 수, 영역별 소요 시간 등을 포함해 테스트의 각 영역에 대한 설명이 제시되어야 한다. 이때 영역의 수와 구분 방식에 따라 [표 10-1]과 같이 요약적으로 제시하는 것이 도움이 될 수 있다.

[표 10-1] 테스트 영역 기술의 예

영역	과제 유형	과제 수	시간
I. 듣기 과제	단답형	20개	10분
II. 읽기 과제	짧은 지문과 단답형	2개 지문: 15개 문항	20분
III. 쓰기 과제	확장된 쓰기 답안을 요구하는 프롬프트	2개 프롬프트	30분
		계	60분

    어떤 과제 유형이 언어 능력의 각 영역을 테스트하는 데 적합한지는 테스트 목적이나 응시자 집단에 따라 다를 수 있다. 또한 이러한 과제들은 제한된 시간 내에 특정 영역을 적확하게 측정한다는 면에서 효율성이 다를 수 있다. 이러한 이유로 테스트 영역의 상대적 중요도와 영역별 과제 수 혹은 소요 시간 사이에 반드시 대응 관계가 성립하는 것은 아니다. 응시자들은 과제 수 혹은 소요 시간에 따라 각 영역의 상대적 중요도를 정확하게 판단하기 어려울 수 있다. 따라서 각 영역에 대한 상대적 중요도를 명확하게 설명할 필요가 있다. 예를 들어 위의 표에서 듣기와 읽기 영역은

중요도가 30%로 동일하지만 전자의 과제가 더 많다. 이는 일반적으로 응시자들이 읽기 과제를 상대적으로 어려워한다는 개발자의 인식이 반영된 결과일 것이다. 더욱이 읽기 과제보다 듣기 과제의 수가 많지만 소요 시간은 후자가 더 길다. 이 역시 응시자들의 어려움에 대한 개발자의 인식이 투영된 결과다. 테스트 개발자는 일반적으로 응시자들이 듣기 과제보다 읽기 과제에 더 많은 시간을 필요로 한다는 점을 알고 있는 것이다.

준수해야 할 절차

여러 영역으로 이루어진 테스트에는 응시자가 한 영역에서 다른 영역으로 넘어가는 방식과 해당 영역에 대한 응답을 어디에 어떻게 작성해야 하는지와 관련된 일반적인 절차가 존재한다. 대규모 테스트의 표준화를 위해서는 응시자가 제시된 순서대로 영역을 완료하고 각 영역의 소요 시간을 준수하는지를 확인해야 한다. 따라서 지시문에는 응시자가 각 영역의 테스트를 완료한 뒤에 별도의 지시가 있을 때까지 다음 영역을 시작하지 않아야 함을 명시해야 한다.

반면 교실에서의 진도 테스트와 같이 덜 공식적인 상황에서는 응시자가 제시된 순서대로 영역을 완료하는지 혹은 각 영역의 소요 시간을 엄격하게 준수하는지는 그다지 중요하지 않을 수 있다. 이 경우 지시문에는 제시 순서와 무관하게 각 영역을 풀 수 있으며 각 영역의 소요 시간은 어디까지나 권고일 뿐 응시자의 선택에 따라 시간 배분을 달리할 수 있음을 밝혀야 한다. [표 10-1]의 예시에서 듣기 영역은 가장 먼저 제시되고 테스트 운영자가 시간을 고정한다는 점에서 제시 순서나 시간상의 유연성이 없다. 그러나 주어진 시간 내에 읽기나 쓰기 영역을 완료할 수만 있다면 개발자는 응시자가 두 영역에 대해 유연성을 가지게 할 수 있다. 이러한 방식으로 테스트 개발자는 응시자가 자신만의 목표를 설정하고 테스트의 다른 영역들에 반응하기 위한 자신만의 방식을 계획하는 기회를 제공한다.

또한 응시자들은 테스트 문항에 대해 자신의 반응을 나타내는 방법과 위치를 정확하게 이해해야 한다. 테스트의 전 영역이 같은 형식의 문항으로 구성되었다면 전체 지시문을 통해 이를 제시할 수 있다. 그렇지 않다면 세부 지시문을 통해 영역별로 제시해야 한다. 지필 테스트의 경우 시험지나 별도의 답안지에 답안을 작성할 수도 있다. 어떤 경우든 지시문에는 응시자가 자신의 답안을 어떻게 작성해야 하는지가 명확하게 담겨 있어야 한다. 선택형 답안의 경우 지시문에서 해당 답안을 표기하는 방식에 대해 밝혀야 한다. 반면 제한 산출형 답안과 확장 산출형 답안에서는 답안을 어디에 작성해야 하는지를 밝혀야 한다. OMR과 같은 기계 판독 답안지를 사용할 때는 판독상의 문제가 없도록 표기하는 방식에 대해 전체 지시문에서 설명해야 한다. 별도의 답안지가 사용될 때에는 전체 지시문을 통해 응시자들이 답안지에만 답을 표기하고, 특히 시험지를 재활용하는 경우에는 시험지에는 답을 표기하지 않아야 함을 고지할 필요가 있다. 컴퓨터로 운영되는 테스트의 경우에는 응시자의 개인적 특성에 따라 컴퓨터 사용 방식에 대한 자세한 지시문이 필요할 수도 있다.

입력이나 응답 혹은 둘 다가 청각적으로 제시되는 테스트에서는 응시자가 질문에 대답하고 응답을 표현하는 순서가 테스트 운영의 일환으로 통제되어야 한다. 예를 들어 응시자가 테이프로 입력을 듣고 녹음기에 자신의 대답을 말하는 방식으로 말하기 과제를 테스트하는 경우에 입력을 제공하는 테이프를 통해 과제별 반응 순서를 통제해야 한다. 마찬가지로 각각의 구어 응답의 유형과 길이는 테이프에서 제시되는 과제 유형과 소요 시간을 통해 통제된다.

채점 방법

자신들이 무엇을 수행할지를 이해하고 최선을 다하기 위해 응시자들은 자신들의 반응이 어떻게 평가되는지도 알아야 한다. 같은 방식으로 채점되는 여러 영역이 테스트에 포함되어 있는 경우에 정확성의 기준은 전체 지시문에서 명시될 수 있다. 영역별로 다르게 채점되는 테스트에서는 정확성의 기준이 영역별 세부 지시문에 드러나야 한다.

일반적으로 선택형 문항에는 두 가지를 명시해야 한다. 첫째, 선택지 가운데 하나의 정답을 골라야 하는 문항인지, 여러 개의 답이 있을 수 있고 응시자가 선택지 중에서 최선의 답을 골라야 하는 문항인지를 제시해야 한다. 둘째, 추정을 위해 응시자들의 점수를 변환하는가의 문제다. 언어 테스트에서 추정을 위한 점수 변환이 보편적이기는 하지만, 일부 응시자들은 선다형 테스트가 일상적으로 활용되는 국가에서 왔거나 그런 교육 시스템을 경험했을 수 있다. 이들은 부분적인 지식에 근거해 자신의 능력이 추정되는 것을 꺼릴 수도 있다. 즉, 하나 혹은 두 개의 잘못된 선택을 배제한다는 것이다. 따라서 이들은 다른 응시자들과는 다르게 테스트를 수행할 수도 있다(이에 대해서는 11장에서 논의한다).

제한 산출형 혹은 확장 산출형 반응을 요구하는 과제에서는 정확성의 기준에 대한 응시자들의 이해가 테스트 과제의 접근 및 수행 방식에 영향을 끼칠 수 있다. 예를 들어 내용에 따라 채점된다고 판단하는 경우보다 정확성에 대한 핵심 기준이 문법적 정확성이라고 생각하는 경우에 응시자들은 해당 쓰기 과제에 다르게 접근할 가능성이 있다. 응시자들이 자신의 반응에 적용될 정확성 기준에 대해 선입견을 가질 가능성이 있으며 이는 응답의 구성 방식에 영향을 미칠 가능성이 높기 때문에, 응답에 대해 평가할 때 어떤 기준을 적용하는지를 지시문을 통해 분명하게 설명해야 한다.

지시문의 범위

지금까지의 논의를 보면 지시문이 길고 복잡하며 매우 상세해야 하는 것처럼 보일 수 있다. 그러나 반드시 그러할 필요는 없으며 효율적이고 효과적인 테스트 지시문에는 다음의 세 가지 특성이 포함되어야 한다.

1. 응시자들의 이해를 돕기 위한 단순화
2. 지나치게 많은 시간을 소모하지 않게 하기 위한 간략화
3. 응시자들이 무엇을 해야 하는지를 분명하게 제시하기 위한 세밀화

이해 가능한 지시문을 작성하고 소요 시간에 대한 정보를 파악하기 위한 가장 좋은 정보는 해당 테스트가 의도하는 응시자들의 개인적 특성에 기초하는 것이다. 이때 응시자들에게 테스트 지시문을 실제로 적용해 보는 것도 도움이 된다. 또한 교실 테스트 상황에서는 지시문이 학습자들에게 적합한지를 확인하기 위해 지시문을 학습 활동으로 수행해 보게 하는 것도 효과적이다.

지시문에 포함되어야 하는 세부 정보의 양은 두 요인에 의해 결정된다.

1. 응시자들이 테스트 과제에 대해 느끼는 익숙함의 정도
2. 테스트에 포함된 과제의 수와 다양성

여러 영역으로 이루어져 있고 비교적 익숙하지 않은 다양한 과제가 포함된 테스트에는 복잡한 지시문이 필요할 수도 있다. 따라서 실제성과 교육적 영향력을 제고하는 등 다양한 유형의 과제를 테스트에 활용하는 합리적인 이유가 없다면, 단순히 다양성이나 참신함을 위해 여러 과제 유형을 망라하는 것은 특별한 장점을 가지기 어렵다.

요약

응시자들이 최선을 다해 테스트를 수행하게 하기 위해서는 지시문을 명확하게 제시해야 한다. 이는 테스트 절차 및 과제의 정확한 특성, 과제에 대한 응시자들의 응답, 응답의 평가 방식에 대해 응시자들이 정확하게 이해하도록 하기 위함이다. 효과적인 지시문은 응시자들이 테스트가 관련성이 있고 적절하며 공정하다고 인식하게 하는 데 유용하다. 테스트 지시문의 핵심 구성 요소는 다음과 같다.

1. 테스트의 (다양한) 목적 설명
2. 테스트가 측정하고자 하는 언어 능력 설명
3. 절차와 과제 상세 설명
4. 정확성 기준 상세 설명

여러 영역으로 이루어진 테스트에서는 응시자들이 다음과 같은 요

소들을 이해할 수 있어야 한다.

1. 영역 수
2. 영역별 상대적 중요도
3. 영역별 형식
4. 영역별 소요 시간

제시 언어와 채널을 고려하고 통제해야 지시문을 이해 가능하게 작성할 수 있다. 또한 예시를 통해 해당 과제의 응답 방식에 대한 응시자들의 분명한 이해를 도울 수 있다. 어떤 경우든 지시문은 테스트의 대상이 되어서는 안 되며 과제 응답의 어려움을 가중시키지 않아야 한다. 사전 테스트를 통해 얻은 응시자의 피드백을 바탕으로 지시문을 수정할 수도 있다. 끝으로 테스트 세부 영역들의 상대적 중요도를 지시문에 제시할 필요가 있다. 이를 통해 응시자들이 테스트 수행 시간을 관리하게 함으로써 최선의 수행을 이끌어 낼 수 있다.

연습문제 _____

1. 3부의 프로젝트 1에 쓰인 지시문을 확인하고 10장에서 다룬 기준에 따라 평가해 보자.
2. 언어 테스트 하나를 구해 보자. 의도된 목적에 대한 설명, 측정하고자 하는 언어 능력에 대한 설명, 절차와 과제에 대한 명세화, 정확성 기준에 대한 명세화가 지시문에 포함되어 있는가? 부족한 정보를 수정하기 위해 어떻게 할 수 있겠는가?

3. 경험해 본 언어 테스트 하나를 떠올려 보자. 어떠한 유형의 지시문이 제시되었는가? 그것들에 어떻게 응답했는가? 지시문을 어떻게 바꾸고 싶은가?

4. 상용화된 테스트 하나를 구해 보고 전체 지시문과 각 영역별 세부 지시문의 정보를 비교해 보자. 정보의 구분이 타당해 보이는가? 그 이유는 무엇인가?

5. 여러 영역으로 이루어진 언어 테스트 하나를 구해 보자. 영역 수, 영역별 상대적 중요도, 영역별 형식, 영역별 소요 시간이 지시문에 포함되었는가? 그렇지 않다면 지시문을 어떻게 개선할 수 있겠는가?

6. 개발 중인 테스트에 대한 일련의 지시문을 제시해 보자. 지시문에 대한 개발자의 결정이 테스트의 유용성을 극대화하는 데 어떻게 유용한지를 설명해 보자.

11장

채점 방법

도입

언어 테스트의 결과는 숫자 또는 점수로 가장 빈번하게 보고되며 이는 궁극적으로 테스트 사용자가 사용하게 될 점수다. 테스트 점수는 일반적으로 개개인에 대한 결정을 내리는 데 사용되기 때문에, 이러한 점수를 도출하는 데 사용하는 방법은 측정 절차의 중요한 부분이 된다. 이 과정은 테스트 점수가 신뢰도 있고 용도가 타당하다는 것을 보증하는 데 중요한 역할을 한다. 이는 세 단계로 구성되는데, 그 첫 번째 단계는 구인을 이론적으로 정의하는 것으로서 6장에서 논의했다. 두 번째 단계는 구인을 조작적으로 정의하는 단계로 9장에서 다루었다. 측정 과정의 마지막 단계는 테스트 과제에 대한 응답을 정량화하기 위한 방법을 확립하는 것으로서 점수를 응시자의 응답에서 이끌어 내는 방식과 관련 있으며, 이는 구인의 조작적 정의에서 필수적인 구성 요소다. 응시자의 응답을 평가하는 기준과 점수를 내기 위한 절차인 채점 방법을 명세화하기 위해서는 응시자의 응답을 정량화하는 방법을 반드시 결정해야 한다. 따라서 채점은 수험생의 응답으로부터 얻은 질적·기술적 정보와 더불어 측정에 도달하기 위한 필수적 단계다.

　어떤 유형의 채점 방법을 사용할지 결정하는 것은 9장에서 논의된 바와 같이 운영 과정의 핵심이며, 이는 청사진의 다른 측면들에 대한 결정과 마찬가지로 상호작용적으로만 수행할 수 있다. 경우에 따라 채점에 대한 고려가 테스트에서 특정 과제나 의도된 응답에 영향을 줄 수 있다. 예를 들어 테스트 과제를 작성하기 위한 자원이 제한된 상황에서 신속하게 채점할 수 있는 테스트가 필요하다면 여러 자원을 요구하는 선다형은 배제하고, 완성형이나 단답형과 같이 보다 적은 자원으로 작성되면서 채점 기준을 사용해 빠르고 효율적으로 채점할 수 있는 제한 산출형 과제를 선택할 수 있다. 또 말하기 과제에서 공식적·비공식적 사용역을 적절하게 사용하는 개개인의 능력을 측정하고자 한다면 공식적·비공식적 사용역 둘 다를 이끌어 내기 위해 의도된 역할극을 구두 인터뷰에 설계할 수 있다. 또 다른 상황에서는 목표어 사용 영역에서 특정 테스트 과제를 포함하도록 결정할 수 있으며, 특정 과제를 작성한 다음에야 채점 방법을 결정할 수 있다. 예를 들어 취업 지원자의 받아쓰기 능력을 측정하기 위해 받아쓰기를 사용하기로 결정할 수는 있지만, 받아쓰기에 사용할 특정 텍스트를 선택할 때까지는 채점을 위한 정확한 기준이나 절차를 결정할 수 없다.

　어떤 채점 방법을 사용할 것인지 결정할 때 이전 장에서 논의한 테스트 개발의 두 가지 측면, 즉 설계 개요서의 일부로서 측정할 구인의 이론적 정의와 청사진의 일부로서 테스트 과제 명세화를 고려해야 한다. 특정 테스트 상황의 구인을 정의하는 방식은 채점할 필요가 있는 언어 능력의 영역과 채점 방법에서 주제 지식의 역할을 결정한다. 구인 정의는 또한 보고된 점수의 유형, 즉 이것이 언어 능력의 다양한 영역에 대한 개요로서의 점수인지, 단일 종합 점수인지, 아니면 둘 다인지를 결정한다. 테스트 과제를 명세화하는 방식은 의도된 응답의 유형을 결정하고 이는 채점에서 명확한 의미를 갖는다. 따라서 선택적 응답을 이끌어 내기 위해 의도된 과제는 객관적으로 채점할 수 있지만, 의도된 응답이 제한적 혹은 확장적 생산 응답일 경우 의도된 응답의 언어 특성(예를 들어 길이, 조직적 특성, 화용적 특성)을 고려해 특정 채점 방법을 결정할 필요가 있기도 하다.

언어 테스트를 설계하고 개발하는 과정에서 하는 다른 결정들과 마찬가지로 테스트에 대한 초기 결정은 실제적으로 테스트를 실시하고 테스트 절차와 결과를 효율성의 관점에서 평가함으로써 점검되어야 한다. 즉, 테스트를 치르고, 응시자를 관찰하고, 응답을 채점하고, 결과를 분석하고 해석할 때까지 채점 방법에 대한 초기 결정을 임시적인 것으로 간주해야 한다. 따라서 채점 방법을 개발할 때 중요한 단계는 의도된 응시자를 대표하는 한 명 이상의 개인들과 함께 테스트 과제를 시험적으로 실시해 그들의 응답을 채점하고 그 결과를 분석하는 것이다(사전 테스트 절차에 대한 자세한 논의는 12장에서 제시한다). 언어 테스트 점수의 다양한 용도뿐만 아니라 언어 테스트에서 사용되는 다양한 과제로 인해 여러 다양한 채점 방법이 개발되었다. 그러나 이러한 모든 방법은 크게 두 가지 접근법으로 나눈다. 한 가지 접근법은 성공적으로 완료된 테스트 과제의 수로 점수를 정의하는 것으로서 올바른 응답의 수가 합산된다. 이 접근법은 선택형이나 제한 산출형 응답을 요구하는 항목에서 일반적으로 사용한다. 이 접근법에서 채점 방법을 명세화하는 데에는 다음의 두 가지가 포함된다.

1. 성공적인 완료의 기준 정의
2. 응답의 옳고 그름으로 채점할지, 정확성의 수준에 따라 채점할지에 대한 결정

다른 일반적인 접근법은 언어 능력을 하나 이상의 평정 척도에 대한 여러 등급으로 정의하고, 이러한 척도의 관점에서 테스트 과제에 대한 응답을 평가하는 것이다. 이 접근법은 응시자에게 확장된 응답을 요구하는 즉각적 유형의 과제에서 일반적으로 사용된다. 이 접근법에서 채점 방법을 명세화하는 데에는 다음 두 가지가 포함된다.

1. 평가할 언어 능력 영역에서의 평정 척도 정의
2. 다양한 척도에서 능력의 등급 수 결정

따라서 두 가지 접근법 모두에서 채점 방법을 명세화하는 데는 두 단계가 필요하다.

- 정확성에 대한 기준 또는 응답의 질을 판단하는 기준의 명세화
- 점수를 내는 데 사용할 절차의 결정

이 장에서는 채점에 대한 일반적인 두 가지 접근 방식을 설명하고, 각각의 방식에서 정확성의 기준과 채점 철자가 어떻게 다른지 논의한다. 먼저 선택형이나 제한 산출형 반응을 이끌어 내는 문항들에 대한 채점 방법을 논의한다. 이후 다음 두 가지 원리에 기반한 평정 척도 개발 방법에 초점을 맞춘 확장형 응답의 채점에 대해 논의한다.

- 척도는 측정할 특정 구인을 정의한 방식에 따라 정의된다.
- 척도 등급은 0(지식의 증거 없음)에서 숙달(완전한 지식의 증거)까지의 준거 지향이다.

이 장에서는 이 접근법이 테스트의 유용성을 극대화할 수 있는 최대의 잠재력을 제공한다는 점에 대해 논의하고, 그 안에서 개발된 평정 척도의 구체적인 사례들을 제공한다. 그런 다음 평정 척도의 개발과 사용에서의 몇몇 잠재적인 문제점과 이를 최소화하기 위한 절차에 대해 논의한다. 마지막으로 두 가지 접근법에서 점수를 도출하는 방법과 점수를 해석할 때 고려해야 할 사항들에 대해 논의한다.

성공적으로 완료된 과제 개수로 채점하기

일반적인 고려 사항

문항들로 구성된 과제(3장 참조)는 언어 지식의 특정 영역을 측정하는 데 사용할 수 있을 뿐 아니라, 듣기나 읽기 이해력과 같은 수용적 언어 사용 과제에서의 언어 사용 능력을 측정하는 데에도 쓸 수 있다. 문항으로 구성된 테스트에서 응시자는 일반적으로 여러 선택지 중에서 답을 선택하거나 과제(응답 선택형)에 대한 응답으로 제한된 언어 샘플을 생산하도록 요구받는다. 이 두 가지 응답 유형 모두에서 가장 일반적으로 사용되는 채점 방식은 성공적으로 완료된 과제의 개수, 곧 정확한 응답 수를 더하는 것이다. 문항이 설계되고 작성되는 방식으로 과제가 충분히 잘 정의되었다고 가정할 때, 채점을 위한 주요 고려 사항은 다음과 같다.

1. 과제에 대한 정확한 응답이 무엇인지에 대한 기준의 상세화
2. 응답을 채점하는 절차의 결정, 즉 정오로 채점할 것인지, 정확성의 정도에 따라 부분 점수를 부여할 것인지에 대한 결정

정확성의 기준 상세화

언어 지식 영역

평가할 언어 지식 영역에 따라 정확성에 대한 다양한 기준이 선택형 및 제한형 응답과 함께 사용될 수 있다. 오늘날에도 여전히 많은 언어 테스트에 정보를 제공한다는 측면에서 언어 지식의 특정한 영역에 대한 '순수한' 측정을 하려면 정확성을 위한 단일 준거를 사용하는 것이 필수적이라 여겨진다. 따라서 문법 지식만을 측정하고자 하는 경우, 예를 들어 문법적 정확성(grammatical accuracy)을 정확성(correctness) 측정을 위한 합리적인 유일한 준거로 사용할 수 있다. 예시 1에서와 같이 문법적으로 정확한 대안인 '정답지(key)'를 제공하고, 다른 모든 선택지 또는 오답지는 어휘적 측면에서는 적절하더라도 문법적으로 부정확하게 제공할 수 있다.

1. My neighbor asked me _____ away the tall weeds in my yard.
   (이웃 사람이 내 마당에 있는 큰 잡초를 <u>치워 달라고</u> 부탁했다.)
   a. clear
   *b. to clear
   c. cleared
   d. clearing
   (* 답 또는 올바른 응답 표시)

단일 준거의 사용은 응답 선택형에서는 합리적으로 잘 작동한다. 하지만 제한 산출형에서는 문제가 발생할 수 있다. 예를 들어 정확성을 위한 유일한 준거로 문법적 정확도를 사용한다면 예시 2에서와 같이 어휘적으로 부적절한 일부 답을 정확한 것으로 인정하는 결과를 초래할 수 있다.

2. She turned the wheel quickly to *preserve* a tractor and her car went off the road. (그녀는 견인차를 보호하기 위해 재빨리 바퀴를 돌렸고 그녀의 차는 도로를 벗어났다.)

반면에 어휘 지식을 측정하기 위해 고안된 문항에서는 테스트 개발자가 문법적 정확성을 전혀 고려하지 않고 아래 사례에서와 같이 의미성만을 유일한 준거로 사용할 수 있다.

3. We mailed out several hundred *copy* of the advertisement to our customers this morning. (오늘 아침 우리는 우리 고객들에게 수백 부의 광고를 발송했다.)

예시 2와 3은 정확성에 대한 기준을 우리가 측정하고자 하는 구인을 정의하는 방법에 따라 결정할 필요가 있음을 보여 준다. 또한 언어 지식의 단일 영역을 개별적으로 측정하는 제한 산출형 테스트 과제를 설계하려고 할 때 발생할 수 있는 문제를 보여 준다. 비테스트 언어 사용 상황에서는 부정확하거나 부적절한 것으로 인식될 수 있는 응답에 대해서도 점수를 부여할 수 있다.

언어 사용을 언어 지식의 다양한 영역을 포함하는 상호작용적 과정으로서 바라보는 관점과 테스트 과제의 실제성과 상호작용성을 중요하게 여기는 신념에 기초할 때, 테스트 응시자의 언어 능력을 테스트 과제에 대한 응답을 토대로 추론하기 위해서는 정확성에 대한 다양한 기준이 채점 기준에 반드시 포함되어야 한다. 따라서 채점 절차를 개발할 때 우리는 비테스트 언어 사용 상황에서와 같이 문법적 정확성, 의미, 적절성을 포함해(이에 국한되지는 않음) 정확성에 대한 여러 다양한 기준을 적용해야 한다. 다양한 조합의 기준이 사용되는 경우 예시 (2)에 대한 응답 'avoid'와 'dodge'는 둘 다 정확한 응답으로 간주될 수 있고, 예시 (3)에 대한 응답 'copies', 'offprints', 'duplicates' 또한 허용 가능한 답이 될 수 있다.

주제 내용과 주제 지식

듣기 또는 읽기와 같은 이해 과제(receptive tasks)로 언어 사용을 측정하는 테스트에서 정확성에 대한 기준은 해석을 위한 입력에서의 주제 내용에 토대를 둘 수 있다. 예를 들어 다음 문항은 언어 지식의 특정 영역이 아닌 지문의 내용 이해에 주로 초점을 두고 있다.

4. According to the passage, the most effective way to avoid procrastination is to _____. (이 지문에 따르면 미루지 않기 위한 가장 효과적인 방법은 _____는 것이다.)

이러한 문항을 채점하는 과정에서 우리는 이 책 전반에 걸쳐 논의한 문제에 직면하게 된다. 즉, 언어 능력을 주제 지식과 구별할 것인가, 만일 그렇다면 어떻게 구별할 것인가의 문제다. 우리는 언어 테스트의 주요 관심은 응시자의 특정 분야 또는 주제에 대한 지식이 아니라 언어 능력을 추론하는 데 있다고 주장했다. 따라서 테스트 응시자의 읽기 과제 수행 능력을 '순수하게' 추론하고자 한다면, 위와 같은 문항에서 정확성을 판단하기 위한 기준은 해석을 위한 입력에 포함된 특정 정보로만 제한될 수 있다. 그러나 비테스트 언어 사용에서 주제 지식이 중요한 역할을 하듯, 이러한 과제 수행에서도 테스트 응시자의 주제 지식은 중요한 영향을 미친다. 테스트 응시자가 지문을 읽지 않고도 해석을 위해 입력으로 제공되는 특정 정보를 이미 알고 있으며 이 지식을 기반으로 질문에 정확하게 답하는 경우, 우리는 이를 어떻게 알 수 있는가? 따라서 테스트 응시자의 응답을 채점하는 방식과 관계없이 일부 테스트 과제에서는 언어 능력을 주제 지식과 완전히 분리하는 것이 불가능할 수 있다. 또한 이러한 문항을 채점할 때 테스트 응시자의 주제 지식 사용을 고려하지 않는 것이 오히려 실제성과 상호작용성을 감소시키는 것으로 보일 수 있다. 읽기 지문에 포함된 정보만을 정확한 것이라 간주한다면, 이는 사실상 테스트 응시자들이 이미 지니고 있는 실세계 지식에 근거해 질문에 답할 가능성을 부정하는 것이다.

이와 같이 주로 이해를 평가하기 위한 과제를 채점할 때 다소 상충적인 부분이 있는 것처럼 보인다. 각 문항에 '읽기 지문에 따라'와 같은 문구를 추가해 문항 입력에 제공된 정보만을 정확성 채점 기준에 포함시킴으로써, 과제의 실제성과 상호작용성을 다소 떨어뜨릴 위험성이 있더라도 언어 능력을 조금 더 명확하게 추론할 수 있을 것이다. 또는 테스트 응시자가 자신의 주제 지식에서 제공받을 수 있는 정확한 정보를 정답으로 인정할 수도 있다. 이는 테스트의 실제성과 상호작용성을 높일 수 있지만, 언어 능력에 대한 명확한 추론을 보다 어렵게 만들 위험성이 있다. 이러한 상충하는 상황에서 어느 방향으로 나아가야 하는가는 테스트의 목적, 목표어 사용 상황의 본질, 구인의 정의와 같은 명세화 목록과 관련해 결정되어야 한다. 그러나 이러한 결정을 내릴 때 테스트 개발자는 선택한 초점이 상대적인 것이며, 추론도 테스트 응시자마다 매우 다양할 수 있음을 인식해야 한다. 즉, 언어 테스트의 실제성은 주어진 테스트 과제가 다양한 테스트 응시자를 위한 언어 능력과 주제 지식의 정도를 다양하게 포함하고 있을 때 확보된다. 마찬가지로 테스트 과제는 일부 테스트 응시자에게는 상대적으로 실제적이고 상호작용적인 것으로 인식될 수도 있고, 또 다른 응시자들에게는 비실제적이고 비상호작용적인 것으로 인식될 수도 있다.

내용을 정량화하는 문제가 남아 있다. 응시자의 응답에 있는 정보를 어떻게 계산할 것인가? 응답에 포함된 정확한 정보의 조각을 세는 것은 매우 명료해 보일 수 있다. 그러나 무엇을 '조각'으로 간주해 셀 것인가? 예를 들어 예시 4에 대한 응답 '프로젝트를 작은 과제로 나눠서 한 번에 하나씩 작업하십시오(break your project up into smaller tasks and then work on these one at a time.).'에는 얼마나 많은 조각의 정보가 포함되어 있는가? 어떤 정보를 하나의 조각으로 셀 것이며, 이때 모든 조각들은 동등한 중요도를 가진 것으로 가정할 것인가? 채점 기준을 개발하는 과정에서 이러한 쟁점을 해결하기 위해 테스트 개발자는 교수요목에서 특정 자료와 지침을 참조하거나 정보 단위를 판단하는 것과 관련된 읽기나 듣기 분야의 연구를 살펴볼 수도 있다.[1]

주제 내용이나 주제 지식에 대한 이러한 논의에서 입력에 포함된 정보를 이해하기 위한 테스트 응시자의 능력을 측정하지 못하도록 하는 것이 우리의 의도는 아니다. 담화를 해석하는 능력은 언어 사용의 핵심이며, 이것이 다양한 상황에서 우리가 측정하려고 노력해야 하는 것이다. 그럼에도 불구하고 이러한 논의를 통해 본질적으로 내부적이고 따라서 직접적으로 관찰할 수 없는 인지 과정과 의미 표상을 추론하기 위해 과제를 설계하고 그 응답을 채점하는 과정에는 수많은 복잡성과 불확실성이 포함되어 있음을 더 잘 이해하게 되기를 바란다.

채점을 위한 절차 결정하기

선택형 응답과 제한 산출형 응답 모두 정오 판단이나 부분 점수 부여 중 한 가지 방법으로 채점할 수 있다. 정오 채점에서는 틀린 것은 0점, 옳은 것에는 1점을 부여할 수 있다. 부분 점수 채점에서는 '0'에서 만점에 이르는 범위까지 여러 가지 등급으로 점수를 매길 수 있다.[2] 테스트 문항의 특성(난도와 변별력)을 통계적으로 분석하는 데 사용하는 기술이 (문법적 정확성 또는 의미와 같은) 단일 준거에 따라 정확성을 채점할 때 가장 효율적으로 작동하도록 설계되어 있기 때문에, 많은 언어 평가자들이 선택형 응답이나 제한 산출형 응답을 정오 판단으로 채점하는 것을 선호하는 경향이 있다. 테스트 문항을 이분법, 즉 오직 두 가지 값(틀리면 '0', 맞으면 '1')으로 채점하는 것이다.

이 채점 방법은 언어 지식의 단일 영역을 측정하고자 하고 이에 따라 정확성에 대한 단일 준거로 응답을 채점하기로 결정했을 때 합리적으로 잘 작동한다. 그러나 언어 사용의 실례로 응답을 평가하고자 한다면, 언어 지식의 여러 영역이 테스트에 포함될 수 있고 정확성에 대한 다양한 준거에 따라 응답이 암시적 또는 명시적으로 채점될 수 있다. 예시 2에서 테스트 응시자는 많은 다양한 응답을 할 수 있으며, 이들 중 일부는 문법적으로 정확하고, 또 일부는 의미적으로 적절하고, 또 일부는 두 가지 기준을 모두 충족할 수도 있다. 우리가 정확성에 대한 다양한 기준을 가지고도 정오 채점을 사용하면, 틀린 응답에 대한 채점은 테스트 응시자에게 불충분한 언어 지식의 특정 영역이 무엇인지 말해 주지 못한다. 따라서 정오 채점에서는 위에 제시된 예시 2에 대한 응답 'hitted', 'avoided', 'preserve'가 각기 다른 이유로 틀렸음에도 불구하고 모두 '0'의 점수를 받는다. 'hitted'는 문법적, 의미론적 기준 모두에 따라 틀리고, 'avoided'는 문법적으로 부정확하지만 의미적으로는 적절하며, 'preserve'는 문법적으로 정확하지만 의미상 부적절하다.

특정 응답이 충족시키지 못한 정확성 기준에 대한 정보를 수집하기 위해서는 일반적으로 두 가지 방법이 사용된다. 각 문항에 대해 복수의 정오 점수를 부여하거나 채점에서 부분 점수를 사용하는 것이다. 앞선 2의 예시에서 각각의 응답은 다음과 같은 두 개의 점수를 받을 수 있다.

응답/기준	문법	의미
'hitted'	0	0
'avoided'	0	1
'preserve'	1	0
'avoid'	1	1

단일 문항에 대한 다중 정오 채점

부분 점수 채점으로 각 문항에 단일 점수를 얻기 위해 복수의 정확성 기준을 적용할 수 있다. 정확성의 모든 기준을 만족시키는 응답에는 전체 점수를 부여하고, 일부 기준만 만족시킨 응답에는 부분 점수를, 어떤 기준도 만족시키지 못한 응답에는 점수 없음을 부여할 수 있다. 점수를 부여하는 방식은 측정되는 언어 능력 영역의 우선순위에 따라 결정된다. 채점할 때 문법과 의미에 동등한 우선순위를 부여한다고 가정하면 다음과 같은 점수가 부여된다.

응답/우선 기준	문법	의미	둘 다
'hitted'	0	0	0
'avoided'	0	1	1
'preserve'	1	0	1
'avoid'	1	1	2

단일 문항에 대한 부분 점수 채점

다중 채점이나 부분 점수 채점과 같은 접근 방식에는 두 가지 이점이 있다. 첫째, 테스트 사용자에게 응답에 대한 추가 정보를 모을 가능성을 제공하므로 이로 인해 단일 기준의 정오 채점보다 테스트 응시자의 강점 및 약점 영역에 대한 추가 정보를 제공한다. 다중 채점법을 통해 테스트한 다양한 영역의 언어 능력 점수를 보고할 수 있다. 위의 사례에서 모든 문항에 대한 문법 점수는 문법에 대한 총 점수를 산출하기 위해 합산할 수 있으며 의미 영역 또한 마찬가지다. 이처럼 구분된 점수를 보고하는 것은 테스트가 진단 목적으로 사용될 때 특히 더 유용하다. 즉, 학생에게는 강점과 약점 영역에 대한 피드백을 제공하고, 교사에게는 교수요목의 어떤 영역이 학습을 촉진하는 데 효과적으로 작동되고 있는지, 또 어떤 영역의 개선이 필요한지 알려 줄 수 있다.

이러한 잠재적 이점을 실현하기 위해서는 다중 채점과 부분 점수 채점 모두 정확한 반응에서 요구하는 언어 능력 요소의 명확한 상세화와 측정하고자 하는 구인 정의로부터 도출된 정확성 준거에 토대를 두어야 한다. 이는 도출한 점수와 측정하려는 구인 사이의 관련성을 강화하므로 이러한 채점 방식의 두 번째 이점이 된다. 따라서 다중 점수 또는 부분 점수 채점은 단순히 특정 응답의 상대적인 정확성에 대한 불확실성을 해결하기 위해 사용되어서는 안 되며, 테스트 자체의 설계 명세화에서부터 이끌어지는 원리적 방식으로 구현되어야 한다.

이러한 접근법의 단점은 실제 채점과 점수 분석 측면에서 단일 정오 채점보다 복잡하다는 점이다. 이 복잡성의 한 측면은 주어진 문항에 대한 응답에 몇 개의 서로 다른 등급을 할당할지 결정하는 것이다. 0, 1, 2, 3, 4의 점수를 주어야 하는지 아니면 3까지의 점수를 주어야 하는지를 결정하기까지, 이 특별한 쟁점과 관련된 유용성의 특성을 고려할 수 있다. 타당도와 관련해 아마도 가장 좋은 지침은 의도된 응답의 구체적인 성격과 정확성의 기준을 살펴보고 다른 응답들이 구인을 반영하는 정도를 고려하는 것이다. 신뢰성과 관련해서 실제로 작동하는 등급의 수에 대한 정보는 테스트 결과 분석을 통해 얻을 수 있다(이것을 수행하기 위한 몇 가지 절차에 대한 논의는 2장과 12장의 참고문헌 참조). 또한 그 테스트를 채점한 사람들로부터 피드백을 수집해 주어진 점수에서 어떤 문제를 겪었는지 확인할 수 있다. 예를 들어 넓은 범위의 점수를 할당하면 채점을 더 어렵거나 일관성 없는 것으로 만들 수 있다. 이와 같은 피드백은 실용도에 대한 정보를 제공할 수도 있다.

선택형 응답

정확성의 기준 상세화하기

선택형 응답을 요구하는 테스트 과제에는 응시자가 선택해야 하는 선택지의 정확성 기준에 따라 두 가지 유형이 있다. 한 가지 유형은 응시자가 주어진 선택지 중에서 가장 좋은 대답을 선택하도록 요구하는 '최선답형'이다. 예를 들어 선다형 어휘 테스트에서 응시자는 여러 가지 대안 중에서 밑줄 친 단어나 문항에 포함된 구와 의미적으로 가장 가까운 단어를 선택하는 것이 일반적인데, 이것이 최선답형이다. 어휘 항목의 의미는 하나 이상의 것을 포괄하는데, 이로 인해 어려운 단어는 다른 측면에서 밑줄 친 단어나 구와 동의어가 될 가능성이 있기 때문이다. 따라서 주어진 단어 중 하나를 선택하기 전에 먼저 응시자가 동의성의 근거를 결정해야 한다. 다음과 같은 문항의 경우 매우 간단하다.

5. All professors at the university <u>ceased</u> their teaching because of the large pay raises given to top administrators while faculty salaries were frozen.(교수진의 월급이 동결되는 동안 상급 관리자에게 지급되는 임금의 큰 인상으로 인해 대학의 모든 교수가 가르치기를 <u>그만두었다</u>.)
   a. began
   b. changed
   *c. stopped
   d. increased

아래와 같은 선택지는 의미적으로 더욱 밀접해 동의성을 식별하기 위한 근거가 훨씬 더 미묘하므로, 아래의 선택지를 사용하면 이 문항은 좀 더 어려워질 것이다.

 a. terminated
 b. finished
*c. discontinued

d. completed

　　최선답형 과제의 또 다른 예는 응시자에게 읽기 지문의 가장 좋은 제목을 선택하도록 하는 경우다. 이때 '가장 좋은 것'은 비록 응시자가 제공된 선택지보다 더 좋은 제목을 생각한 경우가 있더라도, 주어진 선택지 중에서 '가장 좋은 것'을 의미한다.

　　응답 선택형의 또 다른 유형은 '정답형'인데, 이는 세상에 오직 한 개의 정답만 있으며 그 답이 제공된 선택지 중에 있다고 전제한다. 예를 들어 문법에 대한 선다형 테스트는 대개 정답형인데, 이는 목표 언어의 특정 변이나 사용역에서 문법적으로 허용 가능한 답은 (짐작건대) 단 하나뿐이기 때문이다.

　　응답 선택형 과제의 한 가지 변형은 테스트 응시자에게 몇몇 특정 준거에 따라 실제적으로 올바르지 않거나 적절하지 않은 입력을 식별하도록 요구하는 수정 과제이다. 테스트 응시자가 밑줄 친 단어 중 문체상 부적절한 단어를 찾아야 하는 다음과 같은 예시가 있다.

6.　One way to determine the appropriateness of the method is
　　　　　　　　　(a)　　　　　　　(b)　　　　　　　　(c)

　　by shooting the breeze with individual practitioners.
　　　　　　(d)　　　　　　　　(e)

　　(수단의 적절성을 결정하는 한 가지 방법은 개인 실무자와 잡담을 하는 것이다.)

　　수정 과제는 테스트 응시자에게 과제의 초점을 제공하기 위해 특정 단어나 구에 밑줄을 치거나 혹은 부정확한 단어나 구에 어떤 표시도 하지 않은 개방적인 과제를 제공함으로써 보다 큰 텍스트를 처리하도록 요구할 수 있다. 이러한 과제에서 최상(최악) 또는 정(오) 응답의 준거를 사용할 수 있다.

　테스트 개발자가 최선답형 또는 정답형으로 질문할 것인지의 여부는 먼저 테스트 중인 언어 능력 영역, 그리고 해당 영역 내에서 선택할 수 있는 영역에 의해 결정된다. 측정할 구인을 예리하게 변별할 수 있어야 하고, 구인이 언어 능력의 복합적인 구성 요소를 포함하는 경우에는 최선답형이 가장 적합하다. 예를 들어 읽기 지문에서 추론하는 학생들의 능력을 평가하는 데 관심이 있다고 가정하자. 이러한 과제는 모든 경우가 그런 것은 아니지만 언어 능력의 많은 구성 요소를 포함할 가능성이 있다. 이 경우 응답 선택형 과제 중에서 최선답형이 가장 적합하다. 반면에 구인이 언어 지식의 단일 영역 측면에서 정의되는 경우 정답형으로 충분할 수 있다. 그러나 언어 사용은 언어 능력의 복합적 요소들의 상호작용을 포함하고 있으므로 정답형이 언어 테스트에서 적절한 경우는 거의 없다. 언어 사용에는 사실상 하나의 적절한 응답만 있는 상황은 존재하지 않는다. 즉, 우리가 언어 사용에서 선택하는 영역은 모두 매우 크지 않으면서, 대부분의 경우 열린 집합이다. 문법 지식 영역에서도 특정 의사소통 목표를 달성하고자 할 때 단일한 형식만으로 제한되는 경우는 드물다. 따라서 테스트 개발자가 유일한 정답이라고 확실히 믿는 것일지라도, 우리의 관점에서 볼 때 테스트 과제에서 그 결과는 상대적으로 실제와 거리가 멀었던 것이다.

　응답 선택형이 요구되는 과제에서는 최선답형이 대부분의 언어 테스트 상황에 더 적합하다고 판단된다. 그러나 측정 전문가들 사이에서 이 유형이 일반적으로 정답형보다 어려운 경향이 있다는 견해가 있음을 명심해야 한다. 이는 보다 엄밀한 변별력이 요구되기 때문이며 최선답형이 읽기 또는 듣기를 통해 담화를 이해하는 능력과 같은 언어 능력의 보다 복잡하고 통합적인 측면을 측정하는 데 사용되는 경향이 있기 때문이다. 예를 들어 응시자가 '정확한' 동의어를 선택해야 한다고 생각하고 주어진 선택지보다 더 낫다고 생각하는 가까운 동의어를 알고 있다면, 그 과제가 어렵거나 혼란스러울 수 있으므로 응시자에게 어떤 유형의 문항인지 명확하게 알려 주는 것이 중요하다.

채점 절차 결정하기

응답 선택형을 필요로 하는 과제는 전통적으로 하나의 준거에 따라 채점했으므로, 이 과제 유형에서는 일반적으로 정오 채점이 사용된다. 그러나 이것이 부분 점수 채점이 선택형 과제에서 사용될 수 없음을 말하는 것은 아니다. 실제로 위에서 논의한 바와 같이 최선답형 과제는 특히 부분 점수 채점이 적절하다. 전형적인 유형의 독해력 문제인 '중심 생각' 문제를 생각해 보자. 테스트 개발자는 일반적으로 테스트 응시자에게 중심 생각의 몇몇 요소를 포함하고 있는 여러 가지 선택지를 제시하지만, 그 중하나만이 전체적인 중심 생각을 적절히 포착하고 있다. 이 경우 중심 생각의 일부 요소만 포함하고 있는 선택지에 부분 점수를 부여할 수 있다.

무작위 추측 정정하기

대부분의 응답 선택형 문항의 경우 테스트 응시자가 대충 짐작하거나 무작위로 추측하여 올바른 응답을 선택할 가능성이 있다.[3] 이 유형의 문항에서는 테스트 응시자에게 성공 가능성의 확률을 계산할 수 있는 작은 제한된 선택지 집합이 제시되므로, 무작위 추측을 '정정하기' 위한 절차가 필요하다. 이 때문에 테스트 사용자는 응답 선택형 문항을 사용할 때 종종 무작위 추측을 정정하고자 한다.

이때 결정을 위해 몇 가지 쟁점을 고려해야 한다. 첫째, 무작위 추측의 경향성이 여러 성격 특성에 영향을 받으며 개별 테스트 응시자에 따라 매우 다양하게 나타난다는 점을 인식해야 한다. '신중한' 유형의 응시자는 일반적으로 자신 없는 문항에는 응답하지 않지만, 위험 감수자는 모든 문항에 응답할 수 있다. 정정 절차의 의도는 신중한 응시자를 고려하지 않은 채 무작위로 추측함으로써 위험 감수자가 얻을 이점을 제거하는 것이다. 그러나 테스트 응시자가 응답하지 않은 문항이 무엇인지만 알고 왜 응답하지 않았는지는 알 수 없기 때문에, 실제 추측에 대한 정정은 다양한 방식의 무응답을 정정하며 단순한 무작위 추측만을 정정하지는 않는다.

또한 테스트 응시자의 능력 수준과 테스트 과제 자체의 성격을 포함한 많은 요인이 무작위 추측에 영향을 미친다. 마지막으로 무작위 추측과 정보에 근거한 추측 간에는 차이가 있다. 후자는 테스트 응시자가 부분적인 지식을 바탕으로 가능한 한 정확한 응답의 수를 좁혀 가는 것이다. 추측 정정은 무작위로 응답할 가능성에 근거하므로 정보에 근거한 추측은 고려되지 않는다. 응시자가 부분적인 지식을 통해 정확하게 응답할 수 있다면 이는 부분 점수 채점을 통해 보상받아야 하며, 이 경우 추측 정정은 부적절하다고 판단된다.

요약하면 응답 선택형에서 무작위 추측 정정은 언어 테스트에서 사실상 절대로 유용하지 않다. 이후에 그것을 정정하기보다는 테스트 설계 단계에서 무작위 추측의 잠재적인 원인을 제거하거나 줄이기 위한 단서를 포함하기를 추천한다. 첫째, 대부분의 응시자가 테스트의 모든 과제를 완료하는 데 충분한 시간을 제공해야 한다. 둘째, 테스트 응시자의 능력 수준에 따라 문항의 난이도를 맞춰야 한다. 이 두 가지 단서는 테스트를 시험하고, 응시자의 응답 패턴을 관찰하고, 응답을 분석하고, 특정 선택지를 선택하는 이유에 대한 자체 보고서를 응시자로부터 수집함으로써 경험적으로 확인할 수 있다. 마지막으로 테스트 응시자가 부분적인 지식을 기반으로 정보에 근거하여 추측하도록 해야 한다. 이를 위한 한 가지 방법은 모든 문항에 답하도록 지시하고, 그 후 정답을 완전히 확신할 수 없는 문항에 대해 가능한 한 많은 잘못된 선택지를 제거한 다음 나머지 선택지 중에서 선택하도록 하는 것이다.

차등 추측 또는 무응답의 영향을 동등하게 다루기 위해 이러한 권장 사항을 제시하는 것이지만, 이것이 이 책에서 강조한 원리와도 모두 일치한다고 판단한다. 테스트 과제의 적절한 시간과 적절한 난이도과 관련해 우리는 이것이 테스트가 아닌 상황의 언어 사용을 반영해야 한다고 생각한다. 비테스트 언어 사용에서 발화 상황의 참여자들은 처리해야 할 담화의 속도와 복잡성을 제어하거나 수용하기 위한 수많은 수단을 가지고 있다. 우리가 담화의 속도나 복잡성으로 인해 길을 잃은 경우에서조차, 우리는 의미상 완전히 무작위적인 추측을 하지는 않는다. 오히려 우리는 언어 지식, 주제 지식 및 메타인지 전략과 같은 수단을 사용해 그 의미를 이해할 수 있는 상태에 도달한다. 마지막으로 이러한 권장 사항을 제시하는 것은 유용한 언어 테스트를 제작하는 데 결정적 단계인 테스트를 계획하고 설계하는 일의 중요성을 강조하는 것과 상통한다.

제한 산출형 응답

가능한 응답의 범위가 일반적으로 상당히 작고 고정된, 선택형 응답을 이끌어 내는 것을 목표로 하는 과제와는 달리, 제한 산출형 과제에서는 가능한 응답의 범위가 무한하지는 않더라도 매우 넓다.

단 한 단어만 넣어 문장을 완성하는 과제일지라도, 응시자가 선택할 수 있는 옵션의 영역은 측정되는 영역에서의 응시자의 능력 수준과 해당 영역에서의 영역 크기에 따라 상당히 클 수 있다. 제한 산출형 과제로 수정해 제시할 수 있는 아래의 예시 7을 보자.

7. All professors at the university _____ their teaching because of the large pay raises given to top administrators while faculty salaries were frozen. (교수진의 월급이 동결되는 동안 상급 관리자에게 지급되는 임금은 크게 인상되었기에 대학의 모든 교수들이 가르치기를 _____.)

능력 범위가 최하위에 속하는 응시자의 경우 정확한 응답의 영역은 활동(이 경우 '가르침(teaching)')을 수정하는 일반적인 의미를 갖는 동사로 제한될 수 있으므로, 'stopped(중지했다)', 'halted(중단시켰다)', 'delayed(지연시켰다)', 'started(시작했다)', 'began(시작했다)', 'changed(변경했다)', 'altered(수정했다)', 'modified(조정했다)', 'increased(증가시켰다)', 'decreased(감소시켰다)'와 같은 동사가 모두 동등하게 정확한 것으로 보일 수 있다. 반면 능력 범위가 최상위인 응시자의 경우 가능한 어휘 선택의 영역은 활동의 중단이나 종결과 관련이 있는 동사만을 포함하는 것으로 더 제약될 수 있다. 그럼에도 불구하고 선택은 여전히 응시자의 어휘 지식에 따라 'ceased(그쳤다)', 'stopped(중지했다)', 'terminated(끝냈다)', 'finished(마쳤다)', 'discontinued(중단했다)', 'completed(완료했다)', 'concluded(완결했다)', 'quit(종료했다)'와 같이, 비교적 큰 선택 집합에 속해 있다. 제한 산출형 과제에서는 가능한 응답 범위가 매우 클 뿐만 아니라 허용 가능한 응답이 여러 개 존재할 수도 있다. 따라서 위의 예에서 'ceased(종료했다)', 'stopped(중단했다)', 'quit(그만뒀다)' 모두 올바른 응답으로 간주될 수 있다. 응시자가 하나의 단어 또는 구 이상을 생산하도록 요구하는 제한 산출형 과제의 경우 가능한 응답과 허용 가능한 응답의 크기와 범위가 훨씬 더 크다. 예를 들어 다음 문항에 대한 허용 가능한 응답의 범위를 생각해 보자.

8. All professors at the university ceased their teaching because of the _____ given to top administrators while faculty salaries were _____. (교수진의 월급이 _____ 동안 상급 관리자에게 지급되는 _____ 기에 대학의 모든 교수가 가르치기를 그만두었다.)

    제한 산출형 과제가 이끌어 낼 수 있는 허용 가능한 응답의 범위가 넓어질 수 있다는 점은 채점에 두 가지 의미를 시사한다. 첫째, 허용 가능한 것으로 확인된 응답이 명세된 정확성 기준에 모두 부합하지 않을 수 있기 때문에, 정확성 기준과 구인 정의가 일치함을 보증하기가 더 복잡하다. 즉, 테스트 설계에서 테스트 개발자가 측정할 구인을 정의하는 방식을 반영해 정확성 기준을 지정하더라도, 다양한 그룹의 개인이 테스트를 볼 때 허용 가능한 것으로 확인된 실제 응답의 일부는 명세화된 정확성 기준을 만족시키지 못할 수도 있다. 예를 들어 다음의 완성형 테스트를 보자.

9. The teaching staff wants to use the _____ to improve pre-sentations and teaching methods of the course. (교수진은 교육과

정의 프리젠테이션 및 교수법을 향상시키기 위해 _____을 사용하고자
한다.)

'results(결과)', 'study(학습)', 'evaluation(평가)'라는 단어가 지문의
다른 곳에서 나오고, 테스트 설계자가 이 빈칸으로 응시자의 어휘 응집
성에 대한 민감도를 측정하고자 하는 경우, 이 모든 것이 허용 가능한 것
으로 간주될 수 있다. 그러나 'outcomes(결과)', 'research(연구)', 'mate-
rials(자료)'와 같이, 여러 다른 허용 가능한 응답이 응시자에게서 산출될
수 있다. 이 경우 테스트 개발자는 허용 가능한 응답의 원래 목록을 확장
할 것을 고려해야 하며, 이에 따라 정확성 기준을 다시 명세화해야 한다.
이어서 서로 다른 반응은 언어 지식의 다른 영역을 반영한다는 인식하에
이 문항에서 측정할 구인 정의에 대한 재검토가 필요하다.

반면 테스트 개발자가 어휘적 응집성에만 초점을 맞춘 문항을 테스
트에 포함시키려는 경우 어휘적 응집성 지식에 의존하지 않는 허용 가능
한 응답이 존재하기 때문에, 이 문항이 적합하지 않다고 결정할 가능성
이 크다. 따라서 제한 산출형 과제에서 정확성 기준과 구인 정의 방식의
부합 여부에 대한 결정은 문항을 테스트하는 과정에서 확인된 허용 가능
한 응답의 유형에 달려 있다. 그러나 이 복잡성은 테스트 개발자가 구인
정의와 정확성 기준 간의 관계를 끊임없이 고려하도록 인도하므로, 단점
이라기보다는 이점이라고 본다. 또한 이는 테스트 개발 절차에서 유용성
평가의 일부가 되는 테스트 주기 및 개정 주기를 강화한다.

제한 산출형 과제의 채점에 미치는 두 번째 영향은 테스트 개발자가
허용 가능한 것으로 간주되는 응답을 목록화하는 채점 기준을 개발해야
하며, 부분 점수 채점의 경우 이러한 각 응답에 얼마나 많은 점수를 부여
할 것인지를 결정해야 한다는 것이다. 이는 채점자가 정확성 기준을 적

용하는 방식에 불일치가 생기는 것을 피하기 위해 필요하다. 채점 기준이 제공되지 않으면 점수를 매기는 개인은 자신의 판단으로 점수를 할당해야 한다. 이러한 주관적인 채점은 본질적으로 잘못된 것은 아니지만 이는 또 다른 불일치의 잠재적 원인이 되며, 우리는 이것이 테스트 점수에 미치는 영향이 얼마나 큰지 추정하기 위해 경험적으로 조사할 필요가 있다(채점자 간 또는 채점자 내부의 신뢰도를 추정하는 절차에 대한 논의는 Bachman, 1990, 6장 및 이 책 12장 참고문헌 참조).

정확성 기준의 명세화

응답 선택형 과제와 마찬가지로 제한된 산출을 유도하기 위한 테스트 과제는 수용적인 언어 사용 과제에서의 이해력 측정과 같은 언어 지식의 특정 영역을 측정하는 데 사용할 수 있다. 정확성 기준의 명세화에는 286~288쪽의 일반적 고려 사항에서 논의한 것과 동일한 고려 사항이 기본적으로 적용된다. 그러나 선택의 범위가 작고 제한적인 응답 선택형 과제와 달리 제한 산출형 과제에서는 테스트 응시자가 실제로 자신의 응답을 구성하므로 응답 선택의 범위가 사실상 무제한이다. 이로 인해 제한 산출형 과제는 최선답형으로 정의된다.

채점 절차 결정하기

제한 산출형 과제에서 주어지는 더 복잡하고 다양한 응답을 감안할 때 이 유형의 테스트 과제에서는 부분 점수 부여를 찬성하는 주장이 더욱 강하다. 제한 산출형 과제에서는 기본적으로 무작위로 추측할 기회가 전혀 없기 때문에 무작위 추측에 대한 정정은 일반적으로 고려 사항이 되지 않는다.

언어 능력을 등급으로 채점하기

말하기 또는 쓰기를 포함한 과제에서 언어 사용을 테스트하기를 원할 때 가장 일반적으로 많이 사용되는 상황은 테스트 응시자에게 확장 산출형 응답을 이끌어 내기 위한 과제를 제공하는 것이다. 선택형이나 제한 산출형과 달리 확장 산출형은 담화나 특정 언어 사용에 대한 사례를 다루고 있으며, 채점할 개별적인 과제나 응답을 식별하기가 쉽지 않다. 오히려 이 목적을 위해 정의되고 개발된 평정 척도를 활용하여 테스트 과제를 완료하는 데 필요한 능력을 등급화해 그 응답의 질을 판단할 수 있다. 이 절에서는 언어 능력이 복합적 요소로 구성되고, 구인 정의에서 특정 구성 요소 각각에 대해 별도의 분석적 평가가 필요하다는 전제를 가지고 평정 척도를 개발하는 방법을 제시한다. 그러나 이 접근법을 설명하기 전에 좀 더 전통적인 접근법과 관련된 몇 가지 문제점을 지적하는 것이 중요하다.

언어 능력의 거시적 척도

언어 숙달도의 평정 척도를 개발하기 위한 한 가지 전통적인 접근법은 언어 능력이 단일한 능력이며, 그러므로 소위 '거시적' 등급이라는 단일 점수를 산출할 수 있다는 관점에 토대를 둔다. 그러나 이러한 척도에는 언어 능력의 복합적 요소가 '숨겨져' 있다. 다음은 언어 능력에 대한 거시적 척도의 두 가지 예다. 첫 번째는 미국 외무부(FSI)가 개발한 거시적 척도의 일부분이다.

10. 거시적 척도 1

제한적인 작업 숙달도

S - 2 일상적인 사회적 요구와 제한된 요구 사항을 충족시킬 수 있다. 직장, 가족 및 자전적 정보뿐만 아니라 현재 사건에 대한 소개 및 일상적인 대화를 포함한 대부분의 사회적 상황을 자신 있게 처리할 수 있지만 수월하지는 않다. 제한적인 업무 요구를 처리할 수 있으나 복합적이고 어려움이 있는 경우에는 도움이 필요하다. 비전문적 주제(예를 들어 특화된 지식이 필요 없는 주제)에 대한 대부분의 대화 상황에서 대화의 요지를 이해할 수 있으며 우회적인 말하기로 자신을 간단하게 표현할 만한 구어 어휘를 지니고 있다. 종종 억양이 잘못되었지만 이해할 수 있다. 기본 구문을 꽤 정확하게 처리할 수 있지만, 문법을 철저하게 하거나 자신 있게 제어하지 못한다(Clark, 1978: 10).

다음은 또 다른 거시적 척도의 일부다.

11. 거시적 척도 2

80-90 이 사람들은 영어를 상당히 잘 쓸 수 있지만, 전일제로 학업을 수행하기에는 충분하지 않다. 이들은 기본적인 오류를 더 자주 범하고 덜 복잡한 문법 구조를 사용한다. 이러한 작문은 이해 가능하지

만, 글을 쓸 때 특별한 주의와 배려가 필요하다.

거시적 척도의 몇 가지 문제점

거시적 척도에는 세 가지 주요 유형의 문제가 있다.

1. 추론의 문제
2. 등급 지정의 어려움
3. 구성 요소별 가중치 산정의 어려움

추론의 문제

거시적 척도를 사용하면 하나의 점수가 언어 지식, 주제 지식 또는 언어 사용 상황의 복합적인 영역 중에서 무엇을 반영하는가를 알기가 어렵다. 예를 들어 거시적 척도 1의 S-2 등급은 여러 언어 지식 영역(어휘, 억양, (문법) 구조), 주제 지식(현재 사건, 가족, 자전적 정보)의 여러 영역과 여러 목표어 사용 상황(일상적 대화, 제한적 실행 요구)을 언급한다. 거시적 척도 2 또한 목표어 사용 상황(전일제 학업 수행), 언어 능력(기본 오류, 덜 복잡한 문법적 문장 구조), 작문 수준(이해할 수 있는) 및 교수적 처치(글을 쓸 때 특별한 주의와 배려가 필요하다)와 같은 복합적인 요소를 언급하고 있다. 따라서 이 척도로는 80-90 등급에 대하여 어떤 추론을 할 수 있는지 정확히 알기가 어렵다. 즉, 그 점수는 목표어 사용 상황에서의 테스트 응시자의 능력, 언어 사용의 정확성, 의사소통의 효율성, 응시자가 필요로 하는 추가 작문 지도의 양을 반영하는가? 언어 능력의 일부 측면에 대한 프로파일, 향후 수행에 대한 오류 예측(전일제로 학업을 수행하기에는 불충분함), 교수적 처치만이 반영되는 것으로 보인다.

등급 산정의 어려움

추론의 문제와 관련된 거시적 척도의 두 번째 문제는 그것을 사용하는 채점자가 등급을 지정하는 데 자주 어려움을 겪는다는 점이다. 예를 들어 언어, 과제, 독자에 대해 언급하고 있는 거시적 척도 2를 보자. 이 기준들 모두가 동시에 충족되지 않는다면(종종 그러하다), 채점자는 우선순위를 결정해야 한다. 매우 복합적인 문법 구조를 사용하되 오류가 많은 작문이라면 어떻게 해야 하는가? 문법적으로 기본적인 오류를 자주 범하지는 않지만 구조 차원의 문제 등과 같은 이유로 작문이 이해하기 어렵다면 어떻게 해야 하는가? 필자의 지능, 주제 지식, 공부 습관과 같은 다른 요소로 인해 전일제 학업에 적합하지 않은 경향이 있다면 어떻게 해야 하는가? 나아가 평가자는 80~90점 범위에서 특정 점수를 어떻게 부여해야 하는가?

요소별 가중치 산정의 어려움

거시적 척도를 사용하면 서로 다른 평가자(또는 다른 상황에서 동일한 평가자)가 의식적으로 또는 무의식적으로 단일 평가에 도달할 때 숨겨진 구성 요소에 다른 가중치를 부여할 가능성이 항상 존재한다. 이는 분석적 채점의 잠재적 문제이기도 하다. 그러나 포함할 구성 요소와 각각을 평가할 방법을 명시적으로 지정함으로써 평가자 교육이나 통계 절차를 통해 다른 구성 요소에 대한 가중치를 제어할 수 있다.

요약하면 소위 '거시적'이라고 하는 많은 평정 척도에는 같은 등급일 때나 척도를 해석할 때 서로 다른 구성 요소를 어떻게 고려해야 하는지에 대한 정보가 거의 또는 전혀 주어지지 않은 채 여러 구성 요소가 포함되어 있다. 우리는 개별 응시자에 관한 궁극적인 결정 과정에서 거시적 척도에 포함된 많은 정보를 고려한다는 것을 알고 있다. 동시에 테스트 개발자는 테스트 점수에서 얼마나 많은 것을 이끌어 낼 수 있는지 신중하게 고려해야 한다. 즉, 테스트 개발자는 특정 결정을 내리는 데 관계된 모든 것과 테스트 점수가 제공할 수 있거나 제공해야만 하는 정보를 구별할 수 있어야 한다.

언어 능력의 분석적 척도

평정 척도 개발에 대한 우리의 접근법은 두 가지 원칙을 고수한다. 첫째, 척도의 조작적 정의는 이론적 구인 정의에 기초한다. 6장에서 논의한 바와 같이 언어 능력의 요소별 정의는 이론 기반일 수도, 교수요목 기반일 수도 있다. 둘째, 척도 등급은 언어 능력의 여러 영역에서 특정 등급을 참조하며, 우리의 평정 척도에서 가장 낮은 등급은 능력에 대한 '증거 없음'으로 정의되고 최고 수준은 능력에 대한 '숙달의 증거'로 정의된다.

능력 기반 척도

우리는 언어 테스트의 설계와 개발이 언어 능력에 대한 명확한 정의를 기반으로 해야 한다고 일관되게 주장해 왔는데, 이는 언어 능력 이론이나 언어 교수요목에서의 특정 학습 목표 집합에서 파생된 것이며, 평정 척도 정의에 대한 접근법 또한 이 원리를 따른다. 평정 척도의 설계는 요소별 구인 정의에서 출발해 평가자들에게 언어 능력의 여러 요소에 별도의 평가를 요구하는 분석적 척도를 만드는 것으로 이어진다. 분석적 평정 척도를 개발할 때 구인 정의에서 구별되는 요소의 수와 동일한 수의 개별 척도를 갖게 된다.

단일 점수를 제공하는 것이 유용할 수 있는 상황에서는 단일한 거시적 평정 척도를 개발하기보다는 분석적 평정 척도를 사용해서 얻은 구성 요소별 점수를 조합할 것을 권고한다. 이것은 거시적 척도의 사용에서 발생되는 문제점 때문이다.

이점

분석적 척도의 사용에는 두 가지 실질적인 이점이 있다. 첫째, 이는 평가된 언어 능력 영역의 '프로파일'을 제공할 수 있게 해 준다. 대부분의 언어 교육과 테스트 상황에서 우리는 상대적인 강점과 약점의 영역을 구별하기를 원할 것이다. 예를 들어 '작문을 매우 잘 조직했지만 공식적인 글쓰기에서 사용역을 잘 통제하지 못해 공식적인 비즈니스 편지를 친구와의 대화처럼 씀.', '어휘가 풍부하지만 화학에 대해 말할 때 문법적인 실수를 지속적으로 범함.'과 같은 해석을 제공할 수 있다.

두 번째 이점은 분석적 척도가 언어 사용 샘플을 평가할 때 평가자가 실제로 무엇을 하는지 반영한다는 것이다. 예를 들어 전문 평가자들이 전반적인 질을 기준으로 쓰기 샘플을 수준별로 분류하라고 요청받더라도, 평가자들은 (문법, 어휘, 내용과 같은) 언어 능력의 특정 영역을 고려한다고 말한다.[4]

준거 지향 척도

두 번째 원칙은 다른 테스트 응시자들이나 원어민과 비교한 수행이 아닌, 능력의 준거 면에서 척도를 조작적으로 정의하는 것이다. 준거 지향 척도의 주된 이점은 단순히 테스트 응시자가 원어민을 포함한 다른 개인에 비해 얼마나 잘 수행하는지가 아니라, 얼마나 많은 언어 능력을 지니고 있는지 추론할 수 있다는 것이다. '지식이나 능력에 대한 어떤 증거도 없음'을 가장 낮은 등급으로 정의하고, '지식이나 능력의 완성이나 숙달'을 가장 높은 등급으로 정의한다. 따라서 특정 등급에 속한 테스트 응시자가 있는지 여부에 관계없이 항상 0에서 숙달에 이르는 척도가 존재한다.

남은 주요 질문은 얼마나 많은 등급이 0과 숙달 사이에 있어야 하는가의 문제이다. 이는 주로 유용성에 대한 고려와 관련된다. 평가자들이 합리적으로 신뢰도와 타당도 있는 평가를 할 수 있는 등급의 수를 고려해야 한다. 예를 들어, 열다섯 가지 능력 등급으로 평정 척도를 만드는 것은 쉽지만, 평가자들이 일관성 있게 그렇게 많은 등급 구별을 하는 것은 쉽지 않다. 영향력의 측면에서, 테스트의 사용 의도를 토대로 의사 결정 등급의 수가 고려되어야 한다. 예를 들어, 광범위한 학생들을 네 가지 등급의 쓰기 프로그램에 배치하려면 최소 네 가지 척도 등급이 필요하다.[5] 요구되는 의사 결정 등급의 수가 평가자가 신뢰성 있게 구별할 수 있는 등급의 수를 초과할 경우, 더 많은 등급의 점수를 얻기 위해 개별 분석적 척도의 등급을 조합하여 종합 점수를 매길 수 있다(종합 점수는 324~327쪽에서 논의된다). 결정된 등급의 수가 평가자의 선정과 훈련에 영향을 미칠 수 있기 때문에, 최종적인 고려 사항은 실용도이다.

척도 정의

평정 척도가 개발될 수 있는 이론적 구인 정의는 4장에 제시된 것과 같은 언어 능력의 이론적 모형 또는 언어 학습 교수요목의 내용을 기반으로 한다. 이러한 이론적 구인 정의는 둘 다 특정 평가 상황의 특성에 대한 고려와 그들이 사용할 수 있는 프롬프트와는 무관한 언어 능력의 영역만을 가리킨다. 예를 들어 '사무실 상황에서 고용주와의 대화'와 같은 언어 사용 상황에 관계없이 통사론과 음운론/문자적 규칙을 포함한 문법적 지식을 정의한다.

척도 정의는 다음 두 가지 부문을 포함한다.

1. 척도로 평가될 언어 샘플의 특정 자질
2. 이러한 자질의 숙달 정도의 측면에서 척도 등급의 정의

등급을 부여할 때 명심해야 할 것은 이러한 언어 사용의 특정 자질이며, 척도 정의에 제공된 세부 사항의 양은 여러 요인에 따라 달라질 것이다.

1. 등급을 어떻게 사용할 수 있는가

언어 지식에 대한 추론은 광범위하게 정의되어야 하는가, 혹은 매우 특정한 목표어 사용 상황에서 만들어져야 하는가? 예를 들어 성취도 평가에서와 같이 교재의 특정 내용에 대한 숙달을 일반화하기 위해서는 구인 정의와 교수 내용을 관련시키기에 충분한 세부 사항을 제공해야 한다. 예를 들어 작문 교육과정에서 샘플 쓰기에 등급을 부여할 때 '수사적 조직에 대한 지식'이라는 구인에 '도입, 논지 진술, 주제 문장, 주제 제목에 대한 지식'과 같은 세부 사항을 추가할 수 있다.

2. 신뢰할 수 있고 타당한 등급 부여를 위해 평가자에게 어느 정도의 세부 사항을 제공해야 하는가

이는 평가자 특성에 의해 영향을 받는다. 예를 들어 훈련받은 영어 작문 교사들이 구두점을 평가하고 있다면, 영어로 된 모든 구두점의 목록을 포함하는 구인 정의는 필요하지 않다. 반면 훈련받지 않은 원어민 화자들이 사회언어학적 지식을 평가한다면, 그들이 무엇을 찾아야 할지에 익숙해지기 위해서는 아마도 그 구인에 대한 상당히 세부적인 정의가 필요할 것이다.

능력 기반 준거 지향 분석적 척도의 예시

다음 예시 척도는 두 가지 능력 수준에 따른 구인 정의의 척도를 보여 준다. 이러한 예시 척도는 학생들을 다양한 수준의 작문 강의에 배치하는 데 사용할 수 있다. 그러나 이러한 예시는 실례를 보여 주기 위한 것으로 실제 평가 상황에서 사용하기에 적합할 수 있지만, 이는 유용성을 고려한 후 테스트 개발자에 의해 결정되어야 한다(능력 기반 준거 지향의 분석적 척도에 대한 추가적 사례는 3부 프로젝트 1 참조).

12. 통사 지식

이론적 구인 정의: 통사 지식

조작적 구인 정의: 제시된 특정 과제의 맥락에서 입증된 바와 같이 (과제 명세화에 명시된 바와 같이) 다양한 통사 구조의 정확한 사용에 대한 증거로서 다음 척도에 따라 평가된다.

능력/숙달도 등급	기술
0 없음	**통사 지식의 증거가 없음.** 범위: 0 정확성: 적절하지 않음.
1 제한적인	**제한적인 통사 지식**의 증거를 보임. 범위: 작음. 정확성: 부족하거나 적당하거나 우수한 정확성. 테스트 응시자는 매우 짧은 구조를 구사할 때에만 정확성이 좋음.
2 적당한	**적당한 통사 지식**의 증거를 보임. 범위: 중간. 정확성: 일정 범위 내에서 우수한 정확성을 적당히 갖춤. 테스트 응시자가 범위를 벗어나는 구조를 구사할 경우, 정확성이 　　떨어질 수 있음.
3 광범위한	**광범위한 통사 지식**의 증거를 보임. 범위: 넓음, 제한이 거의 없음. 정확성: 우수한 정확성, 오류가 거의 없음.
4 완전한	**완전한 통사 지식**의 증거를 보임. 범위: 범위에 제한이 없음. 정확성: 말실수를 제외한 완전한 통제의 증거.

13. 사용역 지식

　이론적 구인 정의: 적절한 사용역 지식

　조작적 구인 정의: 제시된 특정 과제 맥락에서 입증된 바와 같이 공식적 표현과 실질적인 담화에서 사용역 범위의 적절한 사용에 대한 증거로서 다음 척도에 따라 평가된다.

능력/숙달도 등급	기술
0 없음	**사용역 지식의 증거가 없음.** 범위: 0 적절성: 타당하지 않음 .

1 제한적인	오직 한 사용역에서만 **제한적 지식**의 증거를 보임. 범위: 공식적 표현이나 실질적 담화에서 오직 한 사용역의 증거를 　보임. 적절성: 부족함.
2 적당한	두 사용역에 대한 **적당한 지식**의 증거를 보임. 범위: 공식적 표현이나 실질적 담화에서 두 사용역의 증거를 보임. 적절성: 하나의 사용역에서는 우수하나 다른 사용역에서는 부족함.
3 광범위한	두 사용역에 대한 **광범위한 지식**의 증거를 보임. 범위: 공식적 표현이나 실질적 담화에서 두 사용역의 증거. 적절성: 약간의 오류가 있으나, 두 사용역 모두에서 우수함.
4 완전한	두 사용역에서 **완전한 지식**의 증거를 보임. 범위: 공식적 표현이나 실질적 담화에서 두 사용역의 증거를 보임. 적절성: 오류 없이, 두 사용역에서 완전하게 적절한 사용.

14. 수사적 구조의 지식: 논지 진술

이론적 구인 정의: 주제를 제한하고 절차나 분할을 설정하는 조직적인 장치로서 논지 진술에 대한 지식

조작적 구인 정의: 제시된 특정 과제의 맥락에서 입증된 바와 같이 주제를 제한하고 절차나 분할을 설정하는 명시적 증거로서 다음 척도에 따라 평가된다.

능력/숙달도 등급	기술
0 없음	논지 진술에 대한 **지식의 증거가 없음.** 명시적이거나 암시적인 논지 진술이 없거나 논지 진술이 주제와 　관련성이 없음.
1 제한적인	논지 진술에 대한 **제한적인 지식**의 증거를 보임. 논지가 명시적이되 제한적이지 않아 절차나 분할을 설정하지 않거나, 논지가 암시적이어서 표현되지 않았거나, 논지가 제목이나 부여된 주제에 기대고 있거나, 논지가 주제와 완전하게 관련되지 않음.

2 완전한	논지 진술에 대한 **완전한 지식**의 증거를 보임. 논지가 화제와 관련되어, 명시적이고, 제한적이며, 절차와 분할을 설정하고 있음.

주제 지식

구인 정의에 포함된 응시자의 주제 지식에 대한 점수를 일반화해야 하는 경우가 있다(6장 섹션 4의 논의 참조). 우리의 접근법에서 주제 지식을 다루는 방법은 특정 주제 지식의 영역을 구인의 추가적인 구성 요소로 조작적으로 정의하고, 이를 위해 별도의 평정 척도를 개발해 주제 지식에 대한 별개의 등급을 부여하는 것이다. 이는 일반적으로 주제 지식을 척도 정의에 숨겨 언어 능력과 구별할 수 없게 하는 거시적인 접근 방식과는 매우 다르다. 예를 들어 식물학에서 교과 교육과정을 이수한 학생의 문법, 어휘 및 언어 기능 능력을 평가한다고 가정해 보자. 이들에게 식물의 광합성과 호흡의 과정을 비교하는 짧은 에세이를 쓰도록 요구할 수 있다. 구인 정의에 따르면 이들의 에세이는 문법, 어휘, 기능을 다루는 능력으로 평가될 것이다. 그러나 이들이 문법, 어휘, 기능은 정확하게 사용한 반면 광합성의 과정은 부정확하게 기술했다고 가정하자. 이들은 '산소, 이산화탄소'라는 단어가 무엇을 의미하는지 알고 이 단어들을 기능적으로 사용해 그 과정을 묘사할 수 있을 것이다. 이 경우 우리는 단어와 기능적 지식에 높은 점수를 매길 수 있다. 그러나 이들의 주제 지식은 부정확할 것이다.

다음은 주제 지식을 평가하는 척도의 사례다.

15. 주제 정보 지식

이론적 구인 정의: 관련된 주제 정보에 대한 지식

조작적 구인 정의: 특정 과제 맥락에서 입증된 바와 같이 과제의 수행
와 관련된 주제 정보 지식의 증거로서 아래 척도로 평가된다.

능력/숙달도 등급	기술
0 없음	관련된 주제 정보 **지식의 증거가 없음.** 범위: 없음. 응시자가 부여된 주제에 대한 지식을 입증할 수 없음. 정확성: 관련성이 없음.
1 제한적인	관련된 주제 지식에 대한 **제한적인 지식**의 증거를 보임. 범위: 적음. 응시자는 할당된 주제를 일부분만 다룰 수 있음. 정확성: 범위 내에서 부족하거나 적당하거나 우수한 정확성.
2 적당한	관련된 주제 정보에 대한 **적당한 지식**의 증거를 보임. 범위: 중간. 정확성: 범위 내에서 우수한 정확성의 지식을 적당히 보임.
3 광범위한	관련된 주제 정보에 대한 **광범위한 지식**의 증거를 보임. 범위: 넓고 거의 제한이 없음. 정확성: 범위 전체에서 우수한 정확성.
4 완전한	관련된 주제 정보에 대한 **완전한 지식**의 증거를 보임. 범위: 관련된 주제 정보에 대해 무제한적인 범위. 정확성: 범위 전체에서 완전한 정확성.

이러한 척도는 모두 특정 구성 요소(예를 들어 통사 구조, 사용역의 표
지)가 실현되는 사용 범위나 다양성, 해당 구성 요소 사용의 정확성이나
적절성을 포함한다. 위의 척도는 문법이나 사용역의 측면에서 명시적이
다. 논지 진술 척도에서 범위는 포함된 논지 진술에 대한 기준(명시적이
고 제한적인 주제, 절차나 분할의 설정)의 수에 내포되며, 정확성은 제어되
는 정도에 내포된다. 이러한 구별은 언어 능력의 다양한 구성 요소에 대
한 평정 척도를 개발하는 데 매우 유용하다.

평가용 샘플

확장 산출형 응답을 신뢰성과 타당성 있게 평가하기 위해서는 그 산출된 언어가 소위 '평가용 샘플(ratable sample)'이라 불리는 것을 구성해야 하는데, 평가용 샘플의 언어 특징 중 하나는 모든 범위의 구성 요소를 평가할 기회가 있다는 것이다. 두 번째 특징은 평가용 샘플이 이러한 구성 요소에 대한 가장 높은 등급의 능력을 갖춘 응시자의 증거를 제공한다는 것이다. 따라서 평가용 샘플을 구성하는 요소는 평가할 언어 능력의 요소가 무엇인가에 따라 달라지며 주어진 언어 테스트에서 평가용 샘플을 얻을 수 있는 정도는 테스트 과제의 특성에 달려 있다. 예를 들어 '사용역에 대한 지식'을 평가할 목적으로 구두 언어 샘플을 얻는 데 사용할 과제를 고려해 보자. 목표어 사용 과제의 독특한 특성에 해당하는 실제성 높고 상호작용성이 높은 테스트 과제가 설정될 것이며, 이 과제는 적절한 사용역에 대한 전체 범위를 검토할 기회를 제공하고 응시자가 최고 수준의 능력으로 수행할 수 있게 해 준다. 예를 들어 구두 인터뷰에서는 몇 가지 역할을 설정할 수 있다. 일부 면접관은 테스트 응시자가 가까운 친구나 형제와 같은 비공식적이거나 친밀한 사용역에서 적용될 역할을 맡고, 일부 면접관은 손위 친척, 교사, 장래 고용주와 같은 보다 공식적인 사용역에서 적용될 역할을 맡을 수 있다. 소개, 안부 인사, 작별 인사와 같은 정형적인 언어에서 여러 사용역을 이끌어 내는 과제뿐만 아니라, 취업 면접이나 짧은 프레젠테이션과 같은 확장된 담화에서 적절한 사용역을 도출하는 과제까지 포함된다.

실제성과 상호작용성이 높은 테스트 과제를 제공함으로써 평가할 언어의 적절한 샘플이 있음을 보장하고자 한다. 이 접근법을 따르지 않으면 측정할 특정 언어 요소의 목록을 준비한 후 이러한 요소를 이끌어 낼 테스트 과제를 명시해야 하는 요소별 접근법(discrete - point approach, 이산점 접근법)을 취해야 한다. 쉽게 알 수 있듯이 이러한 접근법은 선다형 문항이나 짧은 완성형 문항과 같이 상대적으로 비실제적인 과제의 사용으로 이어진다. 개별 문항을 통해 효과적으로 평가할 수 있는 언어 능력의 구성 요소가 존재할 수 있지만, 효율성의 향상은 실제성과 상호작용성의 잠재적 손실에 대해 균형을 맞춰야 한다.

평정 척도 사용하기

평정 척도는 일반적으로 언어 테스트를 채점하는 비효율적이고 신뢰도 없는 방법으로 인식되어 왔다. 이는 선택형 문항과 같이 훈련받지 않은 개인이나 기계로 효율적으로 채점할 수 있는 '객관식' 절차를 사용하는 이유가 되기도 한다. 비효율성과 낮은 신뢰도는 충분히 발생할 수 있는 문제지만 도저히 극복할 수 없는 것은 아니다. 충분한 계획과 개발이 이루어진다면, 평정 척도 평가도 신뢰도를 보장하면서도 효율적으로 이루어질 수 있다.

예상되는 문제

자원에 대한 수요

평정은 언어 테스트 채점에서 가장 효율적이지 않은 방법으로 보일 수 있다. 결국 평정에는 채점 과정에서 주관적인 판단이 포함되며, 이 경우 테스트를 객관적으로 채점할 수 없다. 평정이 기계 채점에 비해 인적 자원을 더 요구하는 것도 사실이다. 그러나 응시자가 언어 샘플을 생산해야 하는 테스트에서 평정은 언어 지식 영역의 프로파일과 같이, 객관적 채점으로는 얻기 매우 어려운 정보를 제공할 수 있다. 평정은 또한 객관적인 채점 절차에서는 할 수 없는 방식으로 인간을 테스트 방식과 접촉하게 한다. 평가자는 응답과 지속적으로 접촉하고, 구두 인터뷰 절차의 경우 종종 입력과 접촉하기도 한다. 따라서 평정은 테스트 과제의 효과성과 테스트 응시자에게 미치는 영향력을 평가할 수 있는 좋은 기회를 제공한다. 이러한 이유로 우리는 평정이 인적 자원에서 상대적으로 높은 비용을 지불할 가치가 있다고 믿는다.

평정 척도의 사용은 두 가지 종류의 인적 자원을 요구한다.

1. 평가 시간
2. 평가자 수

산출형 언어 샘플을 평정하는 데에는 항상 듣거나 읽기 위한 시간이 필요하며 샘플이 길수록 더 많은 시간이 필요하다. 또한 전체 평가 시간은 샘플당 평가 시간에 따라 늘어나지만, 복합적 평정과 평균화의 사용은 신뢰성을 향상시키는 한 방법이 된다. 따라서 인적 자원에 대한 이러한 요구는 평정이 여러 종류의 정보를 제공하기 위해 지불해야 하는 피할 수 없는 비용으로 인식해야 한다. 전반적인 유용성 측면에서 타당도, 실제성, 상호작용성의 잠재적 이익이 실용도의 잠재적 손실을 상쇄하는 것 이상으로 중요하다.

불일치

평점의 또 다른 잠재적인 문제는 불일치로, 이는 세 가지 원인에 기인한다.

척도에 대한 다른 해석

평가자마다 또는 동일한 평가자라도 주어진 평정 척도를 다르게 해석하면 일관성 없는 채점이 이루어질 수 있다. 평가자가 척도를 다르게 해석하는 한 가지 이유는 척도의 개념이 불명확할 수 있다는 점이다. 예를 들어 언어학에 능숙하지 않은 평가자에게 '사용역'의 의미를 먼저 명확하게 정의하지 않고 '사용역 지식'에 대한 구두 인터뷰를 평가하도록 요청하면, 일부 평가자는 사용역을 다양한 방언의 사용으로 해석할 수도 있다. 이는 언어 산출에 대한 소위 거시적 평정에서 특히 문제가 될 수 있는데, 평가자가 자체적인 내부 요소 평가 기준을 개발하는 경향이 있으며, 이 평가 기준은 평가자마다 다르고 단일 평가자 내에서도 상황에 따라 다를 수 있다.

엄격성의 기준 차이

불일치의 또 다른 문제점은 척도 내에서의 능력 등급이 의미하는 바에 대한 동의가 부족한 데서 기인한다. 예를 들어 두 명의 평가자는 평가 목적에서 사회언어학적 지식의 정의에는 동의하지만, 척도의 서로 다른 등급에 도달하기 위해 응시자가 얼마나 잘 수행해야 하는지에 대해서는 동의하지 않을 수 있다. 따라서 한 평가자는 사회언어학적 지식에서 응시자를 '2' 등급으로 평가한 반면, 다른 평가자는 동일한 응시자를 '3' 등급으로 평가할 수 있다. 또는 한 평가자가 다른 평가자보다 해당 평가 분야에서 더 엄격하다고 느낄 수 있다.

척도와 무관한 요소의 반영

평가는 주관적이고 언어 샘플에는 특정 척도 정의와 직접적으로 관련이 없는 내용이나 특성이 포함될 가능성이 있으므로, 평가가 이 관련성 없는 자료의 영향을 받을 수 있다. 예를 들어 평가자는 텍스트적 및 기능적 지식에 대해서만 작문을 평가하도록 요구받지만, 테스트 응시자의 필체와 주제 지식은 물론, 쟁점에 대한 응시자의 입장에 의해서도 영향받을 수 있다. 또한 평가자가 테스트 응시자를 알고 있다면 응시자에 대한 사전지식에도 영향받을 수 있다.

문제 해결

평정 척도에는 많은 잠재적인 문제가 따르지만, 이를 해결하고 그 영향을 줄이는 방법도 있다.

평가자 준비시키기

불일치를 해결하는 가장 효과적인 방법 중 하나는 평가자를 적절히 선발하고 훈련시키는 것이다. 평가자 선발에서 가장 중요한 고려 사항은 요구되는 언어 능력의 등급이다. 일부 평가 과제의 경우 산출형 과제에서 언어 능력이 완전한 숙달 등급에 있는 평가자만 선발될 수 있다. 언어 능력의 전체 범위를 평가해야 할 경우에는 분명히 그러할 것이다. 그러나 보통 능력의 대상을 평가할 경우 완전한 숙달에 이르지 않은 평가자가 선발될 수도 있다.

선발된 평가자의 배경에 관계없이 적절한 훈련을 제공하는 것이 중요하다. 이것이 평가자 훈련을 위한 일반적 절차 6단계다.

1. 척도를 함께 읽고 논의하라.
2. 전문 평가자들이 사전에 평가한 언어 샘플을 검토하고 주어진 척도에 대해 논의하라.
3. 서로 다른 언어 샘플로 평가를 연습하라. 그 후 이를 경험 있는 평가자들의 평가와 비교하라.
4. 또 다른 언어 샘플을 평가하고 또 논의하라.
5. 훈련생 각자가 같은 샘플을 평가하라. 평가 시간과 일치도를 점검하라.
6. 신뢰성 있고 효율적인 평가를 한 평가자를 선발하라.

충분한 수의 평가 확보

불일치를 해결하는 두 번째 방법은 충분한 수의 평가를 얻는 것이다. 다른 모든 것들이 동등하다면 평가를 받을수록 평균은 더 안정된다. 한 명의 평가자가 '상태가 나쁜 날'일 수는 있지만 동시에 또는 같은 방식으로 2~3명의 평가자가 그럴 경우는 거의 없다. 따라서 항상 샘플당 최소 2개의 평가를 받는 것이 좋다. 전형적인 절차는 모든 표본을 2명의 평가자에게 평가받고, 처음 2명의 평가자에게서 1 등급 이상 차이가 나는 샘플을 세 번째 평가자가 평가하는 것이다. 이때 점수는 세 가지 평가 결과를 평균해 도출할 수 있다.

평가의 신뢰도 산정

테스트 개발의 중요한 단계는 테스트에서 얻은 양적 정보의 통계적 분석이며 여기에는 평가의 일치도 정도 또는 신뢰도를 산정하는 것이 포함된다. 이 정보를 통해 불일치가 얼마나 효과적으로 관리되고 있는지에 대한 결정을 내릴 수 있으며, 결과가 만족스럽지 않을 경우 일치도를 향상시킬 추가적 조치를 취할 수 있다. 평가자별로 다른 종류의 언어 샘플을 각각 다르게 평가하는 정도를 산정하는 절차도 있지만, 일반적으로는 여러 평가자들 사이의 일치도(평가자 간 일치도)와 평가 상황별 동일 평가자 내부의 일치도(평가자 내 일치도)를 산정하는 것이 중요하다(Bachman, 1990 6장 참조. 이 책의 12장 참고문헌에서도 평가에서 불일치를 산정하기 위한 적절한 절차를 논의한다).

테스트 점수 도출

채점 절차에서 직접적으로 도출된 점수

테스트의 각 부분에 대한 프로파일 점수

많은 경우 우리는 측정된 언어 능력의 여러 영역에 해당하는 점수 프로파일을 보고하고자 한다. 선택형 또는 제한 산출형 응답 문항의 경우 해당 부분의 정오 채점이나 부분 점수 채점을 통해 점수가 주어진다. 요소별 또는 분석적 평정 척도를 사용하면 언어 능력 프로파일을 보고할 수 있다. 사실 이 책에서 주장한 평가 절차를 따라 분석적 척도만 사용한다면, 모든 점수가 프로파일로 나타난다(프로파일의 보고는 12장의 참고문헌에서 더 광범위한 의도에서, 같은 관점에서, 더 자세히 논의한다).

종합 점수

단일 점수를 보고하는 것이 유용한 몇몇 경우에도 종합 점수를 사용하기를 추천한다. 종합 점수는 테스트의 여러 부분에서 또는 여러 분석적 평정 척도에서 도출한 점수를 집계해 얻은 점수다. 종합 점수는 구성 요소 점수의 합계 또는 평균으로 구성될 수 있다. 이 합계 또는 평균은 원점수 또는 평정을 사용해 도출할 수 있으며, 일부 구성 요소가 다른 구성 요소보다 중요하다고 간주되는 경우 테스트 개발자는 1보다 큰 수를 곱해 이들에 가중치를 부가할 수 있다. 예를 들어 언어 교수직에 지원한 많은 지원자 중에서 소수의 상위 후보자를 선발해야 하고, 그 언어 능력이 해당 직업의 자격 중 하나라고 가정해 보자. 이 특정 교수직에서 교사가 쓰기, 읽기, 말하기, 듣기를 할 수 있어야 한다고 가정하면 이러한 언어 사용 활동을 요구하는 과제를 포함한 테스트를 설계하고 각 유형의 과제마다 구별된 채점 방법을 설계할 수 있다. 이를 통해 지원자의 언어 능력 프로파일이 각 유형별 언어 사용 과제에서 도출될 수 있다. 또한 지원자의 언어 능력을 보다 쉽게 등급화하기 위해, 테스트의 여러 부분들의 점수를 집계해 모든 유형의 과제에서 언어를 사용하는 능력에 대한 단일 평가를 얻을 수 있다. 또 다른 예는 주어진 테스트 목적에서 요구하는 구별의 수가 평가자가 신뢰도와 타당도 있게 구별할 수 있는 척도 등급의 수를 초과하는 경우다. 이러한 상황에서 개별 척도를 통해 얻은 점수에서 도출된 종합 점수는 단일 척도를 통해 얻은 것보다 더 세분화된 점수를 제공할 수 있다. 종합 점수를 도출하기 위한 두 가지 접근법에는 '보상적' 접근법과 '비보상적' 접근법이 있다.

보상적 종합 점수

테스트되는 언어 능력 중 일부 영역에서 높은 등급을 받는 개인은 다른 영역에서 낮은 등급의 능력을 지녔더라도 높은 등급의 능력이 낮은 등급이 능력을 보상할 수 있다고 가정한다. 이러한 상황에서 보상적 종합 점수는 별도의 점수들을 합산하거나 평균해 도출될 수 있다. 이는 여러 분야의 테스트에서 얻은 점수 또는 여러 분석적 평정 척도에 의해 얻은 점수가 합산되거나 평균될 때, 그 종합 점수가 높은 점수와 낮은 점수의 균형을 도출해 주기 때문이다. 위의 예에서 보상적 종합 점수는 테스트의 여러 분야에서 얻은 점수를 합산해 도출할 수 있다. 이는 다양한 분야의 테스트에 대한 점수 프로파일 외에 추가로 보고될 수 있다. 또는 조직 지식, 텍스트 지식, 사회언어학적 지식에 대한 개별적 분석적 평정에서 말하기 과제 수행을 위한 단일 평정을 이끌어 낼 필요가 있다고 가정해 보자. 세 가지 평정이 합산되고 평균될 수 있으며, 이 경우 전체 점수에서 개별 평정의 상대적인 중요성은 단순히 통계적 특성의 함수일 뿐이다. 특정한 방식으로 개별 척도에 가중치를 적용해야 하거나 개별 척도의 가중치가 모두 같아야 하는 경우 이를 반영해 종합 점수의 개별 척도에 상대적 중요성이 보장되는 가중치 시스템을 개발할 수 있다(이를 수행하는 절차는 12장의 참고문헌에서 논의한다).

비보상적 종합 점수

　일부 상황에서는 테스트 사용자가 응시자가 테스트의 모든 구성 요소에서 최소한의 능력 등급을 보여야 하며, 일부 분야에서의 높은 등급의 능력이 다른 분야에서의 낮은 등급을 보상할 수 없다고 느낄 수 있다. 예를 들어 특정 언어 교육과정의 교사들은 주어진 등급에 배치되거나 도달시키기 위해 학생들이 그 교육과정의 각 구성 요소에 대해 최소한의 숙련도를 보여 주어야 한다고 생각할 수 있다. 또는 고용주는 신입 사원이 언어 능력의 여러 분야에서 최소한의 숙달 등급을 얻도록 요구할 수 있다. 이러한 상황에서는 비보상적 종합 점수를 계산하고 보고하는 것이 적절한데, 이는 평가된 분야의 모든 영역에서 매겨진 점수 중 가장 낮은 점수를 의미한다. 위의 예에서 특정 언어 능력에 대한 최소한의 등급이 언어 교사, 지원자에게 필수적인 것으로 간주되는 경우 종합 점수는 네 가지 분야에서 받은 점수 중 가장 낮은 점수를 기준으로 한다. 또는 쓰기 샘플을 기반으로 한 테스트 응시자의 평정이 어휘 지식에서는 '2점', 수사 조직 지식에서는 '3점', 사용역 지식에서는 '3점'이라고 가정해 보자. 이 응시자는 비보상적 종합 점수로 '2점'을 받게 된다(테스트 응시자가 두 개의 척도에서 '3점'을 받았다는 사실이 다른 척도에서 받은 '2점'을 보상하지 않는다). (종합 점수를 계산하고 보고하는 절차는 12장 참고 문헌에서 논의한다.)

시범적 시행

　테스트 개발의 대부분의 측면과 마찬가지로 채점 방법의 개발은 반복적이고 주기적이며, 다음을 포함한다.

1. 초기 명세화
2. 시범적 시행
3. 분석
4. 수정

　예를 들어 선택형 응답 문항의 채점 방법을 개발할 때, 우리는 일반
적으로 각 문항에 테스트 응시자가 선택해야 하는 몇 가지 선택지를 포
함시키는데, 그중 하나는 '올바르거나' '가장 좋은' 응답을 의도한다. 그
런 다음 문항을 테스트 응시자 집단과 함께 시범적으로 시행하고 그들의
수행에서 피드백을 질적·양적으로 수집한다. 마지막으로 이러한 분석
을 토대로 올바른 것으로 의도된 선택지를 포함해 문항을 수정한다. 제
한 산출형 응답 문항은 예상 응답 범위를 확인하고 초기 채점 기준을 만
들기 위해 응시자들과 테스트를 시행한다. 부분 점수 채점이 사용되는
경우 각각의 응답에 대한 점수를 지정한 초기 명세화가 제공될 것이다.
그런 다음 문항을 시범 시행해 보고 그 응답에 대한 분석을 기준으로 문
항을 수정하고 채점 방법을 개선할 수 있다. 평정 척도에서도 매우 유사
한 절차가 뒤따른다. 평가할 언어 능력의 각 분야마다 등급의 수를 지정
한 초기 척도 정의부터 시작한다. 그런 다음 평정 척도의 시범적 시행의
일부로 수집된 피드백을 토대로 정의를 구체화하고 척도 등급의 수를 확
장하거나 축소한다. 따라서 채점 방법의 개발은 단순히 테스트 명세화를
위해 정확성을 위한 기준을 결정하고 응답을 채점하는 절차를 결정하는
문제가 아니다. 채점 방법의 명세화에서 유용성의 특성을 고려하면, 경험
적으로 채점 방법을 시범적으로 시행하고 그 결과를 분석해야만 유용성
에 대한 증거를 제공할 수 있기 때문이다(테스트 과제와 채점 방법을 시험
시행하는 절차에 대한 자세한 논의는 12장에 제시했으며, 결과를 분석하는 절차

는 12장 참고문헌에서 논의한다).

테스트 점수의 해석

2장의 구인 타당도 논의에서 지적한 바와 같이, 점수 해석은 두 가지 구성 요소를 갖는다.

1. 평가된 언어 능력의 구성 요소에 대한 추론
2. 이러한 추론이 일반화되는 목표어 사용 영역에 대한 추론

이러한 구성 요소는 모두 측정할 구인에 대한 조작적 정의에 포함된다. 언어 능력에 대한 추론은 구인 정의를 기반으로 하며, 목표어 사용 영역에 대한 추론은 테스트에 포함된 특정 과제의 특성을 기반으로 한다. 이러한 이유로 테스트 사용자에게 제공되는 점수 보고서에는 구인 정의 외에도 예시 과제를 포함한 과제의 유형에 대한 기술, 그 점수가 도출되는 데 사용된 채점 방법이 포함되어야 한다(테스트 결과 보고에 대한 더 자세한 논의는 12장 참고문헌을 참고할 수 있다).

요약

채점 절차를 개발하는 데는 테스트 과제에 대한 응답을 정량화하는 방법을 수립하는 것이 포함되며, 채점 절차는 조작적 구인 정의의 핵심

요소를 구성한다. 채점 방법은 크게 두 가지 접근법으로 나뉜다. 한 가지 접근법에서 점수는 성공적으로 완료된 테스트 과제의 수로 정의되므로, 이 접근법에서는 정확한 응답의 수를 세고 합산한다. 이 접근법에서 채점 방법을 명세화하는 것에는

1. '성공적인 완료'를 구성하는 기준을 정의하는 일과
2. 응답의 옳고 그름을 기준으로 채점할지, 정확성의 정도에 따라 채점할지를 결정하는 일이 포함된다.

테스트를 채점하는 다른 일반적인 접근법은 언어 능력을 하나나 그 이상의 평정 척도의 여러 등급으로 정의하고 이러한 척도로 테스트 과제에 대한 응답을 평가하는 것이다. 평정 척도를 개발하기 위한 방식은 두 가지 원리를 기반으로 삼아야 한다. 첫째, 척도는 언어 능력이 복합적 구성 요소로 이루어져 있다는 원리를 포함해 구인 정의에 포함된 특정 구성 요소 각각을 평가하기 위한 별도의 분석적 평정을 포함한다. 둘째, 평가 척도는 가장 낮은 등급은 능력에 대한 '증거 없음'으로, 가장 높은 등급은 능력에 대한 '숙달의 증거'로 언급된 준거여야 한다. 이 접근법에서 채점 방법을 명세화하는 데에는

1. 평가할 언어 능력의 분야 측면에서 평정 척도를 정의하고,
2. 서로 다른 척도상에 존재하는 능력에 대한 등급의 수를 결정하는 일이 포함된다.

요소별 또는 분석적 평정 척도는 언어 능력의 프로파일을 보고할 수 있게 한다. 그러나 단일 점수를 보고하는 것이 유용한 상황에서는 보상

적 또는 비보상적 절차를 사용해 종합 점수를 보고할 수 있다.

충분한 계획과 개발을 통해 평가 절차는 매우 신뢰성 있고 상대적으로 효율적인 것이 될 수 있다. 계획 단계에는 자원에 대한 요구와 불일치의 원인을 포함한 문제를 예상하는 일이 포함된다. 불일치 문제는 평가자를 준비시키고, 충분한 수의 평가를 얻고, 테스트 실시를 토대로 평가의 일치도 정도를 산정해 봄으로써 해결할 수 있다.

테스트 개발의 대부분의 측면에서와 마찬가지로 채점 방법의 개발은 반복적이고 순환적이며 다음 단계를 포함한다.

1. 초기 명세화
2. 시범적 시행
3. 분석
4. 수정

경험적으로 채점 방법을 시범 시행하고 그 결과를 분석함으로써 유용성에 대한 증거를 제공할 수 있다.

사용된 특정 채점 방법과 관계없이 테스트 점수는 측정될 구인의 조작적 정의의 측면에서 해석된다. 조작적 정의의 구인 정의 부분에서 언어 능력에 대한 추론이 이루어지며, 조작적 정의의 과제와 채점 부분에서 영역의 일반화에 대한 추론이 이루어진다. 따라서 테스트에서 점수를 보고할 때에는 구인과 과제에 대한 정보가 제공되어야 한다. 이는 평정 척도에 따른 채점과 완료된 과제 수를 기준으로 한 채점에서 모두 해당한다.

1. 선택형이나 제한 산출형 응답을 포함하는 테스트 사본을 구하고 응답을 채점하는 방법을 결정해 보자. 부분 점수 채점에 대한 규정이 이미 마련되어 있는가? 그렇지 않다면, 왜 그렇지 않은지 테스트 명세화의 측면에서 설명할 수 있는가? 마련되어 있다면, 부분 점수 채점이 점수와 측정하려는 구인 사이의 연계를 얼마나 강화시키는지 설명할 수 있는가?

2. 정오가 하나만 있는 선택형이나 제한 산출형 응답을 포함하는 테스트 사본을 구해 보자. 테스트 명세화를 검토하고, 측정할 구인과 테스트 점수 간의 연계를 강화하기 위해 부분 점수 채점을 사용할지의 여부를 결정해 보자. 그런 다음 이러한 연계를 확립하기 위한 부분 점수 채점의 절차를 개발해 보자.

3. 선택형 응답 과제를 포함한 테스트를 구하고 응시자에게 '최선의' 응답이나 '올바른' 응답 중에서 무엇을 선택하게 할지 결정해 보자. 지시문은 응시자가 응답을 선택하기 위해 사용하는 실제 기준과 일치하는가? 일치한다면 그 이유는 무엇이고, 일치하지 않는다면 그 이유는 무엇인가?

4. 외국어 교재를 구하고 텍스트를 통해 여러 문법 요소를 테스트하는 제한 산출형 응답을 포함하는 일련의 테스트 과제를 개발해 보자. 측정할 구인을 정의하는 방식을 결정한 다음 여러 테스트 응시자가 테스트 과제를 완료하게 해 보자. 그 응답들을 통해 채점을 위한 부분 점수 응답 기준을 개발해 보자.

5. '거시적' 평가 척도를 사용하는 언어 테스트를 구해 보자. 해당 척도는 추론의 문제, 등급 할당의 어려움, 구성 요소의 가중치 문제를 어떻게 다루고 해결하는가? 당신이 예상하는 어려움들을 처리하기 위해서는 척도가 어떻게 수정되어야 하는가?

6. 분석적 척도를 사용한 언어 테스트를 구해 보자. 이 척도는 언어 능력의 명시적 정의에 기반을 두었는가, 그렇지 않은가? 언어 능력의 어떤 구성 요소

가 이 척도를 통해 측정되는가? 준거 지향 척도인가, 아니면 특정 언어 사용자의 능력 기준 척도인가? 몇 개의 등급이 정의되는가? 척도에 포함된 등급의 수에 대한 근거를 파악할 수 있는가?

7. 테스트 과제를 분석적인 준거 지향 척도로 채점하는 것이 적절한 상황인가? 그렇다면 테스트를 위한 일련의 명세화, 하나 이상의 테스트 과제에 대한 예비 설명, 응답 채점을 위한 척도를 개발해 보자.

8. 평정 척도를 사용해 채점하는 서면 응답이 포함된 언어 테스트 과제를 구해 보자. 테스트를 관리하거나 테스트 과제에 대한 응답 사본도 함께 얻고, 평가 척도를 사용해 여러 사람이 그 응답을 채점해 보자. 채점 후에는 서로의 점수를 비교해 보자. 평가자가 의견을 달리하는 경우 왜 동의하지 않는지 결정하기 위해 그 평정의 토대를 설명해 보자. 의견 차이를 줄이기 위해 평가자를 위한 훈련 프로그램을 설계하는 것이 가능한가? 그런 훈련 프로그램은 어떻게 보이는가?

9. 평정 척도를 사용해 채점하는 서면 또는 구술 답변이 포함된 언어 테스트를 구하고, 평정 척도와 예상 응답의 특성을 조사해 보자. 예상 응답은 전체 범위의 구성 요소를 평가할 기회를 제공하는 평가용 샘플을 제공하는가? 그렇지 않은 경우, 평가용 샘플을 제공하기 위해 테스트 과제의 특성을 어떻게 수정해야 하는가?

10. 점수 프로파일에서 단일 종합 점수가 도출된 언어 테스트를 구해 보자. 그 종합 점수는 보상적 절차를 통해 얻은 것인가, 비보상적 절차를 통해 얻은 것인가? 특정 절차를 선택하기 위한 근거를 밝힐 수 있는가? 해당 절차가 테스트의 유용성을 어떻게 높이거나 제한하는가?

12장

언어 테스트 관리: 테스트 시행 및 피드백 수합 절차

도입

앞서 테스트 개발의 처음 두 단계인 설계와 운영에 대해 다루었는데 여기에는 설계 개요서, 청사진, 예비 테스트 개발이 포함된다. 12장에서는 세 번째 단계인 테스트 관리의 문제에 초점을 두어 논의하고자 한다. 여기에는 실제 테스트를 수행하는 다양한 절차와 유용성의 특성을 평가하고 응시자의 능력 추론을 위한 경험적 정보 수합이 포함된다. 첫 번째 목적을 위해 다양한 경로로 피드백을 수합하고 이를 통해 설계 개요서를 수정 혹은 확정할 수 있다. 또한 필요에 따라 청사진과 테스트 과제 명세화를 수정해 유용성을 평가할 수 있다.[1] 두 번째 목적의 달성을 위해서는 주로 테스트 자체에서 획득한 점수에 의존할 것이다.

먼저 언어 테스트의 운영 절차에 대해 논의하고, 다음으로 테스트 운영의 두 측면인 사전 테스트와 운영 테스트에 대해 다룬다. 끝으로 테스트 운영을 통해 수합할 수 있는 피드백에 대해 논의하는데, 이를 통해 유용성의 특성을 평가하고 필요에 따라 유용성의 특성을 수정할 수 있다.

테스트 시행의 절차

테스트 시행의 목적인 유용성 평가를 위한 피드백 수합과 응시자의 언어 능력 추론 중 하나를 달성하기 위해서는 테스트 시행 절차를 일정 부분 통제할 필요가 있다. 여기에는 응시자에게 테스트 시행 과정을 안내하는 일도 포함된다. 이러한 과정은 테스트 청사진에 명시된 절차를 따르는데, 이러한 청사진은 특정 응시자들이 목표어 사용 상황에서 유용성의 특성을 극대화하기 위해 구안된 것이다.

테스트 환경 조성

테스트 시행의 첫 단계는 청사진의 명세화에 부합하도록 테스트 환경을 조성하는 일이다. 여기에는 테스트 공간, 테스트 자료 및 장비, 인원, 테스트 시간, 물리적 조건 등을 조율하는 일이 포함된다.

예를 들어 우리가 개발했던 말하기 테스트를 살펴보자. 이 테스트의 설계 명세화에 따르면 특성이 다른 두 곳의 넓은 공간이 필요했는데, 한 곳은 형식적 역할극에 적합하고 다른 한 곳은 비형식적 역할극에 적합해야 했다. 이러한 형식성 및 비형식성을 구현하기 위해 재료 및 장비의 측면에서 두 종류의 책상, 전화 헤드셋 두 개, 표지가 다른 테스트 책자, 피면담자를 위한 일련의 프롬프트 등이 필요했다(Bachman and Palmer, 1983).

인적 자원과 관련된 부분은 테스트 시행 전과 시행 중에 면밀히 관리되었다. 테스트 시행의 시작 단계에서 우리는 시험관처럼 행동했는데, 테스트 설계 및 개발 단계에서 유용성의 특성을 극대화하기 위한 최적의 지위라고 판단했기 때문이다. 우리의 특성에 가장 부합하는 역할을 한 셈이다. 테스트 시행 이전에는 정부 기관에서 경험 많은 구술 면접자들이 진행하는 훈련 프로그램에 일주일 동안 참여했다. 또한 여러 차례 테스트를 시행해 보고 이러한 경험을 토대로 설계를 변경하기도 했다.

테스트 시간은 주로 신뢰도 및 실용도와 관련된 요인들에 영향을 받는다. 수업 시간에 캠퍼스 시험장 근처에 있는 학생들이 대부분인 응시자들과 그들이 가장 잘 접근할 수 있는 낮에 테스트를 시행했다. 우리는 40분 간격으로 테스트를 진행해 각각의 테스트 이후에 충분한 시간을 갖고 보고하도록 했다. 또한 신뢰도에 악영향을 끼칠 수 있는 피로감과 집중력의 상실을 배제하기 위해 주기적으로 긴 휴식을 취하게 했다.

테스트 시행과 관련된 물리적 조건에는 형식적, 비형식적 역할극을 수행하기에 적합하고 방해를 받지 않는 조용하고 밝으며 안정된 공간이 포함되었다.

이와 대조적인 상황으로 대규모 그룹을 대상으로 한 작문 테스트의 시행을 들 수 있다. 응시자들은 잘 깎인 연필, 지우개, 필기용 종이 혹은 컴퓨터 및 워드프로세서 등 최상의 과제를 수행하는 데 필요한 장비를 갖춰야 한다. 또한 다른 응시자들에게 방해받지 않는 환경도 필요하다.

응시자들 사이에 정보 교환이 발생할 우려가 있다면 응시자 사이에 적당한 공간을 둘 수 있다. 또한 응시자의 신원을 제대로 확인하지 못하는 문제가 예상되는 경우에는 신원 확인을 위한 서류를 요청할 수도 있다. 이러한 절차들은 테스트 수행의 부정적인 측면으로 간주되는 부정행위를 방지하기 위해서만은 아니다. 그보다는 점수 해석의 타당도를 포함해 테스트의 유용성을 극대화하는 데 초점을 두기 위함이다.

지시문 전달

테스트 시행의 두 번째 단계는 모든 응시자들이 이해할 수 있는 방식으로 지시문을 전달하는 일이다. 효과적인 지시문 준비와 지시문의 구성 요소에 대해서는 이미 10장에서 논의한 바 있다. 지시문을 통해 응시자들에게 도움을 주는 일은 테스트 시행에 필수적이다. 여기에는 시간, 조명, 방해 요소 제거 등이 적절한 상황에서 문어나 구어 지시문을 제시하기 위한 명시적인 단계가 포함된다. 또한 지시문을 구두로 전달하는 사람을 선정하고 필요하면 훈련을 할 수도 있다.

테스트 환경 지원

다음 단계는 테스트가 시행되는 동안 환경을 지원하는 일이다. 여기에는 온도, 소음, 과도한 움직임 등으로 인한 방해 요소를 제거하는 일이 포함된다. 예를 들어 대규모 테스트에서 움직임과 소음을 피하기 위해 응시자들은 테스트 종료 시까지 자리에 앉아 있어야 한다. 또한 여기에는 테스트의 전반적인 유용성을 최대화하는 데 도움이 되도록 테스트 운영자와 감독관들의 수행을 지원하는 일도 포함된다.

실제로 테스트 시행을 하기 이전에 개발자들은 테스트가 진행되는 동안에 감독관들이 해야 하는 일에 대해 어떠한 지원을 할 수 있을지를 고려해야 한다. 전통적으로 테스트 수행 환경에 대한 관심의 초점은 신뢰도 제고를 위해 가변적 요인을 통제하는 데 있어 왔다. 유용성의 특성이라는 측면에서 신뢰도가 중요하기는 하지만, 다른 요소들도 균형적으로 고려되어야 한다. 예를 들어 대단히 안정적인 테스트 수행 환경을 조성하려는 시도가 배경의 실제성을 어느 정도나 감소시킬 것인가? 혹은 테스트 수행 환경을 통제하려는 권위적인 시도가 응시자들에게 주는 부정적인 영향력은 어느 정도인가? 예를 들어 우리는 한때 표준화된 대규모 테스트를 시행하면서 테스트 관리자가 응시자들에게 적대감을 느끼는 것을 목격하기도 했다. 테스트를 시작하기도 전에 실제로 응시자들 사이에서 불만이 쏟아져 나오는 것을 듣기도 했는데 이러한 양상은 응시자들이 테스트를 최상으로 수행하는 데 도움이 되지 않았을 것이다.

테스트 환경을 안정적으로 지원하는 것은 유용성의 특성 전반을 염두에 두고 이루어져야 한다. 특정 테스트 상황에 대한 유용성의 특성 사이의 적절한 균형에 기초해 결정을 내릴 필요가 있다는 것이다.

테스트 수합

테스트 시행의 마지막 단계는 테스트를 수합하는 일이다. 감독관들은 수합된 자료가 응시자가 실제로 작성한 것인지를 확인하는 데에만 집중하고는 하지만, 오히려 이 점이 응시자들에게는 부정적인 반응으로 남을 수 있다. 따라서 테스트 수합은 응시자와 개인적으로 접촉할 수 있는 마지막 기회로 볼 필요가 있다. 서둘러 테스트를 수합하는 대신에 감독관은 응시자들이 자신의 테스트 경험에 대해 의견을 작성하는 기회를 제공할 수 있다. 응시자가 이러한 피드백을 작성하는 동안 감독관은 조용히 시험지를 걷으면 된다. 응시자들은 자신의 속도에 맞춰 시험장을 떠날 수 있으며 원하는 경우에는 감독관과 테스트 경험에 대해 이야기할 수도 있다. 감독관이 응시자의 제안을 메모하면, 자신들의 의견이 진지하게 수용된다는 인상을 줄 수 있으며 궁극적으로는 테스트 유용성 전반에 긍정적으로 작용한다.

사전 테스트와 운영 테스트

일반적으로 개발자들은 사전 테스트와 운영 테스트를 구분한다. 전자는 후자보다 선행하며, 사전 테스트의 유일한 목적은 개인에 대한 추론이 아니라 테스트 자체와 운영 절차를 수정하기 위한 정보를 얻는 데 있다.[1] 테스트를 개발할 때 상당수의 초기 버전 사전 테스트는 개인과 소그룹을 대상으로 다소 비공식적으로 이루어지며, 많은 경우에 질적 피드백 자료를 수합한다. 이를 통해 특정 과제, 지시문, 운영 절차와 관련된 잠재적 문제점을 해결한 후에 더 큰 그룹을 대상으로 더 많은 양적 피드백 자료를 수합할 수 있다. 사전 테스트의 마지막 단계는 실제 테스트 운영과 같은 조건에서의 현장 적용이다. 즉, 테스트가 의도된 목적에 따라 시행되는 것과 동일한 운영 절차를 거친다. 이때 현장 적용의 목적은 여전히 개인에 대한 추론에 있지 않고 유용성 평가를 위한 정보를 수합하는 데 있다.

사전 테스트에서 수합하는 정보의 양과 종류는 테스트의 목적과 범위에 따라 결정된다. 예를 들어 학습자들에게 익숙한 학습 과제에 기초해 교사가 교실 테스트를 계획하는 상황이라면 테스트 과제 개발과 운영 절차를 위한 피드백은 교수 활동의 일환으로 수합될 것이다. 반면 다수의 개인에 대한 추론과 결정을 내리기 위한 대규모 테스트의 경우에 사전 테스트는 훨씬 더 광범위하고 엄밀하게 진행될 가능성이 있다.

운영 테스트 동안에는 응시자의 언어 능력 추론이라는 본질적 목적을 위해 테스트가 운영된다. 그러나 테스트 유용성을 제고하기 위해 어떠한 수정이 필요한지에 대한 정보를 제공하는 측면에서 테스트 절차 자체에 대한 정보를 지속적으로 수집하는 일도 중요하다.

테스트 개발 및 운영의 세 번째 단계는 설계 및 조작화 단계와 주기적으로 관련된다. 처음 두 단계에서 초기 계획이 수립되고 예비 테스트가 개발되는데, 세 번째 단계에서 유용성의 특성을 평가하고 적절하게 수정하기 위해 테스트가 얼마나 효과적인지를 결정해야 한다. 사전 테스트 이후에 설계 개요서를 수정할 필요도 있다. 명세화가 만족스럽다면 그에 부합하는 결과를 도출할 수 있도록 테스트 과제와 절차를 수정하는 데 초점을 맞출 수도 있다. 이때 수정의 양과 유형은 사전 테스트를 통해 얻은 피드백의 특성에 따라 다양할 수 있는데, 개별 테스트 과제를 사소하게 편집하는 일부터 전반적인 수정을 가하는 일까지를 모두 포함한다. 전반적인 수정에는 설계 단계로 되돌아가서 설계 개요서의 일부 구성 요소를 재고하는 일도 포함될 수 있다. 테스트 혹은 테스트 과제는 실제 적용되기 이전에 흔히 시험적으로 사용될 수 있다. 교실 테스트 상황에서는 이러한 절차가 종종 생략되기도 하는데, 테스트 및 테스트 과제를 개선하는 데 유용한 정보를 제공한다는 점에서 일부 학생들이나 동료 교사들에게 미리 테스트를 시행해 보는 것도 좋은 방법이다.

유용성 평가를 위한 피드백 수합

전술했듯이 피드백 수합의 주된 목적은 유용성의 특성을 평가하고 테스트 수정을 위해 관련 정보를 얻는 것이다. 여기에서는 수합 가능한 피드백의 세부 용도, 피드백의 유형, 피드백의 출처, 수합된 피드백에 포함되는 자원, 피드백 수합 방식에 대해 논의하고자 한다.

수합한 정보의 구체적인 용도

테스트 개발의 설계 및 운영 단계 동안에 유용성을 다루기 위한 정보의 핵심은 개발자와 개발 팀의 다른 구성원뿐 아니라 잠재적 응시자 및 사용자가 제공하는 정성적 판단이다. 테스트 시행 단계에서의 정보를 수합하면 개발자는 추가 자료를 통해 피드백을 수합할 수 있고, 경험적 자료와 관찰을 바탕으로 테스트 유용성에 대한 초기 평가를 할 수 있다. 또한 유용성 개선을 위해 테스트나 테스트 절차를 수정할 수 있게 하기도 한다. 테스트 시행을 통해 얻은 정보를 활용하는 용도가 다양하다는 것이다.

시행 절차의 적합성/타당성/효율성 판단

테스트 환경에서 발생할 수 있는 잠재적 문제와 테스트 시행 절차 및 이러한 문제를 방지하는 시행 절차를 예상할 때, 시도해 보지 않고 시행 절차가 무리 없이 전개될지를 가늠하는 것은 불가능하다.

테스트 환경 관련 문제

테스트 환경과 관련된 문제는 신뢰도, 타당도, 영향력 등 유용성의 특성 가운데 하나 이상을 감소시키기도 한다. 이러한 문제는 물리적 환경, 참여자, 테스트 시간 혹은 이들 사이의 조합에 대한 예상치 못한 상황으로 발생한 것일 수 있다. 한 가지 유형의 문제는 시험장의 산만한 소음에서 기인한다. 예를 들어 가까운 곳에서의 소음, 시끄러운 난방이나 환기 시스템, 테스트를 일찍 마치고 퇴실하는 응시자의 소음 등이 이에 해당한다. 일례로 녹음 자료와 시험지를 활용하는 듣기 테스트를 개발할 때 우리는 시험지를 넘기는 소음이 듣기에 집중하는 응시자들을 방해할 수도 있음을 예상하지 못했다. 소수의 응시자를 대상으로 한 사전 테스트에서는 문제가 드러나지 않았는데, 실제 시험장에서 대규모 응시자를 대상으로 현장 적용을 실시했을 때 문제가 드러났다. 우리는 시험지의 페이지를 나눠 문항 사이에 시간을 두는 방식으로 해결책을 마련했다.

테스트 절차 관련 문제

잠재적 문제의 또 다른 유형은 테스트 감독관과 관련된다. 테스트 절차 관련 질문에 답변을 하기 위한 충분한 교육을 받지 않았을 수도 있고, 응시자들에게 충분한 지원을 제공하지 못할 수도 있으며, 응시자들의 모국어를 말하지 못할 수도 있다. 이러한 문제에 대한 확실한 해결책은 감독관에게 조금 더 많은 정보를 제공함은 물론 비언어적 의사소통에 대한 피드백 제공, 실제 테스트 시행 후의 사후 보고 세션 등을 포함하는 모의 훈련을 받게 하는 것이다.

적절한 시간 할당

사전 테스트의 두 번째 목적은 응시자들이 최상으로 테스트 수행에 임할 수 있는 적절한 시간을 할당하는 일이다. 예를 들어 두 섹션으로 구성된 테스트를 사전 테스트한다고 가정해 보자. 사전 테스트 동안에 개발자는 첫 번째 섹션에서 과제를 완료하는 데 드는 시간이 응시자별로 다양함을 확인할 수 있다. 반면 두 번째 섹션의 과제를 완료하는 데는 본질적으로 동일한 시간이 요구된다. 첫 번째 섹션을 빨리 완료한 응시자가 기다릴 필요가 없도록 과제의 순서를 조정하는 것이 하나의 해결책이 될 수 있다.

또 하나의 보편적인 문제는 지시문과 예시의 이해 가능성이 충분하지 않아서 과제 수행에 필요한 시간이 응시자마다 다른 경우다. 이로 인해 일부 응시자들에게 해당 테스트의 타당도와 유용성은 떨어질 수밖에 없다. 응시자들이 지시문을 읽고 이해가 되지 않는 부분에 대해 질문하는 시간을 별도로 두는 것이 하나의 해결책이 될 수 있다. 또 다른 해결책으로는 지시문을 쉽고 짧게 작성하는 것, 간단한 예시를 추가하는 것, 응시자의 모국어로 지시문을 제시하는 것을 들 수 있다.

과제 명세화 및 지시문의 명확성 문제 파악

사전 테스트의 세 번째 목적은 과제 명세화와 지시문에서 문제를 확인하는 일이다. 예를 들어 에세이에 대한 프롬프트가 포함된 쓰기 테스트에서 프롬프트에 쓰기 샘플의 특성을 적절하게 명시했는지를 확인할 필요가 있다. 이를 통해 예상 응답의 특성이 목표어 사용 과제의 주요 특성과 최대한 일치하도록 해야 한다. 테스트 개발의 운영 단계에서 우리는 테스트 과제의 모든 특성을 검토했다. 또한 응시자들에게 과제에 대해 적절하게 설명하기 위해 주제 지식, 조직적 특성, 기능적 특성, 사회언어학적 특성과 같은 일련의 특성 각각에 대해 결정을 내리고자 했다. 시행 단계에서는 사전 테스트를 통해 남아 있는 문제들을 확인하고 절차와 지시문을 수정할 수 있다.

테스트 과제에 대한 응시자들의 응답 확인

사전 테스트의 네 번째 목적은 테스트 수행 과정, 테스트 과제에 대한 인식, 테스트 수행의 세 영역에서 응시자들이 과제에 어떻게 응답하는지에 대한 예비 정보를 얻는 일이다. 처음 두 영역의 정보를 얻기 위해서는 일반적으로 질적 평가 절차에 의존할 것이다. 테스트 수행 과정에 대한 피드백에는 일반적으로 응시자의 테스트 수행에 대한 관찰과 여러 유형의 자기 보고가 포함된다. 응시자가 테스트를 인식하고 이에 응답하는 방식에 대한 피드백은 일반적으로 테스트의 관련성, 난도, 시간 할당 및 운영 절차의 적합성 등에 대한 자기 보고를 통해 이루어진다.

테스트 수행에 대한 피드백을 얻기 위해 개별 과제, 개발 영역, 테스트 전체에 대한 응시자의 점수를 수합한다. 이러한 점수를 통계적으로 분석해 개별 과제, 각 영역, 테스트 전체의 난도, 개별 과제와 다른 과제들의 기능적 일치도, 테스트 전체의 신뢰도 등을 확인할 수 있다. 또한 이러한 점수는 테스트가 설계된 대로 제시되었는지를 판단하는 데도 유용할 수 있다. 예를 들어 두 사용역에 대한 응시자들의 숙달도와 관련된 정보를 제공하기 위해 설계된 테스트를 가정해 보자. 또한 두 사용역에 대한 숙달도가 서로 다른 사람들이 포함된 응시자 표본 집단을 통해 사전 테스트를 실시했지만 모든 응시자가 만점을 받았다고 가정해 보자. 이 경우에 원하는 정보를 얻기 위해 수정이 필요한 사항을 결정하려면 테스트 과제의 특성을 재검토할 수도 있다(이 장의 마지막에 수록된 교육 측정과 통계 분석에 대한 '더 읽을거리' 참조).

또 다른 사례로 쓰기 테스트의 상호작용성을 높이기 위해 응시자가 응답할 때 상당한 개인적 경험을 포함하도록 쓰기 과제 유형을 설계했다고 가정해 보자. 해당 과제에 대한 사전 테스트 과정에서 응시자들은 사실적으로 응답했는지 혹은 가상의 정보로 응답했는지에 대한 질문을 받을 수 있다. 이 질문에 대한 응답을 분석함으로써 응시자들이 실제 사용 과정과 의도적 사용 과정을 비교할 수 있다. 혹은 가상의 정보에 의존한 사람들에게 실제 경험 대신에 가상의 정보를 활용한 이유를 물을 수도 있다. 이를 통해 모든 응시자가 예상되는 배경지식과 경험을 지니고 있지 않은 경우에 특정 테스트 과제가 모든 응시자에게 적절하거나 동등하게 상호작용적이지 않을 수 있다는 것을 확인할 수 있다.

피드백의 유형

응시자의 언어 능력에 대한 피드백

응시자의 언어 능력에 대한 피드백에는 테스트 과제가 조직적 지식, 화용적 지식, 메타인지 전략과 같은 언어 능력의 구성 요소 및 주제 지식의 사용을 응시자에게 요구했는지에 대한 정보가 포함된다. 이러한 유형의 정보는 테스트 과제의 구인 타당도, 실제성, 상호작용성에 대한 예비 평가 과정에 유용하다. 예를 들어 초급부터 고급까지 언어 능력 수준이 다양한 응시자들을 대상으로 텍스트 조직 관련 지식을 측정하기 위해 설계된 쓰기 과제를 가정해 보자. 예상한 것보다 더 많은 가변성이 발견된다면 점수에 대한 양적 분석을 통해 문제를 확인할 수 있다. 작문 조직 과정에서의 수행 절차에 대한 관찰, 응시자들의 작문 결과에 대한 분석, 응시자들의 자기 보고에 대한 확인을 통해 후속되는 질적 피드백을 확보함으로써 추가 정보에 접근할 수 있다. 이를 통해 테스트 과제를 완료하는 과정에 아마도 높은 수준의 조직적 지식이 필요하지 않았음을 확인할 수 있다.

테스트 절차 자체에 대한 피드백

테스트 절차 자체에 대한 피드백에는 테스트 시행 동안의 환경과 사건에 대한 정보가 포함된다. 이는 응시자의 활동 혹은 응시자를 둘러싼 상황이나 활동과 관련될 수 있다. 이 정보는 응시자들이 최상의 과제를 수행하는 데 테스트 환경이 적합한지를 평가하는 데 유용하다. 예를 들어 쓰기 과제를 포함하는 테스트를 사전 테스트하는 동안에 많은 응시자들이 작문의 분량, 채점 기준의 상대적 중요도 등에 대해 질문하는 상황을 가정해 보자. 이를 통해 정보를 추가로 제공하거나 예시를 제시하는 등 지시문을 수정할 수 있다. 혹은 오디오 장비가 쓰이는 테스트의 사전 테스트 동안에 교실 전체에 소리가 고르게 들리지 않는 상황에 주목해 보자. 이를 통해 실제 테스트에서는 스피커 성능을 향상시킬 수 있을 것이다.

피드백의 획득 경로

테스트 시행 과정에서 응시자, 관리자, 사용자를 통해 피드백을 얻을 수 있다. 응시자들은 테스트와 테스트 과제에 대한 인식과 태도, 그리고 실제 수행을 통해 피드백을 제공할 수 있다. 테스트 관리자와 감독관은 시행 절차가 응시자들이 최상으로 테스트를 수행하는 데 도움이 되는지에 대한 피드백을 제공할 수 있다. 테스트 사용자는 특정 요구와 관련해 점수의 유용성에 대한 피드백을 제공할 수 있다.

피드백의 획득 경로는 그 용도에 달려 있다. 특정 응시자 집단의 능력을 맞춤형으로 테스트하는 데 초점이 있다면 해당 응시자들이 피드백의 핵심 출처다. 예를 들어 테스트가 특정 응시자 집단에 적합한지를 판단하기 위해서는 테스트를 실제로 시행해 보고 우수한 수행 집단과 미흡한 수행 집단의 비율을 확인할 수 있다. 또는 지시문, 과제의 명확성, 과제의 적합성 등에 대한 응시자들의 의견을 들을 수도 있을 것이다.

피드백의 목적이 테스트를 시행하고 채점하는 사람들에게 실용적인지를 확인하기 위해서라면 이러한 개인들을 통해 피드백을 얻을 수 있다. 예를 들어 구두 인터뷰 테스트 관리자들의 피드백은 설문지를 통해 얻을 수 있다. 이 설문지에는 과제의 명확성, 과제 수행 시간, 평가 척도의 이해 가능성 등에 대한 관리자들의 인식이 반영되어 있다.

채점 결과의 활용에 대한 피드백이 필요하다면 사용자에게 이러한 정보를 제공하는 것이 자연스럽다. 예를 들어 배치 테스트에 영향을 받는 교사들이 익숙한 몇몇 학생들, 예비 테스트로 배치된 학생, 배치 수준을 제공한 교사에게 배치 테스트를 치른 다음 해당 수준이 적절한지를 학생들에게 물을 수도 있다.

피드백 획득에 필요한 자원의 양

일반적으로, 특정 코스의 마지막에 테스트를 시행하고 테스트의 유용성 개선을 위한 피드백 수합을 하고는 한다. 자주는 아니지만, 고부담 테스트를 개발할 때도 초기의 사전 테스트 이후에 테스트를 더 이상 개선하지 않고 점수를 얻는 용도로만 사용하기도 한다. 그러나 테스트가 사용되는 초기에만 피드백을 수합하는 이러한 관행은 일반적으로는 비생산적이다. 테스트 개발에 주의를 기울이고 유용성에 대한 피드백을 더 많이 얻을수록 테스트의 유용성은 향상될 것이다. 더욱이 테스트의 유용성 향상을 위한 피드백 수합은 테스트가 사용되는 한 지속되어야 한다. 예를 들어 전체 학부 외국어 프로그램의 성공 여부를 평가하기 위해 구두 인터뷰를 개발하는 경우, 테스트가 폐기되기 이전까지 유용성에 대한 피드백을 지속적으로 얻을 수 있다. 이는 시험관과 응시자들의 정기적인 보고와 테스트에 대한 적절한 수정을 통해 가능할 것이다. 이러한 상황에서 유용성 평가와 테스트 개선을 위한 피드백 수합 과정은 테스트 운영의 일부이며 지속되는 활동으로 간주될 수 있다.

이는 교실에서 사용하기 위해 교사가 제작하는 테스트에도 적용된다. 유사 테스트가 필요할 때마다 '바퀴를 새로 개발하는 것'보다 테스트 설계를 위한 추가 자원을 수합하고 유용성에 대한 피드백을 얻어서 테스트를 수정해 나간다면 이러한 테스트가 훨씬 유용할 것이다. 이와 관련해 유용성에 대한 피드백의 수합이 필수적이기는 하지만 복잡하거나 번거로운 일만은 아님을 기억해야 한다. 이러한 방향으로 테스트 개발을 인식한다면 테스트가 한 차례만 쓰이고 폐기되는 일은 줄어들 것이다.

물론 테스트 시행을 통해 어떤 유형의 피드백을 얼마나 수합할 것인가의 문제는 소모 자원 측면에서의 비용과 균형을 맞춰야 한다. 예를 들어 대규모 집중 영어 프로그램에서 사용할 수준별 배치 테스트를 개발하기 위해 자금을 지원받은 경우에 일부의 자원을 사용해 개인들에게 테스트를 치르게 하고 테스트를 운영하기에 앞서 오랜 기간 보고 절차를 거치게 하는 것이 합당하다고 생각할 수 있다. 반면 현재의 코스에서 사용할 중간고사를 개발한다면 학습자들이 사전 테스트를 치르는 데 시간을 소모하는 일이 합당하지 않다고 느낄 수도 있다. 대신 우리는 각각의 테스트 운영 이전에, 운영 도중에, 운영 이후에 더 많은 피드백을 수합할 수 있다. 또한 테스트 마지막에 첨부된 간단한 설문지나 일부 응시자를 대상으로 한 선택적 요약 보고와 같은 경제적 방식을 활용해 피드백을 얻을 수도 있다. 궁극적으로 테스트의 의도적 목적과 활용 가능한 자원 사이의 균형을 맞추는 일이 중요하다.

피드백 획득 방법

설문지

설문지를 통해 테스트 수행 경험의 다양한 측면에 대한 세부 질문의 응답을 얻을 수 있다. 보편적으로 쓰이는 설문지 형식에는 선다형 설문, 척도형 설문, 개방형 설문이 있다.

선다형 설문

선다형 설문은 양적 피드백을 얻고자 할 때 활용할 수 있다. 이때 개발자들은 응시자들에게서 피드백을 얻기를 원하는 몇몇 구체적인 테스트 수행 전략을 염두에 두어야 한다. 예를 들어 네보(Nevo, 1989)는 응시자들에게 테스트 수행 전략의 목록을 제시하는 절차에 대해 설명하는데 각 항목에 신속하게 응답하기 위해 각각의 목록에는 간략한 설명이 병기되며, 응시자들은 각 항목을 응답하는 과정에서 어떠한 전략을 사용했는지를 표시해야 한다. 실제로 이러한 절차에 따라 응시자들은 각각의 테스트 문항 다음에 이어지는 16개의 선다형 설문에 응답하게 된다.

다음의 예시 1에서 이러한 전략이 어떻게 쓰일 수 있는지를 확인할 수 있다.

1. 각 문항에 답한 후, 다음의 전략 중 어떤 전략을 사용해 문항에 답했는지 표시하십시오.

[문항 1] 전략
- 배경지식: 문어 자료를 해결하기 위해 독자가 환기한 테스트 외부의 일반적 지식
- 추정: 특별한 이론적 근거가 없는 맹목적 추정
- 지문으로 돌아가기: 문제와 선택지를 읽은 후에 정답을 고르기 위해 지문으로 돌아가기
- 기타

선다형 형식은 여러 측면에서 수정될 수 있다. 피드백 양식의 첫 부분에 전체 전략에 대해서 한 번만 정의하고 각각의 문항 다음에는 전략의 명칭만 나열하는 것도 하나의 수정 방식이 될 수 있다. 또한 문항의 시작 부분에 전략을 한 번만 명명 및 정의하고 응답자가 각 문항 이후에 사용된 전략의 번호를 단순하게 나열하도록 하는 것도 가능하다. 선다형 형식의 장점은 피드백을 수합하는 사람으로 하여금 특정 유형의 피드백에 초점을 두게 하고 응답을 제한할 수 있다는 점이다. 그러나 관련자들이 체크리스트에 제시되는 선택지의 범위를 벗어나는 전략을 사용할 수도 있기 때문에 이 부분을 놓칠 수 있다는 점은 단점으로 작용한다.

척도형 설문
척도형 설문 또한 피드백을 얻기 위해 쓰일 수 있는데, 관련자들이 테스트와 관련된 문제에 대해 느끼는 감정의 강도와 방향에 대한 피드백을 얻을 수 있다. 스턴필드(Sternfeld, 1989, 1992)가 척도형 설문에서 사용

한 몇몇 질문은 예시 2~7과 같다.

2. 이 테스트는 친숙한 주제에 대해 독일어로 즉석에서 글을 쓸 수 있
    는 능력을 잘 측정한다.

    매우 그렇지 않다 -- 매우 그렇다

    ①   ②   ③   ④   ⑤

3. 이런 유형의 테스트에 대해 잘 준비했다고 느낀다.

    매우 그렇지 않다 -- 매우 그렇다

    ①   ②   ③   ④   ⑤

4. 지시문이 명확했다.

    매우 그렇지 않다 -- 매우 그렇다

    ①   ②   ③   ④   ⑤

5. 절대적 기준으로 볼 때 얼마나 잘 수행했다고 생각하는가?

    0% --- 100%

    ①   ②   ③   ④   ⑤

6. 나의 가상의 '최고 수행'과 비교했을 때 테스트를 잘 수행했다.

    매우 그렇지 않다 -- 매우 그렇다

    ①   ②   ③   ④   ⑤

7. 이 테스트가 나의 독일어 실력을 파악하는 데 유용했다.

    매우 그렇지 않다 -- 매우 그렇다

    ①   ②   ③   ④   ⑤

척도형 설문의 장점은 특정 질문에 대한 응답 범위를 제한하고, 이를
정량화가 가능한 형식으로 구현함으로써 효과적인 통계 분석을 수행할
수 있다는 점이다. 반면 응답의 범위와 내용을 제한하는 것은 단점이다.

개방형 설문

설문지의 세 번째 형식인 개방형 설문을 통해 응시자들은 자유롭게 응답함으로써 간단하게 피드백을 제공할 수 있다. 네보(Nevo, 1989:215)는 이 방식을 선다형 질문과 결합시켰는데, '기타 전략'을 선택지로 제시하고 이에 대해 작성할 수 있는 별도의 공간을 제시한 것이다. 개방형 설문의 장점은 예상하기 어려운 응답을 이끌어 낼 수 있다는 데 있다. 반면 응답자들이 자신이 관심 있어 하는 부분에만 응답할 수도 있다는 점은 단점이다.

사고 구술법

피드백 수합을 위한 두 번째 일반적 방법은 사고 구술법을 활용하는 것이다. 사고 구술법은 응시자가 실제로 테스트를 수행하는 동안 겪은 과정을 설명하는 것이다. 이는 응시자들에게 테스트 수행 과정에 대한 발화 기회를 제공한다. 구두와 서면으로 이루어질 수 있는데 8과 9가 그 예시다.

8. 다음의 읽기 이해력 테스트에서 테스트를 수행하면서 자신이 무엇을 하고 있는지에 대해 설명하십시오. 제공된 마이크를 통해 녹음하십시오.
9. 쓰기 능력에 대한 다음의 테스트에서 답안을 작성하면서 어떠한 과정을 거쳤는지를 간략하게 적어 주십시오.

사고 구술법의 장점은 가장 직접적이라는 데 있다. 서면 형식일 때에는 다소 시간이 지연될 수 있지만 구두 형식일 경우에는 테스트의 수행 과정에서 곧바로 피드백을 얻을 수 있다. 피드백 내용의 통제가 상대적으로 어렵다는 점, 응시자들의 관여가 많은 듣기와 말하기 테스트에서는 즉각적인 피드백을 얻는 게 실질적으로 어렵다는 점은 단점으로 꼽힌다. 이러한 경우에도 사후에 수합되는 피드백이 유용할 수 있다. 예시 10이 그러한데, 응시자는 촬영된 강의에 대한 듣기 이해력 테스트의 수행에 대한 자신의 경험을 이야기했다.

10. [촬영된 강의에 대한 듣기 이해력 테스트] 테스트를 수행하는 동안의 생각과 느낀 점을 적어 주십시오.
지시문이 너무 빨랐다. 종이를 제시간에 꺼낼 수 없었고 포기해 버렸다. 강의에서의 말하기 스타일은 일반적인 구어가 아니었다. 질문을 놓쳐 버렸고 어떤 질문을 해야 하는지를 알 수 없었다. 들어야만 하는 (독일어로 된) 질문을 찾아내는 데 시간을 소모했고, 그 때문에 듣기를 제대로 수행하지 못해서 화가 났다. 테스트의 나머지 3/4에 대해서도 무관심해졌다.

관찰과 기술

테스트 시행을 통해 피드백을 얻는 세 번째 일반적인 방법은 테스트 수행 과정을 외부에서 모니터링하고 관찰 결과를 기술하는 것이다. 이는 관찰자가 포착한 일을 간단히 기록하는 개방형 방식으로 수행될 수 있다. 혹은 관찰 대상 행동의 특정 범주들에 대해 정의된 지침이나 체크리스트를 통해서도 수행될 수 있다.

면담

피드백 수합의 네 번째 방법은 테스트 수행을 완료한 응시자를 대상으로 보고형 면담을 시행하는 것이다. 응시자와 테스트 개발자를 만나게 함으로써 테스트 수행 경험에 대한 이야기를 나누는 것이다. 이를 통해 응시자에게 자신이 원하는 대로 이야기할 기회를 제공할 수 있으며, 이때 면담자가 특정 유형의 정보에 초점을 둔 질문을 할 수도 있다.

다음의 예는 응시자가 일련의 테스트 경험에 대한 자신의 감정을 표현할 수 있도록 기획된 반구조화된 면담이다.

11. 학생 A: 테스트에 대해 부정적인 태도를 보였으며 개인적인 이점은 없었다. 5학기 독일어에서 잘했다고 생각을 했지만, 자신이 할 수 있는 일이 포함되지 않은 테스트에서 실패했다고 느꼈다. 주요 불만: 시간 부족, 사람과 관련된 내용이 없음. 사람들과의 접촉이 있는 나라에서는 성공적이지 않을 테스트. 다른 학생들도 똑같이 느낀 점은 테스트가 시간 낭비라는 것이다. 테스트에 동반되는 수업에서의 추가 학습 과제에 대해 불만이 많았다. 다른 테스트에 대해서는 반응이 다양했다. '테스트 부과 방식이 강제적'이었다고 느꼈다. 최선을 다하고자 했지만 최악의 수행이었기에 낙심했다. 그러나 해당 코스를 통과했다는 것을 알았기 때문에 다소 안심했다.

12. 학생 B: 테스트에 불만을 품지는 않았지만 테스트의 유용성에 대해서는 의구심이 들었다. 3일 반 동안 수업을 하지 못한 것은 불만이었다. 일부 테스트는 좋았지만 나머지는 아니었다. 쓰기와 같은 몇몇 테스트는 자신과는 무관하다고 말했다. 이런 점을 얘기할 수 있어서 좋았다. 이 테스트가 잘 조직되었다고 말했으며, 다양한 듣기 테스트

의 어려움에 대해 다채로운 의견을 들을 수 있어서 좋았다. 전반적으로 긍정적인 반응이었다.

위의 예에서 확인할 수 있듯이 보고형 면담의 장점은 응시자가 개발자와 더불어 개인적으로 상호작용할 기회를 제공한다는 점이다. 이를 통해 자신들의 의견이 경청되고 그러한 의견이 테스트에 긍정적인 영향을 줄 수 있음을 응시자들에게 알릴 수 있다. 시간적으로 많은 비용이 들고 특정 문제에 대한 피드백이 많이 필요한 경우에는 효율성이 떨어질 수 있다는 점이 단점이다.

요약

테스트 개발의 세 번째 단계에는 테스트 유용성의 특성을 평가하기 위해 테스트 시행 동안의 경험적 자료를 수합하는 일이 포함된다. 일반적으로 자료 수합은 두 지점에서 이루어진다. 먼저 테스트가 의도된 목적에 따라 사용되기 전인 사전 테스트에서 이루어진다. 또한 설계된 목적에 부합하게 테스트가 실제로 쓰이는 테스트에서도 이루어진다. 사전 테스트 동안에는 응시자의 언어 능력과 테스트 자체 및 그 절차에 대한 피드백이 수합된다. 실제 테스트가 사용되는 동안에도 이러한 정보가 지속적으로 수합되기 때문에 테스트의 유용성을 제고하기 위한 수정 작업을 수행할 수 있다.

청사진에 명세화된 절차에 따른 테스트 수행 과정을 응시자에게 안내하는 일도 테스트 실시 절차에 포함된다. 이러한 안내는 테스트 유용성을 극대화하도록 설계되며 테스트 환경 조성, 지시문 전달, 테스트 지원 환경의 유지, 테스트 수합을 포함한다.

피드백은 테스트 시행 동안에 수합되며 여기에는 시간 할당, 과제 명세화의 문제점, 테스트 과제에 대한 응시자의 응답을 포함하는 시행 절차에 대한 정보가 담긴다. 사전 테스트 동안의 피드백은 다양한 방식으로 수합될 수 있는데, 대규모 관련 집단의 질적·양적 접근은 물론 개별 반응에 대한 질적 사례 조사도 이루어질 수 있다. 테스트 형식이 상대적이고 테스트가 이미 시행 중이라는 점에서 운영 테스트 동안에 수합된 피드백은 일반적으로 테스트 사용자에게 유용성의 특성을 알리기 위해 테스트의 특성을 설명하는 목적으로 활용된다.

피드백 수합에 소요되는 시간과 노력의 양은 해당 테스트의 중요성에 따라 달라진다. 저부담 테스트에서는 피드백 수합에 상대적으로 적은 자원이 드는 반면, 고부담 테스트에서 피드백을 수합하는 일은 대규모 작업일 수 있다. 그렇지만 장기간에 걸친 테스트 사용을 계획하고 각각의 실제 시행 동안에 유용성에 대한 피드백을 수합함으로써 저부담 테스트의 질적 수준을 제고할 수도 있다. 피드백은 다양한 방식으로 수합될 수 있는데 설문지, 사고 구술법, 관찰과 기술, 면담 등의 방법이 있다. 어떤 방법을 선택할 것인가는 가용 자원에 따라 선택 및 수정될 수 있다.

1. 335쪽~340쪽에 걸쳐 논의한 테스트 상황과 관련된 문제를 상기해 보자. 테스트 상황과 관련된 여러 유형의 문제들이 신뢰도, 구인 타당도, 실제성, 상호작용성, 영향력, 실용도에 어떠한 영향을 줄 수 있겠는가? 다른 유형의 문제가 같은 방식으로 각각에 영향을 주는가?

2. 341쪽~344쪽에 걸쳐 논의한 테스트의 제시 절차와 관련된 문제를 상기해 보자. 테스트 상황과 관련된 여러 유형의 문제들이 신뢰도, 구인 타당도, 실제성, 상호작용성, 영향력, 실용도에 어떠한 영향을 줄 수 있겠는가? 다른 유형의 문제가 같은 방식으로 각각에 영향을 주는가?

3. 이전에 개발한 테스트 하나를 상기해 보자. 사전 테스트와 테스트 시행을 위해 어떠한 과정을 거쳤는지를 기술해 보자. 이 장에서 설명한 절차 중에서 어떤 것을 수행했는가? 그 이유는 무엇인가? 테스트를 다시 개발한다면 절차를 어떻게 수정하겠는가?

4. 개발할 수도 있는 테스트 하나를 가정해 보자. 이 테스트에 필요한 사전 테스트와 시행 절차의 목록을 작성해 보자.

5. 수행했던 테스트 하나를 떠올려 보자. 최상의 테스트를 수행하는 데 시행 절차가 얼마나 도움이 되었는가? 혹은 얼마나 방해가 되었는가? 어떻게 수정할 수 있다고 생각하는가?

6. 사용한 적이 있는 테스트 하나를 상기해 보자. 관련자들에게 유용성과 관련해 어떠한 종류의 피드백을 얻었는가? 테스트를 다시 사용한다면 어떠한 종류의 피드백을 얻기를 원하는가? 이를 위해 어떤 절차를 밟아야 하겠는가?

7. 교실용 테스트를 개발한 뒤에 한 차례만 사용해 본 경험을 상기해 보자. 이 테스트를 개발하는 데 어떠한 유형의 자원이 쓰였는가? 해당 테스트를 다시 사용할 기회가 있었는가? 여러 차례에 걸쳐 더 유용한 테스트를 개발하기 위해 가용 자원을 어떻게 할당할 수 있겠는가?

8. 교실용 테스트를 정기적으로 개발할 필요가 있는 교사가 테스트를 재개발하기보다는 가용 자원을 테스트 개선에 활용하기 위해 현재의 테스트 프로그램을 재구성할 수 있는 방안에 대해 생각해 보자.

9. 전통적으로 테스트를 어떻게 받아 왔는가? 응시자의 입장에서 테스트 절차 과정에서 어떠한 인상을 받았는가? 이러한 인상이 테스트의 유용성 측면에 긍정적인 영향을 주었다고 생각하는가? 그렇지 않다면 주어진 절차 중에서 어떤 부분을 수정하겠는가?

10. 교육 측정과 관련된 최근의 논쟁을 검토해 보자(반드시 언어 테스트일 필요는 없다). 행정적 변경을 통해 이후에 해결된 부정행위 혹은 부당한 관행에 대해 수험생이 제기한 소송 등과 같이 부정행위로 인해 테스트가 뉴스에 오르내린 사례를 찾아보자. 이는 테스트 운영의 피드백에 대한 매우 중요한 사례가 될 것이다. 테스트가 뉴스화될 때 테스트 개발자나 사용자에게 어떤 의미를 지니는가? 어떤 종류의 피드백이 있으며, 이후의 테스트 시행에 어떤 영향을 미칠 수 있는가?

더 읽을거리 _____

교육 측정과 통계 분석

Cronbach, L. J. (1989), *Essentials of Psychological Testing*(4th Edn), New York: Harper and Row.

Glass, G. V. and K. D. Hopkins(1984), *Statistical Methods in Education and Psychology*(2nd Edn), New York: Prentice – Hall.

Guilford, J. P. and B. Fruchter(1978), *Fundamental Statistics in Psychology and Education*(6th Edn), New York: McGraw – Hill.

응용 언어학을 위한 연구 방법

Hatch, E. and A. Lazaraton(1991), *The Research Manual: Design and Statistics for Applied Linguistics*, New York: Newbury House Publishers.

Johnson, D. (1992), *Approaches to Research Second Language Learning*, London: Longman.

Nunan, D. (1992), *Research Methods in Language Learning*, Cambridge: Cambridge University Press.

피드백 수합을 위한 접근

Cohen, A. D. (1994), *Assessing Language Ability in the Classroom*, Boston: Heinle and Heinle.

Færch, C. and G. Kasper(1987), *Introspection in Second Language Research, Clevedon*, UK: Multilingual Matters.

Nevo, N. (1989), 'Test-taking strategies on a multiple-choice test of reading comprehension', *Language Testing* 6/2: 199-215(cited in Cohen 1992).

Sternfeld, S. (1989), *Test Packet for the University of Utah's Immersion/Multiliteracy Program*, Photocopied materials.

Sternfeld, S. (1992), 'An experiment in foreign education: The University of Utah's Immersion/Multiliteracy Program'. In R. J. Courchene, J-I. Glidden, J. St. John, and C. Therien (eds.): *Comprehension-based Language Teaching/L'enseignement des langues secondes axe sur la comprehension*. pp. 407-32. Ottawa: University of Ottawa Press.

3부

테스트 개발 프로젝트 사례

프로젝트 1~7.

도입

이 책의 3부에서는 다양한 과제 유형을 포함하고 광범위한 언어 능력을 다루는 일련의 예시적인 테스트 개발 프로젝트를 제공한다. 이 프로젝트의 목적은 1부와 2부에서 논의한 고려 사항과 절차가 실제 테스트 개발 상황에 적용될 수 있는 다양한 방법을 설명하고 학생들이 작업할 수 있는 연습문제를 제공하는 것이다. 프로젝트를 설명할 때는 5~12장에서 설명한 설계 절차를 따라 테스트 개발의 세 단계(설계, 운영, 관리)를 체계적으로 진행한다.

프로젝트 1에서는 완전한 설계 개요서, 청사진 및 테스트를 제공한다. 이 프로젝트는 1부와 2부의 여러 곳을 참조했고, 설계 및 개발 절차의 모든 단계를 완벽하게 설명하고자 할 때 사용할 수 있다. 프로젝트 2~7에서는 절차의 일부가 완전히 개발되고 다른 일부는 부분적으로 개발되거나 전혀 개발되지 않은, 부분적으로 개발된 프로젝트의 예를 제공한다.

학생들은 책의 중간 부분을 읽어 가면서 이 예시를 누적적으로 완성할 수 있다. 프로젝트 2~3은 단일 테스트 상황에서 사소한 차이를 반영하기 위한 테스트 설계 변경의 종류를 보여 준다는 점에서 특히 유용할 수 있다. 프로젝트 8~10에서는 테스트 개발에 대한 접근법을 교실 성취도 테스트 개발에도 적용할 수 있다. 첫째, 프로젝트는 테스트 과제를 개발하기 위한 기초로 교실에서의 교수 및 학습 과제의 사용을 보여 준다. 즉, 이 프로젝트에서 테스트 개발자는 교실 밖 상황에서 목표어 사용 과제를 찾으려고 시도하기보다는 6장(158~161쪽)에서 논의된 바와 같이 언어 교육적 목표어 사용 영역에 기반하여 테스트 과제를 개발했다. 둘째, 측정할 구인을 정의하기 위한 기초로 교수 및 학습 목표 또는 목표의 형태로 교수요목 내용을 사용하는 방법을 보여 준다. 셋째, 과제 특성에 대한 틀을 특정 상황의 필요에 맞게 조정할 방법을 설명한다. 학생들이 개발한 마지막 두 프로젝트는 약간 다른 용어를 사용하며, 구인을 정의하고 목표어 사용 과제를 명세화하는 다른 방법을 보여 줄 것이다.

　이러한 프로젝트는 테스트 설계 과정의 예시라기보다는 자체 테스트 요구 사항에 '사용해야 하는' 과제로 간주하는 것이 좋다. 또한 이러한 설계 기법을 다른 언어 테스트 상황에 맞는 다양한 유형의 작업을 설계하는 데 이용할 가능성도 고려해 보자. 이러한 프로젝트의 목표는 여러분이 자신의 목적에 맞는 다양한 유형의 테스트를 개발할 수 있는 능력에 대한 유연성과 자신감을 키울 수 있도록 돕는 것이다.

프로젝트 1.

대학 작문 프로그램 입학생을 대상으로 한 고부담 선발 및 배치 테스트의 완전 개발 사례

도입

이 프로젝트에서는 영어권 대학에서 영어를 모국어로 사용하지 않는 학생들을 대상으로 한 대학 수준의 보호 학술 작문 프로그램에 입학하는 학생들을 위한 테스트 개발에 대해 실명한다('보호' 프로그램에는 비원어민만 입학할 수 있는 코스도 포함된다. 동일한 일반 목표를 가진 '비보호' 버전의 강좌도 영어 원어민을 위해 제공된다). 테스트 결과는 학생이 보호 프로그램 입학에 필요한 최소 기준을 충족하는지의 여부와 충족할 경우 해당 프로그램 학습을 면제하고 영어 원어민을 위한 비보호 프로그램에 입학을 허용할지를 결정하는 데 사용된다.

작문 샘플을 도출하기 위해 작문 과제에 대한 맥락을 제공하고 작문 샘플이 충족해야 하는 여러 기준을 명시하는 프롬프트를 개발했다. 또한 테스트 응시자가 따라야 할 작문 과정도 명시되어 있다. 학생들이 이러한 과정을 따르고 이러한 기준을 충족하는지에 따라 위에서 설명한 결정이 내려진다. 프롬프트의 구성 요소는 현재 보호 및 비보호 대학 작문 프로그램에서 사용하는 작문 모델을 본떠서 만들어졌다.

I. 설계 개요서

1. 테스트 목적

A. 추론

글쓰기가 필요한 다양한 학문 영역에서 응시자의 언어 능력에 대한 추론

B. 의사 결정

1. **부담**: 비교적 높음. 테스트 결과는 응시자에게 필요한 코스 학습량을 결정하는 데 사용된다.
2. **영향을 받는 개인**: 테스트 응시자, 작문 프로그램 교사.
3. **구체적인 결정 사항**
   a. 선발
      1. 보호 작문 프로그램에 입학.
      2. 보호 작문 프로그램에서의 학습 면제 및 영어 원어민을 위한 비보호 프로그램 입학.
   b. 진단
      보호 작문 프로그램에 배치된 학생의 경우, 특정 학생의 작문 문제

를 진단하기 위해 교사가 작문 샘플로 사용할 수 있는 테스트가 제공된다.

2. 목표어 사용 영역 및 과제 유형에 대한 설명

A. 과제의 식별

1. **목표어 사용 영역**: 실생활 및 언어 교육
2. **테스트 과제로 고려할 목표어 사용 과제의 식별 및 선택**

   a. 분석할 목표어 사용 과제는 ESL 작문 프로그램 및 콘텐츠 과정의 강사와 함께 수행한 요구 분석을 기반으로 식별되었다. 이러한 분석 결과에 따라 '코스 평가 작성하기' 또는 강사에게 '수업에 결석하는 이유를 설명하는 메모 작성하기'와 같이 상대적으로 덜 중요한 과제는 분석 대상 과제 집합에서 제외했다(6장의 섹션 2(154~167쪽)에서 '목표어 사용 과제 유형 설명'에 대한 추가 논의 참조).

   b. 목표어 사용 과제 1~4의 특성을 다음과 같이 분석한 결과, 과제 1과 과제 2([표 P1-1] 참조)는 두 과제의 특성 중 중복되는 부분이 많기 때문에 동일한 과제 유형인 '학기말 논문'에 속한다고 결론을 내릴 수 있다. 또한 과제 3과 과제 4는 두 과제의 특성이 서로 다른 정도에 따라 서로 다른 과제 유형에 속한다고 결론 내릴 수 있다([표 P1-2] 참조). 이를 보여 주기 위해 과제 3과 과제 4의 특성을 굵은 글씨로 강조했다.

B. 목표어 사용 과제 유형 설명

[표 P1-1]과 [표 P1-2]를 살펴보자.

[표 P1-1] 작문 프로젝트 1을 위한 목표어 사용 과제 1과 2의 특성

	목표어 사용 과제 1	목표어 사용 과제 2
	문학 작품의 일부를 분석하는 학기말 보고서	생물학적 과정을 분석하는 학기말 보고서
상황		
물리적 특성	위치: 집, 도서관, 컴퓨터 실습실, 교실. 소음 수준: 조용하고 밝은 조명 조건(예: 도서관) 또는 학생회의 테이블과 같이 혼잡한 시끄러운 조건을 포함해 다양함. 온도와 습도: 일반적으로 캠퍼스에서 편안하며 캠퍼스 밖에서도 다양함. 좌석 조건: 다양함: 개별 책상, 컴퓨터 콘솔 테이블. 조명: 일반적으로캠퍼스에서는 양호하며 캠퍼스 밖에서는 다양함. 자료 및 장비 및 친숙성: 연필/펜, 종이, 워드프로세서, 단일 언어 및 이중언어 사전, 유의어 사전, 맞춤법 검사기, 문법 검사기. 워드 프로세서를 제외하고 학생들은 대부분 익숙한 경향이 있음.	과제 1과 같음.
참여자	선생님, 급우들, 학생들에게 글쓰기를 도울 수 있는 친구, 누구나 테스트 응시자에게 친숙하고 그들에 대해 긍정적인 태도를 취함.	과제 1과 같음.
과제 시간	주간, 저녁 및 주말을 포함해 다양함.	과제 1과 같음.
입력		
형식		
채널	청각적 및 시각적이지만 일반적으로 시각적인 내용은 보고서 주제가 정교해짐에 따라 강사와의 구두 면담을 포함할 수 있음.	과제 1과 같음.
양식	언어	언어와 비언어(표, 그림, 방정식 등)
언어	일반적인 목표	과제 1과 같음.

	목표어 사용 과제 1	목표어 사용 과제 2
길이	프롬프트: 다양함. 가능한 주제 목록이나 사항을 포함해 짧거나 매우 길 수도 있음. 과제: 보고서를 쓰는 데 이용되는 입력	과제 1과 같음.
유형	프롬프트와 과제	과제 1과 같음.
속도	빠르지 않음	과제 1과 같음.
수단	실시간	과제 1과 같음.
언어 특성		
조직적 특성		
문법적	어휘: 광범위한 일반적이고 기술적인 어휘. 구문: 다양한 조직 구조. 문자: 일반적으로 타이핑.	과제 1과 같음.
텍스트적	변인: 광범위한 응집 장치 및 조직적 패턴	과제 1과 같음.
화용적 특성		
기능적	변인: 관념적, 조작적 및 상상적.	다양하지만 주로 조작적이고 관념적임.
사회 언어학적	방언/변이형: 표준과 지역으로 다양함. 사용역: 공식 및 비공식. 자연스러움: 자연스러운. 문화적 참조 및 비유적 언어: 다양함.	방언/다양성: 대부분 표준임. 사용역: 대부분 공식적. 자연스러움: 자연스럽고 부자연스러움(응시자 응답의 예). 문화적 참조 및 비유적 언어: 가변적이지만 상대적으로 제한적일 수 있음.
주제 특성	변인: 문학적 주제	제한: 생물학적 과정의 분석.
	예상 응답	
형식		
채널	시각적	과제 1과 같음.
양식	언어	과제 1과 같음.
언어	목표어	과제 1과 같음.
길이	상대적으로 긺: 10-30쪽 타자로 침.	과제 1과 같음.
유형	확장된 생산	과제 1과 같음.
속도	일반적으로 빠르지 않음.	과제 1과 같음.
언어 특성		
조직적 특성		

	목표어 사용 과제 1	목표어 사용 과제 2
문법적	어휘: 일반적이고 기술적. 형태와 통사: 표준 영어.	과제 1과 같음.
텍스트적	응집력: 응집성이 있는. 수사학: 공식적인 개요에 대한 주제 없이 확장된 토론 및 분석. 주제는 논문의 끝에서 언급될 수 있음.	응집력: 응집성이 있는 수사학: 초반에 주제와 영역이 기술된 연역적 발표. 주제 제목은 일반적으로 포함됨.
화용적 특성		
기능적	관념적, 경험적, 상상적.	관념적, 경험적.
사회 언어학적	방언/변이형: 표준. 사용역: 공식. 자연스러움: 자연스러운. 문화 참조 및 비유적 언어: 다양함.	과제 1과 같음.
주제 특성	변인: 문학 주제	제한: 생물학적 과정의 분석.
입력과 응답 사이의 관계		
반응성	비상호적	과제 1과 같음.
관계의 범위	거대하게 넓은	과제 1과 같음.
관계의 직접성	간접적	과제 1과 같음.

[표 P1-2] 프로젝트 1의 목표어 사용 과제 3과 4의 특성(변별적 자질들은 굵게 표시)

	목표어 사용 과제 3	목표어 사용 과제 4
	에세이 테스트	제안서
상황		
물리적 특성	위치: 교실. 소음 수준: 조용함. 온도와 습도: 편안함. 좌석 조건: 쓰기를 위한 팔걸이가 있는 개별 책상. 조명: 밝음. 자료 및 장비 및 친숙성: 테스트 답안지, 연필, 펜, 테스트 질문지.	학기말 보고서와 같음.
참여자	학생, 교사, 다른 학생들. 모두 친숙함.	학기말 보고서와 같음.
과제 시간	수업 시간 동안.	학기말 보고서와 같음.
입력		
형식		
채널	대부분 시각적.	학기말 보고서와 같음.
양식	일반적인 언어.	학기말 보고서와 같음.
언어	일반적인 목표.	일반적인 목표.
길이	프롬프트: 짧음. 답을 쓰는 데 이용되는 입력: 짧은 길이에서부터 중간 길이까지.	학기말 보고서와 같음.
유형	프롬프트.	프롬프트.
속도	가능한 한 빠르게.	일반적으로 빠르지 않게.
수단	실시간, 어떤 입력이 있다면.	실시간, 어떤 입력이 있다면.
언어 특성		
조직적 특성		
문법적	학기말 보고서와 같음.	학기말 보고서와 같음.
텍스트적	**응집력 있는 프롬프트, 실제 질문에 대한 배경 설정이 포함될 수 있음. 프롬프트에 응답하기 위한 기초로 사용된 다른 입력은 응집력과 수사적 구조에서 크게 다를 수 있음. 학기말의 보고서나 제안서보다는 좀 더 고도로 집중됨.**	**학기말 보고서와 같음.**

	목표어 사용 과제 3	목표어 사용 과제 4
화용적 특성		
기능적	프롬프트를 위해: 관념적이고 조작적인. 테스트 질문에 답하기 위해 사용되는 다른 입력: 학기말 보고서와 같음.	학기말 보고서와 같음.
사회 언어학적	학기말 보고서와 같음.	학기말 보고서와 같음.
주제 특성	**학기말 보고서나 제안서보다는 좀 더 제한적임.**	**학기말 보고서와 같음.**

예상 응답		
형식		
채널	시각적	시각적
양식	언어	언어
언어	목표어	목표어
길이	**상대적으로 짧음: 한 단락에서부터 2쪽.**	**변인: 프롬프트의 성격에 따라 짧은 것부터 긴 것까지.**
유형	학기말 보고서와 같음.	학기말 보고서와 같음.
속도	**약간 빠름.**	**일반적으로 빠르지 않음.**
언어 특성		
조직적 특성		
문법적	학기말 보고서와 같음.	학기말 보고서와 같음.
텍스트적	**프롬프트의 특성에 따라 학기말 보고서보다는 좀 더 제한적일 수 있음.**	**학기말 보고서와 같음.**
화용적 특성		
기능적	관념적, 조작적, 프롬프트의 특성에 따른 기능.	관념적, 조작적.
사회 언어학적	학기말 보고서와 같음.	학기말 보고서와 같음.
주제 특성	아마 학기말 보고서보다는 좀 더 제한적임.	학기말 보고서와 같음.

입력과 응답 사이의 관계		
반응성	비상호적	비상호적
관계의 범위	보통 넓음.	좁은 데서부터 넓은 데까지.
관계의 직접성	간접적.	간접적

3. 응시자 특성 설명

A. 개인 특성

1. **연령**: 18세 이상, 대개 18~23세.
2. **성별**: 남성과 여성.
3. **국적**: 다양함.
4. **이민자 신분**: 이민자 및 유학생.
5. **모국어**: 광범위하게 다양함.
6. **일반 교육 수준 및 유형**: 북미의 전문대학, 대학 또는 대학교에서 최소 1년 이상의 교육을 받은 학부 편입생.
7. **테스트의 종류와 준비 정도 또는 해당 테스트에 대한 사전 경험**: 많은 응시자가 TOEFL, 케임브리지 대학교 영어능력인증시험(CPE), 미시간 테스트와 같은 ESL 능력 테스트에 익숙할 것이다.

B. 응시자의 주제 지식

1. 일반적으로 응시자의 전공 분야가 다양하기 때문에 비교적 다양한 주제 지식이 요구된다.
2. 영어를 공부한 개인적 경험, 북미 문화에 대한 개인적 경험 등 매우 구체적인 주제 지식이 있을 수 있다.

C. 응시자의 언어 지식 수준 및 프로파일

1. **일반적인 언어 능력 수준**: 중급에서 고급까지.

2. **특정 작문 실력**: 응시자가 매우 낮은 작문 능력을 보완하기 위해 말하기 능력을 자주 사용할 수 있기 때문에 더 광범위하고 중급에서 고급까지 다양하다. 일부 편입생은 다른 기관에서 영어 과정을 통과했음에도 불구하고 매우 제한된 작문 능력(정리되지 않은 산문, 잦은 구조 오류, 의미 해석을 잘못하는 잦은 오류, 사용역에 대한 통제력이 거의 없음)을 가지고 있다. 이러한 학생들은 비원어민을 위한 보호 작문 프로그램에서 제공하는 종류의 교육을 받기에는 수준이 너무 낮다. 대신 집중 영어 프로그램에 투입된다. 도착하자마자 매우 잘 쓰는 학생들도 있다(고도로 조직화된 산문, 정당한 논거 제시, 문법과 구두점을 완벽하게 통제하고, 사용역을 완벽하게 통제하는 등). 이러한 학생들은 궁극적으로 보호 작문 프로그램에서 완전히 면제된다.

D. 테스트 응시 시 나타날 수 있는 정서적 반응

1. **고숙달도 응시자**: 비보호 프로그램보다 더 많은 학습 기간을 필요로 하는 보호 작문 프로그램에서 면제될 수 있는 기회를 제공하므로 테스트에 대해 긍정적으로 느낄 가능성이 높다.
2. **숙달도가 낮은 응시자**: 보호 작문 프로그램 입학을 위한 최소 기준을 충족하지 못할 수 있으므로 테스트에 대해 위협을 느낄 수 있다.

4. 구인 정의

A. 언어 능력

교수요목에 기반한 구성 요소 정의. 보호 작문 프로그램의 목표는 이 프로그램을 이수하는 학생이 산문 작문의 여러 가지 조직적 및 실용적 특징을 통제할 수 있어야 한다고 명시한다. 따라서 테스트 응시자가 프로그램 면제 자격이 있는지의 여부를 결정할 수 있도록 언어 지식을 포함하는 구성을 사용한다. 자세한 진단 정보가 필요하지 않으므로 설명은 상당히 광범위할 수 있다. 이 테스트는 코스에서 가르치고 성취도 테스트에서 측정할 수 있는 특정 구인 또는 기타 언어 요소의 통제력을 측정하는 데 사용되지 않는다. 구인 정의에 포함되는 언어 지식의 구체적인 구성 요소는 다음과 같다.

1. 통사 지식
　a. 다양한 통사 구조의 정확한 사용.
　b. 문화 참조를 포함한 일반 목적 및 전문 어휘의 범위와 정확성.
2. 수사적 구조에 대한 지식: 정보를 조직하는 특성에 대한 지식.
3. 응집력에 대한 지식: 명시적인 텍스트 관계를 위해 응집력을 표시하는 특성에 대한 지식.
4. 사용역에 대한 지식: 정형화된 표현과 실질적인 담화에서 적당히 격식적인 사용역에 대한 통제력.

B. 전략적 역량

구인에 포함되지 않는다.

C. 주제 지식

언어 능력의 구성 요소에 대한 추론에만 관심이 있으므로 구성에 포함되지 않는다.

5. 유용성 특성 평가 계획

A. 신뢰도

1. 최소 허용 수준 설정
a. 관련 고려 사항
  1. 목적: 비교적 고부담 테스트이므로 신뢰도에 대한 최소 허용 수준이 매우 높다.
  2. 구인 정의: 비교적 좁은 범위의 구성 요소 언어 지식만 구인에 포함되므로 높은 수준의 신뢰도를 기대하기에는 현실적으로 어렵다.
  3. 테스트 과제의 성격: 두 부분으로 된 단일 테스트 과제로 높은 수준의 신뢰도를 기대하는 것이 현실적이다.
b. 수준: 매우 높음.
c. 명세화 방법: 적절한 신뢰도 추정, 시간 할당의 적절성, 채점 기준의

명확성.

2. **논리적 평가**: 7장 '유용성의 논리적 평가'(206~220쪽)의 1~5번 문항에 답해 보자. (이 질문에 대한 답변은 이 프로젝트 마지막에 있는 [표 P1-3] 을 참조.)

3. **경험적 증거 수집 절차**

(12장 참고문헌에 설명한 절차 참조.)

a. 신뢰도에 대한 적절한 추정

1. 정보를 수집하는 개발 단계: 시범 테스트

2. 정보 수집 절차: 30명의 응시자 표본을 대상으로 2주 간격으로 테스트를 두 번 실시한다. 4명의 평가자가 무작위 순서로 테스트를 두 번 평가한다. 평가자 간 신뢰도, 평가자 내 신뢰도, 테스트 간 신뢰도를 계산한다.

b. 시간 할당의 적절성

1. 정보를 수집하는 개발 단계: 시범 테스트

2. 정보 수집 절차: 학생 30명 인터뷰

c. 채점 기준의 명확성

1. 정보를 수집하는 개발 단계: 시범 테스트

2. 정보 수집 절차: 평가자 인터뷰

B. 구인 타당도

1. 최소 허용 수준 설정

관련 고려 사항, 수준 및 명시 방법(구인 타당도의 경우 관련 고려 사항과 수준이 명시되는 방법이 모두 통합되어 있는 것으로 보이나 신뢰도의 경우 비교적 쉽게 분리할 수 있는 것으로 보인다.)

a. 목적: 비교적 고부담 테스트이므로, 점수 해석 및 결정의 타당도를 뒷받침하기 위해 광범위한 증거를 수집해야 한다.

b. 구인 정의: 언어 지식의 네 가지 구성 요소와 관련된 증거를 수집해야 한다.

c. 일반화 영역: 의도한 일반화 영역에 대한 점수 해석의 일반화 가능성을 뒷받침하는 증거를 수집해야 한다.

2. **논리적 평가**: 7장 '유용성의 논리적 평가'(206~220쪽)의 6~15번 문항에 답해 보자. (이 프로젝트의 마지막에 있는 [표 P1-3]에서 이 질문에 대한 답을 확인할 수 있다.)

3. **구인 타당도를 평가하기 위한 경험적 증거 수집 절차**(7장과 12장 더 읽을거리에 설명된 절차 참조.)

a. 구인 정의가 제외, 인정, 면제 결정을 내리는 목적에 적합한가?

1. 정보를 수집하는 개발 단계: 운영 및 시범 테스트

2. 정보 수집 절차: 테스트 응시자가 학술 작문을 수행하게 될 과목을 가르치는 교수들 중 일부를 인터뷰하고 구인 정의의 적절성에 대한 피드백을 얻는다.

b. 테스트 과제에 편견이 없는가?

1. 정보 수집이 이루어지는 개발 단계: 시범 테스트

2. 정보 수집 절차

a. 테스트에 참여한 학생 30명을 인터뷰해 테스트 과제의 공정성에 대한 의견을 얻는다.

b. 다른 목표어 사용 과제 특성 세트에서 샘플링해 몇 가지 다른 프롬프트를 개발한 다음, 다른 프롬프트의 응답 점수 간의 관계에 대한 동시 타당도 연구를 수행한다.

C. 실제성

1. 최소 허용 수준 설정
a. 관련 고려 사항
1. 수업에 영향을 미칠 가능성이 높으므로 실제성에 대한 최소 허용 가능 수준을 높게 설정해야 한다.
2. 일반화 영역이 광범위하므로 실제성에 대한 최소 허용 수준이 높을 필요는 없다.

b. 수준: 보통(주석 2 참조.)

c. 지정 방법
1. 목표어 사용 과제와 테스트 과제의 특성 간의 일치 정도를 나타내는 양적 지표.
2. 테스트 사용자 및 테스트 응시자의 예상 인식.

2. 논리적 평가: 7장의 '유용성의 논리적 평가' 16~17번 질문에 답해 보자.
(이 프로젝트의 끝에 있는 [표 P1-3]에서 이 질문에 대한 답이 제공된다.)

3. 실제성을 평가하기 위한 경험적 증거를 수집하는 절차
a. 테스트 과제의 특성이 목표어 사용 상황에서의 과제 특성과 어느 정도 일치하는가?
1. 정보 수집이 이루어지는 개발 단계: 운영 및 시범 테스트
2. 정보 수집 절차: 테스트 개발자, 교사, 학생은 체크리스트를 사용해 목표어 사용 과제의 특성과 테스트 과제 간의 일치 정도를 결정한다(이 프로젝트 마지막의 [표 P1-1], [표 P1-2] 및 [표 P1-5] 참조).

b. 테스트 개발자, 교사, 학생은 테스트 과제의 실제성이 어느 정도 높다고 생각하는가?
1. 정보를 수집하는 개발 단계: 운영 및 시범 테스트

2. 정보 수집 절차: 3점 척도(높음, 보통, 낮음)의 설문지를 사용해 모든 수준의 신뢰도에 대한 등급을 얻는다.

D. 상호작용성

1. 최소 허용 수준 설정

  a. 관련 고려 사항

    1. 구인 정의에 포함된 응시자 특성의 관여가 높아야 한다,.

    2. 응시자의 다른 특성의 관여는 가능한 한 높아야 하며, 다른 특성의 최소 유용성 수준을 달성하기 어렵게 만들지 않아야 한다.

  b. 수준

    1. 언어 능력: 높음

    2. 주제 지식: 보통

    3. 메타인지 전략: 보통

    4. 정서적 반응: 보통

  c. 명세화 방법: 응시자 특성이 어느 정도 관여할 것으로 예상됨.

2. 논리적 평가: 7장 '유용성의 논리적 평가'(206~220쪽)의 18~25번 문항에 답해 보자. (이 프로젝트의 마지막에 있는 [표 P1-3]에서 이러한 질문에 대한 답을 확인할 수 있다.)

3. 상호작용성 증거 수집 절차: 실제성과 같이 상호작용성은 12장에 설명된 질적 방법을 사용해 사전 테스트 시행 중에 정보를 수집할 수 있다. 이러한 방법에는 다음과 같은 질문이 포함될 수 있다:

  a. 응시자와 교사는 언어 지식과 메타인지 전략의 관여도가 어느 정도라고 생각하는가?

    1. 정보를 수집하는 개발 단계: 운영, 시범 테스트, 운영 중 주기적

사용.

  2. 정보 수집 절차: 응시자와 교사가 주제 지식, 언어 지식 및 메타인지 전략의 관여 정도를 평가하는 설문지를 통해 테스트의 상호작용성을 평가하도록 한다.

b. 응시자와 교사는 응시자의 다른 특성(주제 지식, 메타인지 전략, 정서적 반응)이 어느 정도 관여하는 것이 보통 이상이라고 생각하는가?

  1. 정보를 수집하는 개발 단계: 시범 테스트 및 운영 중 주기적으로.

  2. 정보 수집 절차: 응시자가 테스트 과제에 대한 정서적 반응을 평가하는 설문지를 작성하도록 한다.

E. 영향력

1. 최소 허용 가능 수준 설정

a. 관련 고려 사항

  1. 결정해야 할 의사 결정의 종류: 고부담

  2. 가능한 영향: 너무 낮은 등급에 배치된 학생의 경우 서면 교육이 충분하지 않아 잘못된 배치, 수업료 지출.

b. 수준: 매우 높음.

c. 명세화 방법: 예상되는 구체적인 영향.

2. 설계 및 운영 단계에서의 논리적 평가: 7장 '유용성의 논리적 평가'의 26~40번 문항에 답해 보자. (이 프로젝트 마지막에 있는 [표 P1-3]에서 이 문항에 대한 답을 확인할 수 있다.)

3. 영향력 증거 수집 절차

a. 응시자의 경우

  1. 모든 응시자에게 테스트의 목적, 채점 방법 및 이 점수에 근거해

결정이 어떻게 내려지는지 알려 주는가?

a. 정보를 수집하는 개발 단계: 시범 테스트 및 테스트 사용.

b. 정보 수집 절차.

    i. 모든 응시자에게는 테스트 종료 시 작성할 설문지가 제공되며, 이 설문지에는 테스트의 목적, 채점 및 결정에 대한 충분한 정보를 제공받았는지의 여부와 특정 변경이 필요한지에 대한 질문이 포함되어 있다. 응답자의 80%가 이 정보가 '적절하다'고 평가해야 한다.

    ii. 응시자의 10%는 테스트 사용 중에 동일한 문제를 제공받는다. 위의 i에서와 동일한 기준이 적용된다.

2. 응시자의 80%가 이 테스트가 '편견으로부터 비교적 자유롭다'고 생각하는가?

a. 정보가 수집되는 개발 단계: 시범 테스트 및 테스트 사용.

b. 정보 수집 절차: 위의 1-b와 동일하다.

b. 교육 시스템의 경우

1. 교사가 배치 결정의 80%에 동의하는가?

a 정보를 수집하는 개발 단계: 학생이 교사의 강의에 배치된 후 2주 후에 시범 테스트 및 테스트 사용.

b. 정보 수집 절차: 교사가 자신의 강의에 배치된 각 학생에 대해 작성하는 설문지.

2. 교사의 80%가 테스트 채점 기준이 학생을 배치할 코스의 목표와 일치한다는 데 동의하는가?

a. 정보를 수집하는 개발 단계: 시범 테스트 및 테스트 사용.

b. 정보를 수집하는 절차: 각 교사가 보호 ESL 작문 프로그램에서 가르친 후 분기마다 작성하는 설문지.

c. 사회의 경우

   1. 커뮤니티의 전문가들은 일반적으로 테스트 채점 기준이 사회의 목표와 일치한다는 데 동의하는가?

      a. 정보를 수집하는 개발 단계: 시범 테스트 및 테스트 사용.

      b. 정보 수집 절차: 특정 분야(예: 법률, 비즈니스, 공학, 예술)의 커뮤니티 내 전문가들 중 일부를 인터뷰한다.

  F. 실용도

1. **설계 및 운영 단계에서의 논리적 평가**: 7장 '유용성의 논리적 평가'의 41~42번 문제에 답해 보자. (이 프로젝트 마지막에 있는 [표 P1-3]에서 이 질문에 대한 답을 확인할 수 있다.)

2. **최소 허용 수준 설정**: 관련 고려 사항.

  a. 자원 사용의 한계 수준: 6을 참조하라.

  b. 한계 수준 초과했을 때 중간 평균에 비해 너무 크지 않은 결과.

3. **실용도의 증거를 수집하는 절차**: 프로젝트를 완료하는 데 충분한 자원을 사용할 수 있는지 확인하기 위해 자원 사용을 모니터링하고 있는가?

  a. 정보가 수집되는 개발 단계: 설계, 운영, 테스트 사용, 운영 중 주기적 사용.

  b. 정보 수집 절차

    1. 금전적 자원: 금전적 자원의 사용에 대한 회계 처리를 위한 표준 회계 절차.

    2. 인적 자원: 프로젝트 개발팀의 각 구성원이 프로젝트에 소요된 시간을 표시하기 위해 매주 작성하는 설문지.

6. 가용 자원의 목록과 할당 및 관리 계획

A. 자원에 대한 수요 평가

1. 필요한 자원의 유형과 상대적인 양을 파악한다.
   a. 명세화 단계
   b. 운영 단계
   c. 시범 테스트 및 사용 단계
2. 테스트 출제자(보호 작문 프로그램의 교사)에 대한 수요는 테스트 출제에 사용할 수 있는 시간과 일치하는가?
   a. 정보를 수집하는 개발 단계: 명세화
   b. 정보 수집 절차: 보호 작문 프로그램의 교사 인터뷰

B. 각 단계에서 테스트 개발 활동을 수행하는 데 사용할 수 있는 자원 식별

1. 설계 단계
   a. 인적 자원
   1. 프로젝트 책임자: 대학에서 전체 과정을 가르치고 ESL 교사 연수 프로그램을 지휘하는 교수진
   2. 테스트 출제자: 프로젝트 책임자와 현재 보호 ESL 작문 과정을 가르치는 5명의 조교(TA). 이 중 두 명의 조교는 언어 테스트 과정을 이수했다. 나머지는 그렇지 않다. 모두 대학에서 전 과정을 이수하고 있다.
   3. 채점자: 2에서 설명한 것과 같은 5명의 조교

4. 사무 지원:

    a. 명세화, 운영 및 시범 테스트 단계에서 테스트 자료를 복사할 부서의 비서 1명

    b. 응시자의 점수를 기록할 부서의 행정 보조원 1명

b. 재료 자원

  1. 공간: 프로젝트 책임자와 조교를 위해 이미 제공된 사무 공간

  2. 장비: 프로젝트 책임자와 조교의 개인 소유물인 컴퓨터. 복사기는 영어과 소유이며 프로젝트 책임자와 테스트 출제자가 사용할 수 있다.

  3. 시간: 별도의 휴식 시간은 제공되지 않는다. 테스트 개발은 프로젝트 책임자와 테스트 출제자에게 정상적인 업무량의 일부로 간주된다.

  4. 테스트 재료: 적절한 종이, 연필 및 기타 재료 공급

2. 운영 단계

a. 인적 자원: 명세화 단계와 동일

b. 물적 자원: 명세화 단계와 동일

3. 관리, 시범 테스트 및 사용 단계

a. 인적 자원: 명세회 단계와 동일하며, 대학 테스트 센터에 유급 시험 관리자 2명이 추가됨.

b. 물적 자원: 명세화 단계와 동일. 칠판, 분필, 개인 책상, 방 전체에서 보이는 대형 시계, 책자, 지우개가 있는 연필, 연필깎이, 필기용 팔걸이가 있는 개인 의자 등이 제공됨.

C. 다양한 테스트 개발 과제에 대한 자원 할당

1. 인적 자원(시간 단위) [표 P1-4] 참조.

2. 공간

    a. 테스트 개발: 프로젝트 개발자 및 테스트 출제자의 사무실

    b. 테스트 관리 및 사용: 시범 테스트를 위한 빈 강의실, 테스트 센터

3. 장비

    a. 컴퓨터 시간: 무료

    b. 복사기: 무료

    c 종이: $25

[표 P1-4] 시간 단위의 인적 자원

	설계	운영	관리	채점	분석
프로젝트 책임자	50	25			20
테스트 출제자	10	10			
편집자	5	5			
채점자				30	
관리자	5	5	3		
지원 담당자	2	2	2	2	2

D. 프로젝트와 관련된 비용

1. 인적 자원

    a. 프로젝트 개발자: 시간당 비용 $50.00

    b. 테스트 출제자: 각각 2시간, 시간당 비용 $15

c. 물리적 자원: 이미 사용 가능한 공간

d. 응시자에게 부과되는 수수료: 응시자당 1회 시행 $15

E. 테스트 개발 일정

1. 1996년 6월: 예비 명세화 목록 준비(프로젝트 책임자)

2. 1996년 7월: 명세화 확정(프로젝트 책임자 및 테스트 출제자)

3. 1996년 8월: 운영 완료

4. 1996년 9월: 시범 테스트 완료

II. 운영

이 프로젝트에서 목표어 사용 영역의 과제는 매우 다양하다. 이는 보호 작문 과정을 마치면 다양한 학문 분야와 콘텐츠 과정에 다양한 작문 요구 사항이 있기 때문이다. 따라서 테스트 과제를 개발할 때 '가장 중요한' 단일 목표어 사용 과제 또는 모든 테스트에서 발생할 가능성이 있는 과제로 시작할 수 없다. 또한 모든 응시자가 동일한 주제 지식을 가지고 있다고 생각할 수도 없다.

따라서 보다 '중립적인' 작문 과제를 개발하기로 결정했으며, 단일 전공 분야에서의 경험보다는 대학 절차에 대한 응시자의 경험을 끌어내는 과제를 개발하기로 했다. 이 '대학 절차에 대한 공통된 경험'은 6장에서 논의한 바와 같이 '비교적 동질적인 주제 지식'이다.

또한 훌륭한 작가가 일반적으로 글을 쓸 때 고려하는 정보 및 고려 사항의 종류를 프롬프트에 포함시키기로 결정했다. 6장(146~154쪽)의 구인 정의, 옵션 1, 가능한 해결책 2에서 주제 지식의 역할에 대한 논의도 참조하자.

청사진

테스트 구조

1. **영역/과제 수**: 이 테스트는 비교/대조 및 권장 사항 섹션(아래 참조)의 두 부분으로 구성된 단일 과제를 중심으로 구성된다. 이 두 부분의 목적은 응시자가 두 가지 수사적 구성 방법을 시연하도록 요구하는 것이다.
2. **영역의 현저성**: 프롬프트에 명시된 대로 파트가 명확하게 구분된다.
3. **영역의 순서**: 이 유형의 제시문에서 일반적으로 따르는 순서에 따른다.
4. **영역 또는 과제의 상대적 중요도**: 과제의 첫 번째 파트는 독립적으로 있을 수 있지만 두 번째 파트는 그렇지 않기 때문에 더 중요하다.
5. **영역당 과제 수**: 1개.

테스트 과제 명세

1. **목적**: 설계 개요서 참조.
2. **구인의 정의**: 설계 개요서 참조.
3. **상황**: 개별 테스트 과제의 특성을 참조.
4. **시간 할당**: 2시간.
5. **지시문**

a. 언어: 응시자의 모국어가 다양하므로 목표어(영어)를 사용한다. 응시자는 감독관이 소리 내어 읽어 주는 대로 지시문을 읽는다.

b. 채널: 시각적(작문).

c. 지시문: (부록 1 참조)

6. 입력 및 예상 응답의 특성 ([표 P1-5] 참조)

7. 채점 방법

a. 정답 기준: 작문 과제에서 언어 사용 능력에 대한 이론에 기반한 능력 정의에 따라 기준 참조 언어 척도를 사용한다. 응시자의 작문 샘플은 문법 지식, 텍스트 지식, 어휘 지식, 사용역 지식에 대해 1에서 4까지 채점된다(모든 척도에서 '0'에 해당하는 응시자는 없지만 각 척도에는 0이 포함된다). (실제 사용된 척도는 부록 1을 참조.)

b. 응답 채점 절차: 훈련받은 두 명의 평가자가 모두 독립적으로 읽고 평가한다. 평가자는 각 평가 세션 전에 척도를 검토한다. 평가 세션은 독립적으로 진행되지 않는다. 네 가지 척도에 대한 평가는 제외, 인정 및 면제 결정, 평가 점수 및 위에 설명된 기준에 따라 이루어진다. 두 평가자가 평가에 동의하지 않는 경우, 두 평가자가 동의할 때까지 추가 평가자가 평가한다(평가자 교육 절차에 대한 논의는 11장을 참조).

c. 기준 및 절차의 명확성: 응시자에게 채점 기준에 대한 일반적인 정보를 제공한다(프롬프트에서). (부록 1 참조.)

테스트 과제 특성	
상황	
물리적 특성	위치: 대학 테스트 센터. 소음 수준: 낮음. 온도 및 습도: 쾌적함. 좌석 조건: 필기용 팔걸이가 있는 개별 의자. 조명: 밝음. 재료 및 장비 및 친숙도: 방 전체에서 보이는 대형 시계, 책자, 지우개가 달린 연필, 연필깎이.
참여자	대학 테스트 센터의 유급 테스트 관리자는 숙련되고 경험이 풍부한 테스트 관리자로, 응시자에게는 익숙하지 않을 수 있지만 긍정적인 태도를 가지고 있다.
과제 시간	격월로 수요일 오후 3시.
입력	
형식	
채널	시각적
양식	언어
언어	목표어
길이	중간
유형	작문 과제에 대한 맥락을 제공하고 작문 샘플이 충족해야 하는 여러 기준을 입력하는 복잡한 프롬프트다. 또한 응시자가 따라야 할 특정 작문 과정을 명세화한다.
속도	속도 제한 없음
수단	실시간
언어적 특성	
조직적 특성	
문법	어휘: 일반적이고 특히 입학 절차 및 서면 산문의 특성과 관련된 어휘. 형태 및 구문: 표준 영어. 문자: 타이핑.
텍스트	응집력: 프롬프트의 각 단계 내에서 응집력을 유지한다. 조직화: 절차를 나열한다(에세이 작성 시).
화용적 특성	
기능적	관념적 및 조작적(설명, 지시).
사회언어학적	방언/다양성: 표준. 사용역: 중간 정도의 격식. 자연스러움: 자연스러움. 문화적 참조 및 비유적 언어: 없음.

주제 특성	미국 대학에 서면 제안서 입학 절차를 안내한다.

예상 응답

형식	
채널	시각적
양식	언어
길이	보통(500단어). 응답을 평가할 항목에 부합하는 특성을 가진 작문 샘플을 제공한다.
유형	확장 생산.
속도	응시자의 인식에 따라 달라질 수 있다. 속도가 빠르도록 설계되지 않았다.
언어적 특성	
조직적 특성	
문법	어휘: 일반 및 전문 어휘(특히 입학 절차 관련). 형태와 구문: 표준 영어. 문자: 타이핑.
텍스트	응집력: 전체적으로 응집력이 있다. 수사학: 에세이 형식으로 작성된 제안서.
화용적 특성	
기능적	관념적 및 조작적(설명하기, 정당화하기, 제안하기, 논쟁하기, 기능 비교하기, 대조하기)
사회언어학적	방언/다양성: 표준. 사용역: 중간 정도의 격식. 자연스러움: 전반적으로 자연스러움. 문화적 참조: 두 대학의 입학 문제와 관련된 이벤트 및 절차.
주제 특성	미국 대학 입학 절차.

입력과 응답 관계

반응성	비호혜적
관계 범위	다소 광범위함(프롬프트에 입력할 내용이 상당히 많음)
관계의 직접성	간접적

III. 관리, 시범 테스트, 사용

1. 관리

A. 테스트 상황 준비

1. 테스트 상황은 대학 테스트 센터 담당자가 준비한다.
2. 테스트 센터의 테스트 관리자와 함께 지시문을 검토한다. 테스트 관리자가 지시문을 이해하고 있는지 확인하고 질문이 있으면 답변한다.

B. 지시문 전달

응시자가 시험지에서 지시 사항을 읽는 동안 테스트 관리자가 지시문을 소리내어 읽게 한다.

C. 지원적인 테스트 상황 유지

테스트 센터에 감독관이 대기해 지시문이나 테스트 절차에 관한 질문에 답변할 수 있도록 한다.

D. 테스트 수거

테스트 관리자에게 응시자의 작업 개요를 제외한 모든 테스트 자료를 수거하도록 한다

2. 시범 테스트

A. 관리 절차에 관한 정보 얻기

1. 테스트 관리자와 응시자에게 관리 절차의 문제점에 대해 보고받는다.
2. 가상 피드백: 많은 응시자가 워드프로세서로 작업하는 것을 선호한다고 말한다.
3. 관리 절차의 가상 수정: 테스트 센터와 함께 워드프로세서, 프로그램, 문서 저장용 클린 디스크에 대한 액세스를 제공하기 위한 계획을 개발한다. 테스트 과제 특성인 '테스트 과제 상황의 특성: 물리적 상황: 재료 및 장비'를 적절히 변경한다.

B. 적절한 시간 할당 결정

1. 응시자에게 시간 할당에 대해 설명한다.
2. 가상 피드백: 응시자는 2시간이 충분하지 않다고 말한다. 응시자들은 50분 동안 두 번의 작문 시간(5분 휴식)과 최종 수정에 30분이 더 주어지는 것을 선호한다.
3. 시간 할당의 가상 수정: 피드백에 따라 테스트 과제 명세의 '시간 할당'을 변경한다.

C. 과제 명세화의 문제 식별

1. 응시자에게 과제 명세화에 대해 보고받는다.

2. 가상 피드백: 응시자가 편입한 기관에 도착하기 위해 따랐던 절차가 명확하게 기억나지 않아 에세이의 비교/대조 부분을 완료하기 어려웠다고 말한다.

3. 과제 명세화의 가상 수정: 응시자에게 두 기관에서 거쳤던 대체 과정 목록을 제공하고 이러한 과정을 기반으로 대체 테스트 과제 명세화(특히, 테스트 과제 입력의 주제 내용 및 예상 응답 변경)를 개발하도록 요청한다.

D. 응시자가 테스트에 어떻게 응답하는지에 대한 예비 정보를 확보한다

1. 응시자에게 테스트 전반의 적절성 및 공정성에 대해 보고받는다.

3. 사용

A. 채점

테스트 센터에서 영어학과로 테스트를 보낸다. 프로젝트 책임자가 테스트 채점을 위한 조교 회의 일정을 잡는다.

B. 기록 보관

프로젝트 책임자가 영어학과 관리 조교에게 점수를 전달하면 조교가 이를 기록하고 응시자에게 점수 보고서와 추천서를 우편으로 발송한다. 각 채점 척도에 대한 점수 기록이 보관된다.

C. 보관

영어학과 행정 조교는 테스트를 1년간 보관한다.

부록 1: 프로젝트 1 테스트

응시자 지시 사항

감독관이 낭독하는 대로 이 지시문을 읽으십시오.

1. 이 테스트는 제안서 작성 능력을 평가하는 테스트입니다.
2. 아래 프롬프트를 읽으십시오. 프롬프트에 대해 질문이 있으면 손을 들어 주세요. 감독관이 도와줄 것입니다.
3. 제공된 연필과 줄이 그어진 종이를 사용해 모든 줄에 답을 적으십시오.
4. 작문은 제안의 명확성, 제안을 뒷받침하는 근거의 논리, 조직, 문법 및 문장 부호 사용, 독자에 맞게 글을 조정하는 능력에 따라 점수가 매겨집니다. 구체적인 의견에 대해서는 채점되지 않습니다.
5. 제안서를 작성하는 데 2시간이 주어집니다. 지금 시작하세요.

프롬프트

1. **상황 및 역할:** 이 대학에 입학한 학생으로서 여러분은 다양한 요구 사항에 노출되어 있습니다. 또한 여러분은 다른 대학에서 편입했기 때문에 다른 절차를 경험할 기회가 있었습니다. 입학처는 절차를 개선하고자 하며 신입생 여러분의 피드백을 환영합니다.

2. **목적:** 이 대학에서 사용하는 입학 절차에 대한 피드백을 제공하는 공식적인 제안서를 작성하십시오. 먼저 여러분이 경험한 두 가지 입학 절차를 비교 및 대조하고 효율성과 인도주의적 고려 사항의 관점에서 평가합니다. 그런 다음 효율성을 잃지 않으면서도 더 인도적인 입학 절차를 만들기 위해 둘 중 하나를 변경하기 위한 구체적인 권장 사항을 제시하세요.

3. **청중:** 대학의 입학처장.

4. **구조:** 글은 500단어 내외의 공식적인 제안서 형식으로 작성해야 합니다. 제시하는 정보는 명확한 논제로 잘 정리되어 있어야 합니다. 제안서는 서론, 여러 개의 본문 단락 및 결론을 포함해야 합니다. 단락은 대부분 명확하고 제한적인 주제 문장으로 신중하게 구성해야 하며, 아이디어는 서로 명확하고 명시적으로 관련되어 있어야 합니다.

5. **논거:** 권장 사항을 뒷받침하기 위해 사용하는 논거에는 자신이 경험한 구체적인 절차에 대한 설명이 포함되어야 합니다. 증거에는 해당 절차에 대해 의견을 제시한 다른 학생의 보고서도 포함될 수 있습니다.

6. **언어:** 언어는 적당히 격식을 갖춰야 합니다. 매우 격식 있는 언어와 매우 비공식적인(수다스러운) 언어는 모두 피해야 합니다. 올바른 문

법을 사용하십시오.

7. 작문은 문법 통제력, 글의 구성 능력, 어휘 통제력, 의도한 독자에게 적합한 적당히 격식 있는 스타일로 글을 쓰는 능력을 기준으로 채점 됩니다.

제안서를 작성하는 데 2시간이 주어집니다. 다음 과정을 따르세요.

1. 제안서의 대략적인 개요를 준비합니다. (개요를 제출할 필요는 없습니다.)
2. 초고를 작성합니다.
3. 초고를 읽으면서 구성, 논리, 명확성 등을 확인합니다.
4. 최종 초안을 작성합니다. 모든 줄에 글을 씁니다.
5. 최종 초안을 수정하고 문법, 구두점, 철자 오류를 수정합니다. 실수를 지우고 줄 위에 수정 사항을 적습니다. 단어의 철자가 틀린 것 같아서 사전에서 확인해야 할 것 같으면 동그라미를 치세요. (동그라미로 표시한 단어는 철자가 틀린 것으로 간주되지 않습니다.)

채점 척도

통사 지식

참고: 이 예시 척도는 범위와 정확도 측면에서 5단계로 정의된다.

이론적 구인 정의: 통사 지식

조작적 구인 정의: 제시된 특정 과제(과제 명세화에 명시된 대로)의 맥락에

서 시연되고 다음 척도로 평가된 바와 같이 문화적 참조를 포함한 다양한 통사적 구조를 정확하게 사용한다는 증거.

능력/숙달도 수준	설명
0 없음	통사에 대한 **지식 증거 없음**. 범위: 0. 정확도: 관련 없음.
1 제한된	통사에 대한 **제한된 지식**. 범위: 작음. 정확도: 나쁨, 보통 또는 좋은 정확성. 응시자가 극소수의 구조만 시도하는 경우 정확도가 양호할 수 있음.
2 보통의	통사에 대한 **보통의 지식**. 범위: 중간. 정확도: 범위 내에서 보통에서 양호한 정확도. 응시자가 통제된 범위를 벗어난 구조를 시도하면 정확도가 떨어질 수 있음.
3 광범위한	통사에 대한 **광범위한 지식**. 범위: 넓고, 제한이 거의 없음. 정확성: 좋은 정확성, 적은 오류
4 완전한	통사에 대한 **완전한 지식의 증거**. 범위: 무한한 범위의 증거. 정확성: 완전한 제어의 증거.

어휘 지식

참고: 이 척도는 범위와 정확도 측면에서 5단계로 정의된다.

이론적 구인 정의: 문화적 참조를 포함한 일반 목적 및 전문 어휘 항목에 대한 지식 .

조작적 구인 정의: 제시된 특정 과제(과제 명세화에 명시된 대로)의 맥락에서 시연되고 다음 척도로 평가된 바와 같이 문화적 참

조를 포함한 다양한 일반 및 전문 어휘 항목을 정확하게 사용한다는 증거.

능력/숙달도 수준	설명
0 없음	어휘에 대한 **지식 증거 없음**. 범위: 0. 정확도: 관련 없음.
1 제한된	어휘에 대한 **제한된 지식**. 범위: 작음. 정확도: 어휘 항목들이 종종 부정확하게 사용됨.
2 보통의	어휘에 대한 **보통의 지식**. 범위: 보통. 정확도: 어휘 항목들이 종종 부정확하게 사용됨.
3 광범위한	어휘에 대한 **광범위한 지식**. 범위: 넓음. 정확성: 어휘 항목들이 거의 부정확하게 사용되지 않음.
4 완전한	어휘에 대한 **완전한 지식의 증거**. 범위: 어휘의 완전한 범위의 증거. 정확성: 사용의 완전한 정확성의 증거.

수사적 구조 지식

이론적 구인 정의: 정보를 조직하는 특성에 대한 지식.

조작적 구인 정의: 제시된 특정 과제(과제 명세화에 명시된 대로)의 맥락에서 시연되고 다음 척도로 평가된 바와 같이 정보를 조직하기 위한 다양한 특성을 정확하게 사용한다는 증거.

능력/숙달도 수준	설명
0 없음	수사적 구조에 대한 **지식 증거 없음.** 범위: 0. 정확도: 관련 없음.
1 제한된	수사적 구조에 대한 **제한된 지식.** 범위: 의도적인 수사적 구조의 증거가 거의 없음. 정확도: 구조가 일반적으로 불분명하거나 주제와 관련이 없음.
2 보통의	수사적 구조에 대한 **보통의 지식.** 범위: 명시적인 수사적 구조 장치의 보통의 범위. 정확도: 구조가 일반적으로 명확하지만 종종 더 명시적으로 나타낼 수 있음.
3 광범위한	수사적 구조에 대한 **광범위한 지식.** 범위: 에세이 및 단락 수준에서 다양한 명시적 수사적 구조 장치의 넓은 범위. 정확성: 수사적 구조에 가끔 오류가 있으나 매우 정확함.
4 완전한	수사적 구조에 대한 **완전한 지식의 증거.** 범위: 명시적인 수사적 구조 장치의 완전한 범위의 증거. 정확성: 사용의 완전한 정확성의 증거.

응집력 지식

참고: 이 척도는 범위와 정확도 측면에서 5단계로 정의된다.

이론적 구인 정의: 응집력 있는 텍스트 관계를 명시적으로 표시하는 특성에 대한 지식.

조작적 구인 정의: 제시된 특정 과제(과제 명세화에 명시된 대로)의 맥락에서 시연되고 다음 척도로 평가된 바와 같이 응집력 있는 텍스트 관계를 명시적으로 표시하는 특성을 정확하게 사용한다는 증거.

능력/숙달도 수준	설명
0 없음	텍스트 응집력에 대한 **지식 증거 없음**. 범위: 0. 정확도: 관련 없음.
1 제한된	텍스트 응집력에 대한 **제한된 지식**. 범위: 응집력을 나타내는 표지들이 거의 없음. 정확도: 문장 간 관계를 종종 혼동함.
2 보통의	텍스트 응집력에 대한 **보통의 지식**. 범위: 명시적 장치들의 보통 범위 정확도: 문장 간의 관계는 대체로 명확하지만 종종 더 명시적으로 나타낼 수 있음.
3 광범위한	텍스트 응집력에 대한 **광범위한 지식**. 범위: 복잡한 종속 관계를 포함한 명시적 응집 장치의 넓은 범위 정확성: 응집력에 가끔 오류가 있으나 매우 정확함.
4 완전한	텍스트 응집력에 대한 **완전한 지식의 증거**. 범위: 응집력 장치의 완전한 범위의 증거 정확성: 사용의 완전한 정확성의 증거

적당히 격식적인 사용역 지식

참고: 이 척도는 범위와 정확도 측면에서 5단계로 정의된다.

이론적 구인 정의: 정형화된 표현과 실질적인 담화에서 적당히 격식적인 사용역의 표지들에 대한 지식.

조작적 구인 정의: 제시된 특정 과제(과제 명세화에 명시된 대로)의 맥락에서 시연되고 다음 척도로 평가된 바와 같이 정형화된 표현과 실질적인 담화에서 적당히 격식적인 사용역의 표지를 적절하게 사용한다는 증거.

능력/숙달도 수준	설명
0 없음	적당히 격식적인 사용역에 대한 **지식 증거 없음**. 범위: 0. 정확도: 관련 없음.
1 제한된	적당히 격식적인 사용역 대한 **제한된 지식**. 범위: 정형적이고 (정형적이거나) 실질적인 언어 사용 정확도: 정형적이고 실질적인 언어 사용 중 하나 혹은 모두 미흡함.
2 보통의	적당히 격식적인 사용역에 대한 **보통의 지식**. 범위: 정형적이고 실질적인 언어 사용 정확도: 어휘 항목들이 종종 부정확하게 사용됨.
3 광범위한	적당히 격식적인 사용역에 대한 **광범위한 지식**. 범위: 정형적이고 실질적인 언어 사용 정확성: 정형적이고 실질적인 언어 사용 모두에서 매우 정확함, 가끔 오류만 있음.
4 완전한	적당히 격식적인 사용역에 대한 **완전한 지식의 증거**. 범위: 정형적이고 실질적인 언어 사용 모두 완전한 범위의 증거 정확성: 정형적이고 실질적인 사용의 완전한 정확성의 증거

[표 P1-3] 유용성의 논리적 평가를 위한 체크리스트

	유용성의 논리적 평가를 위한 질문	정성적으로 만족스러운 정도	정성적으로 어떻게 만족스러운지에 대한 설명
		신뢰도	
1	테스트 상황의 특성은 테스트가 시행될 때마다 얼마나 다른가?	정성적으로 완전히 만족스러움.	상황에 차이가 없음. 모든 테스트는 동일한 상황에서 운영됨.
2	테스트 채점기준표의 특성이 테스트 영역이나 유형에 따라 얼마나 근거 없이 달라지는가?	정성적으로 완전히 만족스러움.	파트 1(비교 및 대조)과 파트 2(특정한 추천 제공하기)의 채점기준표의 변화는 제안서의 조직적 특성에 따라 달라짐.
3	테스트1 입력의 특성이 테스트의 영역, 과제, 유형에 따라 얼마나 근거 없이 달라지는가?	정성적으로 완전히 만족스러움.	입력(프롬프트의 두 부분)의 특성은 이러한 부분의 목적과 완전히 일치함.

유용성의 논리적 평가를 위한 질문	정성적으로 만족스러운 정도	정성적으로 어떻게 만족스러운지에 대한 설명
4	예상 응답의 특성이 테스트의 영역 또는 유형에 따라 얼마나 근거 없이 달라지는가?	정성적으로 완전히 만족스러움.	존재하는 유일한 중요한 변화는 응답의 각 부분의 목적을 명시하는 데 사용되는 특정한 기술적 어휘에 있으며 이는 피할 수 없음.
5	입력과 응답 관계의 특성이 테스트의 영역 또는 유형에 따라 얼마나 근거 없이 달라지는가?	정성적으로 완전히 만족스러움.	테스트의 두 부분에서 예상되는 응답의 특성은 각 부분의 목적과 완전히 일치함.
구인 타당도		
6	이 테스트의 언어 능력 구인은 명확하고 모호하지 않게 정의되어 있는가?	정성적으로 완전히 만족스러움.	구인 정의에는 추후 채점 척도 개발의 기초로 사용되는 세 가지의 각 설명이 포함되어 있음.
7	테스트의 언어 능력 구인이 테스트의 목적과 관련이 있는가?	정성적으로 완전히 만족스러움.	구인은 교수자와 상의하여 정의됨. 구인은 작문 강의의 교육 목표 및 비언어적 교육 영역의 다른 강의에서 교수자가 기대하는 바와 일치함.
8	테스트 과제는 구인 정의를 어느 정도 반영하는가?	정성적으로 완전히 만족스러움.	테스트 과제는 응시자가 구인의 정의에 명시된 영역에서 언어 능력을 증명할 수 있도록 충분히 길고 복잡한 언어 사용 샘플(500단어)을 유도하도록 고안됨.
9	채점 절차는 구인 정의를 어느 정도 반영하는가?	정성적으로 완전히 만족스러움.	네 가지 채점 척도(형태 및 통사, 어휘, 텍스트 지식, 사용역)는 구인 정의의 네 가지 부분과 직접적으로 연결됨.
10	테스트 점수가 응시자의 언어 능력에 대해 원하는 해석을 하는 데 도움이 되는가?	정성적으로 완전히 만족스러움.	언어 능력에 대한 필요한 해석(요구 분석 참조)은 테스트 점수에서 직접 확인할 수 있음.

유용성의 논리적 평가를 위한 질문	정성적으로 만족스러운 정도	정성적으로 어떻게 만족스러운지에 대한 설명
11 테스트 상황의 어떤 특성이 응시자의 수행에 상이한 영향을 미치는가?	없음.	모든 응시자는 물리적 상황과 필기 재료(연필과 종이)에 익숙해야 함. 워드 프로세싱 장비 사용이 옵션인 경우, 이 장비를 사용할 수 있는 응시자는 필기를 쉽게 수정할 수 있다는 점에서 유리할 수 있음.
12 테스트 채점기준표의 어떤 특성이 응시자의 수행에 상이한 영향을 미치는가?	없음.	지시문은 낮은 수준의 학생들도 이해할 수 있는 수준으로 작성됨. 테스트 감독관은 응시자가 지시문을 이해하도록 도울 수 있음. 테스트의 구조, 시간 할당, 채점 방식은 그 어떠한 명백한 방법으로도 테스트 응시자들에게 유리하지 않음.
13 테스트 입력의 어떤 특성이 응시자의 수행에 상이한 영향을 미치는가?	없음.	응시자마다 수행을 다르게 할 수 있는 입력의 명백한 특성은 없음. 모든 응시자는 테스트에 사용되는 유형의 시각적 입력을 처리할 수 있음.
14 예상 응답의 어떤 특성이 응시자의 수행에 상이한 영향을 미치는가?	없음.	응시자마다 다르게 수행하게 할 수 있는 예상 응답의 유일한 특성은 측정할 구인과 직접적으로 연관된 특성임.
15 입력과 응답 관계의 어떤 특성이 응시자의 수행에 상이한 영향을 미치는가?	관계의 범위와 직접성일 수 있음.	응시자마다 입학 절차에 대한 경험의 양이 다르거나 경험을 기억하는 능력이 다를 경우, 경험이 많은 응시자에게 유리하도록 테스트 성적이 편향될 수 있음.
실제성		
16 목표어 사용 영역의 과제 설명에는 상황, 입력, 예상 응답 및 응답 간의 관계가 어느 정도 포함되어 있는가?	완전함.	목표어 사용 영역 과제에 대한 설명은 표 P1.1과 P1.2에 제시되어 있으며 상황, 입력, 예상 응답, 입력과 응답 간 관계에 대한 정보를 포함함.

유용성의 논리적 평가를 위한 질문	정성적으로 만족스러운 정도	정성적으로 어떻게 만족스러운지에 대한 설명
17 테스트 과제 특성은 목표어 사용 과제의 특성과 어느 정도 일치하는가?	비교적 양질의 유사함.	테스트 과제와 목표어 사용 과제의 특성 간 일치 여부는 표 P1.2의 목표어 사용 과제 특성과 표 P1.4의 테스트 과제의 특성을 비교하여 분석할 수 있음. 한 가지 불일치는 물리적 상황의 특성(테스트에서는 연필과 종이 사용, 목표어 사용 과제에서는 워드 프로세서 사용)에서 찾을 수 있음. 또 다른 불일치 가능성은 프롬프트의 주제적 특성에서 찾을 수 있음. (입학 절차는 목표어 사용 과제에서 일반적인 주제가 아닐 수 있음.)
상호작용성		
18 테스트 과제는 적절한 주제 지식의 범위와 수준을 어느 정도로 전제하는가? 또한 응시자는 주제 지식을 어느 정도 범위와 수준으로 보유할 것으로 기대하는가?	상당한 정도.	테스트 과제는 적절한 주제 지식을 전제로 함. 그러나 주제 지식의 수준과 범위가 적절하지 않을 수 있음.
19 설계 개요서에 테스트 응시자의 개인 특성이 어느 정도 고려되는가?	상당히 세부적으로 포함됨.	적절한 테스트 과제를 설계하는 데 필요한 다양한 개인적 특성에 대한 정보가 포함되어 있음.
20 테스트 과제의 특성이 특정한 개인 특성을 지닌 응시자에게 어느 정도 적합한가?	일반적으로 적합함.	테스트 과제의 특성과 응시자의 개인적 특성 사이에 명백한 불일치가 없어야 함.
21 테스트 과제 처리에 필요한 언어 지식 영역이 매우 좁은 범위인가 아니면 광범위한가	광범위한 범위.	테스트 과제는 조직적(문법 및 텍스트) 및 실용적(기능적 및 사회언어적) 언어 지식의 모든 영역을 포함함.

	유용성의 논리적 평가를 위한 질문	정성적으로 만족스러운 정도	정성적으로 어떻게 만족스러운지에 대한 설명
22	단순한 언어 지식 증명 이외에 입력을 처리하고 응답하는 데 어떤 언어 기능이 관여하는가?	관념적, 조작적, 학습적.	응시자는 입학 절차에 대한 관념적 지식을 표현하고, 변경을 권고하는 조작적 기능을 수행하며, 작문을 작성하는 과정에서 문제에 대한 해결책을 찾기 위해 학습적으로 언어를 사용함.
23	테스트 과제는 어느 정도 상호 의존적인가?	매우 상호의존적.	과제의 비교 및 대조 부분에 제공된 정보는 과제의 권장 사항 부분에 대한 배경지식으로 사용됨.
24	전략 사용 기회는 얼마나 되는가?	가변적이나 일반적으로 높음.	응시자는 자신의 주제 지식과 광범위한 언어 지식을 평가해야 함. 또한 이러한 정보를 응답에 어떻게 포함할지 계획해야 함. 응시자가 주제를 선택할 수 없으므로 목표 설정이 제한됨.
25	이 테스트 과제는 테스트 응시자가 테스트에서 최선을 다해 수행하도록 돕거나 반대로 방해하는 정서적 반응을 유발하는가?	매우 쉬울 수 있음.	이 과제는 응시자가 익숙한 주제에 대한 정보를 제공하고 물리적 조건이 뒷받침되는 상황에서 의견을 표현할 수 있도록 설계되었음. 요구 사항이 명확하게 명시되어 있음.
	영향력		
26	테스트 응시 경험이나 테스트 수행에 대해 받은 피드백이 언어 사용과 관련된 응시자의 특성에 어느 정도 영향을 미칠 수 있는가?	상당한 정도.	테스트 과제는 실생활 및 언어 교육용 목표어 사용 영역의 과제와 관련하여 매우 사실적이며, 응시자에게는 구인 정의의 여러 영역에 대한 성과 분석이 제공되므로, 피드백은 응시자의 목표어 언어 사용 상황, 언어 지식 영역 및 전략 사용에 대한 인식을 정확하게 알려 주어야 함.

유용성의 논리적 평가를 위한 질문	정성적으로 만족스러운 정도	정성적으로 어떻게 만족스러운지에 대한 설명
27	테스트 설계 및 개발 시 테스트 응시자를 직접 참여시키거나 테스트 피드백을 수집하고 활용하기 위한 규정은 무엇인가?	상당한 정도.	응시자는 시범 테스트 중에 인터뷰될 수 있으며 피드백을 제공할 수 있음. 이 피드백은 테스트를 개선하는 데 사용됨.
28	테스트 응시자에게 피드백이 얼마나 관련이 있고, 완전하며, 의미가 있는가?	상당한 정도.	응시자는 자신의 정량적 점수를 척도별로 분석하여 받음. 척도 수준에 대한 설명은 정성적인 피드백도 제공함.
29	결정 절차 및 기준이 모든 테스트 응시자 집단에게 동일하게 적용되는가?	그러함.	모든 응시자는 동일한 절차를 따르며 동일한 기준에 따라 채점됨.
30	테스트 점수는 의사 결정과 얼마나 관련성이 있고 적합한가?	매우 적합함.	점수는 내려야 할 결정과 직접적으로 관련이 있고 적절하도록 설계되었음. 채점 척도의 수준은 이러한 결정과 관련하여 정의됨.
31	응시자는 의사 결정에 사용되는 절차 및 기준에 대해 충분한 정보를 제공받는가?	상당히 그러함.	응시자에게는 테스트가 채점되는 언어 능력 영역에 대한 정보가 제공되지만 각 영역 내 수준은 제공되지 않음. 또한 채점되지 않는 언어 사용의 측면(특정 주제에 대한 지식과 의견)에 대한 정보도 제공됨. 테스트 채점에 사용되는 절차에 대해서는 알려 주지 않음. 위의 내용은 응시자가 최선을 다할 수 있도록 충분한 정보를 제공하되, 응시자가 직접적으로 사용하지 않는 과도한 정보는 제공하지 않으려는 테스트 개발자의 의도와 일치함.
32	이러한 절차와 기준이 실제로 의사 결정을 할 때 준수되고 있는가?	그러함.	지정된 절차 및 기준에서 벗어난 의사 결정 옵션은 제공되지 않음.

	유용성의 논리적 평가를 위한 질문	정성적으로 만족스러운 정도	정성적으로 어떻게 만족스러운지에 대한 설명
33	측정하고자 하는 언어 능력의 영역은 교재에 포함된 언어 능력의 영역과 얼마나 일치하는가?	매우 일치함.	교육 과제와 테스트 과제에서 평가되는 언어 능력 영역은 일치함.
34	테스트 및 테스트 과제 특성이 교수 및 학습 활동의 특성과 얼마나 일치하는가?	매우 일치함.	테스트 과제의 특성은 L2 화자를 위한 작문 강의에서 사용되는 교육 모델 중 하나를 기반으로 함.
35	테스트의 목적은 교사의 가치와 목표 그리고 교육 프로그램과 얼마나 일치하는가?	매우 일치함.	이 테스트는 교육 프로그램의 교사 팀이 프로그램 책임자와 협력하여 개발함. 교사의 가치와 목표와 테스트 목적 사이에 불일치는 없음.
36	테스트 점수에 대한 해석은 사회와 교육 시스템의 가치 및 목표와 일치하는가?	그러함.	교육 시스템(테스트가 사용될 대학)은 명시적으로 작문 능력을 중요하게 생각함. 실제로 글쓰기 요건은 대학의 모든 학부생에게 요구되는 유일한 요건임. 또한 사회 전반적으로 작문 능력을 중시하고 있으며, 테스트에서 측정하는 언어 지식의 영역과 테스트 점수의 해석도 이러한 가치와 일치함.
37	테스트 개발자의 가치와 목표는 사회 및 교육 시스템의 가치 및 목표와 어느 정도 일치하거나 상충하는가?	본질적으로 완전히 일치함.	테스트 개발자는 사회 및 교육 시스템의 가치 및 목표와 정신적, 정서적으로 조화를 이루고 있음.
38	이러한 특정 방법으로 테스트를 사용함으로써 사회와 교육 시스템에 긍정적이든 부정적이든 잠재적인 결과는 무엇인가?	-	이러한 방식으로 테스트를 사용하는 것이 사회와 교육 시스템에 미칠 수 있는 긍정적인 결과에는 테스트 응시 경험이 교육 시스템의 목표와 적어도 사회 전체의 일부에 대해 처음부터 응시자에게 정보를 제공하는 것이 포함됨. 사회와 교육 시스템에 대한 부정적인 결과는 현재로서는 예측하기 어려움.

유용성의 논리적 평가를 위한 질문	정성적으로 만족스러운 정도	정성적으로 어떻게 만족스러운지에 대한 설명
39	이 특정 방법으로 테스트를 사용함으로써 일어날 수 있는 가장 바람직한 결과 또는 가장 좋은 결과는 무엇이며, 그것이 일어날 가능성은 얼마나 되는가?	-	응시자는 작문 조건을 완료하기 위해 자신이 숙달했거나 숙달하는 과정에 있을 것으로 예상되는 내용을 정확히 평가받는다는 사실을 알고 편안함을 느낌. 이는 응시자에게 테스트의 목적뿐만 아니라 작문 프로그램의 과정의 목적도 알리는 과정을 통해 이루어질 가능성이 높음.
40	이 특정 방법으로 테스트를 사용함으로써 일어날 수 있는 가장 바람직하지 않은 결과 또는 가장 나쁜 결과는 무엇이며, 그것이 일어날 가능성이 있는가?	-	시간이 지남에 따라 응시자의 개인적 특성이 변화하는데도 테스트가 수정 없이 계속 사용된다면, 결국에는 더 이상 응시자에게 적합하지 않을 수 있음. 또한, 테스트를 계속 사용하면 응시자, 교육 시스템 및 사회의 요구에 부응하는 작문 강의가 변화하지 못하는 경향이 있음.

실용도

41	(a) 설계 단계, (b) 운영 단계, (c) 관리 단계에 필요한 자원의 유형 및 규모는 어떠한가?	-	유형별, 분량별 전체 자료 목록은 설계 명세화에 제공됨. 이는 테스트 개발 목적에 적합함. 필요한 경우 필수 및 가용 자원에 대한 추가 정보를 수집함.
42	위의 (a), (b), (c) 단계를 수행하는 데 사용할 수 있는 자원은 무엇인가?	-	설계 명세화 참조

프로젝트 2.

전화 회사 직원을 대상으로 한
선발 및 배치 테스트의 일부 개발 사례

도입

이 프로젝트와 프로젝트 3에서는 완전히 다른 테스트 상황으로 이동한다. 한 전화 회사에서 전화 서비스에 대한 고객의 불만에 서면으로 응답할 직원을 채용하고 있다. 영어 원어민과 비원어민 모두 지원 가능하며, 영어 작문 능력에 대한 선발 테스트가 필요하다. 따라서 이 프로젝트에서는 매우 제한된 목표어 사용 영역에서 작문 능력을 측정하는 테스트를 설계했다. 여기서 사용하는 방법은 응시자에게 전화 서비스 문제에 대한 불만을 처리하는 매우 구체적인 주제 정보를 제공하는 것이다. 응시자는 이 정보를 공식 서한과 비공식 메모에 모두 포함시켜야 한다.

설계 개요서의 일부

테스트 목적

이 테스트의 목적은 전화 회사가 고용 결정 또는 고용을 결정할 때 고려해야 하는 정보의 일부로 사용되는 언어 능력에 대한 추론을 하는 것이며, 채용 시 추가적인 전문 영어 교육이 필요한지를 결정하기 위한 것이다. 또한 이 테스트는 ESP 과정을 수료한 교육생의 직무 전환 여부를 결정하는 데 도움을 주는 종료 테스트로도 사용된다.

목표어 사용 영역 및 과제 유형에 대한 설명

이 프로젝트의 경우 목표어 사용 영역 과제 유형에 대한 간략한 설명만 제공한다. 전화 회사의 홍보 업무에 대한 목표어 사용 영역 및 과제의 특성은 매우 제한적이다

물리적 상황과 관련해 전화 회사의 직원은 조용하고 조명이 밝은 작업 공간에서 일한다. 이러한 종류의 업무에 사용되는 장비와 자료에는 책상, 의자, 맞춤법 검사 기능이 있는 워드프로세서, 검사기, 영어 및 이중언어 사전, 전화기 등이 있다.

전화 또는 서면으로 불만 사항에 응답하기, 동료에게 메모 작성하기, 비즈니스 편지 작성하기, 서신을 통한 문제 해결 등의 과제를 수행한다.

테스트 응시자의 특성

개인 특성

지원자는 만 21세 이상이며, 남성과 여성, 영어 원어민과 비원어민을 모두 포함한다. 영어가 모국어가 아닌 지원자는 다양한 국적과 모국어를 가진 이민자들로 구성된다. 응시자의 언어 능력은 중급부터 고급까지 다양하다. 초급자를 선별하기 위해 서면 설문지를 사용한다. 지원자들은 네 가지 능력에 걸쳐 상당히 비슷한 수준의 실력을 갖추고 있다.

주제 지식

응시자는 표준 유형 및 금융 문제, 일반적인 해결책, 해결책 수행을 담당하는 부서에 대한 지식 등에 대해 매우 구체적인 지식을 가지고 있다. 응시자는 불만 사항의 유형과 이를 처리하기 위한 정보 전달 방법에 대해 잘 알고 있다.

구인의 정의

언어 지식

측정할 구조에는 다음과 같은 언어 구성 요소가 포함된다.

• 구문에 대한 지식: 다양한 구문 구조에 대한 지식.

- 어휘에 대한 지식: 정확하게 사용되는 광범위한 범용 어휘 및 전문 어휘 항목에 대한 지식.
- 수사적 조직에 대한 지식: 다양한 기능 정보에 대한 지식.
- 응집력에 대한 지식: 응집력 있는 텍스트 관계를 명시적으로 표시하기 위한 다양한 범위의 기능에 대한 지식.
- 사용역에 대한 지식: 수사적 표현과 실질적 담화에서 형식 및 사용역의 다양한 표식에 대한 지식.

주제 지식

전화 회사에 대한 고객 불만 사항에 대한 대응(서면) 절차에 대한 지식.

사용 가능한 자원의 목록과 할당 및 관리 계획

이러한 유형의 프롬프트를 준비하려면 상당한 자원이 필요하다. 응답을 표현하는 데 필요한 언어를 너무 많이 사용하지 않으면서도 응답을 안내할 수 있는 충분한 정보를 제공할 수 있는 방법을 고민해야 한다. 응답은 구성되기 때문에 응답을 준비하는 데는 자원이 필요하지 않다. 테스트를 관리하는 데는 자원이 거의 필요하지 않다(그룹 관리 가능). 채점 기준을 개발하고 채점자가 채점 기준을 해석하고 일관된 채점을 제공하도록 교육하는 데는 상당한 자원이 필요하다.

운영

테스트 구조

광범위한 언어 특성에 대해 평가할 수 있는 신뢰도 높은 작문 샘플을 확보해야 한다. 또한 매우 구체적인 정보에 대한 집중적인 응답을 이끌어 낼 수 있는 프롬프트가 필요하다. 이를 위해 두 가지 맥락화된 문장 구성 과제를 사용한다. 두 과제 모두 응시자에게 문장을 구성할 내용을 암시하는 일관된 배경 정보를 제공한다. 이렇게 구성된 문장은 일관성 있는 작문 샘플이 된다. 따라서 이러한 유도 과제에서 응시자는 작문 샘플에서 소통할 특정 정보를 제공받지만, 그 방식은 통제되지 않는다.

채점 방법

응답은 전화 회사에서 채용 및 교육에 관한 결정을 내리는 데 유용하다고 생각하는 특정 언어 지식(및 주제별 지식 수준)의 조합을 설명하는 척도를 사용해 채점한다.

채점 절차는 프로젝트 1과 동일하다. 응시자에게는 그들의 응답을 채점할 일반적인 언어 사용 영역에 대해 명시적으로 알려 준다. 처음 네 가지 척도(구문 지식, 어휘 지식, 수사 조직 지식, 응집력 지식)는 프로젝트 1에서 사용된 것과 동일하다. 다섯 번째 척도인 사용역에 대한 지식은 두 가지 사용역(공식 및 비공식)에 대한 지식이 포함되므로 이 프로젝트에서는 다소 다르게 구성해야 한다. 여섯 번째 척도인 주제 지식 수준은 이 프로젝트에만 해당된다. 마지막 두 척도는 아래에 나와 있다.

사용역에 대한 지식

참고: 이 척도는 범위와 정확도 측면에서 4단계로 정의된다.
구인 정의: 공식적 표현과 실질적인 담론에서 공식적 및 비공식적인 사용역의 표식 범위에 대한 지식.

능력/숙달도 수준	설명
0 없음	사용역에 대한 **지식 증거 없음**. 범위: 0. 정확도: 관련 없음.
1 제한된	사용역에 대한 **제한된 지식**. 범위: 공식과 비공식적 사용역 구분이 제한적. 정확성: 잦은 오류.
2 보통의	사용역에 대한 **보통 수준의 지식**. 범위: 공식과 비공식적 사용역을 적당히 구분 . 정확성: 양호, 오류 거의 없음.
3 완전한	사용역에 대한 **완전한 지식의 증거**. 범위: 공식 및 비공식적 사용역을 완벽하게 구분. 정확성: 오류 없음.

주제 지식

참고: 이 척도는 범위와 정확도 측면에서 4단계로 정의된다.
구인 정의: 전화 회사 고객 불만 처리 절차에 대한 지식.

능력/숙달도 수준	설명
0 없음	전화 회사 불만 처리 절차에 대해 알고 있다는 **지식의 증거가 없음**. 범위: 0, 응시자가 전화 회사 불만 처리 절차에 대한 지식이 없음을 보여 줌. 정확도: 관련 없음.
1 제한된	**지식 스키마타에 대한 제한된 제어.** 범위: 작음에서 보통. 정확성: 잘못된 전략의 빈번한 사용.
2 보통의	**지식 스키마타에 대한 중간 수준의 제어.** 범위: 완료할 수 있는 범위가 넓음. 정확성: 매우 좋음, 잘못된 전략을 거의 사용하지 않음.
3 완전한	전화 회사 불만 처리 절차에 대한 **완전한 지식의 증거**. 범위: 완전함. 정확성: 완전함, 잘못된 전략을 사용하지 않음.

부록 2: 테스트

다음 테스트에서는 괄호 안에 편집자의 설명이 제공된다.

지시 사항

(지시 사항은 목표어로 서면으로 제공됩니다. 절차 및 작업에 대한 설명이 명시되어 있습니다.)

1. 짧은 편지와 메모를 작성하는 능력을 테스트하는 문제입니다.
2. 지시 사항을 읽은 후 워드프로세서에 답장을 작성하세요.
3. 가능한 한 의미 있고 정확하게 답변을 작성하세요. 답변의 합리성과

얼마나 잘 작성했는지에 따라 채점됩니다.

4. 편지와 메모를 모두 작성하는 데 30분이 주어집니다.

5. 답변은 문법적 정확성, 어휘력, 고객에게 보내는 편지의 구성, (비즈니스 서신과 메모 모두에서) 비공식적으로 작성하는 능력, 전화 회사 정책을 준수하는 방식으로 불만 사항을 처리하는 능력에 따라 채점됩니다.

프롬프트

동료가 불만 사항을 가진 고객으로부터 전화로 메시지를 받아 메모를 남겼습니다. 다음은 메시지 내용입니다.

중요한 메시지

받는 이: (응시자 이름 입력)
날짜: 1995년 9월 13일
시간: 9:55 AM/PM
보낸 이: 레이 노리스 씨
주소: 덕 크릭 빌리지
전화: (111) 555-1234

메시지
- 전화가 2분 내내 울림.
- 전화를 건 쪽에 아무도 없음.
- 전화를 받았는데도 멈추지 않음.
- 하루에 3~4번 걸려 옴, 밤에도 마찬가지임.
- 전화 회사에 전화했고, 불만을 접수했지만, 아무런 도움을 받지 못함.

서명: J. P.

이제 위 메시지의 정보를 이용해 다음을 수행합니다.

1. 이 고객에게 불만 사항을 처리하는 공식적인 답변 서신을 작성합니다.
2. 전화 회사의 해당 부서에서 근무하는 친구에게 비공식 메모를 작성해 문제를 설명하고 친구에게 처리를 요청합니다.

프로젝트 3.

ESP 프로그램 학생을 대상으로 한 교수요목 기반 진단 성취도 테스트의 일부 개발 사례

도입

세 번째 프로젝트는 프로젝트 2와 상황은 거의 동일하지만, 이번에는 이미 통신사 교육 프로그램에 합격한 비원어민만을 대상으로 테스트를 진행한다는 점이 다르다. 우리는 응시자가 전화 회사의 ESP 프로그램에서 특정 자료, 즉 서면 문법 통제를 다루는 자료를 숙달했는지 확인하기 위한 진단 테스트를 개발할 것이다. 테스트 과제는 프로젝트 2에서 사용된 것과 유사하지만, 이제 응시자가 사용하고자 하는 정확한 구조를 더 엄격하게 통제할 것이다. 이를 통해 응시자가 일련의 특정 구조들을 얼마나 잘 통제하고 정확하게 사용할 수 있는지 측정할 수 있다.

응시자에게는 프로젝트 2에서 도출된 것과 유사한 비즈니스 서신을 구성하는 문장으로 결합할 수 있는 특정 단어 세트가 주어진다. 전치사, 동사, 어미, 단수 및 복수 표시와 같은 여러 가지 문법 형식은 프롬프트에서 생략되며 응시자가 제공해야 한다. 응시자가 작성한 비즈니스 서신은 객관적으로 채점된다.

설계 개요서의 일부

테스트 목적

이 테스트의 목적은 프로젝트 2에 설명된 입사 지원자 중 전화 회사의 ESP 과정에 입학한 지원자가 특정 과정 내용을 숙달했는지의 여부를 판단하는 것이다. 또한 이 테스트는 특정 강의 내용을 숙달하지 못했다고 판단되는 지원자에게 진단 피드백을 제공하는 데 사용될 뿐만 아니라, 강의 설계자와 교사가 이 학생 그룹의 요구에 더 가깝게 강의를 조정하는 데 사용할 수 있는 정보를 제공한다.

목표어 사용 영역 및 과제 유형에 대한 설명

목표어 사용 영역 및 과제 유형의 특성은 프로젝트 2의 특성과 동일하다. 응시자 집단은 전화 회사의 ESP 교육 프로그램에 합격한 학생으로 제한된다.

응시자 특성 설명

응시자의 개인 특성과 주제 지식은 변경되지 않는다. 언어 능력의 일반적인 수준과 프로파일은 더 제한적이며 프로젝트 2의 2등급 응시자와 동일하다. 교육 프로그램 입학을 위한 심사 절차로 인해 능력의 범위는 프로젝트 2보다 좁다.

구인의 정의

이 성취도 테스트에서는 다음과 같은 교수요목 기반 구인 정의가 사용된다.

'공식 비즈니스 서신을 작성할 때 지정된 문법 형식과 구두점에 대한 지식'.

구인 정의에는 다음과 같은 구체적인 구성 요소가 포함된다.

문법 형식
1. 전치사
2. 분사 수식어
3. 인칭대명사 및 관계대명사
4. 동사 형태
5. 부정사
6. 부사
7. 양화사
8. 보조동사 형태
9. 대등 및 종속접속사

구두점

1. 쉼표
2. 세미콜론
3. 마침표
4. 물음표

사용 가능한 자원 목록과 자원 할당 및 관리 계획

이러한 유형의 테스트 과제는 준비하는 데 상당한 자원이 필요하다. 응답을 올바르게 표현하는 데 필요한 모든 정보를 제공하지 않으면서 응답의 형태를 제한하는 단어와 구를 선택해야 한다. 그룹 관리가 가능하므로 관리에 거의 자원이 필요하지 않다. 채점 키를 개발하는 데 자원이 거의 들지 않는다. 테스트는 세부 사항에 대한 상당한 주의가 필요한 절차에 따라 개별적으로 채점되어야 하므로 적당한 채점 시간이 필요하다.

운영

이 프로젝트에 선택된 과제 유형은 지금까지 설명한 세 가지 프로젝트 중 가장 제한적인 유형이다. 응시자에게는 나열된 순서대로 하나의 문장으로 결합해야 하는 단어 집합으로 구성된 프레임이 제공된다. 이러한 프레임은 제한된 생산 응답의 특정 형태에 대해 매우 높은 수준의 통제력을 발휘한다.

이러한 유형의 과제에 대한 유용성 특성 고려 사항

신뢰도

채점 키를 사용해 객관적으로 응답을 채점하도록 함으로써 채점자의 신뢰도를 테스트에 구축한다. 응시자가 문법적으로 올바른 답변을 작성했지만 채점 키에 포함되지 않은 경우, 테스트 후 채점 키를 수정해야할 수 있다. 모든 개별 항목에 대해 입력 및 응답의 특성을 가능한 한 동일하게 유지해 항목 간에 내부 일관성을 구축한다. 예를 들어 입력 형식은 항상 시각적, 언어 등으로 유지한다.

구인 타당도

테스트의 목적에 부합하는 방식으로 구인을 정의하고 구인 정의에따라 언어 능력에 대한 추론을 할 수 있는 테스트 과제를 설계해 테스트에 구인 타당도를 구축한다.

실제성

실제성은 목표어 사용 영역과 테스트 영역의 과제 입력 특성이 일치하지 않기 때문에 제한된다. 목표어 사용 영역의 입력은 테스트 자체의 입력보다 문법적으로 체계적이고 응집력이 높다. 또한 테스트에는 일반적으로 목표어 사용 영역에서 제공되는 것보다 더 많은 입력이 제공된다. 특히 전화 회사 직원이 항의 편지에 대한 응답으로 제공할 수 있는솔루션과 같은 새로운 정보가 테스트 입력에 제공된다.

상호작용성

상호작용성은 다소 제한적이다. 응시자가 현업 경험에서 얻은 새로운 정보를 추가하지 않기 때문에 프로젝트 2의 경우처럼 응시자의 주제별 지식이 테스트 과제를 수행하는 데 중요한 역할을 하지 않는다. 또한 더 많은 응답이 제공되기 때문에 응시자는 프로젝트 2의 경우보다 좁은 범위의 언어 지식을 사용해야 한다. 여기서는 주로 문법 지식에 중점을 둔다.

테스트 과제는 상호작용성이 높지 않다. 따라서 정보를 정리할 필요가 없기 때문에 계획의 개입이 제한적일 수 있다. 테스트의 모든 부분이 주제별로 통일되고 일관성이 있지만, 응시자가 프롬프트에 응답할 때 이를 고려할 필요성은 프로젝트 2의 경우보다 적다. 전략이 관여할 수 있는 충분한 기회(시간)가 제공된다.

영향력

테스트 응시자와 교사에게 설계 개요서, 운영 및 결정에 대한 의견을 요청해 영향력에 대한 피드백을 얻을 수 있다.

테스트는 응시자가 최상의 성과를 낼 수 있도록 비교적 쉽게 구성되어야 한다. 이러한 수행에 명백한 정서적 장벽이 없어야 한다. 응시자가 테스트 과제의 명시적인 기능적 목표에서 개인적인 의미를 찾을 가능성이 있다. 일반적인 과제가 제공된다는 사실에 의해 구성된 목표 설정의 기회가 제한되며 유연성을 발휘할 기회가 거의 없다. 제공된 목표에 대한 식별을 기대할 수 있다.

채점 방법

이 시험은 다음 키를 사용하여 객관적으로 채점됩니다.

애덤스 씨께

귀하의 전화 서비스 문제와 관련해 5월 10일에 보내 주신 편지에 감사드립니다. 하루에 몇 번씩 전화가 2분 동안 울리다가 전화를 받으면 아무 소리도 들리지 않고, 전화 회사에 여러 번 전화해 불만을 제기했지만 소용이 없었다고 말씀하셨습니다. 불편을 끼쳐 드려 진심으로 죄송합니다. 전화 회사 직원이 당사의 교환 시스템과 외부 회선을 점검했지만 당사 측에서는 아무런 문제를 발견할 수 없었으므로 집 안의 배선에 문제가 있는 것 같습니다. 고객님 집으로 조사관을 보내 배선을 점검하고 필요한 수리를 해 드리겠습니다.
가능한 한 빨리 수리 부서로 연락해 편리한 시간을 알려 주시기 바랍니다.
진심으로 감사드립니다,

고객 상담실 관리자 더글라스 스미스 드림
남부 콜로라도 벨
볼더, CO 30402

채점 절차

모든 답안은 다음 절차에 따라 교사가 채점한다.
100점으로 시작한다. 다음 각 항목에 대해 1점씩 감점한다.

- 생략된 단어
- 잘못된 단어 형태(철자가 틀린 단어 포함)
- 생략되거나 잘못된 구두점

- 지시 사항을 따르지 않은 경우(응시자가 한 문장이 아닌 두 문장을 쓰는 경우 등)

부록 3: 테스트

다음 테스트에서는 괄호 안에 편집자의 해설이 제공된다.

지시문

(지시 사항은 목표어로 서면으로 제공됩니다. 절차 및 과제에 대한 설명이 명시되어 있습니다.)

1. 짧은 편지를 작성하라는 요청을 받게 됩니다.
2. 완벽한 편지를 쓰기 위해 문장을 구성할 수 있는 단어와 구문 세트가 제공됩니다.
3. 각 단어 세트에서 하나의 문장을 만듭니다.
4. 다음은 변경해야 하는 종류의 예입니다. 변경 사항은 예시에 밑줄이 그어져 있습니다.

예시:
전화 회사 / 사무실 간 시스템 연장 서비스 계약 / 정보를 요청하다 / 서신을 보내 주다 / 감사하다

답변:

전화 회사에 사무실 간 시스템 연장 서비스 계약에 대한 정보를 요청하는 서신을 보내 주셔서 감사합니다.

5. 예시에서처럼 어미, 작은 단어, 문장부호를 추가할 수 있습니다.
6. 제공된 모든 정보를 포함해야 합니다. 문법적으로 정확한 영어로 답안을 작성하세요. 문장에 구두점을 올바르게 사용하세요.
7. 이 시험을 완료하는 시간은 15분이 주어집니다.

테스트 과제

당신은 전화 회사의 서비스에 대한 항의 편지를 받았습니다. 그 편지에 답장을 보내십시오.

찰스 애덤스 귀하
콜로라도주 그랜드 교차로 웨스트 23길 114번지

애덤스 씨께

전화 서비스 문제 / 5월 10일 / 보내 주다 / 편지 / 감사하다.
_____
_____

하루 여러 번 / 전화벨 / 2분 / 울리다 / 당신이 전화를 받다 / 통화를 걸다 / 사람이 없다 / 말씀하시다.
_____
_____
_____

전화 회사 / 여러 번 / 전화하다 / 불만을 제기하다 / 아무런 결과도 얻지 못하다 /
말씀하시다.

_____
_____
_____

불편을 끼치다 / 진심으로 / 안타깝게 생각하다.

_____
_____

전화 회사 직원 / 스위칭 시스템 / 외부 회선 / 점검하다 / 저희 측 / 문제 / 발견되지
않다 / 고객님 댁 / 배선 / 문제가 있다.

_____
_____
_____

고객님 집 / 조사관을 보내다 / 배선을 점검하다 / 필요하다 / 수리하다.

_____
_____
_____

가능하다 / 빠르다 / 수리 부서 / 연락하다 / 편리하다 / 시간 / 알려 주다 / 바라다.

_____
_____
_____

감사합니다.

1999년 5월 14일
고객 상담실 관리자 더글라스 스미스 드림
콜로라도주 30402
그랜드 교차로 웨스턴 콜로라도 벨

프로젝트 4.

이민자를 위한 성인교육 회화 과정의 학생을 대상으로 한 종료 테스트의 일부 개발 사례

도입

미국 대도시의 한 성인교육 프로그램에서는 스몰토크(사교를 목적으로 하는 비교적 진지하지 않은 관념적 대화) 능력을 향상시키고자 하는 이민자들을 위한 일련의 대화 과정을 제공한다. 스몰토크에 포함된 주제에 대해 원어민과 대화하는 학생들의 능력을 측정하기 위한 종료 테스트가 필요하다. 성인교육 프로그램에서는 이 테스트를 사용해 성적을 부여하고 학생의 언어 능력 프로파일을 보여 주는 인증서를 제공한다. 응시자는 취업, 다른 프로그램에 입학 또는 단순히 개인적인 만족을 위해 이 인증서를 사용한다.

설계 개요서의 일부

테스트 목적

이 테스트는 응시자가 소규모 대화에 참여할 수 있는 능력을 증명하기 위한 목적으로 상당히 낮은 난이도의 테스트이다. 점수에 대한 해석은 과정 이수 증명서에 포함되며 점수는 과정 성적을 부여하는 기준으로 사용된다.

목표어 사용 영역 및 과제 유형에 대한 설명

성인교육 회화 과정의 학생들은 계속해서 미국에 거주하게 된다. 이 목표어 사용 영역에는 직업적, 일상에서의 실용적, 사회적 필요를 충족하기 위한 다양한 유형의 과제가 포함된다. 사회적 필요를 충족시키기 위한 과제에는 날씨, 가족, 도시 생활, 쇼핑, 구직 지원 경험 공유 등 다양한 주제에 대한 소규모 대화에 참여하는 것이 포함된다.

응시자 특성

개인 특성

응시자는 난민 및 신규 이민자, 18세 이상, 남녀, 다양한 국적과 모국어, 다양한 사회계층 및 학력 배경을 가진 사람들로 구성된다. 다양한 종류의 시험에 대한 경험도 매우 다양하지만, 모두 영어 회화 강의에 등록했으며, 명시된 목표 중 하나는 학생들이 스몰토크에 참여할 수 있도록 준비하는 것이다.

주제 지식

테스트 응시자들은 비교적 다양한 분야의 주제 지식에 대한 전문 지식을 가지고 있다. 모든 응시자가 공유할 수 있는 주제 지식의 영역이 무엇인지 예측할 수는 없다. 그러나 각 응시자의 삶의 경험과 관심사에 따라 한 가지 이상의 주제 지식 영역에 대한 전문성을 가지고 있을 것이라고 가정할 수 있다(이러한 주제 지식 영역의 목록은 '영어로 이야기할 주제', 439쪽의 '시험관용 테스트 원고'에 나와 있다).

언어 능력의 일반적인 수준 및 프로파일

응시자가 영어를 사용해 잡담에 참여하는 능력은 초급부터 고급까지 다양하다. 또한 일부 응시자는 읽기가 포함된 목표어 사용 과제에서 영어를 사용할 수 있는 반면, 일부 응시자는 문맹일 수 있다. 언어 지식 영역의 프로파일도 매우 다양하다. 일부 응시자는 조직적 지식은 높고 실용적 지식은 낮을 수 있다. 어떤 응시자는 여러 개의 사용역을 제어할 수 있는 반면, 어떤 응시자는 하나도 제어하지 못할 수도 있다.

측정할 구성 요소의 정의

이론에 기반한 언어 지식의 정의(전략적 역량은 포함되지 않음): 다음 구성 요소를 포함한다:

- 어휘에 대한 지식: 문화적 참조 및 비유를 포함한 광범위한 범용 어휘 및 전문 어휘 항목에 대한 지식.
- 구문에 대한 지식: 다양한 구문 구조에 대한 지식.
- 텍스트 지식: 정보를 구성하고 일관된 텍스트 관계를 명시적으로 표시하기 위한 다양한 기능에 대한 지식.
- 주제 지식: 주제 지식은 구인 정의에 포함되지 않는다. 이는 응시자가 스몰토크에서 다루는 주제에 대해 얼마나 지식이 많은지를 측정하는 데 관심이 없기 때문이다.

자원 할당

이 프로젝트는 테스트 개발(원고 개발)에 대한 요구가 상대적으로 높고, 테스트 원고가 제공되기 때문에 테스트를 하는 사람들에 대한 교육 요구는 다소 낮으며, 테스트 시행 및 채점 시간에 대한 요구가 높다.

운영

이 테스트는 바크먼과 파머의 구술 면접(Bachman and Palmer, 1983)

의 일부를 변형한 것으로, 다양한 언어 능력 수준과 다양한 주제 지식 분야에 대한 전문 지식을 갖춘 다양한 응시자에게 적합하도록 설계되었다. 따라서 다양한 배경을 가진 응시자가 있는 상황에 특히 적합하다. 또한 원고가 있어 경험이 없는 면접관도 쉽게 시작할 수 있다.

유용성 특성의 고려 사항

신뢰도

테스트를 위한 원고가 제공되므로 테스트 절차에 뜻하지 않은 변수는 거의 없을 것이다. 테스트의 신뢰도를 떨어뜨리는 주요 원인은 시험관 간의 채점 편차일 가능성이 높다. 이러한 문제는 채점자에게 다양한 능력 수준의 인터뷰 샘플을 숙지할 수 있도록 교육 세션과 정기적인 기회를 제공함으로써 해결될 수 있다. 이 테스트에서 채점자 신뢰도의 최소 수준은 테스트 원고가 제공되고(운영의 편차 통제) 테스트 개발자가 채점자에게 상당한 양의 교육을 제공하기 때문에 상당히 높게 설정될 것이다.

구인 타당도

여기서 우리의 주요 관심사는 원고가 주어지는 인터뷰를 통해 시험관이 채점 척도에 따라 평가하기에 충분한 말하기 샘플을 얻을 수 있는지의 여부다. 구인 타당도의 최소 수준은 상당히 높게 설정된다. 테스트 원고가 제공되더라도 시험관은 평가 가능한 말하기 샘플을 얻을 수 있는 상당한 기회를 갖게 되므로, 응시자의 수행에서 구조에 대한 유효한 추론을 도출할 가능성이 높아진다.

실제성

원고의 개별 프롬프트는 스몰토크 상황에서 흔히 볼 수 있는 전형적인 입력이지만 세트로서 일반적인 대화 구성을 따르지 않으므로 실제성이 낮게 인식될 수 있다. 테스트 과제의 실제성을 높이는 한 가지 방법은 일반적인 대화 양식을 더 정확하게 시뮬레이션할 수 있는 방법을 찾는 것이다. 그러나 이렇게 하면 응시자의 성과를 평가할 수 있는 샘플을 얻는 데 더 많은 시간이 필요해져 테스트의 실용성이 저하될 수 있다. 이 테스트는 짧은 시간 내에 평가 가능한 샘플을 확보해야 하기 때문에 시험관 입장에서 보다 실제성이 높은 언어 사용을 제공하기 어려우므로 실제성에 대한 최소 수준은 중간 정도에 해당할 것이다.

상호작용성

테스트 과제의 특성상 언어 지식, 주제 지식 및 전략 사용과 관련된 높은 수준의 개입을 허용하기 때문에 최소 상호작용성 수준은 상당히 높게 설정된다.

- 언어 지식: 과제의 다양성과 복잡성으로 인해 상당히 광범위한 언어 지식이 관련된다.
- 주제 지식: 응시자가 자신의 전문 분야에 대해 이야기할 수 있기 때문에 주제 지식이 상당히 많이 관여한다.

- 전략: 응시자가 자신의 전문 분야를 선택하는 초기에는 전략 사용의 필요성과 기회가 높다. 시험관이 대화의 전반적인 구조를 통제하는 정도는 낮다. 응시자가 말하고 싶은 내용을 결정할 수 있는 많은 프롬프트에 대한 응답 내에서 상대적으로 높다.
- 정서: 테스트에 대한 정서적 반응은 응시자에게 주제를 선택할 수 있고 최선을 다할 수 있는 기회가 주어지기 때문에 비교적 긍정적이어야 한다. 일부 응시자는 프롬프트가 점점 더 복잡해지고 더 어려운 프롬프트에 응답하지 못하는 것에 불편함을 느낄 수 있다.

영향력

이 테스트는 언어 콘텐츠가 강의의 명시된 목표를 밀접하게 따르기 때문에 응시자와 교수자에게 긍정적인 영향을 미치도록 설계되었다. 응시자와 이해관계자 모두에게 테스트가 중요하기 때문에 최소 영향력 수준은 상당히 높게 설정될 수 있다.

실용도

이 유형의 테스트는 각 전문 영역에 대해 별도의 원고를 준비해야 하므로 개발 자원을 상당히 많이 요구한다. 테스트 시행을 위한 시험관 교육에는 상대적으로 적은 자원이 필요하지만, 채점을 위한 교육에는 더 많은 자원이 필요할 수 있다. 각 응시자에게 개별적으로 시험을 시행해야 하므로 실제 테스트 시행 및 채점 시간은 상당하다.

테스트 구조

테스트는 아래에 간략하게 설명된 6개의 파트로 구성된다. 이러한 부분은 시험관용 원고에도 나열되어 있으며, 여기에는 사용되는 특정 유형의 프롬프트와 프롬프트가 제시되는 순서가 명시되어 있다.

1. 준비

응시자에게 인사를 건네고 테스트의 목적을 설명한 후 시험관은 응시자의 전문 분야, 즉 응시자가 편안하게 이야기할 수 있는 주제를 결정한다. 응시자에게는 선택할 수 있는 주제 목록이 제공되며, 시험관이 따라야 할 대본이 준비되어 있다(예시 질문은 테스트 원고를 참조).

2. 시작 질문

필요한 경우 주제를 좀 더 구체적으로 파악하고 다음 섹션을 위한 준비 단계로 네/아니요 및 주관식 질문으로 구성된다(예시 질문은 테스트 원고를 참조).

3. 확장 응답 질문

응시자의 전문 영역 내에서 상당히 긴 답변을 이끌어 내기 위한 질문이다(예시 문제는 테스트 원고를 참조).

4. 전문 어휘 문제

응시자의 지식 깊이와 폭을 파악하기 위해 출제되는 문제다(예시 문제는 테스트 원고 참조). 문제의 일반적인 형식은 다음과 같다:

A. 정교화 문제

일반적으로 위의 확장형 주관식 문제에서 응시자가 사용한 어휘 항목을 제시해 정의를 구하는 문제다.

정확히 무엇이 _____?

_____ 에 대해 자세히 알려 주세요 .

_____ 에 대해 설명해 주세요.

_____의 뜻은 무엇인가요?

B. 특정 항목에 대한 질문

정의나 설명을 제시해 하나 이상의 어휘 항목을 유도하는 질문이다.

What's the word for something that/someone who _____?

(_____ -(으)ㄴ/는 것/사람을 의미하는 단어는 무엇입니까?)

What do you call it when you _____?

(_____ -(으)ㄹ 때 이것을 무엇이라고 부릅니까?)

C. 비교와 분석

이 질문은 정확한 낱말이나 어휘를 인식하는지 확인하기 위해 출제된 한다. 일부는 응집력 척도로 평가할 수 있는 말하기를 유도할 수도 있다.

_____과/와 _____의 차이점은 무엇인가요?

_____에 대해 아는 것이 있나요? (_____과/와 비슷한가
요? 어떻게 비슷한가요?/왜 비슷하지 않나요?)

5. 텍스트 조직 능력 테스트

이 테스트는 등급 또는 텍스트 구성 능력을 부여하는 기준으로 사용
할 수 있는 체계적이고 확장된 응답을 이끌어 내기 위해 고안되었다(예시
문제는 테스트 원고를 참조).

6. 가상의 상황 및 지지하는 의견

이러한 유형의 질문은 응시자의 전문 분야와 관련이 있지만 이전에
영어로 별로 이야기한 적이 없는 영역에 대해 말하도록 유도한다. 응시
자는 이전에 고려하지 않았던 문제에 대해 생각하면서 말해야 하므로 자
신의 능력 한계를 시험해 볼 수 있다(예시 문제는 테스트 원고를 참조).

시험관용 테스트 원고

('어린이'와 '교사와 학교'라는 두 가지 주제별 지식 영역에 대한 예시 원고
가 제공됩니다.)

지시문

응시자는 수업 시간에 두 명의 교사가 구두 인터뷰 테스트를 실시할 것이라고 들었다. 응시자는 테스트의 목적과 일반적인 형식에 대해 설명을 듣고, 자신이 잘 알고 있는 주제에 대해 이야기할 수 있는 기회를 갖는다.

특정 테스트 과제

1. 준비(모든 응시자 대상)

좋은 아침/오후/저녁입니다. X 씨, 앉으세요. 오늘/오늘 저녁은 어떠세요?
[응시자가 응답한다.] [응시자에게 적절하게 응답한다.]

이 테스트의 목적이 무엇인지 알고 계십니까?
[응시자가 응답한다. 응시자가 테스트의 목적을 모를 경우 다음과 같이 설명한다.]
이 테스트의 목적은 여러분이 회화 강의에서 배운 것을 보여 줄 수 있도록 여러분이 관심을 둔 주제에 대해 이야기할 기회를 주는 것입니다.

X 씨, 지금 어디에서 영어를 가장 많이 사용하나요?
[프롬프트: 집에서? 집을 떠나서(여행할 때)? 직장에서? 교회에서? 학교에서?]

주로 누구와 영어로 대화하나요?

영어로 무엇을 가장 잘 이야기할 수 있나요?

[프롬프트: 응시자에게 '영어로 이야기할 주제' 목록을 보여 주거나 읽어 주세요.]

영어로 이야기할 주제

어린이	교회
전공 분야	음식
친구와 적	취미
직업	영화
부모	정치
독서	쇼핑
스포츠	배우자
선생님과 학교	텔레비전
여행	차량
날씨	

2. 시작 질문

(전문 분야가 '어린이'인 응시자에게 사용되는 원고다.)

자녀가 몇 명인가요?

남자아이인가요, 여자아이인가요?

모두 _____ 에 있나요?

여기서 태어났나요? 어디서 태어났나요?

아이들의 이름은 무엇이고 몇 살인가요?

자녀들은 어디에서 학교를 다니나요?

어떤 종류의 게임을 하고 싶어 합니까?

3. 전문 분야가 '어린이'인 응시자에 대한 확장 응답 질문

아이들이 가장 좋아하는 게임의 규칙은 무엇입니까?

당신과 아이들이 재미있었던 때를 기억합니까? 그것에 대해 말해 주세요.

자녀가 아프거나 상처받은 적이 있습니까? 그것에 대해 말해 주세요.

자녀가 직업이 있습니까? 그것에 대해 말해 주세요.

4. 전문 분야가 '어린이'인 응시자를 위한 전문 어휘 문제

자녀가 가지고 노는 장난감은 무엇입니까? _____은/는 뭡니까?

자녀들의 옷을 만드나요? _____을/를 어떻게 만드는지 말해 주세요.

자녀가 특히 좋아하는 옷이 있습니까? 자녀의 _____ 모습은 어떻습니까?

5. 전문 분야가 '어린이'인 응시자를 대상으로 한 텍스트 조직 능력 테스트

대가족의 자녀로서 장점과 단점은 무엇입니까?

두 자녀의 성격 사이의 유사점과 차이점은 무엇입니까?

아이들이 자국과 미국에서 어른들 앞에서 행동해야 하는 방식의 유사점과 차이점은 무엇입니까?

아이들이 매우 엄격하게 자라는 것의 장점과 단점은 무엇입니까?

6. 전문 분야가 '어린이'인 응시자에 대한 가설적인 상황 및 지지된 견해

다시 아이가 되어 일주일 동안의 삶을 살아갈 수 있다면, 몇 살이 되고 싶습니까? 무엇을 하고 싶습니까? 그 이유는 무엇입니까?

자녀에게 인생을 살아가는 방법에 대해 단 세 가지만 기억하게 할 수 있다면, 어떤 세 가지를 기억하게 하고 싶으신가요? 그 이유는 무엇입니까?

[전문 분야 '어린이'를 위한 원고 끝]

1. 전문 분야가 '교사 및 학교'인 응시자를 위한 시작 질문

어떤 학교에 다녔나요?

선생님이 주로 남자였나요, 여자였나요?

학교를 좋아하시나요?

2. 전문 분야가 '교사 및 학교'인 응시자에 대한 확장 응답 질문

특별히 싫어했던 선생님이 있었나요? 그 선생님에 대해 말해 주세요.

그 선생님의 가장 싫었던 행동은 무엇인가요? 그 선생님의 수업에서 많은 것을 배웠나요? 그 이유는 무엇인가요?

특별히 좋아했던 선생님이 있었나요? 그 선생님은 어떤 분이셨나요?

어떻게 이 학교에 입학하게 되었나요? 여러분의 나라에서는요? 이 특정 학교를 선택한 이유는 무엇인가요?

3. 전문 분야가 '교사 및 학교'인 응시자를 위한 전문 어휘 질문

학교의 교실을 묘사할 수 있나요? 교실에는 어떤 물건이 있었나요? 한 학급에서 성적이 정확히 어떻게 부여되었나요? [어휘 문제: 편향된, 일관성 없는, 관련 없는, 절차, 기법, 자격이 있는, 자격이 없는.]

4. 전문 분야가 '교사 및 학교'인 응시자를 대상으로 한 텍스트 조직 능력 테스트

한국과 미국의 대학 입학 방법의 유사점과 차이점은 무엇인가요?
한국과 미국의 학생들이 전공을 선택하는 방식과 시기에는 어떤 유사점과 차이점이 있나요?
한국과 미국의 학교 교육의 질에는 어떤 유사점과 차이점이 있나요?
이곳에서 수강한 두 수업의 유사점과 차이점은 무엇인가요? 미국 유학을 찬성하는 이유와 반대하는 이유는 무엇인가요?

5. 전문 분야가 '교사 및 학교'인 응시자에 대한 가정적 질문 및 지원 의견

만약 여러분이 이 학교의 외국인 학생 지도교사였다면 자국에서 온 학생들이 이곳에서 경험할 수 있도록 어떻게 준비시키시겠습니까? 그 이유는 무엇입니까?
만약 여러분이 모국의 대학 시스템을 담당하고 있다면, 학생 선발 방식에 어떤 변화를 주겠습니까? 그 이유는 무엇인가요? 만약 당신이 교사라면 학생들을 어떻게 대하겠습니까? [어휘 질문: 훈육, 과제, 채점] 그 이유는 무엇인가요?

이곳에서의 교육 경험으로 인해 태도가 달라졌다고 생각하시나요? 어떻게 달라졌습니까? 그 이유는 무엇입니까?

채점 기준

프로젝트 1에서 사용된 것과 같이 언어 지식의 다양한 영역 내에서 다양한 능력 수준을 설명하는 기준 참조 등급 척도(단, 이 테스트에서는 사용역 제어는 평가되지 않음)를 사용한다.

채점 절차

테스트를 진행하는 1차 시험관과 단순히 관찰만 하는 2차 시험관, 두 명의 시험관이 있다. 이 두 시험관은 테스트 도중과 테스트 직후에 면접을 따로 채점한다. 두 시험관이 각 척도에서 한 단계 이상 차이가 나는 경우, 두 시험관이 동의할 수 있는 평점에 도달하기 위해 인터뷰와 메모에 대해 논의한다.

보고서 양식

점수는 구인 정의에 포함된 여러 영역의 능력에 대한 프로파일로 보고된다.

프로젝트 5.

채용 및 교육 의사 결정을 위한 고부담 ESP 선별 테스트의 일부 개발 사례

설계 개요서의 일부

테스트 목적

아시아의 한 호텔에서 영어로 전화 예약을 받는 직원을 채용하고 있다. 이 호텔은 이를 위해 영어 사용 능력 측면에서 입사 지원자를 선별할 수 있는 수단이 필요하다. 모든 지원자는 동일한 종류의 업무 경험이 있어야 하지만 모국어를 사용해야 한다.

'교육 없이 채용, 교육 후 채용, 채용하지 않는' 세 가지 수준의 채용/교육 결정이 내려진다. 결과가 채용 결정에 영향을 미치기 때문에 비교적 고부담 테스트다.

목표어 영역 및 과제에 대한 설명

이 영역은 매우 좁게 정의되어 있다([표 P5-1]의 2열 참조). 응시자의 유일한 임무는 전화 예약(영어로)을 받는 것이며, 예약을 받을 사람을 고용할 수 있는 상당히 큰 규모의 호텔에서 다른 일을 하지 않는 것이다.

응시자의 특성

- 개인 특성: 응시자는 고등학교 이상의 학력을 가진 20세 이상의 남성과 여성이다. 모든 응시자는 호텔 경영학 과정을 이수하고 호텔에서 최소 1년 이상 근무한 경험이 있지만, 반드시 L2를 사용하는 호텔에서 근무한 것은 아니다.
- 응시자의 주제별 지식: 비교적 집중도가 높은 특정 지식. 응시자는 호텔에서 투숙객을 등록하는 절차에 익숙하다.
- 언어 능력의 일반적인 수준 및 프로파일: 보통에서 광범위함(중급에서 고급까지).

[표 P5-1] 목표어 사용 및 테스트 과제의 특성

	목표어 사용 과제 특성: '전화를 통한 예약 접수'	테스트 과제 특성: '전화를 통한 예약 접수'
상황		
물리적 특성	위치: 통신실. 물리적 조건: 조용하고 조명이 밝아야 함. 재료 및 장비와 친숙도: 전화기, 격리된 배전반, 정보 점유를 제공하는 컴퓨터 단말기, 요금 구조, 신용카드 확인 장치, 교통수단 등 언어 사용자에게 익숙한 것들	위치: 호텔 내 작은 개인실. 물리적 조건: 조용하고 조명이 밝으며 방해가 되지 않는 장소. 준비물 및 장비와 친숙도: 응시자에게 익숙한 전화 헤드셋, 등록 양식, 연필이 필요

	목표어 사용 과제 특성: '전화를 통한 예약 접수'	테스트 과제 특성: '전화를 통한 예약 접수'
참여자	호텔 등록을 하는 고객.	전화 역할극 테스트 진행 교육을 받은 호텔 직원.
과제 시간	낮 또는 밤	주간 또는 저녁
입력		
형식		
채널	청각	청각
양식	언어	언어
언어	목표어	목표어
길이	비교적 짧은 문장 또는 짧은 청각 단락	비교적 짧음
유형	항목	항목
속도	보통(응시자에 따라 다름). 입력 속도를 너무 늦추면 효율성이 떨어지고 고객을 화나게 할 위험이 있다.	보통(응시자에 따라 다름. 위의 설명 참조)
수단	실시간	실시간
언어 특성		
조작적 특성		
문법적	어휘: 일반 어휘와 전문 어휘의 범위가 좁고, 빈번한 어휘와 드문 어휘(일부 고유명사, 문화명사 없음 등)가 혼재.	어휘: 호텔 예약에 대한 일반적이고 전문적이며, 빈번하고 드물게 사용되며, 문화적 참조가 없다. 형태와 구문: 체계적.
텍스트적	응집력: 응집력이 있으며 응집 장치의 범위가 좁음. 수사적 특성: 호텔 예약을 주제로 한 짧은 전화 대화에 적합한 좁은 범위.	응집력: 응집력이 있으며 응집력이 있는 장치의 범위가 좁음. 수사적 특성: 호텔 예약을 주제로 한 짧은 전화 대화에 적합한 좁은 범위.
화용적 특성		
기능적	관념적이고 조작적인	관념적이고 조작적인
사회언어학적	방언/다양성: 표준 방언: 표준 및 지역 방언. 사용역: 공식 및 비공식. 자연스러움: 자연스러운. 문화적 참조 및 비유적 언어: 최소화.	방언: 표준 사용역: 공식 및 비공식. 자연스러움: 자연스러운. 문화적 참조: 없음.
주제 특성	호텔 예약	호텔 예약
예상 응답		

	목표어 사용 과제 특성: '전화를 통한 예약 접수'	테스트 과제 특성: '전화를 통한 예약 접수'
형식		
채널	청각	청각
양식	언어	언어
언어	목표어	목표어
길이	응시자가 예약 내용을 요약하는 경우를 제외하고는 짧음.	비교적 짧음.
유형	제한된 구성	제한된 구성
속도	보통	보통(응시자에 따라 다름. 위의 설명 참조)
언어 특성		
조작적 특성		
문법적	어휘: 호텔 예약에 대한 일반적이고 전문적이며, 빈번하고 드물게 사용되며, 문화적 참조가 없음. 형태 및 구문: 체계적	어휘: 호텔 예약에 대한 일반 및 전문, 빈번 및 드물게, 문화적 참조 없음.
텍스트적	응집력: 응집력. 수사학: 주의를 끌기 위한 표식, 끼어들기, 주제 지목 등의 기능이 있는 대화.	응집력: 응집력. 수사학: 주의를 끌기 위한 표식, 끼어들기, 주제 지목 등의 기능이 있는 대화.
화용적 특성		
기능적	수락, 설명, 설명, 설명 요청, 중단, 반복 등 관념적이고 조작적인 행위.	관념적 및 조작적: 수락, 거부, 반복, 반복, 확인, 설명, 설명, 설명 요청, 설명 중단, 설명을 요구한다.
사회언어학적	방언/변이: 표준. 사용역: 주로 격식을 차림. 자연스러움: 자연스러운. 문화적 참조: 최소.	방언: 표준. 사용역: 격식적. 자연스러움: 자연스러운. 문화적 참조: 없음
주제 특성	호텔 예약	호텔 예약
입력과 응답 관계		
반응성	상호적	상호적
관계 범위	이러한 유형의 대화에서는 호텔 직원이 일반적으로 상당히 구체적인 요청에 응답하기 때문에 범위를 좁혀야 한다.	좁음.
관계의 직접성	직접 및 간접. 응답은 요금 구조 등 입력 항목에 없는 정보를 제공할 수 있다.	직접 및 간접.

측정될 구인 정의

이 구인은 '호텔 예약과 관련된 특정 주제 정보를 해석하는 능력'이라는 단일 구성 요소에 언어 지식과 주제 지식을 모두 포함한다(6장 187쪽의 옵션 2). 이 과제는 상호 언어 사용을 포함하므로 듣기와 말하기가 모두 필요하지만, 여기에서는 입력을 듣고 정보를 해석하는 응시자의 능력만을 측정하고자 한다.

유용성 특성 평가 계획의 일부분

신뢰도

이 테스트는 고부담 테스트이며 원고로 작성된 입력의 특성으로 인해 많은 통제가 가능하므로 최소 신뢰도 수준이 다소 높게 설정된다. 신뢰도 평가를 위한 증거를 수집하기 위해 두 가지 연구를 실시한다. 한 연구에서는 여러 시험관이 응시자 집단에게 동일한 테스트를 치르고 여러 테스트 시행에 걸쳐 점수의 일관성을 계산한다. 두 번째 연구에서는 여러 명의 채점자가 동일한 테스트를 채점하고 여러 채점자 간에 점수의 일관성을 계산한다.

구인 타당도

이 테스트의 고부담 특성으로 인해 구인 타당도의 최소 수준은 다시 상당히 높게 설정된다. 구인 타당도에 대한 증거를 수집하기 위해 테스트 성적이 적절하다고 판단되어 이후 채용된 응시자의 직무 수행 기록을 보관할 것이다. 그런 다음 이러한 개인의 업무상 언어를 분석해 고객 등록 시 발생하는 언어 오류의 수와 유형을 설명한다.

실제성

테스트 작업의 기반이 되는 목표어 사용 과제는 상당히 제한적이기 때문에 최소 실제성 수준은 상당히 높게 설정된다. 실제성 평가를 위한 정보를 수집하기 위해 테스트 사용자에게 테스트 과제의 실제성에 대한 인식을 설명하도록 요청할 것이다.

상호작용성

음성 응답에 관여하는 언어 능력 영역에는 중단하기, 반복하기, 이름 철자 파악하기 등 대화 관리와 관련된 텍스트 지식 및 전략적 역량이 포함된다. 과제 특성상 주제 지식과 메타인지 전략의 개입이 다소 제한적이기 때문에 최소한의 상호작용성은 다소 적당히 설정된다. 상호작용성에 대한 의견을 수렴하기 위해 응시자에게 언어 지식, 주제 지식 및 메타인지 전략을 테스트 수행에 어느 정도 사용했는지에 대한 의견을 묻는다.

영향력

테스트의 부담이 높기 때문에 최소 영향력 수준은 상당히 높게 설정된다. 영향력을 평가하기 위해 고용주와 응시자에게 테스트의 공정성과 의사 결정에 대한 적합성에 대해 질문할 것이다.

사용 가능한 자원 목록 및 할당 계획

자원은 테스트 개발과 사용에 공평하게 할당할 수 있다. 채용 지원자 수가 적고 테스트 성과에 따라 내려지는 결정의 중요성 때문에 상당히 자원 집약적인 관리 절차가 허용된다.

운영의 일부

이 프로젝트에서 테스트 과제는 목표어 사용 과제의 특성을 매우 유사하게 모델링해 최대한 실제와 유사하도록 설계되었다. 테스트 과제는 짧은 역할극으로 구성된다. 테스트를 진행하는 사람은 전화로 객실을 예약하는 고객의 역할을 수행한다. 두 가지 대본이 제공되는데 하나는 고객이 매우 비공식적인 사용역에서 자신을 위해 예약하는 대본이고, 다른 하나는 고객이 매우 공식적인 사용역에서 고용주를 위해 예약하는 대본이다. 응시자는 '고객'의 요청을 듣고 등록 양식에 제공된 정보를 입력해야 한다.

응시자는 일반적으로 상호 전화 대화에서와 같이 '고객'의 말을 끊고 반복과 설명, 철자 등을 요청할 수 있다. 그러나 응시자의 청각적 입력 처리 효율을 합리적으로 요구하기 위해 각 대화에 허용되는 시간은 제한되어 있다.

주로 듣기에 중점을 둔다. 이 과제는 목표어 사용 상황과 마찬가지로 입력에 음성 응답만 제한적으로 요구한다.

서면 응답에는 예약 고객이 제공한 정보를 적는 것이 포함된다. 테스트는 응시자가 등록 양식에 적는 정보의 정확성, 즉 테스트 출제자가 제공한 정보와 일치하는 정도에 따라 점수가 매겨진다.

청사진

테스트 구조

1. 영역의 수: 이 테스트는 전화로 예약하는 고객으로부터 호텔 등록 양식을 작성하는 데 필요한 정보를 얻기 위한 단일 과제를 중심으로 구성된다. 이 과제는 여러 개의 관련된 하위 과제로 세분되며, 각 하위 과제에는 서로 다른 정보를 입력해야 한다.
2. 영역의 현저성: 응시자가 작성해야 하는 등록 양식으로 인해 응시자에게 분명하다.
3. 영역의 순서: 예약 접수와 관련된 하위 과제의 자연스러운 순서를 따른다.
4. 영역의 상대적 중요도: 동일하게 중요하다.

테스트 과제 명세

1. 목적: 호텔 입사 지원자에 대한 채용 결정을 내리기 위한 것이다.
2. 구인 정의: 호텔 예약과 관련된 특정 주제 정보를 해석하는 능력.
3. 상황: ([표 P5-1]의 테스트 상황 특성 참조)
4. 시간 할당: 역할극에서 각 예약 건당 제한된 시간(시범 테스트 후 결정)이 할당된다. 그 이유는 응시자가 너무 느리면 고객을 화나게 하고 업무 효율이 떨어질 가능성이 높기 때문이다.

5. 지시문

    a. 언어: 목표어.

    b. 채널: 청각 및 시각.

    c. 절차 및 작업의 명세 : 명시적.

6. 개별 테스트 과제의 특성: ([표 P5-1] 참조)

7. 채점 방법: 객관적

    a. 정확성 기준: 응시자가 등록 양식에 작성한 정확성 정보. 시험관의 스크립트가 채점 키로 사용된다. 100점에서 시작한다. 감점은 다음과 같다. 고유명사 오류: 5점, 정보(도착 월, 도착 일, 출발 월, 출발 일, 객실 유형, 결제 방법)가 잘못되거나 누락된 경우: 5점. 참고: 신용카드 번호는 네 단어로 계산한다.

    b. 절차: 테스트 감독관이 등록 카드를 읽고 응시자의 대본을 바탕으로 개발된 키에 따라 응답을 채점한다.

    c. 기준 및 절차의 명확성: 명시적.

채점

응시자가 등록 양식에 작성한 정보의 정확성

시험관의 스크립트가 채점 키로 사용된다. 100점에서 시작한다. 감점은 다음과 같다:

고유명사 오류: 5점,

정보(도착 월, 도착 일, 출발 월, 출발 일, 객실 유형, 결제 방법)가 잘못되거나 누락된 경우: 5점.

참고: 신용카드 번호는 네 단어로 계산한다.

테스트 관리자는 등록 카드를 읽고 테스트 출제자의 스크립트를 기반으로 개발된 채점 키에 따라 응답을 채점한다.

부록 5: 테스트

지시문

이 테스트에서는 저희 호텔과 매우 유사한 호텔에서 예약 담당 직원으로 일하고 있다고 가정합니다. 저는 두 명의 다른 고객인 것으로 가정하겠습니다. 당신은 각 '고객'이 제공하는 모든 정보를 여기(응시자에게 두 개의 등록 양식 제공) 중 하나에 기입해야 합니다. 이해하시겠습니까?

철자를 고쳐 달라고 하거나, 반복해서 말해 달라고 하는 등 모든 정보를 정확하게 기입하는 데 필요한 것은 무엇이든 언제든지 저를 제지할 수 있습니다. 하지만 각 고객과 함께할 수 있는 시간은 짧습니다. 타이머를 2분으로 설정하겠습니다. 타이머가 멈추면 테스트의 해당 부분이 끝납니다. 하지만 타이머가 울린 후에도 양식에 필요한 정보를 얼마든지 입력할 수 있습니다. 이해하셨나요?

[테스트 감독관을 위한 지시문: 응시자에게 다음 내용을 큰 소리로 읽어 주세요. 응시자의 요청에 따라 멈추고, 반복하고, 철자 등을 입력합니다. 응시자의 성별에 해당하는 직함, 이름, 지칭어를 사용해야 한다는 점에 유의하세요.]

영역 1

좋아요. 이제 제가 첫 번째 손님인 척하겠습니다.

[후보자에게서 돌아섭니다. 전화 통화하는 척합니다. 기억하세요. 멈추거나, 반복하거나, 철자를 말하거나, 고객 캐릭터로 응시자가 요청하는 모든 것을 하세요.]

안녕하세요, 이번 주말에 방을 예약하고 싶습니다. 다음 주 금요일에 체크인하고 월요일 아침 일찍 체크아웃할 예정입니다.

[채점 시 참고: 그럴듯한 날짜는 모두 허용됩니다.]

제 이름은 로버트 로베르타 젠슨입니다. 제 아내/남편과 열 살짜리 아들이 함께할 예정입니다. 퀸사이즈 침대 2개가 있는 방이 필요하고, 담배를 끊으려고 노력 중이지만 아직 끊지 못해서 걱정입니다. 그리고 제 아내/남편은 길에서 떨어진 방을 원해요, 가능하다면요. 조용한 곳이요.

오, 안녕하세요! 호텔에서 사용하실 수 있을 것 같은 전단지 포인트를 가지고 계시네요. 25% 할인받을 수 있을 것 같습니다.

그 외에는 제 신용카드 번호를 알려드릴게요. 7239-4475-1313-2280입니다. 내년 1월까지 유효합니다.

[이것으로 첫 번째 고객 정보 수집이 끝났습니다.]

영역 2

좋아요. 이제 두 번째 고객인 척하겠습니다.
[계속하기 전에 타이머를 2분 동안 재설정합니다.]

안녕하세요. 스티븐 또는 스테파니 코시우스코(/코-시-우스-코로 발음) 씨로 예약하고 싶습니다. 오늘 저녁에 호텔에 도착할 예정이며 다음 주 수요일까지 머물 예정입니다. 스티븐 또는 스테파니 코시우스코는 렉센 매뉴팩처링의 부사장이며 혼자 여행할 예정입니다.

키가 매우 크시므로 킹사이즈 침대가 반드시 필요합니다. 또한 금연실, 가급적이면 금연 층에 있는 금연 객실로 반드시 부탁드립니다.

저희 회사 계좌로 방 요금을 청구해 주세요. 이미 기록해 두셨으리라 믿습니다.

예상 답변

서면 답변은 등록 양식에 기록해야 합니다. [가능하면 실제 양식을 사용하세요.]

이름			
	성	이름	이니셜
회사			
도착 날짜			
출발 날짜			
방 타입			
특별 요청			
결제 방법			
신용카드			
	번호		만료일

프로젝트 6.

ESL 읽기 강좌를 위한 배치 테스트의 일부 개발 사례

도입

우리는 한 성인교육 프로그램 책임자에게 언어 테스트에 대한 주요 요구 사항에 대해 물었다. 그 사람은 학생들의 직업 관련 자료 읽기 능력에 대한 정보를 제공해 주는 읽기 테스트가 절실히 필요하다고 말했다. 그는 이 정보를 두 가지 방법으로 활용할 수 있다고 말했다.

1. 학생들을 적절한 수준의 읽기 강의에 배치하기 위해.
2. 직업 근로자에게 특정 인구 통계 및 고용 관련 정보뿐만 아니라 읽기 능력에 대한 정보를 제공하기 위해.

다음 테스트는 이 두 가지 목적을 달성하기 위해 고안되었다.

설계 개요서의 일부

테스트 목적

이 테스트는 응시자의 테스트 과제 수행 능력에 대한 추론을 통해 구직 서비스 담당자가 선발(채용) 결정을 내리는 데 사용되는 읽기 능력에 대한 상당한 고부담 테스트다. 또한 성인교육 프로그램 담당자가 배치 결정을 내릴 때(응시자를 적절한 수준의 ESL 읽기 강의에 배치하기 위해) 추론 자료로 사용하며, 동시에 이 테스트는 응시자의 경험 및 목표에 대한 인구 통계 및 업무 관련 정보를 제공한다.

목표어 사용 영역 및 과제 유형에 대한 설명

목표어 사용 영역은 광범위하게 '업무 중 독서'로 정의된다. 응시자는 초급 육체노동직부터 사무직 및 전문직에 이르기까지 다양한 직종에 종사하고 있거나 종사할 예정이며, 이러한 다양한 직종에서 목표어 사용 업무에는 입사 지원서, 사용 설명서, 표지판 및 안내문, 게시판 읽기 등이 포함된다.

응시자의 특성

개인 특성

응시자는 미국 대도시의 성인교육 프로그램에 입학한 난민 및 신규 이민자, 18세 이상, 남녀, 다양한 국적 및 모국어, 다양한 사회계층 및 학력 배경을 가진 사람들로 구성된다. 다양한 종류의 테스트에 대한 매우 다양한 경험이 있다.

응시자의 주제 지식

응시자들은 다양한 직무 관련 경험으로 인해 비교적 다양한 주제 지식을 가지고 있다. 그러나 모든 응시자는 미국 또는 출신 국가에서의 고용 경험에 대해 매우 구체적인 지식을 가지고 있을 것이다. 응시자는 자신의 인구통계학적 특성과 자신의 고용 경험 및 요구 사항에 대해 알고 있을 것이다. 이 테스트는 이러한 지식을 측정하기 위해 고안된 것은 아니지만, 구직 서비스 사례 담당자가 얻은 이러한 유형의 지식은 상담 절차의 일부로 사용된다.

언어 능력의 일반적인 수준 및 프로파일

일반적인 능력 수준은 초급부터 고급까지 다양하다. 일반적으로 이러한 응시자는 읽기나 쓰기보다 말하기를 조금 더 잘할 수 있다. 그러나 일부 응시자는 쓰기보다 읽기를 훨씬 더 잘할 수 있다.

측정할 구인의 정의

언어 지식

이 프로젝트에서는 입력의 특성을 매우 정확하게 기술하고 측정할 구인의 정의, 문자적 지식, 업무 경험 관련 어휘 지식, 질문의 문법, 구의 문법, 종속의 문법, 단락의 구성을 개발하는 데 사용된다.

유용성의 특성에 대한 고려 사항

신뢰도

이 방법의 신뢰도와 관련된 우려 사항으로는 채점의 일관성, 단일 채점자 사용, 채점하는 사람이 시간이 지남에 따라 바뀔 수 있다는 점, 일부 프롬프트에 대한 합리적인 응답이 무엇인지에 대해 학습자마다 다른 생각을 가질 수 있다는 점 등이 있다. 신뢰도를 경험적으로 평가하기 위한 계획에는 여러 채점자가 여러 테스트를 채점하고 채점의 일관성을 비교하는 방법이 포함될 수 있다. 채점자에게 합리적인 답변의 예를 제공할 수도 있다.

구인 타당도

구인 타당도를 경험적으로 조사하기 위한 계획에는 다양한 목표어 사용 과제 특성 세트에서 샘플링해 여러 다른 프롬프트를 개발한 다음 여러 프롬프트에 대한 응답 점수 간의 관계를 연구하는 것이 포함될 수 있다.

실제성

채용 설문지를 작성하는 것은 대부분의 응시자가 이미 해 봤거나 해야 하는 과제다. 그러나 평균적인 설문지에는 이 테스트의 입력 항목과 비교할 수 있을 정도로 복잡도가 체계적으로 등급이 매겨진 입력 항목이 포함될 가능성은 거의 없다. 또한 테스트 과제는 응시자가 실제 업무에서 접할 수 있는 여러 종류의 읽기 과제 중 하나일 뿐이다.

상호작용성

- 언어 지식: 긴 텍스트의 구성과 사회언어적 변이에 대한 지식을 제외하고는 상당히 광범위한 언어 지식이 요구된다.
- 주제 지식: 테스트 과제를 수행하는 데 응시자의 개인적 주제 지식의 역할이 매우 중요하며, 이는 응시자가 개인적인 경험에서 나온 입력에 응답하기 때문이다.
- 전략: 다양한 주제 지식에 접근하거나 여러 답안 중 어떤 것을 선택할지 결정할 때 전략이 개입될 것으로 예상된다(예를 들어 7장 23~25번 문제).

영향력

이 테스트가 응시자와 직업 서비스 사례 종사자에게 긍정적인 영향을 미치기를 바란다. 테스트의 근거와 관련성, 적절성, 공정성을 증진하기 위해 취한 조치를 주의 깊게 설명하면 긍정적인 영향을 미칠 가능성을 높일 수 있다. 응시자, 언어 프로그램 직원, 구직 서비스 담당자 및 고용주로부터 테스트 설계 기준, 방법 및 결정에 대한 피드백을 받아 영향력에 대한 피드백을 얻을 수 있다,

실용도

입력이 생성되는 정보는 구직 서비스 사례 담당자가 필요로 하는 실제 정보다. 해석을 위한 실제 입력을 개발하고 시험해 보는 데는 약간의 시간과 노력이 필요하다. 구성된 응답을 준비하는 데에는 자원이 필요하지 않으며, 채점 절차에 대한 교육을 받지 않은 채점자가 응시자 그룹에게 테스트 샘플을 제공하고 질문에 대한 응답과 무응답의 차이점을 논의할 기회를 제공함으로써 테스트를 시행할 수 있다.

사용 가능한 자원 목록 및 자원 할당 계획

테스트 사용보다 테스트 개발에 더 많은 자원을 사용할 수 있다. 따라서 테스트를 관리하고 채점하는 데 필요한 자원이 적어야 한다.

운영

테스트는 학생들이 읽고 답할 수 있는 서면 설문지로 구성된다. '이

름', '나이' 등과 같이 사용 빈도가 높은 어휘를 사용한 한 단어 항목의 쉬운 문항으로 구성되며, 문항 사이의 주요 차이점은 언어의 복잡성이다. 후반부의 더 어려운 질문은 훨씬 길고 복잡한 구문을 포함하며 사용 빈도가 낮은 어휘를 포함한다. 설문지의 모든 질문은 인구통계학적 정보 또는 업무 관련 경험을 다룬다.

입력은 두 단계로 이루어진다. 먼저 구직 서비스 사례 담당자가 상담을 통해 얻어야 하는 정보의 종류 목록을 제공한다. 그런 다음 이 목록을 언어적 복잡성이 증가하는 질문으로 변환한다. 답변의 합리성을 쉽게 판단할 수 있는 질문을 개발하기 위해 노력한다.

모든 질문은 단어나 구 또는 짧고 간단한 문장으로 답할 수 있으며, 학생들의 언어 생산 능력이 요구된다. 답변의 주제 정보는 응시자의 업무 경험 및 현재 기대치를 바탕으로 한다.

질문에 대한 답변은 추론 능력에 따라 채점되며, 응시자가 질문에 대해 합리적인 답변을 제공할 수 있다면 이해한 것이 틀림없다는 생각으로 채점된다.

채점 기준

답변의 합리성만 평가한다. 답변이 합리적일 경우 점수가 부여된다. 답변이 타당하지 않은 경우 점수가 부여되지 않는다.

채점 절차

채점자는 테스트를 채점하기 전에 정답 및 오답의 예시 목록을 숙지
한다. 각 테스트는 한 번만 채점된다.

성적표 양식

질문 번호	정답(점수 획득)	오답(점수 없음)
1		
2		
3		
4		
5		
6		
7		
8		
9		
10		
기타:		
합계		

응시자가 제공한 정보는 테스트 사용자에게 유용할 수 있으므로 테
스트의 실제 사본이 성적표 양식과 함께 제공된다.

부록 6: 프로젝트 6 테스트

지시문

테스트 응시자가 테스트 지시문을 읽을 수 있다고 가정할 수 없으므로, 테스트 지시문은 응시자의 모국어로 번역됩니다.

1. 응시자를 읽기 강의에 배치하고 구직 서비스에서 구직에 도움을 주기 위해서는 응시자의 직업 경험과 요구 사항에 대한 정보가 필요합니다.
2. 이 테스트는 읽고 작성하는 간단한 양식으로 구성되어 있습니다. 각 질문에 몇 단어로만 답하면 됩니다. 가능한 모든 질문에 답하십시오. 질문을 이해할 수 없으면 그냥 비워 두십시오.
   질문에 답할 수 없다면 걱정하지 마세요. 나중에 다시 연락해 필요한 추가 정보를 얻도록 하겠습니다.
3. 아래의 질문에 대한 답을 제공된 공간에 작성하세요.

채용 정보 양식

일반 정보

1. 이름: _____
2. 나이: _____
3 주소: _____
4. 국적: _____
5. 출생지: _____

6. 생년월일: _____

7. 미국 도착 날짜: _____

8. 결혼하셨나요? _____

9. (도시 이름)에서 얼마나 오래 거주하셨나요? _____

10. 태어난 나라에서 얼마나 오래 거주하셨나요? _____

11. 자녀가 있나요? _____

직업 정보

12. 미국에서 직업을 가진 적이 있나요? _____

13. 모국에서 직업을 가진 적이 있나요? _____

14. 귀하가 가졌던 첫 번째 및 두 번째 직업의 이름을 기재하십시오.

    _____

15. 위에 언급된 직업 중 가장 오래 근무한 직업은 무엇입니까?

    _____

16. 첫 직장에서 일하기 전에 몇 년 동안 학교 교육을 받았습니까?

    _____

17. 마지막으로 일했던 직장에서의 급여는 얼마였습니까?

    _____

18. 지금까지 근무했던 모든 직업 중 개인적으로 가장 큰 만족감을 느꼈던 직업은 무엇입니까?

    _____

19. 미국에서 다른 일자리에 지원한다면, 일할 의향이 있는 최소 급여는 얼마입니까?

    _____

20. (도시명)에서 일자리를 제안한다면 몇 시간 동안 일할 의향이 있습니까?

_____

21. 어떤 종류의 직업에 가장 적합하다고 생각하십니까?

_____

22. 마지막으로 일했던 직장에서 어떤 종류의 혜택을 받았습니까?

_____

23. 만약 실직하게 된다면 가장 두려워하는 결과는 무엇입니까?

_____

24. 마지막으로 근무했던 직장에서 근무 환경의 어떤 측면이 가장 매력적이었다고 생각하십니까?

_____

25. 미국에서 일자리를 제안받는다면 고용주가 어떤 종류의 보험을 제공하길 가장 원하십니까?

_____

26. 일부 고용주는 직원의 업무 수행 능력에 직접적인 영향을 미치는 요소 외에는 직원을 거의 돌보지 않는 반면, 다른 고용주는 직원의 생활에 더 직접적으로 관여하고 직원의 복지 증진을 위해 다양한 조치를 취하는 경향이 있습니다. 어떤 종류의 고용주 밑에서 일하시겠습니까?

27. 조직 내에서 직원의 승진 여부를 결정할 때 고용주가 고려해야 할 가장 중요한 두 가지 요소는 무엇이라고 생각하십니까?

_____

28. 고용주가 직원이 정당한 사유 없이 결근하는 것을 허용해야 하는 총 근무 시간의 비율은 어느 정도라고 생각하십니까?

_____

29. 언어 능력, 직무 경험, 유연성, 직무 교육에 대한 참여 의지 등 다양한 요소 중 언어 능력에 대한 요구가 가장 적다고 생각하는 것은 무엇입니까?

_____

프로젝트 7.

정부 지원 직업 훈련 ESL 과정의 이민자를 위한 취업/알선/성취도 테스트 개발 사례

도입

다음은 ESP 테스트의 설계 개요서 및 청사진의 일부를 개발하는 과정을 보여 주는 확장된 예다. 상황은 다음과 같다. 정부에서 지원하는 이민자 교육 ESL 과정의 테스트 개발을 돕기 위해 컨설턴트로 참여하게 되었다고 가정해 보자. 이 과정은 고객, 상사 및 동료와 고객의 자동차 수리에 대해 이야기할 때 정확한 의사소통을 할 수 있도록 설계되었다. 또한 테스트 결과가 직업 훈련 학교뿐만 아니라 잠재적 고용주에게도 활용된다고 가정해 보자. 이 프로젝트에서는 단일 목표어 사용 과제만으로는 전반적으로 적절한 유용성을 갖춘 테스트를 설계할 수 없으므로, 여러 목표어 사용 과제를 과제 개발의 기초로 사용해야 한다.

설계

과정에 대한 코멘트

목표어 사용 영역의 과제에 대한 설명 개발

우리는 주제별 전문가(예를 들어 정비사 또는 부품 부서 관리자, 자동차 정비소의 고객이었을 가능성이 높은 비전문가)와 상의해 정비사가 작업을 할 때 수행할 수 있는 유형의 목록을 작성한다.

구인 정의 개발

직업 훈련 학교의 직원과 잠재적 고용주 모두와 협의해 구인 정의를 개발하고, 측정할 수 있는 언어 지식의 여러 영역을 제안하고 무엇이 중요한지 물어볼 수 있다. 또한 다양한 언어 및 주제 지식 영역을 측정할 수 있는 테스트 과제를 개발하는 데 필요한 자원의 양에 대해서도 논의할 수 있다.

유용성의 특성에 대한 고려 사항

유용성의 특성 간의 적절한 균형을 결정할 때, 테스트를 기반으로 내려지는 의사 결정은 상대적으로 위험도가 낮지만 자금 지원 기관에 대한 책임이 있으므로, 테스트의 신뢰도와 구인 타당도를 입증해야 한다는 점을 인식해야 한다.

동시에 전체 과정이 말하기와 관련된 직무 관련 업무에 초점을 맞추기 때문에 테스트가 응시자의 잠재적 업무 상황에 최대한 가깝게 대응하기를 원하며, 따라서 가능한 한 실제적이고 대화형인 말하기 과제를 포함하고자 한다. 또한 테스트의 영향, 즉 잘못된 고용 결정을 내렸을 때 고용주와 지원자 모두에게 미칠 수 있는 불이익에 대해서도 고려해야 한다. 이 테스트는 연방 정부 지원 프로그램에 속한 여러 행정부 또는 여러 유사한 프로그램을 위해 설계되었으므로, 이 테스트를 개발하는 데 상당한 자원이 투입될 수 있다.

설계 개요서의 일부

1. 테스트 목적

이민자들이 고객의 자동차 수리에 대해 고객 및 동료와 대화할 때 정확하고 적절하게 의사소통할 수 있도록 설계된 정부 지원 직업 훈련 ESL 회화 강의에 배치해 잠재적 고용주가 고용 결정을 내리는 데 도움을 준다.

2. 목표어 사용 영역의 과제에 대한 설명

다음은 목표어 사용 과제 유형 목록이다. 이러한 과제의 특성은 완전한 설계 개요서에 설명해야 한다.

a. 고객에게 자동차에 대해 어떤 종류의 진단 테스트를 수행해야 하는지 설명한다.

b. 고객에게 발생한 기계적 문제의 특성을 설명한다.

c. 고객에게 문제를 수리하기 위해 수행해야 하는 작업을 설명한다.

d. 고객에게 수리 비용의 근거를 설명한다.

e. 실시해야 하는 진단 감사의 종류, 발생한 기계적 문제의 특성 등에 대해 동료 및 상사와 상담하거나 조언을 구한다.

f. 부품 주문.

g 고객이 수리에 만족하지 못했을 때 타협점을 협상한다.

h. 고용주에게 휴가 요청.

3. 측정할 구인

고객의 자동차 수리에 대해 고객 및 동료와 적절한 방식으로 대화할 때 올바른 구문과 올바른 기술적 및 비기술적 어휘를 사용해 의사소통하는 능력이다. 구인 정의에는 자동차 수리를 위한 기계적 절차에 대한 올바른 주제 지식도 포함된다. 측정할 구인에는 다음이 포함된다.

1. 구문에 대한 지식.

2 기술 및 비기술 어휘에 대한 지식.

3. 고객 및 동료와의 의사소통에 적합한 사용역에 대한 지식.

4. 자동차 수리 절차에 대한 주제 지식.

운영 일부

과정에 대한 의견

테스트 과제를 만들기 위해 먼저 목표어 사용 과제의 특성 목록을 작성해 이러한 과제가 공통적으로 어떤 특성을 가지고 있는지를 파악해 목표어 사용 영역의 과제를 설명할 수 있다. 그런 다음 실제 목표어 사용 과제를 선택하거나 수정하거나, 여러 시험관이 응시자와 상호작용하는 모의 역할극과 같이 목표어 사용 과제와 유사한 특성을 가진 테스트 과제를 만들 수 있다. 첫 번째 시험관은 자동차 수리를 위해 차를 가져온 고객인 척할 수 있다. 시험관이 일반적인 용어로 문제를 설명하면 응시자는 자동차 정비에 대한 전문 지식을 바탕으로 적절한 질문을 던져 더 자세한 정보를 얻어야 한다. 두 번째 시험관은 감독관으로 가장해 응시자에게 수리가 완료된 부분과 아직 남아 있는 작업에 대해 설명하도록 요청할 수 있다. 세 번째 시험관은 수리에 필요한 부품을 주문받는 자동차 부품 매장의 점원일 수 있다.

테스트 과제 개발에 사용할 수 있는 목표어 사용 과제를 고려할 때 유용성 측면을 다시 기준으로 삼을 것이다.

먼저 이러한 목표어 사용 과제 중 어떤 것이 신뢰할 수 있는 정보를 제공하는 테스트 과제를 개발할 수 있는지 물어볼 수 있다. 테스트 응시자에게 기계 문제를 수리할 때 무엇을 했는지, 왜 그랬는지에 대해 설명하도록 요청할 경우 구체적인 정보를 제공하지 않고 테스트마다 응시자가 말하는 내용이 달라지면 신뢰성이 떨어질 수 있다.

또한 측정할 구인에 대한 타당한 정보가 필요하다. 예를 들어 구문 지식에 대한 정보를 제공하지 않는 응답이 포함된 과제가 있는가? 질문에 '네/아니요' 한 단어로만 답해야 하는 과제는 이에 대한 유용한 정보를 제공하지 못할 수 있다. 예를 들어 목표어 사용 과제 목록에 고용주에게 휴가 요청이 포함되어 있지만 이 과제는 구문 지식에 대한 판단을 내릴 수 없는 정해진 공식을 사용해 수행될 수 있으므로 생략하기로 결정할 수 있다.

구인 타당도를 위한 추가 요건은 고객인 자동차 회사가 자동차 수리와 관련된 다양한 어휘 항목에 대한 응시자의 통제력을 유추할 수 있어야 한다는 것이다. 목표어 사용 과제 중 하나는 고객에게 자동차에 어떤 수리가 이루어졌으며 어떤 부품이 사용되었는지 설명하는 것으로 그 자체로 이 언어 사용 과제의 특정 어휘에 대한 응시자의 통제력에 대한 정보를 제공할 수 있지만, 그 자체로 감독자와의 대화 또는 유통업체에 주문할 때 부품의 보다 정확한 기술 명칭을 사용하는 검사 능력에 대한 추론을 허용하기에는 적절하지 않을 수 있다.

목표어 사용 과제 목록의 모든 과제는 자동차 정비사가 수행하는 과제 유형에 익숙한 콘텐츠 영역의 사람들로부터 수집한 목표어 사용 특성에 대한 분석을 기반으로 하기 때문에 비교적 신뢰할 수 있는 것으로 예상할 수 있다.

목표어 사용 과제 목록의 일부 과제는 다른 과제보다 소통이 덜할 수 있다. 예를 들어 휴가를 요청하는 것은 주제 지식, 언어 지식 또는 고도의 전략적 역량 사용이 필요하지 않은 공식으로 수행될 수 있으므로 이 과제는 테스트에 포함하지 않기로 결정할 수 있다.

어떤 과제가 응시자(이민자 자동차 정비사)와 테스트 결과의 다른 사용자(ESP 프로그램의 교사 및 잠재적 고용주)에게 긍정적인 영향을 미칠 수 있는지 물어볼 것이다. ESP 과정의 교사에게 어떤 과제가 올바른 구문과 적절한 어휘를 사용하는 능력에 대한 가장 유용한 정보를 제공할 수 있는지, 어떤 과제가 교수/학습 과제 개발에 유용한 모델을 제공할 수 있는지 물어볼 수 있다. 또한 테스트 응시자에게 테스트 과제가 향후 언어 사용 요구와 어느 정도 관련이 있다고 생각하는지도 물어볼 수 있다.

위에서 설명한 과제 중 일부는 실제 자동차를 사용하거나 여러 명의 시험관이 필요할 수 있으며, 이 두 가지 모두 이 테스트 상황에서는 실용적이지 않을 수 있다.

청사진의 일부

1. 테스트 구조

A. **영역/과제의 수**: 이 테스트는 고객 역할극, 감독자 역할극, 자동차 부품 역할극의 세 개의 과제를 중심으로 구성된다. 이 세 과제의 목적은 응시자가 자동차 수리를 주제로 고객 및 동료 직원과 의사소통하는 과제를 통해 구문, 어휘, 사용역 및 주제 지식에 대한 통제력을 입증하도록 요구하는 것이다.

B. **영역의 현저성**: 파트가 명확하게 구분된다.

C. **영역의 계열성**: 자동차 수리에서 일반적으로 따르는 순서에 따라
   1. 고객의 문제 설명을 듣고 문제를 해결하기 위해 가능한 수리 방법을 찾는다.
   2. 감독자와 제안된 수리 및 주문할 부품에 대해 논의한다.
   3. 부품 부서에서 부품을 주문한다.

주제 지식에 대한 통제력은 파트 1에서 측정할 수 있다.

D. **영역 또는 과제의 상대적 중요도**: 모든 파트가 똑같이 중요하다.

E. **영역당 과제 수**: 1개.

2. 테스트 과제 명세 목록

A. **목적**: 프로젝트에 명시된 바와 같이, 이 테스트는 이민자들이 고객, 감독자 및 동료들과 고객의 자동차 수리에 대해 정확하고 적절하게 의사소통할 수 있도록 고안된 정부 지원 직업 훈련 ESL 회화 강의에 배치하는 단 하나의 목적으로 사용될 것이다. 따라서 각 테스트 과제의 목적은 동일하다.

B. **구인의 정의**
   1. 과제 1: 구인 정의에는 고객과의 상호작용에 적합한 사용역에 올바른 기술 및 비기술 어휘를 사용해 특정 문제 1의 특성을 설명할 수 있는 능력이 포함된다.
   2. 과제 2: 구인 정의에는 감독자와의 상호작용에 적합한 사용역에 올바른 기술 어휘를 사용해 특정 문제 2의 특성을 설명하는 능력과 결함 부품의 수리 상태에 대한 설명을 제공할 수 있는 능력을 포함해야 한다.
   3. 과제 3: 구인 정의에는 부품 부서 직원과의 상호작용에 적합한 사용역에 올바른 기술 어휘를 사용해 주문할 특정 부품의 이름을 지정할 수 있는 능력이 포함된다.

C. **상황**: 예를 들어 실제 자동차 정비소에서 실제 자동차, 부품 등을 사용하거나 교실에서 그림을 소품으로 사용하는 등 여러 가지 가능한 테스트 과제 상황이 있다. 또 다른 옵션은 실험실에서 시청각 장비를 사용해 필요한 입력 중 일부를 제공하고 응답을 기록하는 방식으로 테스트를 수행하는 것이다. [표 P7-1]의 테스트 과제에 대한 설명은 실제 자동차 정비소에서 시행하도록 고안된 테스트 버전을 기반으로 한다.

D. **시간 할당**

    1. 과제 1: 5분
    2. 과제 2: 5분
    3. 과제 3: 5분

E. **지시문**

    1. 언어: 응시자의 모국어가 다양하므로 목표어(영어)를 사용한다. 응시자는 감독관이 소리내어 읽어 주는 대로 지시문을 읽는다.
    2. 채널: 청각 및 시각

F. **채점 방법**

    1. 정답 기준: 기준 참조, 언어 능력 척도. 평가 가능한 응시자 샘플은 기술 및 비기술 어휘, 사용역 및 주제 지식의 사용 범위와 정확성에 대해 별도의 기준 참조 척도에 따라 1~4점까지 채점된다.
    2. 채점 절차: 모든 역할극 과제는 비디오로 녹화되어 두 명의 평가자가 네 가지 척도 모두에 점수를 매긴다. 평가자는 각 평가 세션 전에 척도를 검토한다. 어떤 평가 세션도 45분 이상 지속되지 않는

다. 평가자는 네 가지 척도에 대해 종합적인 평점을 부여한다.

3. 채점 기준 및 절차의 명확성: 응시자는 채점 기준에 대해 일반적인 용어로 안내를 받는다(프롬프트에서).

G. 개별 과제의 특성: [표 P7-1] 참조.

[표 P7-1] 프로젝트 7을 위한 테스트 과제 특성

	테스트 과제 1: 고객과 역할극	테스트 과제 2: 감독자와 역할극	테스트 과제 3: 자동차 부품 점원과 역할극
	상황		
물리적 특성	위치: 자동차 정비소, 고객이 서비스를 위해 차량을 가지고 오는 지역. 소음 수준: 테스트할 때 조용함. 온도와 습도: 약간의 화학약품 냄새와 배기가스 냄새와 함께 시원함. 좌석 조건: 다양함; 좌석 없음. 조명: 일반적으로 조명은 좋지만 기계 장치의 플래시 조명은 차체 밑면 작업을 위해 제공됨. 자료 및 장비 및 친숙성의 정도: 응시자가 친숙하기 쉬운 기계 공구 세트.	위치: 자동차 정비소의 관리자 카운터. 소음 수준: 테스트할 때 조용함. 온도와 습도: 약간의 화학약품 냄새와 배기가스 냄새와 함께 시원함. 좌석 조건: 다양함; 좌석 없음. 조명: 밝음. 자료 및 장비 및 친숙성의 정도: 작업 순서가 적힌 '감독자' 파일과 펜. 응시자는 자료에 친숙함을 느끼기 쉬움.	위치: 자동차 정비소의 벽 전화로. 소음 수준: 테스트할 때 조용함. 온도와 습도: 약간의 화학약품 냄새와 배기가스 냄새와 함께 시원함. 좌석 조건: 다양함; 좌석 없음. 조명: 밝음. 자료 및 장비 및 친숙성의 정도: 시험관이 사용하는 전화에 연결된 전화;자동차 부품 공급업체 목록. 응시자는 자료와 장비에 친숙함을 느끼기 쉬움.
참여자	응시자와 시험관은 고객의 역할을 수행함. 시험관은 응시자에 친숙하지는 않지만 응시자에게 긍정적인 태도를 가지기 쉬움.	응시자와 두 번째 시험관은 감독자의 역할을 수행함. 시험관은 응시자에 친숙하지는 않지만 응시자에게 긍정적인 태도를 가지기 쉬움.	응시자와 세 번째 시험관은 다른 전화로 자동차 부품 점원 역할을 수행함. 시험관은 응시자에 친숙하지는 않지만 응시자에게 긍정적인 태도를 가지기 쉬움.

	테스트 과제 1: 고객과 역할극	테스트 과제 2: 감독자와 역할극	테스트 과제 3: 자동차 부품 점원과 역할극
과제 시간	저녁 시간	저녁 시간	저녁 시간
	입력		
형식			
채널	청각(문제에 대한 고객의 기술)과 시각(시동 불량의 문제를 가진 고객의 차).	청각(감독자의 질문)과 시각(테스트 응시자는 검사할 부분적으로 수리된 시동 모터를 받게 됨. 이러한 시험 기반 위에서 그는 감독자에 대한 응답을 구성하게 됨.)	청각(자동차 부품 점원의 응답)과 시각(자동차 부품 공급 업체 목록).
양식	언어와 비언어	언어와 비언어	언어
언어	목표	목표	목표
길이	짧은 데서부터 중간 정도까지(여러 문장)	짧은 데서부터 중간 정도까지(여러 문장)	짧은 데서부터 중간 정도까지(여러 문장)
유형	프롬프트: 고객이 문제를 묘사함.	프롬프트: '수리 상태는 어떤가요?'	프롬프트: '도와드릴까요?' 해석을 위한 입력(부품이 이용가능한지 그리고 그것들의 가격에 대한)
속도	일반적으로 빠르지 않음.	일반적으로 빠르지 않음.	일반적으로 빠르지 않음.
수단	실시간	실시간	실시간
언어 특성			
조직적 특성			
문법적	어휘: 좁은 범위의 일반적이고 기술적인 어휘. 구문: 중간 범위의 조직 구조.	어휘: 좁은 범위의 일반적이고 기술적인 어휘. 구문: 좁은 범위의 조직 구조.	어휘: 좁은 범위의 일반적이고 기술적인 어휘. 구문: 좁은 범위에서부터 중간 범위의 조직 구조.
텍스트적	응집성: 텍스트적으로 응집적. 조직: 시각적인 참조가 되는 문장과 구어적인 문단들.	응집성: 텍스트적으로 응집적. 조직: 정보를 요청하고, 부가적으로 수리의 범위 정도를 묻는 개별적인 문장들.	응집성: 텍스트적으로 응집적. 조직: 정보를 요청하고, 부가적으로 수리의 범위 정도를 묻는 개별적인 문장들.
화용적 특성			

	테스트 과제 1: 고객과 역할극	테스트 과제 2: 감독자와 역할극	테스트 과제 3: 자동차 부품 점원과 역할극
기능적	관념적, 조작적, '고객'이 말하는 동안 문제를 통해 생각하는 것 같은 몇몇 탐구적인 기능.	조작적: 정보 요청하기	관념적인: 정보 제공하기
사회 언어학적	방언/변이: 지역적. 사용역: 공식적. 자연스러움: 자연스러운. 문화적 참조 및 비유적 언어: 없음.	과제 1과 같음.	과제 1과 같음.
주제 특성	간헐적인 시동 모터의 전기적 문제.	과제 1과 같음.	과제 1과 같음.

예상된 응답			
형식			
채널	청각적 그리고 시각적	청각적	청각적
양식	언어	언어	언어
언어	목표어	목표어	목표어
길이	상대적으로 짧음: 문장과 짧은 문단들.	상대적으로 짧음: 문장들.	상대적으로 짧음: 문장들.
유형	확장된 생산	제한된 생산	제한된 생산
속도	일반적으로 빠르지 않음.	일반적으로 빠르지 않음.	일반적으로 빠르지 않음.
언어 특성			
조직적 특성			
문법적	어휘: 시동 문제와 연관된 기술적인. 구문: 표준 영어.	과제 1과 같음.	과제 1과 같음.
텍스트적	응집성: 응집적인. 수사적: 제한적인 그리고 확장된 기술과 설명, 그리고 예측.	응집성: 응집적인. 수사적: 정보를 요청하는 한 문장.	응집성: 응집적인. 수사적: 질문과 응답.
화용적 특성			
기능적	관념적, 조작적, 그리고 탐구적(문제가 무엇인지를 알아내는 대화를 하는 동안)	조작적: 정보 요청	조작적: 정보에 대한 요청

	테스트 과제 1: 고객과 역할극	테스트 과제 2: 감독자와 역할극	테스트 과제 3: 자동차 부품 점원과 역할극
사회언어학적	방언/변이: 표준. 사용역: 공식적. 자연스러움: 자연스러운. 문화적 참조 및 비유적 언어: 없음.	과제 1과 같음.	과제 1과 같음.
주제 특성	시동 모터의 간헐적이고 시끄러운 작동과 관련된 자동차의 전기적 문제.	과제 1과 같지만, 감독자의 배경 지식 때문에 좀더 기술적일 수 있음.	과제 1과 같음.
입력과 응답의 관계			
반응성	상호적인	상호적인	상호적인
관계의 범위	좁은	좁은	좁은
관계의 직접성	대부분 직접적인	간접적인	간접적인

프로젝트 8~10.

교실 성취도 테스트

도입

다음 세 프로젝트는 테스트 개발에 대한 접근 방식을 교실 성취도 테스트 개발에 어떻게 적용할 수 있는지를 보여 준다. 첫째, 테스트 과제 개발의 기초로 교실 내 교수 및 학습 과제를 사용하는 방법을 보여 준다. 즉, 이 프로젝트에서 테스트 개발자는 교실 밖 상황에서 목표어 사용 과제를 식별하려고 시도하는 대신 6장(157~161쪽)에서 설명한 대로 언어 교육적 목표어 사용 영역에 기반해 테스트 과제를 개발했다. 둘째, 측정할 구인을 정의하기 위한 기초로 교수 학습 목표 또는 목표의 형태로 교수요목 내용을 사용하는 방법을 보여 준다. 셋째, 특정 상황의 요구에 맞게 과제 특성에 대한 틀을 조정하는 방법을 보여 준다. 넷째, 영어 이외의 언어에 대한 시험을 개발하기 위한 접근법의 적용 가능성을 보여 준다.

프로젝트 8.

독일어 입문 과정의 수업 성취도 테스트

도입

이 프로젝트에서는 미국 대학에서 독일어 1학년 과정을 수강하는 학생들을 대상으로 한 테스트의 한 과제를 개발하는 과정을 보여 준다. 이 테스트의 기반이 되는 교재의 저자 도나휴와 바칭어(Donahue and Watzinger, 1990)에 따르면 "대학 독일어 입문자를 위한 새롭고 기능적으로 의사소통이 가능하며 숙련도 중심의 프로그램"이다(iii). 이 과정의 일반적인 목표는 학생이 합리적으로 유창하고 자연스럽고 문법적으로나 문화적으로 정확하며 독일어 원어민이 쉽게 이해할 수 있는 독일어를 배우게 하는 것이다(iii). 기능적 목표에는 가족 및 친구, 학생으로서의 생활, 자유 시간 활동 및 일상 생활과 같이 학생들이 이미 익숙한 주제와 경험을 중심으로 간단한 대화를 시작하고 유지하는 것이 포함된다. 또한 학생들은 관광객이 일반적으로 직면하는 상황에 대처할 수 있어야 한다. 구체적인 기능적 목표에는 질문하고 대답하기, 요청하기, 명령하기, 설명하기, 태도 표현하기 등이 있다. 기능적 목표 외에도 이 과정은 광범위한 어휘를 구축하고 독일어 원어민의 관습과 가치관, 그리고 이러한 가치를 반영하는 언어의 언어적 특성을 인식하는 데 중점을 둔다. 마지막으로, 이 과정은 단어의 형태와 문장을 구성하는 데 사용하는 순서와 더 큰 담화 단위를 배우는 문법적 정확성을 강조한다.

이 프로젝트에서는 독일어 교과서 5장의 일부 내용을 다루는 강의 계획서 기반 성취도 시험에 포함될 수 있는 한 가지 테스트 과제를 개발하는 데 중점을 둔다(이 과제는 다른 과제와 결합해 완전한 테스트를 구성하는 데 사용된다). 이 프로젝트의 한 가지 독특한 측면은 언어 교육과 실생활이라는 두 가지 목표어 사용 영역에 대한 논의와 이러한 고려가 테스트 과제 특성에 어떤 영향을 미치는지를 살펴본다는 것이다. 또 다른 특징적인 측면은 테스트가 시중에서 판매되는 특정 텍스트를 기반으로 한다는 점인데, 이는 프로젝트에 현실감을 더할 수 있다. 마지막으로, 이 테스트는 독일어로 된 언어 능력 테스트로, 이 책이 모든 제2외국어 또는 외국어로서의 영어를 위한 테스트 개발과 관련이 있다는 우리의 입장을 뒷받침하는 데 도움이 된다.

1단계: 명세화

테스트 목적

이 테스트의 목적은 특정 기능을 수행하는 데 사용되는 특정 어휘 및 문법 형식에 대한 학생의 통제력을 측정하는 것이다. 비교적 저부담인 이 테스트의 결과는 여러 가지 결정을 내리는 데 사용된다. 응시자에 대한 결정에는 진도 및 등급(학생이 단일 교육 단원의 내용에 대한 최소 숙달

표준을 충족하는 정도)이 포함된다. 교육에 관한 결정에는 단원의 어떤 부분이 효과적으로 학습되었는지, 어떤 부분이 복습이 필요한지를 결정하는 것이 포함된다. 교사, 감독자 또는 프로그램에 대한 결정은 포함되지 않는다.

목표어 사용 영역 과제에 대한 설명

테스트 과제인 '식사 주문하기'의 특성은 실생활 목표어 사용 영역과 언어 교육적 목표어 사용 영역 모두에서 볼 수 있는 독일어로 식사 주문하기라는 목표어 사용 과제의 특성을 기반으로 한다(이 테스트가 개발되는 독일어 교과서의 해당 장에는 독일어로 식사를 주문하는 방법에 대한 구체적인 지침이 포함되어 있다). 언어 교육 과제(식사 주문하기)는 저자에 따르면 독일에서 관광객이 일반적으로 직면하는 상황을 처리하는 것을 포함하는 텍스트의 일반적인 기능 목표와 일치한다.

[표 P8-1]의 1열에 목표어 사용 과제인 '식사 주문하기'의 특성에 대한 분석이 나와 있다.

응시자 특성 설명

개인 특성

응시자의 개인 특성은 상당히 제한적이다. 응시자는 대부분 미국 대학에 재학 중인 학부생이다. 독일어 입문반의 응시자는 대부분 18세 이상 23세 미만이며, 남성과 여성 모두 미국 시민권자이며 영어를 모국어로 사용하는 경우가 대부분이다. 모국어가 영어가 아닌 학생들은 보통 영어를 매우 잘 구사한다. 학생들은 이전 단원 테스트에 유사한 테스트 과제가 포함되었을 가능성이 높기 때문에 우리가 제안하는 유형의 테스트에 익숙할 것으로 예상할 수 있다.

[표 P8-1] 목표어 사용 과제 특성과 관련된 테스트 과제의 수정

	관련된 목표어 사용 과제 특성	테스트 과제 수정
	레스토랑에서 음식 주문하기	레스토랑에서 여러 종류의 음식 주문하기
상황		
물리적 특성	위치: 독일 레스토랑. 소음 수준: 다양하지만, 조용하지는 않음. 조명 조건은 밝은 조명에서 차분한 조명까지 다양할 수 있음(촛불 조명). 온도와 습도: 전형적으로 편안함. 좌석 조건: 전형적으로 2~4개의 테이블이나, 커다란 테이블이나 카운터. 자료 및 장비: 장소 환경, 메뉴, 매일의 정식이 적힌 표지나 보드.	위치: 학생들이 보통 교재 응답(실제성)을 연습하는 어학 실습실. 샘플 메뉴와 더불어 응시자는 지시 사항이 포함된 테스트 책자를 제공받음.
참여자	관광객과 동료, 서빙하는 사람.	응시자만 있음.
과제 시간	다양하지만, 전형적으로 식사 시간.	일반적으로 일정이 잡힌 수업 시간.
입력		
형식		
채널	청각(서빙하는 사람으로부터)과 시각(매일의 정식이 적힌 메뉴와 보드).	청각과 시각(응시자가 그들이 따르는 절차를 이해하는 데 도움을 주는)
양식	언어(메뉴)와 비언어(뷔페 아이템).	언어만(실제적으로).
언어	목표어(독일어).	메뉴와 지시하는 동안 독일어. 영어는 또한 응시자가 지시 사항을 이해하기 위해 지시하는 데 사용될 수 있음.

	관련된 목표어 사용 과제 특성	테스트 과제 수정
길이	일반적으로 짧지만 공정하게 매일의 정식 목록을 포함할 수 있음.	짧음.
유형	해석을 위한 입력.	해석을 위한 입력.
속도	빠르지 않음.	빠르지 않음.
수단	실시간(구두 입력).	재생: 실제성과 신뢰도를 증가시키기 위한(운영에서의 일관성).

언어 특성

조직적 특성

문법적	어휘: 음식을 주문하는 것과 연관된 특성화된 좁은 범위의 어휘. 구문: 좁은 범위의 조직 구조.	목표어 사용 과제와 같음.
텍스트적	문자: 타이핑 또는 수기. 좁은 범위의 응집적 장치와 조직 패턴.	목표어 사용 과제와 같음.

화용적 특성

기능적	관념적(옵션을 기술하는) 그리고 조작적(음식 주문을 이끄는). 공손한 공식.	목표어 사용 과제와 같음.
사회언어학적	방언/변이형: 방문하는 독일 지역에 따라 다양함. 사용역: 적당히 공식적이고 비공식적. 자연스러움: 자연스러운. 문화적 참조 및 비유적 언어: 미국 레스토랑이 아닌 독일 레스토랑에서 전형적으로 발견되는 식기의 이름과 기술.	방언/변이:표준 목표어 사용 과제와 같음.

주제 특성	제한된: 음식 주문하기	목표어 사용 과제와 같음.

예상 응답

형식

채널	청각	목표어 사용 과제와 같음.
양식	언어	목표어 사용 과제와 같음.
언어	목표(독일어)	목표어 사용 과제와 같음.
길이	짧음(단어, 구, 짧은 문장들)	목표어 사용 과제와 같음.

	관련된 목표어 사용 과제 특성	테스트 과제 수정
유형	제한된 생산	목표어 사용 과제와 같음.
속도	일반적으로 빠르지 않음.	목표어 사용 과제와 같음.
언어 특성		
조직적 특성		
문법적	어휘: 메뉴 항목이나 준비되는 방식과 연관된 대부분 기술적인 어휘. 구문: 표준 독일어	목표어 사용 과제와 같음.
텍스트적	응집성: 응집적. 수사적: 주문한 음식의 다른 부분을 포함하는 목록	목표어 사용 과제와 같음.
화용적 특성		
기능적	관념적, 조작적	목표어 사용 과제와 같음.
사회언어학적	방언/변이형: 표준. 사용역: 적절히 공식적. 자연스러움: 자연스러운. 문화적 참조 및 비유적 언어: 없음.	목표어 사용 과제와 같음.
주제 특성	제한된 : 레스토랑에서 음식 주문하기	목표어 사용 과제와 같음.
입력과 응답의 관계		
반응성	상호적인	비상호적인(실제성)
관계의 범위	좁은	목표어 사용 과제와 같음.
관계의 직접성	직접적이고 간접적임. 응답은 자주 메뉴나 서빙하는 사람에 의해 제공된 정보를 포함하게 되는 반면에, 관광객이 어떠한 종류의 음식이 대개 제안되고 일반적으로 주문되는지 알기 위해 독일 문화에 친숙할 필요가 있는 음식을 주문하는 상황이 있을 수 있다.	목표어 사용 과제와 같음.

주제 지식

모든 응시자는 미국 내 레스토랑에서 식사를 주문하는 데 필요한 매우 구체적인 주제 지식을 갖추고 있어야 한다. 이러한 절차는 독일 레스토랑에서 식사를 주문하는 절차와 유사하지만, 독일과 미국 레스토랑에서 일반적으로 제공되는 음식의 종류에서 구체적인 차이점을 찾을 수 있다. 예를 들어 독일인들은 아침 식사로 버터와 잼을 곁들인 하드롤을 커피, 차 등과 함께 먹는 경우가 많은 반면, 대부분의 학생들이 거주하는 유타주 에브라임과 팬귀치의 레스토랑에서는 일반적으로 하드롤을 아침 메뉴에 포함되지 않는다.

일반적인 언어 능력 수준 및 프로파일

모든 응시자는 독일어 언어 능력이 초급 수준이며, 말하기 능력은 매우 제한적이다.

테스트 수행에서 일어날 수 있는 정서적 반응

테스트는 학생들이 배운 내용을 기반으로 하며 언젠가 독일어로 수행하게 될 과제를 기반으로 하기 때문에 학생들이 테스트에 대해 긍정적으로 느끼기를 바란다.

측정할 구인의 정의

이 성취도 시험에서는 강의 계획서 기반의 구인 정의가 사용된다.

여기에는 동사 mögen*의 1인칭 및 3인칭 단수 및 복수 현재 시제 형태에 대한 지식과 같은 언어 지식 구성 요소가 포함된다.

유용성의 몇 가지 특성에 대한 고려 사항

실제성

테스트 과제의 실제성은 실제 목표어 사용 과제와 비교했을 때 보통 수준일 것이다. 테스트 과제의 기능(주문하기)과 일부 입력(메뉴)은 실제 목표어 사용 과제의 특성과 일치하지만 화자가 누구에게 주문해야 하는지, 주문을 시작하는 구체적인 방법, 특정 화법조동사를 사용하라는 지시 등 추가적인 서면 지침은 그다지 실제성이 높지 않다. 그러나 이러한 지침은 교육용 과제가 텍스트를 안내하는 방식과 일치하므로 언어 교육용 목표어 사용과 관련해 비교적 실제성이 있어 테스트 과제가 응시자에게 의외로 다가오지 않아야 한다.

영향력

테스트 과제가 교육용 과제와 독일에서 여행할 경우 수행해야 할 목

....

* 보통 독일어 문장에서는 주어와 동사의 일치가 존재한다. 독일어 화법조동사 mögen은 영어의 like에 해당한다. 다음과 같이 주어 인칭 변화에 따라 그 형태가 바뀌는 특징을 지니고 있다(역자 주).

ich	mag	wir	mögen
du	magst	ihr	mögt
er	mag	sie	mögen

표어 사용 과제와 일치하기 때문에 응시자들이 긍정적인 정서적 반응을 보일 것으로 기대한다. 또한 강사는 학생들이 수업에서 강조된 자료에 대해 공정하게 테스트를 치르고 있다고 느낄 가능성이 높기 때문에 강사에게 미치는 영향이 긍정적일 것으로 예상된다.

가용한 자원 목록 및 자원 할당 계획

이러한 유형의 단원 테스트는 코스 감독자, 코스 강사로 구성된 위원회 또는 둘 다에 의해 준비된다. 테스트는 하루에 코스의 모든 섹션에 대해 시행된 다음 테스트 위원회 위원 또는 다른 코스 강사가 채점한다. 테스트를 개발하고 채점하는 시간은 강사의 일반적인 강의 요구 사항의 일부로 간주된다.

2단계: 운영

테스트 과제 명세화 목록의 일부

상황

예시 과제를 포함한 전체 테스트는 오디오-비디오 장비를 사용해 언어 실험실에서 시행된다. 응시자에게는 테스트 책자와 응답용 테이프가 제공된다. 테이프에는 강사가 준비한 지침과 입력 내용이 담겨 있다. 테스트는 정규 수업 시간에 시행된다.

채점기준표

예시 과제에 할당된 시간은 응시자가 지시 사항을 읽고 듣고, 응답에 대해 생각하고, 과제에 대한 응답을 기록할 수 있는 충분한 시간이어야 한다. 이는 상, 중, 하의 세 가지 능력 수준에서 각각 한 명씩 세 명의 학생을 대상으로 과제를 사전 테스트해 결정한다. 이 특정 과제는 한 명의 강사가 채점 키에 따라 객관적으로 채점한다. 지침은 학생의 L1(영어)로 구두 및 서면으로 제공된다.

입력

입력은 L2(독일어)로 구두 및 시각적으로 제공된다. 독일어로 인쇄된 레스토랑 메뉴와 레스토랑에서 식사 주문과 관련된 정보에 대한 짧은 음성 요청으로 구성된다. 응시자가 식사를 주문할 때 특정 단어를 사용하도록 지시하는 추가 입력도 제공된다. 이 추가 입력의 형식은 교육 자료의 입력과 일치한다.

예상 응답

응답은 학생의 테스트 테이프에 기록된다. 이는 응시자가 식사의 일부를 주문하는 일련의 짧은 문장으로 구성된다(응시자 본인과 독일어를 사용하지 않는 다른 여러 동반자를 위해 독일어로). 이는 응시자가 식사를 주문할 때 화법조동사 mögen의 다양한 형태를 사용하는 능력을 측정하는 데 목적이 있다.

입력과 응답의 관계

비호혜적이며 범위가 좁고 비교적 직접적이다. 응답은 명시적인 지침에 따라 메뉴에 제공된 정보에서 직접 구성된다.

테스트 과제 예시

실제 테스트는 부록 8을 참조하세요.

3단계: 관리

전체 테스트는 실제 사용하기 전에 서로 다른 능력 수준의 학생 3명을 대상으로 시험해 보고 필요한 경우 테스트 과제를 조정한다.

테스트는 교사와 표본 학생들에게 각각 보고받고 적절히 수정해 개선될 것이다. 수정된 테스트는 다음 분기에 재사용될 것이다.

부록 8: 프로젝트 8 테스트 시행

지시문

(영어, 녹음 및 필기 모두 가능)

여러분과 여러분이 영어로 대화를 나눈 친구, 그리고 독일인이 아닌 다른 친구 몇 명이 카페 크란치어에서 식사를 하기 위해 자리에 앉습니다. 여러분은 일행 중 독일어를 할 줄 아는 유일한 사람입니다. 웨이터는 여러분에게 말하고, 여러분은 일행 모두를 위해 주문을 합니다. 웨이터의 질문을 듣고, 주어진 정보에 따라 당신과 다른 사람들의 메뉴를 주문하세요. 주문한 내용을 테이프에 녹음합니다.

항목

(괄호 안의 번역은 테이프에 기록되지 않았으며, 이 책의 독자에게만 제공됩니다.)

항목 1

녹음된 입력: "So, guten Tag. Was möchten Sie trinken?"
(좋은 하루. 뭐 마실래요?)

지시문: 메뉴에서 직접 마실 것을 주문하세요. 동사 'mögen'을 사용하세요.

항목 2

녹음된 입력: "In Ordnung. Und Ihre Bekannte? Was darf's für sie sein?"
(알았어요. 그리고 당신의 친구는요? 여성분은 무엇을 고르실까요?)

지시문: 친구를 위해 메뉴에서 다른 음료를 주문하세요. 동사 'mögen'을 사용하세요.

항목 3

녹음된 입력: "Und was möchten Sie gern essen?"
(그럼, 뭐 드실래요?)

지시문: 메뉴에서 메인 요리를 선택하고 본인과 친구 모두를 위해 주문하세요. 'wir'와 함께 동사 'mögen'을 사용하여 주문을 시작하세요.

항목 4

녹음된 입력: "Und was möchten die anderen trinken?"
(그리고 다른 분들은 무엇을 마시고 싶어 하나요?)

지시문: 메뉴판에서 음료를 선택하고 테이블에 있는 다른 두 사람을 위해 주문하세요. 'Sie'와 함께 동사 'mögen'을 사용하여 주문을 시작하세요.

항목 5

녹음된 입력: "Und was möchten die anderen gern essen?"
(그리고 다른 분들은 무엇을 먹고 싶어 하나요?)

지시문: 메뉴판에서 메인 요리를 선택하고 테이블에 있는 다른 두 사람을 위해 주문하세요. 'Sie'와 함께 동사 'mögen'을 사

용하여 주문을 시작하세요.

항목 6

(식사 종료 시)

녹음된 입력: "Hätten Sie auch gern einen Nachtisch?"

(그리고 디저트 드실 분이 있나요?)

지시문: 웨이터에게 독일어로 '아니요.'라고 말하세요.

결론

녹음된 입력: "Vielen Dank. Ich bringe Ihnen sofort Ihre Getränke."

(정말 감사합니다. 음료를 바로 가져다드리겠습니다.)

지시문: 웨이터에게 감사 인사를 하세요.

채점

응답은 객관적으로 채점되며 응시자가 화법조동사 mögen의 형태를 사용했는지의 여부를 나타낸다. 채점 기준은 과제의 모든 항목에서 기본적으로 동일하다. 필요한 경우 움라우트를 정확하게 발음하는 것을 포함해 적절한 인칭과 수에 올바른 접미사를 사용하면 2점, 필요한 경우 적절한 목적과 수에 올바른 굴절 접미사를 사용하고 움라우트를 잘못 사용하면 1점, 화법조동사의 형태가 잘못되고 움라우트를 잘못 사용하면 0점이 부여된다. 항목 6은 과제의 실제성을 높이기 위해 포함되었지만 채점되지 않는다.

강사 한 명이 모든 학생의 이 과제를 채점한다. 강사는 각 항목을 한 번씩 듣고 위에 제공된 채점 키에 따라 각 항목에 가변 점수를 부여한다.

프로젝트 9.

한국어-영어 양방향 이중언어 몰입 프로그램의 읽기 구성 요소에 대한 교실 성취도 테스트

도입

한국어/영어 양방향 이중언어 몰입 프로그램(KETWIP)은 1993년 로스앤젤레스 코리아타운 인근 3개 초등학교에서 시작되었다(Rolstad et al. 1993; 1994). 학교마다 한 학급씩 이 프로그램에 참여하며, 이 학급의 학생들은 유치원부터 고등학교 졸업까지 함께 지내게 된다. 초기 단계는 전체 수업의 약 75%가 한국어로 이루어지고 나머지는 영어로 진행된다. 학생들이 고학년으로 올라갈수록 한국어 수업은 전체 수업 시간의 50% 이상을 차지하게 된다. 기존의 '과도기적' 이중언어 교육과 달리 이 프로그램은 한국어와 영어에 동등하게 중점을 둔 '양방향' 이중언어 몰입 프로그램이다. 한국계 미국인이 모국어인 한국어를 유지하고 향상시키는 동시에 영어 원어민이 제2외국어로서 한국어를 습득할 기회를 제공하는 것이 KETWIP의 목표다.

이 테스트는 초등학교 1학년을 대상으로 하며, 초등학교 1학년을 위한 한국어 교과서를 이해하기 위한 학생들의 언어 사용 능력을 평가하는 데 중점을 두고 있다.

1단계 설계

테스트 목적

본 프로그램에서 초등학교 1학년을 대상으로 하는 읽기 테스트의 목적은 다음과 같이 구체적으로 설명할 수 있다.

1. 한국어-영어 양방향 이중언어 몰입 프로그램 교육이 학생들의 초등학교 1학년용 교과서(즉, 성과) 이해 능력 발달에 미치는 영향을 평가하기 위해.
2. 초등학교 1학년을 위해 한국어로 작성된 교과서 읽기와 관련해 교육 실습 및 학생의 학습을 향상시키기 위한 의미 있는 피드백을 제공하기 위해(즉, 과정).

목표어 사용 영역 및 목표어 사용 과제 목록 설명

목표어 사용 영역은 이 프로그램의 학생들이 접할 가능성이 높고 목표어 사용이 필요한 상황 및 과제의 집합이다. KETWIP 프로그램은 교육과정의 초기 단계, 즉 1학년이므로 이 수준에서는 학생들이 수업에서 사용하는 교과서를 이해하는 능력에 교육 목표를 집중하는 것이 적절하다.

교과서 이외의 문헌을 이해하는 능력과 같은 장기적인 목표로 영역을 확장하는 것은 고학년 학생에게 더 적합할 수 있다. 따라서 이 초기 단계에서는 영역이 교육 상황과 과제로 어느 정도 제한된다.

상황

상황은 주로 한국어와 영어가 공존하는 두 가지 언어와 두 가지 문화가 공존하는 로스앤젤레스의 코리아타운이다. 코리아타운에서 모든 학생들이 일반적으로 한국어 교과서를 접하게 되는 상황은 수업 교재, 교구, 시간이 있는 교실이다. 또한 학생들이 한국어 교과서를 사용해 숙제를 하게 되는 가정도 이 상황에 포함된다. 교재에는 교과서, 공책, 연필, 펜 등이 포함된다. 한국어 교과서는 한국교육개발원에서 한국어로 작성했다. 이 교과서는 국정 교과서 정책을 기반으로 하며 한국의 전국 초등학교 1학년이 사용하고 있다. 한국교육개발원에서는 이 교과서를 주 교재로 채택했다.

오전 세 시간 동안은 한국어로 수업이 진행되고, 오후에는 영어로 수업이 진행된다. 한국어 수업에서는 교사가 오전 시간 내내 이 교재를 정기적으로 사용한다. 독해 연습에는 다른 변형된 교재를 활용한다. 오후와 저녁에는 학생들이 독서와 관련된 숙제를 하는 시간이 있다.

입력

형식

읽기, 듣기, 말하기, 쓰기를 포함한 언어 기술은 개별적으로 가르치는 과목이지만 모든 학생들이 더 높은 수준의 비판적 사고를 할 수 있도록 도와주는 통합 과정 기술이다. 입력 제시 역시 자연스러운 담화에서 다른 언어 능력과 통합된 과정에서 발생한다. 교사가 개별적인 항목(예를 들어 음소, 형태소 및 수업 중 어휘 학습)을 제시하지만, 이러한 항목은 자연스럽게 연결된 언어 사용의 흐름 속에서 발생한다.

입력 채널은 시각, 방식은 수용, 형식은 언어(한국어), 입력 길이는 일반적으로 짧다.

입력 언어

입력 언어는 한국어이다. 어휘와 구문은 간단하며 초급 수준에 맞게 조정되었다. 입력은 문법적으로 구성되며 때때로 교사와 동료가 코드 혼합(즉, 한국어와 영어)의 형태로 제시한다.

입력의 화용적 특성은 매우 다양하다. 과목 내용에 따라 언어, 과학, 윤리, 수학, 사회 등의 주제가 포함된다. 수학과 과학을 제외한 주제에는 예절, 학교 생활, 가족, 어린이 게임, 음식, 친구, 생일, 취미 등과 같은 일반적인 영역이 포함된다.

교과서에 자주 등장하는 장르는 산문, 일기, 편지 등으로 구성된다. 박람회, 시, 표지판, 안내문은 덜 자주 등장하며 어휘에는 일반 어휘와 교과 내용 관련 어휘가 포함된다.

한국어 교과서의 어휘와 그림 내용은 단순하고 아동의 연령에 따라 제한되어 있다. 문화적 참조 정도는 주제에 따라 다르며 한국의 명절, 음식, 의복, 풍습과 관련된 텍스트에서 더 많은 문화적 참조를 찾을 수 있다.

개별 항목과 관련된 수업 활동에는 개별 음소 및 형태소 해독, 쓰인 단어 식별, 쓰인 단어와 그 의미를 인식하고 일치시키는 활동이 포함된다.

확장된 수업 과제 및 숙제에는 소리 내어 읽기, 텍스트에 대한 교사의 이해력 점검 질문에 답하기 등이 포함된다. 제목, 주제 등의 소제목 아래 '간결한' 서평은 읽기 능력을 개발하기 위해 정기적으로 가르치고 배정한다.

텍스트에는 두 가지 독특한 사용역이 있다. 학생과 연장자 간의 언어는 존댓말 사용역에 기록되는 반면 또래 간의 언어는 비존댓말 사용역에 기록된다.

예상 응답

응답 형식

응답 형식에는 학생들의 모국어로 된 이해력 문제에 대한 단답형 답안 작성에서 볼 수 있듯이 한국어 또는 영어와 혼용된 코드 전환이 포함된다. 응답 형태에는 과목 학습 활동에서 흔히 볼 수 있는 고개 끄덕이기, 맞추기, 동그라미 치기 등의 비언어적 응답도 포함된다. 응답 채널은 시각적(예를 들어 쓰기, 신체적 반응) 및 구두(예를 들어 책 내용에 대한 구두 설명)이다. 유형에는 제한형(단답형 등)과 확장형(서평 등)이 있다. 길이는 일반적으로 짧고 속도는 가변적이다.

응답 언어

응답의 조직적 및 실용적 특성은 단순하고 입력 특성에서 볼 수 있는 것만큼 다양하지 않으며, 이는 어린 학습자에게 일반적이다.

입력과 응답의 관계

입력과 응답의 관계는 상호적이지 않다. 그러나 사용자와 입력 간의

'상호작용'이 있다. 언어 사용자는 텍스트에 '참여'해 그래픽 시스템의 의미를 협상한다. 이러한 참여는 텍스트, 언어 능력, 주제 지식, 정서적 스키마타, 메타인지 전략을 포함하는 소통적 과정을 사용한다.

응시자 특성

개인 특성

응시자의 연령은 5세부터 7세까지 다양하다. 대부분 미국에서 태어났다. 응시생의 약 50%가 한국계 미국인이며, 약 1%가 타갈로그어, 스페인어, 영어를 구사한다. 응시생들은 너무 어려서 한 과목에 대한 전문 지식을 쌓지 못했기 때문에 특정 과목에 대한 고도의 전문 지식을 가지고 있지 않다. 그러나 응시자의 인종적 배경이 다양하기 때문에 응시자들은 각기 다른 정도의 주제 지식(예를 들어 자신의 하위문화와 관련된 지식)을 가지고 있다. 응시자들이 일반적으로 공유하는 주제 지식에는 언어, 수업 내용, 게임, 나이와 관련된 취미 등이 포함된다.

언어 능력의 일반적인 수준 및 프로파일

응시자의 일반적인 언어 능력 수준은 매우 다양하다. 한국계 미국인의 읽기 능력은 초급에서 중급 수준이다. 그러나 이 능력 수준은 가정 환경과 자녀의 한국어 교육에 대한 부모의 철학에 따라 크게 달라진다. 비한국인의 경우, 읽기 능력은 초급 수준이다. 대부분 개별 어휘 항목과 간단한 문장 수준에 머물러 있다.

측정할 구인 정의

구인을 넓게 정의하면 '한국어로 쓰인 교과서를 읽고 이해하기 위한 언어 사용 능력'으로, 한국어 1학년 과정에서 사용되는 강의 계획서를 기반으로 하며 다음과 같은 하위 능력을 포함한다.

1. 글로 쓰인 어휘를 인식하고 그 의미를 이해하는 능력
2. 쓰인 단어와 문장의 주요 아이디어를 파악하는 능력
3. 구체적인 세부 사항을 인식하는 능력

유용성 특성 평가 계획

교사, 학습자, 학부모, 프로그램 및 사회에 대한 피드백에는 질적 정보가 포함된다. 질적 정보는 논리적 분석에 기반한 대화 스크립트로 과제 및 과제 수행을 테스트하는 데 도움이 된다.

가용 자원의 목록 및 할당 계획

교육 및 테스트 관리에 필요한 자료에는 교과서, 시험지 및 기타 필기 도구가 포함된다. 교사는 테스트 관리자이기도 하다. 교사는 학생의 테스트 성적에 대한 주요 통역 및 피드백 제공자 역할을 한다.

2단계: 운영

청사진

상황

응시자의 집은 테스트를 치르는 장소다. 집은 조용하고 편안하며 수험생에게 친숙한 곳이어야 한다.

테스트 구조

다음 두 가지 테스트가 재택으로 치러진다.

1. 월간 독해력 테스트: 8~10문항
2. 학생 교과서의 두 장(또는 제목)을 바탕으로 한 간단한 서평 테스트

시간 할당

1. 독해력 테스트: 2일.
2. 간단한 서평: 정기적인 피드백을 위한 시간을 확보하기 위해 학기 종료 2주 전에 제출해야 한다.

테스트 과제 특성

입력

부록 9에 두 가지 샘플 과제가 제공된다.

읽기 텍스트는 학생들의 한국어 교과서에서 발췌한 다양한 주제로 구성된다. 주제에는 국어, 과학, 사회, 윤리가 포함된다. 텍스트 길이는 2~3페이지의 한 장(또는 하나의 제목)이다. 텍스트 구성은 간단하지만 문법적으로 정확해야 한다. 지문의 장르는 편지, 일기, 산문으로 구성된다(시는 제외). 읽기 구절의 내용은 지나치게 자극적이거나 불쾌하지 않아야 한다. 특정 민족에 대한 편견을 방지하기 위해 문화에 얽매이지 않는다. 지문에 문화적 참조가 포함된 경우, 모든 학생이 문화적 참조를 학습하고 이해했는지 확인해야 한다. 이해도 점검을 위한 문제는 텍스트에 정보가 제시된 순서대로 출제된다.

학생들이 텍스트를 이해하지 못해도 답할 수 있는 질문은 피해야 한다. 독해 능력 자체와 더 관련이 있는 낮은 수준의 처리 능력을 다루는 문제(예를 들어 추론, 해석, 예측, 확장보다는 문자적 이해 및 명제적 의미)가 우선적으로 출제된다.

예상 응답

학생들은 영어 또는 한국어로 답안을 작성하거나 코드를 혼합해 작성한다. 답안 형식은 한국어, 영어 또는 둘 다로 작성한다. 응답 채널은 시각적이다. 유형은 독해 문제에서와 같이 단답형과 서평에서와 같이 확장형 글쓰기다.

입력과 응답의 관계

목표어 사용 영역의 명세표에 설명된 대로 입력과 응답의 관계는 과제를 수행하는 동안 입력과 응시자의 마음 사이의 소통적 과정으로 나타난다.

반응성: 비호혜적, 범위: 협소(독해 문제), 광범위(서평), 직접성: 직접적(독해 문제), 비교적 광범위(서평).

테스트 유용성

신뢰도

테스트는 집에서 치러지기 때문에 학생이 부모님과 상의할 가능성이 높다. 약간의 도움은 허용되며 때로는 필요하다. 테스트는 학습을 위한 서비스이어야 한다. 이 테스트의 궁극적인 목적은 학생들의 한국어 읽기 학습을 향상시키기 위한 피드백을 제공하는 것이다. 학생과 학부모님들께서 이 테스트와 관련된 정직성과 신뢰성의 중요성을 이해해 주시기 바란다. 도움 요청으로 인한 신뢰성 문제에 대해 우려하지 않는다.

구인 타당도

구인 타당도의 증거로 수집할 수 있는 자료는 다음과 같다.

1. 측정할 구인 정의에 대한 명확한 이론적 정의, 즉 측정된 행동에 대한 설명의 명확성. 이러한 증거는 설계 개요서의 구인 개념 정의 부분에서 확인할 수 있다.
2. 이론적 구인 정의와 조작적 정의 간의 관계. 이는 내용 범위, 즉 내용 영역 정의와 일치하는 대표 항목 및 과제 세트를 샘플링하는 것과

관련이 있다. 이러한 증거는 목표어 사용 영역의 특성, 구인 정의, 설계 설명의 테스트 과제 부분의 특성에서 확인할 수 있다.

3. 테스트의 목적 및 용도에 대한 구인의 관련성, 즉 의도된 목적에 대한 테스트 사용을 정당화하는 내용 관련성: 이러한 질은 관련 이론, 내용 전문가 의견, 교육 목표, 교육적 가치 및 정책을 참조하고 반영해 확보했으며 앞으로도 확보할 것이다.

4. 공정한 테스트 점수. 문화와 언어는 본질적으로 분리될 수 없다. 그러나 학생들의 배경이 이질적이라는 점을 고려해 문화에 특화된 문항을 포함하지 않으며, 테스트가 다른 문화권의 학생들에게 불공정한 유리 또는 불이익을 주지 않도록 할 것이다.

5. 일반화 영역. 이 프로그램은 초기 단계에 있으며, 아직 시작 단계에 있다. 이 단계에서는 수업에서 사용하는 것 이외의 학문적인 것을 읽는 것은 적절하지 않다. 따라서 우리가 기대하는 것은 수업 시간에 사용하는 한국어 교과서의 읽기 능력이다. 즉, 초등학교 1학년의 경우 일반화 영역은 이전 섹션에서 설명한 교육적 목표어 사용 영역에 초점을 맞출 것이다.

실제성

실제성에는 다음이 포함된다.

1. 목표어 사용 영역에 대한 풍부한 설명, 그리고
2. 목표어 사용 영역의 과제와 테스트 과제의 일치 정도.

이 두 가지는 목표어 사용 영역과 테스트 과제(위)에 대한 설명에 나와 있다.

상호작용성

이는 입력과 응답의 관계와 응시자 및 테스트 과제의 특성 부분에 설명되어 있다.

영향력

이해관계자는 학생, 교사, 학부모, 프로그램 및 사회다. 테스트를 설계할 때 우선 수업에서 사용되는 서평과 이해력 과제가 이 프로그램의 읽기 교육에 '적절한' 도구인지 확인한다. 다음 단계는 이러한 과제를 시험 과제로 채택하는 것이며, 이는 테스트 과제와 목표어 사용 과제의 대응성을 나타낸다. 이러한 대응은 성취도 테스트의 필수 요소인 콘텐츠 관련성 및 콘텐츠 범위에 대한 증거를 제공한다. 따라서 이러한 일치의 영향은 학습자가 일상적인 학습 활동에 더 긍정적으로 접근하도록 동기를 부여해 교육 및 이해관계자에게 유익한 후생 효과를 가져다준다. 다시 말하지만, 이러한 일치와 그에 수반되는 긍정적인 영향은 이 백서 시리즈 전체에 걸쳐 나타나 있다.

영향력에 대한 논의를 테스트가 사회에 미치는 광범위한 결과까지 확장할 수 있다. 그러나 영향력이라는 주제를 다음 사항으로 돌리고자 한다. 테스트 사용의 타당도는 먼저 콘텐츠 관련성, 콘텐츠 범위 및/또는 진위성에 기반한 타당성의 증거 기반에 기반한다. 또한 테스트 사용의 타당성은 신뢰도를 기반으로 한다. 이러한 질을 갖추지 못한 테스트는 해석의 적절성 및 의도된 목적에 대한 테스트 사용의 적절성을 보장할 수 없다.

실용도

한 명의 교사가 모든 이해력 테스트 답안과 서평을 읽는 데 상당한 시간이 소요된다. 그러나 학생들의 답안을 추가로 읽는 것은 쉽지 않다. 한 반에 두 명의 한국어 교사가 배치되는 것도 바람직하지 않다. 따라서 교사가 채점하는 데는 시간이 걸리더라도 적절한 피드백을 줄 수 있고, 이해관계자들에게 긍정적인 영향을 줄 수 있는 교사가 채점하는 것이 좋다.

긍정적인 영향을 미치지 못하면 더 큰 대가를 치르게 된다. 교사를 격려하고 동기를 부여하려면 파트너, 학습자 및 학교 관리자의 교사의 업무에 대한 이해가 필요하다.

부록 9

샘플 과제

서평

수업 시간에 연습한 대로 다음 각각에 대해 1~2페이지 분량의 서평을 작성하세요.

1. '여기에 제목'
2. 자신이 선택한 한 장(또는 제목).

서평에는 다음 사항을 포함하세요.

1. 장의 출처(제목)
2. 선택한 간단한 이유
3. 저자(있는 경우)
4. 주제
5. 내용에 관한 몇 가지 문장

영어 또는 한국어로 작성할 수 있습니다. 평가는 콘텐츠 관련성만을 기준으로 합니다.

독해 문제

교재 '_____'의 O쪽부터 O쪽까지 읽으세요. 그런 다음 시험지에 적힌 문제를 읽으세요. 시험지에 짧은 답안을 작성하세요. 답은 한국어 또는 영어로 작성할 수 있습니다.

프로젝트 10.

초등학생을 위한 교수요목 기반 진도 테스트 일부[1]

도입

한 아시아 국가의 교육부는 교사가 테스트와 테스트 과제를 준비해 학생들의 진도를 평가하는 새로운 학교용 영어 교육 교수요목을 시행하고 있다. 이 교수요목은 초등 및 중등학교를 대상으로 몇 가지 주요 단계로 구성되어 있으며, 이 단계에서는 학습자의 성취도를 요약하고 교사가 학습 목표를 달성했는지 확인할 수 있도록 요약 평가를 실시한다. 이 프로젝트에서 개발된 테스트는 초등학교 1~3학년을 포함하는 핵심 단계 1(KS1)을 위한 테스트다. 교사가 테스트를 쉽게 준비할 수 있도록 교육부는 새 교수요목의 내용을 바탕으로 개별 교사 또는 학교 교사 그룹이 자신의 학급에 맞는 테스트와 테스트 과제를 개발할 수 있는 테스트 기준 명세를 개발했다. 교육부에서 개발한 평가 과제의 실제 내용은 '2단계: 운영'에 재현되어 있다.

1단계: 명세화

테스트 목적

이 테스트의 전반적인 목적은 다음과 같이 교사를 돕는 것이다.

* 학생들의 진도 파악
* 학생의 강점과 약점을 파악
* 학생을 도울 방법 찾기
* 평가에서 얻은 정보를 향후 수업 계획의 기초로 활용[2]

목표어 사용 영역과 과제에 대한 설명 부분

수업 상황과 사용되는 교수/학습 과제는 이 테스트의 목표어 사용 영역 및 과제를 구성한다. 이러한 학습 과제는 학생들이 영어를 사용할 가능성이 있거나 영어를 사용하는 모습을 상상할 수 있는 교실 밖 상황에 대응하도록 고안되었다. 교수요목의 교수 과제는 '나, 나와 친구들', '장소와 활동' 등의 모듈로 구성되어 있다. 각 모듈에는 주제 또는 개념적으로 관련된 여러 단원이 있다. 예를 들어 '장소와 활동' 모듈에는 '학교에서', '가게에서', '동물원 가기'와 같은 단원이 포함된다.

응시자 특성

- 개인 특성: 응시자는 초등학교 1~3학년, 5~8세의 남학생과 여학생이다. 이들은 다양한 사회경제적 배경을 가지고 있다. 대다수가 광동어를 모국어로 사용하지만 다양한 인종과 언어 커뮤니티로 대표된다.
- 주제 지식: 이제 막 학업을 시작한 이 아이들은 '학문적' 지식은 상대적으로 적지만 가족과 친구, 지역 환경, 준비물, 교통수단 등에 대해서는 잘 알고 있다.
- 언어 능력의 일반적인 수준과 프로파일: 일부 학생들은 부모님 중 한 명 또는 양쪽 모두 영어를 사용하는 가정에서 왔기 때문에 보통 수준의 영어 실력을 갖추게 된다. 그러나 대다수는 라디오, 텔레비전 또는 거리 표지판에서 비공식적으로 습득한 몇 가지 단어와 구문을 제외하고는 영어에 대한 실무 지식이 거의 없을 것이다.

측정할 구인 정의

측정할 구인은 강의 계획서에 제공된 목표어 목표에 따라 명세화된다. 이는 세 가지 범주로 분류된다.

차원 목표

- 대인관계 차원: 지속적으로 개선되는 영어 사용 능력을 개발하기 위해
  - 관계를 형성하고 유지하기 위해
  - 아이디어와 정보를 교환하고

- 물건을 얻기 위해
- 지식 차원: 영어를 사용해 지속적으로 개선되는 능력을 개발하기 위해
  - 정보를 제공하거나 찾고, 해석하고, 사용하기 위해
  - 아이디어를 탐구하고, 표현하고, 적용하는 능력
  - 문제를 해결하기 위해
- 경험 차원: 영어 사용 능력을 지속적으로 향상시키는 것
  - 실제적이고 상상적인 경험에 반응하고 표현하는 것.[3]
- 언어 능력: (듣기, 말하기, 읽기, 쓰기)

언어 항목 및 의사소통 기능

언어 항목에는 영어의 주요 문법 범주(예를 들어 형용사, 부사, 명사, 전치사, 동사)가 포함된다. 단계 1(KS1)의 의사소통 기능에는 만났을 때 인사 및 작별 인사하기, 자기 소개하기, 자기 설명하기, 감사 표현하기, 의견 말하기, 간단한 요청하기, 영어로 된 일반적인 기호 인식하기 등의 항목이 포함된다.

유용성 특성 평가 계획

이 예시에는 포함되어 있지 않다. 대신 이 테스트의 잠재적 신뢰도 및 구인 타당도에 대한 간략한 예비 논의를 제공한다.

신뢰도

이 테스트에서 측정 오류의 한 가지 원인은 과제 간 불일치이며, 여러 학습 목표와 두 가지 이상의 언어 사용 활동을 포함하는 통합적인 과제 특성을 고려할 때 이를 완전히 제거하기는 어려울 것이다. 하지만 세심하게 준비된 과제 명세화와 과제 작성 과정에서 교사를 지원하는 연수 워크숍을 통해 교사가 비교 가능성이 높은 과제를 작성할 수 있도록 할 수 있다. 과제의 불일치를 확인하기 위한 또 다른 메커니즘은 교사가 준비한 과제를 정기적으로 검토하는 다양한 조정 팀이 될 것이다. 테스트는 개별 교사가 채점하기 때문에 채점자의 불일치는 측정 오류의 두 번째 잠재적 원인이다. 그러나 채점 키와 지침을 신중하게 구성하면 큰 문제가 되지 않으며, 동일한 테스트 과제에 대해 다른 교사가 부여한 점수를 비교하고 개별 교사에게 정기적으로 점수를 검토하도록 요청해 일관성을 보장함으로써 정기적으로 확인할 수 있다. 이 테스트의 상대적인 저부담을 고려할 때 높은 수준의 신뢰도가 절대적으로 필요한 것은 아니며, 신뢰도 조사를 위해 여기에 제시된 절차만으로도 충분하다.

구인 타당도

구인 타당도 문제를 해결하기 위해 이 상황에서 가장 적절한 증거는 아마도 콘텐츠 관련성 및 범위일 것이다. 명세를 교수요목의 학습 목표에 직접 연결하면 높은 수준의 콘텐츠 관련성을 제공할 수 있다. 이를 확인하기 위해 서로 다른 출제팀이 개발한 문항을 교환하고 관련 학습 목표와 얼마나 일치하는지를 평가할 수 있다. 콘텐츠 범위의 문제는 좀 더 복잡하지만, 개별 교사가 준비한 테스트를 정기적으로 샘플링해 교사가 수업에서 실제로 학습 목표를 얼마나 잘 다루고 있는지 평가하는 시스템을 포함할 수 있다. 이는 학교 내에서는 교사들이 테스트 과제를 공유하고, 외부에서는 영어 검사원에서 수행할 수 있다.

가용 자원 목록 및 자원 할당 계획

교육부는 테스트 기준 개발을 감독하기 위해 위원회를 조직하고 교육과정 개발원, 교육부 관계자, 선정된 교장/교감, 학교 부서장 교사들로 구성된 여러 테스트 출제 및 조정 팀을 구성했다. 이 팀은 교수요목에 포함된 모든 테스트의 출제 기준과 예시 테스트 과제를 작성하고 감독할 책임이 있다. 그런 다음 개별 담임 교사 또는 학교의 교사 그룹이 테스트 과제를 작성해 교실에 제출하고 테스트를 채점해 학생, 학부모 및 학교 관리자에게 보고한다.

2단계: 운영

청사진

다음은 교사가 직접 테스트 과제를 개발할 때 사용할 수 있도록 교육부에서 준비한 한 가지 예시 과제에 대한 실제 명세화다.

평가 과제 명세화

1. 제목

동물원 가기(영역 2)

2. 목적

간단한 정보를 사용하는 학생을 평가하기 위해

3. 언어 초점

차원 목표
- 지식 차원: 간단한 정보 사용
  - 정보 제공, 검색, 해석, 사용
  - 아이디어 탐색, 표현, 적용
  - 문제 해결

언어 능력: 읽기 및 쓰기

언어 항목과 의사소통 기능: 명사를 사용해 동물 식별하기

4. 언어 사용 맥락

학생들이 시각적 단서의 도움을 받아 텍스트에서 간단한 정보를 추

출하는 언어 사용 상황.

- 참여자: 아빠, 엄마, 어린이 및 기타 방문객
- 위치: 동물원

5. 과제 시간

- 입력 읽기 및 응답 쓰기: 5분

6. 입력 형식

- 양식: 서면 언어(언어적) 및 다양한 동물 그림(비언어적)
- 언어: 영어
- 길이: 채점기준표: 약 20단어

  텍스트 프롬프트: 서면, 약 55단어
- 유형: 해석을 위한 서면 및 그림 입력, 제한된 구성 응답을 유도하기 위한 항목

7. 입력 언어 특성

- 어휘: '공원과 놀이터에서' 단원과 관련된 주제 어휘
- 구문: 간단한 문장과 질문
- 기능: 동물원에서 흔히 볼 수 있는 동물 식별하기

8. 응답 형식 특성

- 양식: 문어
- 언어: 영어
- 길이: 한 단어
- 유형: 한정 산출

9. 응답 언어 특성

- 어휘: '공원과 놀이터에서' 단원과 관련된 특정 어휘
- 구문: 한 단어의 응답
- 기능: 동물원에서 흔히 볼 수 있는 동물 식별하기

10. 채점 절차

- 방법: 아래 기준에 따라 개별 항목을 채점한다. 전체 영역은 성능 밴드에 따라 배정된다.
- 기준: 예를 들어 모두 맞음 = ✔ 일반적으로 할 수 있음
  2~3개 정답 = ✘ 부분적으로 할 수 있음
  2개 미만 정답 = ✘ 아직 할 수 없음

위에서 언급한 바와 같이 이 청사진은 특정 테스트 상황의 필요에 맞게 용어와 틀을 조정하는 방법을 보여 준다. 이 청사진에서는 '구인 정의' 대신 '언어 초점'이라는 문구를 사용했으며, 여기에 포함된 영역은 교수요목에 포함된 목표 학습 목표의 세 가지 영역에 해당한다. 다음으로

'언어 사용 맥락'이라는 용어 대신 '목표어 사용 영역'이라는 용어를 했으며, 이는 언어 기능(시각적 단서의 도움을 받아 글에서 간단한 정보 추출하기), 참여자(아빠, 엄마, 아이, 다른 관람객), 장소(동물원)의 측면에서 설명한다.

교사 참고 사항

A. 레벨: 핵심 단계1, 초등 1

B. 시간: 35분

C. 목표: 이 평가 과제는 학생들의 능력을 평가한다.

   1. 간단한 정보 해석하기(지식 차원)

   2. 간단한 정보 사용(지식 차원)

D. 필요한 자료

   1. 시험지

   2. 테이프

   3. 테이프 스크립트

E. 절차

   1. 교사가 학생들에게 과제 개요를 알려 준다. 네 부분으로 구성되어 있다고 알려 준다.

     파트 1: 학생이 주어진 문맥에서 말풍선을 채운다.

     파트 2: 학생이 대화를 완성한다.

     파트 3: 학생이 듣기 과제를 한다.

     파트 4: 학생들이 짧은 텍스트를 읽고 질문에 답한다.

   2. 파트 1에서 교사는 동물원에 가는 이씨 가족을 소개한다. 학생들

은 그림을 주의 깊게 살펴보고 말풍선 안에 시간을 써 넣는다.

3. 파트 2에서는 학생들이 그림을 보고 동물의 이름을 확인한 다음 말풍선을 완성한다(이 예시 프로젝트에서는 이 부분만 설명되어 있다).

4. 파트 3에서 교사는 학생들에게 아빠가 아이들과 엄마를 위해 아이스크림을 사러 간다고 말한다. 학생들은 테이프를 듣고 다양한 아이스크림을 색칠한다.

5. 파트 4에서는 학생들이 짧은 글을 읽는다. 학생들은 이씨 가족을 위한 퀴즈 카드를 완성해야 한다.

F. 채점 절차

학생의 수행은 과제별 기준에 따라 채점된다.

✔ (대체로 가능): 모든 동물의 이름을 정확하게 말한다.

✘ (부분적으로 가능): 2~3마리의 동물 이름을 올바르게 말한다.

✘ (아직 가능하지 않음): 두 마리 미만의 동물을 올바르게 명명한다.

영역 2의 구체적인 테스트 과제

채점 기준 및 채점 절차는 영역 1과 동일하다.
테스트의 발췌문은 522~526쪽 참조.

평가 과제

반 _____

이름 _____   날짜 _____

Part 1

✐ 이씨네 가족은 오늘 동물원에 가려고 해요. 그림을 보고 말풍선을 채우세요.

Part 2

✍ 가족들이 동물에 대해 이야기하고 있습니다.

가족들이 이야기하는 동물의 이름을 적으세요.

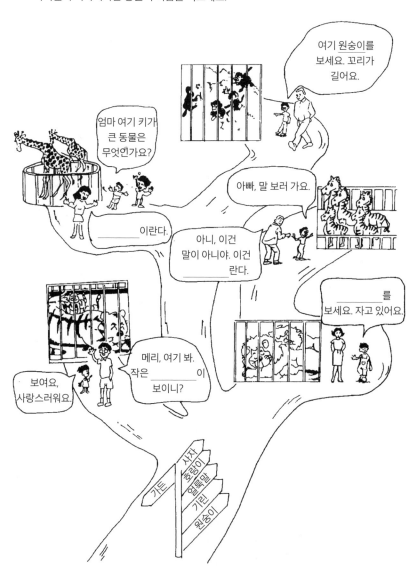

Part 3

아이들은 피곤해해요. 아이들은 쉬고 있어요. 아빠가 아이들을 위해 아이스크림을 사요. 아빠는 아이들에게 무슨 아이스크림을 좋아하는지 묻고 있어요. 테이프를 잘 듣고 아이스크림에 색칠해 보세요.

Part 4

✍ 이씨네 가족은 지금 동물원을 떠나려고 해요. 가기 전에 가족들은 카드를 받아 카드에 적힌 퀴즈를 함께 끝내려고 해요. 이씨네 가족을 위해 답을 적어 주세요.

이것은 코끼리예요. 코끼리는 매우 커요. 코끼리는 회색이에요. 코끼리의 코는 길고 귀는 커요. 마치 바나나 같아요.

질문 1 : 코끼리는 무슨 색인가요?   회색

질문 2 : 코끼리가 좋아하는 음식은 무엇인가요?

이것은 원숭이예요. 원숭이는 날씬해요. 원숭이는 갈색이에요. 원숭이는 꼬리가 길고 입이 커요. 마치 땅콩 같아요.

질문 3: 원숭이는 무슨 색인가요?

질문 4: 원숭이가 좋아하는 음식은 무엇인가요?

당신의 카드를 여기 넣으세요.

정답을 모두
맞혔다면 선물을 받게 될 거예요.

주

1부

1장

1 이 책에서는 통계적인 측정(measurement) 및 평가 기법과 절차에 대해 논의하지 않았다. 이에 대한 참고문헌은 2장, 5장, 11장에서 확인할 수 있다.

2 '목표어 사용 영역'이라는 용어는 3장에서 정의한다.

2장

1 이러한 특성의 대부분은 교육 및 심리 검사 표준(APA, 1985)에서 논의된다.

2 현재의 측정 이론가들은 일반적으로 테스트 사용의 타당도를 고려할 때 점수 해석 및 테스트 점수에 근거한 결정의 결과를 포함한다(예를 들어 Messick, 1989 참조). 이 견해도 논리적이지만, 우리는 영향력이라는 특성하에 결정의 결과를 개별적으로 고려하는 것을 선호한다.

3 제공되어야 할 필요가 있는 또 다른 종류의 정당화는 테스트 점수를 기반으로 내려질 특정 결정에 따르는 결과 또는 영향, 타당도의 결과적 측면이라고 할 수 있는 것과 관련된다. 여기에는 개인에 대한 특정 결정을 내리고 이러한 결정을 알리기 위해 테스트 점수를 사용하는 결과가 테스트의 목적이 사용되는 가치, 목표 및 사회적, 교육적 상황과 일치한다는 사실을 입증하는 것이 포함된다. 언어 테스트의 영향력이 중요하기 때문에 이 테스트 특성에 대해서는 아래에서 별도로 논의할 것이다.

4 실제성, 상호작용성 및 영향력은 많은 측정 전문가가 타당도의 일부로 간주하는 세 가지 특성이다. 실제성과 상호작용성은 구인 타당도와 관련이 있으며, 영향력은 테스트 사용의 결과적인 기반의 일부이다. 그러나 이러한 특성들은 언어 테스트의 개발 및 사용에서 개별적으로 고려할 만큼 중요하기 때문에 각기 다른 특성으로서 논의할 것이다.

5 상호작용성에 대한 정의는 근본적으로 실제성을 정의하는 바크먼(Bachman, 1990)의 '상호작용적/능력' 접근법의 연장선상에 있다. 따라서 여기서 제시하는 실제성과 상호작용성의 정의는 바크먼(Bachman, 1990)이 실제성을 정의하며 특징지은 '실제'와 '상호작용적/능력' 접근법을 반영하고, 테스트 과제를 특징짓는 데 가치와 유용성을 인식

한다.

6 실제성은 또한 언어 테스트 전문가들과 교육 측정 전문가들이 대부분 거부한 용어인 '안면 타당도'와 관련이 있다. 안면 타당도는 테스트가 테스트 응시자와 테스트 사용자에게 느껴지는 정도다. 우리는 '테스트 어필'이라는 개념이 근본적으로 실제성과 상호작용성의 상관적 요소라고 주장하므로 '안면 타당도' 또는 '테스트 어필'을 별도의 테스트 특성으로 간주하지 않는다. '안면 타당도라는 용어의 문제점에 대한 보다 자세한 논의는 바크먼(Bachman, 1990, pp. 285-9)을 참조하라.

7 또 다른 용어로는 '파급 효과'(예를 들어 Hughes, 1989; Weir 1990)가 있다. 그러나 '환류 효과'라는 용어가 언어 테스트와 응용 언어학에서 더 널리 사용되므로, 이 책에서도 이를 사용하고자 한다.

8 영향력의 범위 내에서 환류 효과를 고려하는 것은 '영향력 연구'라는 용어를 사용해 '환류 효과'에 대한 연구를 지칭하는 월과 올더슨(Wall and Alderson, 1993)의 최근 연구 동향과 일치하는 것으로 보인다.

9 카날(Canale, 1988)은 테스트 경험을 '인간화'할 필요성에 대해 논의하며, 테스트 수행에 대한 풍부한 피드백 제공도 함께 논의한다.

3장

1 이러한 두 영역이 반드시 배타적인 것은 아니다. 적어도 지난 20년 간의 언어 교육 방법론에 대한 수많은 논의들에서, 언어 사용을 위한 교수 학습 과제를 구안하는 목적이 단순히 언어 자체를 배우기 위함이 아니라 의사소통을 하기 위함이어 왔기 때문이다.

2 바크먼(Bachman, 1990)의 '테스트 방법'과 '양상'이라는 용어에 대해, 여기에서는 '과제'와 '특성'으로 지칭하고자 한다. 두 가지 이유에서 '과제'라는 용어를 선호하는데, 첫째 이 용어가 추상적 실체로서가 아니라 언어 테스트가 응시자에게 제시되는 바를 직접적으로 드러내기 때문이다. 둘째, '과제'라는 용어가 보다 일반적이며, 언어 습득과 교수 맥락에서 최근에 많이 쓰이는 과제 개념과 직접적으로 관련되기 때문이다. 또한, 많은 실무자들이 '양상'이라는 용어를 고도로 전문적이며 접근하기 어려운 것으로 인식하는 반면, '특성'이라는 용어에는 이러한 문제가 훨씬 적다.

4장

1 스웨인(Swain, 1985)은 이 원칙을 '최고의 가치'라 부른다.

2 언어 능력에 대한 이러한 관점은 위다우슨(Widdowson, 1983)이 말하는 '의사소통 능력(communication capacity)'과 언어 능력을 (1) 언어 지식, 때로는 '능력(compe-

tence)'이라 부르기도 하는 것과 (2) 언어 사용에서 지식을 구현하는 인지적 절차 또
는 전략의 두 가지 구성 요소로 간주하는 응용 언어학의 연구와 일치한다(예를 들어
Widdowson, 1983; Bachman, 1990; Bialstok, 1990 참조). 이는 또한 과정이나 발견을
지식 영역과 구별시키는 정보 처리 또는 지적 능력의 인지 모델과 일치한다(예를 들어,
Sternberg, 1989, 1988 참조).

3 조직 지식은 개인이 위다우슨(Widdowson, 1978)에서 '사용(usage)'이라 부른 것의
사례를 생산하거나 이해할 수 있게 하는 요소들을 포함한다.

4 우리는 브라운과 율(Brown and Yule, 1983)의 구어로서의 '발화(utterances)'와 문어
로서의 '문장(sentence)'의 구별을 따를 것이다. 그러나 우리는 언어 지식의 영역이 구
어 사용과 문어 사용에 모두 관련되어 있다고 가정하기 때문에, 구어와 문어 중 하나를
명시할 의도가 없을 시에는 '발화'와 '문장'이라는 용어를 둘 다 사용할 것이다.

5 우리가 여기서 제시하는 메타인지 전략에 대한 관점은 주로 스턴버그(Sternberg)의 지
능 모델에서 메타-구성 요소로 기술한 것에서 유래한다(Sternberg, 1985, 1988 참조).
이러한 메타-구성 요소는 개인의 문제 해결을 계획하고 점검하고 평가하는 데 관여한
다. 따라서 여기서 논의하는 메타인지 전략은 언어 사용뿐만 아니라 사실상 모든 인지
활동에 관여한다고 가정할 수 있다.

6 라도(Lado, 1961), 캐럴(Carroll, 1961, 1968)은 이러한 '기술(skills) 및 구성 요소' 모
형의 예를 제공한다.

7 듣기, 말하기, 읽기, 쓰기 활동이 언어 능력과 언어 사용 또는 테스트 과제 특성의 상호
작용의 실현이라는 이 개념은, 테스트 문항을 구인 또는 특성과 테스트 방법의 조합으
로 보는 측정 개념과 일치한다. 테스트 문항을 특성 방법 단위로 보는 이러한 관점은 구
인 타당도에 대한 하나의 접근 방식에 개념적 토대를 제공한다(Bachman, 1990: 7장의
논의 참조).

2부

5장

1 '시범 테스트'와 어느 정도 같은 뜻으로 사용되는 기타 용어로는 '사전 테스트'와 '모의
테스트'가 있다.

6장

1 교사 참고 사항: 6장에서는 테스트 설계 시 상대적으로 복잡한 여러 중요한 관련 문제를 다룬다. 따라서 이 장은 분량이 상대적으로 길다. 교육 자료를 가르치는 한 가지 방법은 각 섹션을 읽고 개별적으로 작업하도록 할당하는 것이다. 이를 위해서 각 섹션 뒤에 별도의 연습과 제안된 읽을거리를 제공했다.

2 테스트 개발자와 테스트 사용자는 서로 다른 기능을 수행할 수 있다. 하지만 교사가 개발한 전형적인 교실 테스트와 같이, 각각은 동일한 개인일 수 있다. 또는 대학과 대학교의 입학사정관을 대상으로 테스트 전문가가 개발한 테스트처럼, 각각은 서로 다른 개인일 수도 있다. 또는 교사 팀이 테스트 전문가와 협업해 개발한 테스트처럼, 테스트 사용자는 테스트 개발자 팀의 일원일 수 있다.

3 맥너마라(McNamara, 1996)는 이 두 가지 추론 유형이 서로 다른 가설에 근거한다고 언급한다. 첫 번째 유형의 추론은 목표어 사용 과제를 성공적으로 수행할 수 있는 개인의 능력에 관한 것으로서, 맥너마라가 강력한 수행 가설이라고 부르는 것에 근거한다. 반면 두 번째 유형은 개인의 언어 사용 능력에 관한 것으로, 약한 수행 가설에 기반한다.

4 문체 양식의 측면에서 이제부터 우리는 목표어 사용 영역과 과제를 테스트 과제와 필수적으로 구별해야 하는 경우에만 약어 '목표어 사용(TLU)'을 명시할 것이다. 따라서 문맥상 의미가 명확한 경우에는 단순히 '영역'과 '과제'로 언급한다.

5 여기서 주목할 점은 테스트를 설계하는 목표어 사용 영역이 넓을수록 유용한 테스트의 설계가 더 어려울 수 있다는 것이다. 이는 목표어 사용 과제 영역에서 샘플링이 해당 목표어 사용 과제 영역이 더 커지고 다양해짐에 따라 더 어려워지기 때문이다. 따라서 매우 크고 다양한 영역에서는 목표어 사용 영역에서의 응시자 수행 능력에 대한 추론의 실제성과 타당성이 해당 테스트에 포함될 수 있는 테스트 과제 수의 실질적인 제한을 통해 위협받을 수 있다.

6 문체 양식 결정에 따라 '실생활 목표어 사용 영역', '언어 교육 목표어 사용 영역'이라는 전체 용어를 사용하는 대신, 이를 단순히 '실생활 영역', '언어 교육 영역'이라고 부를 것이다.

7 우리의 견해가 언어 테스트 문항 출제자 사이에서 보편적으로 수용되지 않는다는 점을 인식하고 있다. 실제로 상당수의 출제자는 언어 능력을 총체적이고 단일화된 능력으로 간주하기 때문에 이를 평가할 때 다양한 구성 요소를 구분하지 않는다. 가장 대표적인 예로 ACTFL의 구어 숙달도 인터뷰와 그 전신인 FSI의 구어 숙달도 인터뷰에 드러난 견해를 들 수 있다(Lowe, 1988). 저자들은 연구 문헌에서 널리 논의되었다는 이유만으로 이 견해에 동의하지는 않으며, 이 논쟁에 관심이 있는 독자는 이 섹션의 마지막에 있는

관련 문헌을 참조하기 바란다.

8 현재 언어 사용 및 이에 따른 언어 테스트 수행에서 전략적 역량의 역할은 비교적 새로운 연구 분야이며, 이에 대한 더 구체적인 언급을 하기는 어렵다. 하지만 우리는 이것이 전략이 작동하는 방식을 연구하는 유망한 접근법이라고 믿는다.

9 우리는 응시자가 주제 내용이 다른 과제를 선택할 수 있도록 허용하면 테스트 과제 전반에 걸쳐 또 다른 잠재적인 불일치 요인이 발생한다는 점에 주목한다. 또한 테스트 개발자는 이러한 과제가 동등하고 비교 가능한 난이도 수준이 되도록 적절한 조치를 취해야 한다.

7장

1 교육 및 심리 테스트 분야는 교육 및 심리 테스트와 그 사용의 적합성과 수용 가능성을 평가하기 위한 권위 있는 표준 세트를 개발했다. 이 표준은 교육 및 논리적 테스트에 사용된다(APA, 1985). 다양한 유용성 특성에 대해 적절한 균형과 최소 허용 수준을 찾아야 한다는 견해는 APA 표준에 명시된 입장과 일치한다. "테스트 또는 테스트 응용 프로그램을 평가하는 것은 이 문서의 모든 기본 표준 및 점검 목록을 사용해 문자 그대로 충족하는 데 있고, 수용 가능성은 체크리스트에 의해 결정될 수 없다. 구체적인 상황은 개별 표준의 중요성에 영향을 미친다. 개인을 고립된 상태로 간주해서는 안 된다."(APA p.12).

2 신뢰도를 추정하기 위한 접근법과 방법은 바크먼(Bachman, 1990)과 12장 참고문헌에서 논의된다.

3 설(Searle, 1969)은 지식 증명만을 요구하는 질문을 '테스트 문제'라고 부르며, 정보 요청으로 기능하지 않기 때문에 실제 질문으로 간주하지 않는다. 바크먼(Bachman, 1990)은 지식 증명을 요청하는 이 기능이 기능적 언어 사용을 포함하는 테스트 과제를 고려할 때 다소 사소한 기준이라고 본다.

9장

1 여기에서 논의하는 청사진의 개념은 일반적으로 테스트 과제를 일련의 자질들이 아닌 전체로 다루는 전통적인 언어 테스트 개발에서의 개념과는 상당히 다르다. 전통적 측면에서 테스트 청사진은 문항의 수와 유형을 구체화하는 표로 인식된다. 예를 들어, 이러한 유형의 청사진은 문항의 통계적 속성뿐 아니라 '선다형 어휘 문항 20개, 문법 완성형 문항 20개, 읽기 이해력 문항 10개'처럼 구체화될 수 있다. 테스트 과제 유형을 정의하는 일련의 특성에 초점을 둔다는 점, 설계 진술과 청사진을 통해 각각의 과제 유형

을 전체 테스트와 관련을 시킨다는 점에서 우리의 접근은 다르다.

2 이러한 점수가 동등하거나 동형인 것으로 간주되기 위해서는 다른 형식의 테스트에서 획득한 점수들이 충족시켜야 하는 특정한 통계적 속성이 존재한다. 이에 대해서는 3장 과 11장의 더 읽을거리에 제시된 통계 및 측정 관련 참고 문헌뿐 아니라 바크먼(Bachman, 1990)의 6장에 상세히 논의되어 있다.

11장

1 이 쟁점에 대한 논의는 데이비슨(Davidson, 1986)이나 저카루크와 새뮤얼스(Zakaluk and Samuels, 1988)의 논저를 참조하라.

2 부분 점수 채점은 일반적으로 두 가지 형태 중 하나를 취한다. 하나는 부분 점수나 평정 (예를 들어 0, 1/4, 1/2, 3/4, 1)이고, 다른 하나는 종합 점수나 평정(예를 들어 0, 1, 2, 3, 4)이다. 이 두 형태는 통계적 특성에서 동일한 결과를 산출하기 때문에 둘 중 하나를 선 택하는 것은 주로 부분 점수의 경우에는 분수나 소수를 다루는 것, 종합 점수의 경우에 는 정수를 다루는 것의 문제다.

3 테스트 응시자에게 선택형 응답 과제가 주어질 때, 우연히 정답을 얻을 확률은 선택해 야 하는 선택지의 수에 따라 다르다. 따라서 참/거짓 질문을 사용하면 우연히 정답을 얻게 될 확률은 둘 중 하나, 곧 50퍼센트이며, 4지선다형 문항에서는 확률이 4 중 1, 곧 25퍼센트다. 따라서 선택형 응답에서 우연히 정답을 선택할 확률은 1/n이다. 여기서 'n'은 선택지의 수다. 이로써 선택지의 수를 늘림으로써 응시자가 우연히 정답을 얻을 확률을 낮출 수 있다는 것을 확인할 수 있다. 추측을 교정하는 절차는 대부분의 표준 측 정 논저에서 논의된다.

4 예를 들어 본(Vaughn, 1991)을 참조하라.

5 물론 최소한의 등급 수는 평정이 절대적으로 신뢰성 있고 또 교육과정의 등급과 완벽 하게 일치한다고 가정한다. 그러나 사실상 이런 경우는 없으므로, 일반적으로는 결정값 보다 더 많은 등급 수가 필요하다.

12장

1 '정보'는 상대적으로 중립적이고 '피드백'은 정보 제공에 초점을 두며 목적 지향적이라 는 점에서, 두 용어는 다소 다른 의미로 통용된다. 그렇지만 여기에서는 두 용어를 잠재 적 동의어로 간주하고자 한다. 또한 '사전 테스트'가 '연습용 테스트'를 의미하는 것은 아니다. 즉, 응시자에게 테스트 수행에 대한 연습 기회를 제공하기 위한 것이 아니라는 것이다.

2 '사전 테스트'라는 용어는 절차 그 자체뿐 아니라 모종의 활동을 지칭할 수도 있기 때문에 일반적으로 명사나 동사로 통용된다. '사전 테스트'와 대체로 동의어로 간주되는 용어로는 파일럿(pilot), 시도(trial), 시범용(try-out) 정도가 있다.

3부

프로젝트 9.

1 이 자료는 1994년 봄에 배정옥이 UCLA에서 라일 버크먼(Lyle Bachman)이 강의한 TESL/AL 222 과목을 위해 수행한 테스트 개발 프로젝트를 수정한 것으로 저자의 허락을 받아 사용했다. 이 책의 1부와 2부에서 사용한 전문 용어와 일관성을 유지하기 위해 약간의 편집 변경이 이루어졌다.

프로젝트 10.

1 이 프로젝트는 영어의 목표 지향 교육과정 평가 지침. 핵심 단계 1(초등 1~)(Target Oriented Curriculum Assessment Guideline for English Language. Key Stage 1(Primary 1-3))에 보고된 목표 지향 교육과정 평가 메커니즘에 관한 주제 프로젝트 그룹(영어)에서 개발한 평가 과제 사양 및 과제 예시를 각색한 것이다(Annex B. 교육부, 홍콩. June, 1995).

2 홍콩 교육부, 1995, p.13.

3 영어를 위한 목표 지향적 커리큘럼 학습 프로그램. 핵심 단계 1(초등 1~3)(홍콩: 커리큘럼 개발위원회, 교육부, p.4).

참고문헌

Alderson, J. C. and A. H. Urquhart. 1985. 'The effect of students' academic discipline on their performance on ESP reading tests.' *Language Testing* 2, 2: 192-204.

Alderson, J. C. and D. Wall. 1993. 'Does washback exist?' *Applied Linguistics* 14: 115-29.

American Psychological Association(APA). 1985. *Standards for Educational and Psychological Testing*. Washington, DC: American Psychological Association.

Bachman, L. F. 1990. *Fundamental Considerations in Language Testing*. Oxford: Oxford University Press.

Bachman, L. F. and A. S. Palmer. 1982. 'The construct validation of some components of communicative proficiency.' *TESOL Quarterly* 16, 4: 449-65.

Bachman, L. F. and A. S. Palmer. 1983. *Oral Interview Test of Communicative Proficiency in English*. Los Angeles, CA: Photo-offset.

Baker, E. L., H. F. O'Neil Jr., and R. L. Linn. 1993. 'Policy and validity prospects for performance-based assessment.' *American Psychologist* 48: 1210-18.

Berwick, R. 1989. 'Needs assessment in language programming: from theory to practice' in R. K. Johnson (ed.): *The Second Language Curriculum*. Cambridge: Cambridge University Press: 48-62.

Bialystok, E. 1990. *Communication Strategies*. Cambridge, MA: Basil Blackwell.

Brindley, G. 1989. 'The role of needs analysis in adult ESL programme design' in R. K. Johnson (ed.): *The Second Language Curriculum*. Cambridge: Cambridge University Press: 63-78.

Brown, G. and G. Yule. 1983. *Discourse Analysis*. Cambridge: Cambridge University Press.

Brown, H. D. 1994. *Principles of Language Learning and Teaching*. Third edition. Englewood Cliffs, NJ: Prentice-Hall Regents.

Brown, J. D. 1980. 'Newly placed students versus continuing students: Comparing proficiency' in J. C. Fisher, M. A. Clarke, and J. Schachter (eds.): *On TESOL '80. Building Bridges: Research and Practice in Teaching English as a Second Language*.

Washington, DC: TESOL: 111-19.

Canale, M. 1983. 'On some dimensions of language proficiency' in J. W. Oller (ed.): *Issues in Language Testing Research*. Rowley, MA: Newbury House: 333-42.

Canale, M. 1988. 'The measurement of communicative competence' in R. B. Kaplan et al. (eds.): *Annual Review of Applied Linguistics,* Vol. 8. New York: Cambridge University Press.

Canale, M. and M. Swain. 1980. 'Theoretical bases of communicative approaches to second language teaching and testing.' *Applied Linguistics* 1: 1-47.

Carroll, B. J. and P. Hall. 1985. *Making Your Own Language Tests: A Practical Guide to Writing Language Performance Tests*. Oxford: Pergamon Press.

Carroll, J. B. 1961. 'Fundamental considerations in testing English proficiency of foreign students' in: *Testing the English Proficiency of Foreign Students*. Washington, DC: Center for Applied Linguistics: 30-40.

Carroll, J. B. 1968. 'The psychology of language testing' in A. Davies (ed.): *Language Testing Symposium: A Psycholinguistic Approach*. London: Oxford University Press: 46-69.

Carroll, J. B. 1993. *Human Cognitive Abilities: A Survey of Factor Analytic Studies*. Cambridge: Cambridge University Press.

Christison, M. A. 1995. 'Multiple intelligences and second language learners.' *Journal of the Imagination in Language Learning,* Vol. 3. Jersey City, NJ: Jersey City State College.

Clark, J. L. D. (ed.): 1978. *Direct Testing of Speaking Proficiency: Theory and Application*. Princeton, NJ: Educational Testing Service.

Cohen, A. D. 1994. *Assessing Language Ability in the Classroom*. Second edition. New York: Heinle and Heinle.

Cronbach, L. J. 1989. *Essentials of Psychological Testing. Fourth edition*. New York: Harper and Row, Publishers.

Crookes, G. and S. M. Gass. (eds.): 1993a. *Tasks and Language Learning: Integrating Theory and Practice*. Clevedon, Avon: Multilingual Matters.

Crookes, G. and S. M. Gass. 1993b. 'Introduction' in Crookes and Gass 1993a: 1-8.

Davidson, A. 1986. *Readability, and Questions of Textbook Difficulty*. Champaign, Ill.: University of Illinois at Urbana-Champaign. Cambridge, MA: Bolt, Beranek and

Newman Inc.

Donahue, F. E. and J. Watzinger. 1990. *Deutsch Zusammen: A Communicative Course in German*. Englewood Cliffs, NJ: Prentice-Hall.

Duff, P. 1993. 'Tasks and interlanguage performance: An SLA research perspective' in Crookes and Gass 1993a: 57-95.

Færch, C. and G. Kasper. 1987. *Introspection in Second Language Research*. Clevedon, UK: Multilingual Matters.

Glass, G. V. and K. D. Hopkins. 1984. *Statistical Methods in Education and Psychology*. Second edition. New York: Prentice-Hall, Inc.

Gronlund, N. and R. L. Linn. 1990. *Measurement and Evaluation in Teaching*. 6th Edn. New York: Macmillan.

Guilford, J. P. and B. Fruchter. 1978. *Fundamental Statistics in Psychology and Education*. Sixth edition. New York: McGraw-Hill Book Company.

Hatch, E. and A. Lazaraton. 1991. *The Research Manual: Design and Statistics for Applied Linguistics*. New York: Newbury House Publishers.

Heaton, G. B. 1988. *Writing English Language Tests*. Second edition. London: Longman.

Hong Kong Education Department. 1995. *Target Oriented Curriculum Assessment Guidelines for English Language. Key Stage 1(Primary 1-3)*. Hong Kong: Education Department.

Hong Kong Education Department. 1995. *Target Oriented Curriculum Programme of Study for English Language. Key Stage 1(Primary 1-3)*. Hong Kong: Curriculum Development Council. Education Department.

Hughes, A. 1989. *Testing for Language Teachers*. Cambridge: Cambridge University Press.

Hymes, D. 1972. 'Models of interaction of language and social life' in J. J. Gumperz and D. Hymes (eds.): *Directions in Sociolinguistics: The Ethnography of Communication*. New York: Holt, Rinehart and Winston: 35-71.

Johnson, D. 1992. *Approaches to Research in Second Language Learning*. London: Longman.

Lado, R. 1961. *Language Testing*. New York: McGraw-Hill.

Linn, R. L. 1994. 'Performance assessment: Policy promises and technical measurement standards.' *Educational Researcher* 23, 9: 4-14.

Linn, R. L., E. L. Baker, and S. B. Dunbar. 1991. 'Complex, performance-based assessment: Expectations and validation criteria.' *Educational Researcher* 20, 8: 15-21.

Lowe, P. Jr. 1982. *ILR Handbook on Oral Interview Testing*. DLI/LOS Joint Oral Interview Transfer Project. Washington, DC.

Lowe, P. Jr. 1988. 'The unassimilated history' in P. Lowe and C. W. Stansfield (eds.): *Second Language Proficiency Assessment: Current Issues*. Englewood Cliffs, NJ: Prentice-Hall: 11-51.

McNamara, T. 1996. *Second Language Performance Measuring*. London and New York: Longman.

Messick, S. 1989. 'Validity' in R. L. Linn (ed.): *Educational Measurement. Third edition*. New York: American Council on Education and Macmillan: 13-103.

Messick, S. 1994. 'Alternative modes of assessment: Uniform standards of validity.' Paper presented at a Conference on evaluating alternatives to traditional testing for selection, Bowling Green State University, October 25-26.

Morrow, K. 1979. 'Communicative language testing: revolution or evolution?' in C. J. Brumfit and K. Johnson (eds.): *The Communicative Approach to Language Teaching*. Oxford: Oxford University Press: 143-57.

Morrow, K. 1986. 'The evaluation of tests of communicative performance', in M. Portal (ed.): *Innovations in Language Testing*. Windsor: NFER-Nelson: 1-13.

Moss, P. A. 1992. 'Shifting conceptions of validity in educational measurement: Implications for performance assessment.' *Review of Educational Research* 62: 229-58.

Munby, J. 1978. *Communicative Syllabus Design*. Cambridge: Cambridge University Press.

Nevo, N. 1989. 'Test-taking strategies on a multiple-choice test of reading comprehension.' *Language Testing* 6, 2: 199-215.

Nunan, D. 1992. *Research Methods in Language Learning*. Cambridge: Cambridge University Press.

O'Malley, M. J. and A. U. Chamot. 1990. *Learning Strategies in Second Language Acquisition*. Cambridge: Cambridge University Press.

Oxford, R. L. 1990. *Language Learning Strategies*. New York: Newbury House.

Palmer, A. S. 1972. 'Testing communication.' *International Review of Applied Linguis-*

tics and Language Teaching 10: 35-45.

Palmer, A. S. 1981. 'Measurements of reliability and validity in two picturedescription tests of oral communication' in A. S. Palmer, P. J. M. Groot, and G. A. Trosper (eds.): *The Construct Validation of Tests of Communicative Competence.* Washington, DC: TESOL: 127-39.

Pardee, J. 1982. *ILR Handbook on Oral Interview Testing.* Washington, DC: DLI/ LOS Joint Oral Interview Transfer Project .

Pica, T., R. Kanagy, and J. Falodun. 1993. 'Choosing and using communicative tasks for second language instruction' in Crookes and Gass 1993a: 9-34.

Richterich, R. (ed.). 1983. *Case Studies in Identifying Language Needs.* Oxford: Pergamon Press.

Richterich, R. and J. L. Chancerel (eds.). 1980. *Identifying the Needs of Adults Learning a Foreign Language.* Oxford: Pergamon Press.

Rolstad K., R. Campbell, C. Kim, O. Kim, and C. Merrill. 1993, 1994. *Korean/English Bilingual Two-Way Immersion Program: Title VII Evaluation Report.* Washington, DC: US Department of Education. (Federal grant number T003c20062).

Savignon, S. 1983. *Communicative Competence: Theory and Classroom Practice.* New York: Addison-Wesley.

Searle, J. R. 1969. *Speech Acts: An Essay in the Philosophy of Language.* Cambridge: Cambridge University Press.

Shohamy, E. 1984. 'Does the testing method make a difference?' *Language Testing* 1, 2: 147-70.

Skehan, P. 1989. *Individual Differences in Second-language Learning.* London: Edward Arnold.

Snow, C. and C. Ferguson (eds.): 1977. *Talking to Children: Language Input and Acquisition.* Cambridge: Cambridge University Press.

Sternberg, R. J. 1985. *Beyond IQ: A Triarchic Theory of Human Intelligence.* New York: Cambridge University Press.

Sternberg, R. J. 1988. *The Triarchic Mind: A New Theory of Human Intelligence.* New York: Viking.

Sternfeld, S. 1989. *Test Packet for the University of Utah's Immersion/Multiliteracy Program.* Photocopied materials.

Sternfeld, S. 1992. 'An experiment in foreign language education: The University of Utah's immersion/multiliteracy program' in R. J. Courchene, J.-I. Glidden,]. St. John, and C. Therien (eds.): *Comprehension-based Language Teaching/L'enseignement des langues secondes axe sur la comprehension.* Ottawa: University of Ottawa Press: 407-32.

Stufflebeam, D. L., C. H. McCormick, R. O. Brinkerhoff, and C. O. Nelson. 1985. *Conducting Educational Needs Assessments.* Boston: Kluwer-Nijhoff Publishing.

Swain, M. 1985. 'Large-scale communicative language testing: A case study' in Y. P. Lee, A. C. Y. Fok, R. Lord, and G. Low (eds.): *New Directions in Language Testing.* Oxford: Pergamon Press: 35-46.

Test of English as a Foreign Language. 1995. *TOEFL Test and Score Manual.* Princeton, NJ: Educational Testing Service.

Underhill, N. 1982. 'The great reliability/validity trade-off: Problems in assessing the productive skills' in J. B. Heaton (ed.): *Language Testing.* London: Modern English Publications.

University of Cambridge Local Examinations Sypdicate. 1995. *Certificate of Proficiency in English: Handbook.* Cambridge: University of Cambridge Local Examinations Syndicate.

University of Michigan. (ND). *Michigan Test of English Language Proficiency.* Ann Arbor, MI: English Language Institute, University of Michigan.

Upshur, J. A. 1969. 'Measurement of oral, communication' in IFS Dokumentation: *Leitungsmessung im Fremdsprachenunterricht (Zweite internationale Expertkonferenz über Testmethoden im Fremdsprachenunterricht).* Marburg/Lahn: Informationszentrum fur Fremdsprachenforschung: 53-80.

van Dijk, T. A. 1977. *Text and Context: Explorations in the Semantics and Pragmatics of Discourse.* London: Longman.

Vaughn, C. 1991. 'Holistic assessment: What goes on in the raters' minds?' in L. Hamp-Lyons (ed.): *Assessing Second Language Writing in Academic Contexts.* Norwood, NJ: Ablex: 111-26.

Wall, D. and J. C. Alderson. 1993. 'Examining washback: The Sri Lankan impact study.' *Language Testing* 10: 41-69.

Weir, C. J. 1990. *Communicative Language Testing.* New York: Prentice-Hall.

Wenden, A. 1991. *Learner Strategies for Learner Autonomy*. Englewood Cliffs, NJ: Prentice-Hall.

Widdowson, H. G. 1978. *Teaching Language as Communication*. Oxford: Oxford University Press.

Widdowson, H. G. 1983. *Learning Purpose and Language Use*. Oxford: Oxford University Press.

Wiggins, G. 1994. 'Assessment: Authenticity, context and validity.' *Phi Delta Kappan* 83: 200-14.

Zakaluk, B. L. and S. Jay Samuels (eds.). 1988. *Readability: Its Past, Present, and Future*. Newark, Delaware: International Reading Association.

찾아보기

국어교육학회
국어교육번역총서 7

언어 능력 시험 개발의 실제

2025년 4월 7일 초판 1쇄 찍음
2025년 4월 23일 초판 1쇄 펴냄

지은이 라일 F. 바크먼·에이드리언 S. 파머
옮긴이 오현아·강남욱·이관희·제민경·최수정

책임편집 정용준
편집 김찬호·박훈·정지현
디자인 김진운
본문조판 토비트
마케팅 유명원

펴낸이 윤철호
펴낸곳 ㈜사회평론아카데미
등록번호 2013-000247(2013년 8월 23일)
전화 02-326-1545
팩스 02-326-1626
주소 03993 서울특별시 마포구 월드컵북로6길 56
이메일 academy@sapyoung.com
홈페이지 www.sapyoung.com

ISBN 979-11-6707-181-1 93700

이 책은 국어교육학회 번역총서 지원을 받아 발간되었습니다.